弘光纪事

李洁非明史书系

黑洞

弘光纪事

李洁非 著

人民文学出版社

图书在版编目(CIP)数据

黑洞:弘光纪事/李洁非著. —北京:人民文学出版社,2012(2024.1重印)
ISBN 978-7-02-009350-2

Ⅰ.①黑… Ⅱ.①李… Ⅲ.①中国历史—南明 Ⅳ.①K248.4

中国版本图书馆CIP数据核字(2012)第173348号

责任编辑 刘 稚 黄彦博
责任校对 杨益民
装帧设计 刘 静
责任印制 苏文强

出版发行 人民文学出版社
社 址 北京市朝内大街166号
邮政编码 100705

印 刷 三河市鑫金马印装有限公司
经 销 全国新华书店等

字 数 343千字
开 本 710×1000毫米 1/16
印 张 26.5 插页22
印 数 17001—20000
版 次 2013年1月北京第1版
印 次 2024年1月第4次印刷

书 号 978-7-02-009350-2
定 价 72.00元

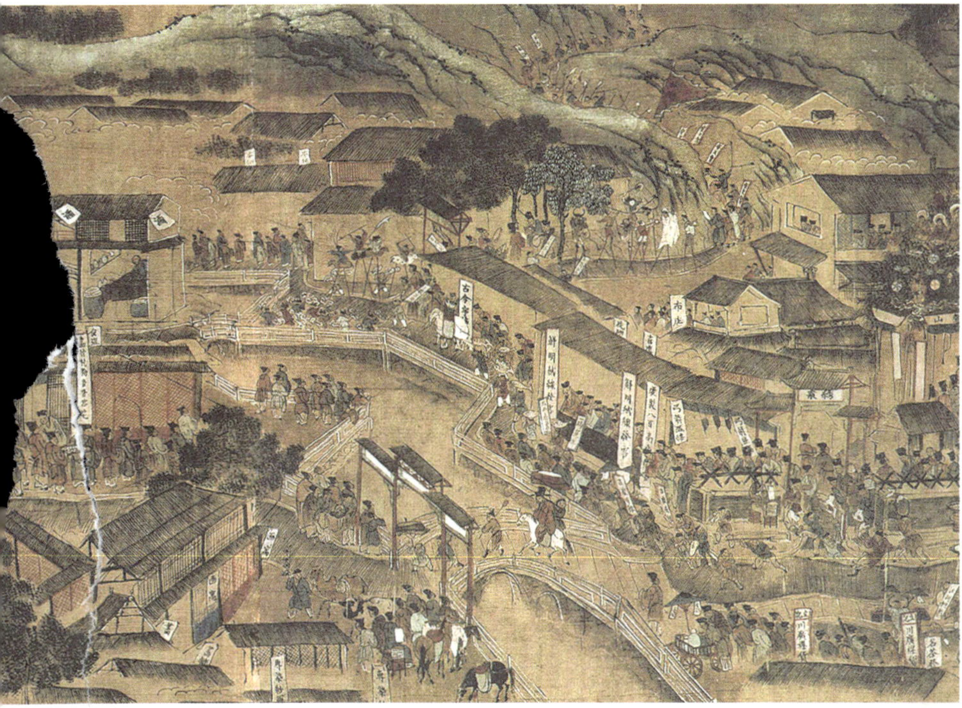

《南都繁会景物图卷》（明） 作者阙名

當
酒
酒
天之美

目 录

序　一

大概而言，本书为一史传叙事作品，但笔者私衷却是史传叙事其表，思悟认知其里。盖所谓史传者，大开大阖，奇崛跌宕，人易以故事视之，犹如读小说、听说书，目眩神迷，不觉而将其文艺化。其实，史传乃是有力的思想认识方式和工具。许多以读书为业、自命足以胜任思考的人，往往将思想等同于理论，甚而只知从理论上求之。这种误区，尤当思想、学术严重格式化，读书和著述仅为博取功名之器艺的时代，益滋其彰。其表现，我们不必到远处去找，眼下就很典型。岁岁年年，从学术考核制度，从学位、晋职竞争中生产的论文汗牛充栋，而内容空疏、言不及义者累累。当下知识者中每可见两种情形：一、与现实有茧疥之隔，搔不到痒处、揭不了疮疤，论来论去，思想只在一些似是而非的术语中打转，和科举制艺如出一辙，此谓“无补于世”；二、对历史，不光观念混乱、错误而不自知，又陶醉于某些徒具其表的义理，从理念到理念，从空想到空想，据之对历史东拼西凑、强以就我，甚而不惜昧实而论，此谓“学不成器”。黄宗羲说：“读书不多，无以证斯理之变化，多而不求于心，则为俗学。”[1]三十多年前“文革”结束时，国人精神世界绌于“读书不多”，而今，病根却在“不求于心”——读书不少，心思仍旧昏愦。何以如此？有的是被应试教育所害，读书不为求知，目的尽在出身、文凭。有的则是根须扎错了地方。黄宗羲说：“拘执经术，不适于用，欲免迂儒，必兼读史。”[2]古人是拘执经术，今人是拘执义理，而实质总归一条，即头脑已被格式化，虽然也思考，也貌似产生思想，但根须却扎于先入为主的理念，不是扎在客观事实的土壤中。这就是“迂儒”，他们有些人的表现，往往比“迂”严重得

[1] 全祖望《梨洲先生神道碑文》，黄云眉选注《鲒埼亭集文集选注》，山东人民出版社，1982，第105页。

[2] 梁启超《清代学术概论》，上海古籍出版社，2000，第16页。

多，其对义理的痴迷、对客观的排拒，可能达于偏执的地步。为了不至于此，或已然如此而愿意有所改益，有效办法是接受黄宗羲的建议“必兼读史”。读史，首先是桩令人愉快的事，有着如对小说一般甚至超过它的乐趣，但这是极次要的。它真正的好处是使人离真相更近从而明辨是非，搜读益多益广，这功效益发明显、确凿，世间最不容易蒙蔽之人，便是饱于读史之士；其次，读史能够大大弥补空头理论的各种不足，甚至回过头反思理论，重估它塞到我们脑中的那些观念。言及此，想起梁启超的评论：“大抵清代经学之祖推炎武，其史学之祖当推宗羲。”[1]我从这句话所得，不只是两大师治学各有所重，进而更在于，黄宗羲何以要将最大气力用于史学？这很值得深思。以他学问之广之深，这一定是出于郑重、特别的选择。我以为，那是对自己时代现实审视、判断的结果。明亡之后，痛定思痛，一代硕学依各自认识展开反思和总结；而在黄宗羲看来，明代近三百年人文的弊端，主要在于空谈许多义理，对历史却认知力严重不足。所以他的批判，不特别致力于理论，而集中在史学层面，通过摸索历史，得到和浮现真知。体会、揣摩这一思路，我觉得对于当代有极大参考意义。回看半个多世纪以来，根本问题也是义理过剩而史学不足。陈云曾讲“不唯上、不唯书、只唯实”[2]，这是从国家政治层面对历史教训的总结，倘从精神思想层面看，相通的问题其实便是在义理与史学之间更应依凭和尊重什么。考诸现实，令人意外的是我们在国家政治层面基本已能采取“不唯上、不唯书、只唯实”态度，反倒是精神思想层面义理过剩而史学不足的情形没有多少改变。在“从百家争鸣到两家争鸣”、“横扫一切牛鬼蛇神”的年代，不必说义理压倒一切，史学则完全没有空间抑或是被义理“挂帅”的史学。“文革”终结，改革开放，思想学术似乎渐至多元，但深入观察，尚好主义的风气依然独大，基于事实的讨论迄无多少余地，某些慷慨激昂之士，盛气凌人、泰山压顶，以至詈以粗口而有恃无恐，其所恃者何？无非是义理握于其手。但义理在手为何就如此强势？将根由追索到最底层，我以为是历史检讨不足。因为历史检讨不足，许多事实没有厘清，或虽已厘清却没有进入公共知识领域、向社会普及，致一般人的历史认识仍处于某些义理覆盖之下而非来自历史事

[1] 梁启超《清代学术概论》，上海古籍出版社，2000，第17页。

[2]《陈云文选》第三卷，人民出版社，1995，第371页。

实本身。既有此"知识背景"为雄厚社会基础，就难怪有些人出言强悍，气吞山河，总有"朕曰"口吻，动辄置人罪不容诛。当下中国精神思想如欲走出这种氛围，别无办法，非得像黄宗羲那样，扎实地做史学功夫，辨伪订讹、澄清史实，同时带动社会有读史的意识，逐渐建立不论什么义理都要附丽于史、接受历史检验，否则就是空头说辞的认识。

中国能否更智慧、更清明，颇待乎一个全民读史的浪潮。极而言之，诗歌、小说、哲学、道德……将这些暂时放下不读，都不要紧，但一定要读史。眼下我们不急于理想，甚至也不急于情感，所急者首先是事实。基本事实都不甚清楚，却憧憬理想、抒发情感，又如何靠得住？读史，就是寻找并确定事实的过程。有些人的谈吐和举动，一眼可见起于对历史了解不够。关于"文革"就是这样，我们在身边屡能发现有人心中至今为"文革"义理留一块领地，乃至还以此为批判现实的武器。这固然可悲，但我想其中相当的一部分(特别是年轻人)未必真的了解"文革"，使他们有如上思想感情的根因，其实是"文革"史学的不足，令那种义理仍能有所附丽。

总之，史学确是当代思想一个关键方面。几十年来，义理对史学深度注入，形成许多定式，令人们以为自己在接触历史，实际不过是接受义理。这远非在当代史中如此，现代史、古代史甚至史前史，都存在从某种义理而来的固定格式。举个很明显的例子，历史教科书一直把到1840年为止的中国定义为"封建社会"，把相应历史称为"封建史"。其实，自嬴政这位"始皇帝"起，中国就废止了封建制，汉代初年略有反复，不久也彻底取消实封，以后历代封王建国都仅为虚封，亦即受封之王有爵号有封地，但并非政治经济上的独立国。1973年8月5日，毛泽东有七律《读〈封建论〉呈郭老》，云："百代都行秦政法，十批不是好文章。熟读唐人封建论，莫从子厚返文王。"[1]说得很清楚，秦以后中国已经没有封建制，"百代"所行，都是嬴政始创的中央集权或大一统君权专制。那么，为什么教科书会无视这一点，而将二千年来中国冠以"封建社会""封建时代"之名？原因是马克思主义经典作家建立了一个原始社会、奴隶社会、封建社会、资本主义社会、共产主义社会五大阶段的社会发展

[1]《建国以来毛泽东文稿》第十三册，中央文献出版社，1998，第361页。

史模型。本来，这一番总结，所依据的主要是欧洲史；在欧洲，直到近代资本主义之前，确实处于完整的封建形态。马克思主义经典作家不曾系统研究过中国历史，并不了解帝制中国的集权形态，他们的理论无从考虑和吸收中国的历史经验，这本来没什么，问题是，当马克思主义作为政治意识形态，上述社会发展史模型被奉为“放之四海而皆准”的“必由之路”，只能遵守，不能旁生枝节。因此，便让中国历史削足适履，将明明不属于封建形态的中国帝制史硬套为“封建社会”。其实，以中国历史实际，不单“封建社会”之说是穿凿附会，连“奴隶社会”的存在，也并不能从史料上落实。顾名思义，“奴隶社会”即应以奴隶制为社会基本关系，但至今不论文字上还是器物上，我们都不能完全地证明，中国曾经有一个奴隶制阶段。否则，其始于何时、崩于何时，历史上会有确切的标志和概念，可是并无任何历史学家对我们能够以此相告。郭沫若曾将一些论文编在一起，取名《奴隶制时代》，但里面的论述多不令人信服。我们见到的常常是一些字形字义的诠释，某字像是奴隶情形的表现，某字有受人奴役的含义等。他唯一肯定的结论是：“殷代是奴隶制”[1]，但即使在殷代，连他自己都说：“‘当作牲畜来买卖’的例子虽然还找不到，但‘当作牲畜来屠杀’的例子是多到不可胜数了。”[2]我们知道，奴隶是奴隶主的财富，是奴隶主的生产工具，奴隶主拥有奴隶绝不是用来杀掉的，如果连买卖奴隶的迹象都找不到，却以“当作牲畜来屠杀”为奴隶制存在的证据，那么中国及世界上的奴隶制不知要延续到何年何月了——希特勒集中营里的犹太人不也是“当作牲畜来屠杀”的吗？其实在很长时间中，确切讲，整个世界来到“现代”阶段以前，奴隶或奴仆的社会身份都不曾消除，但这与整个的“奴隶制”或“奴隶社会”究竟是两码事。难道我们可以因为直至明清仍能见着太监这种奴隶式现象，而称那时中国为“奴隶社会”么？或者，把林肯以前的美国称为“奴隶社会”？总之，过去教科书所划分的中国史，除了原始社会，都未必合于实际。像奴隶社会的问题，本身史料不足，尚可存疑，以俟进一步的文献发现或考古发现。但“封建社会”之子虚乌有，却确确实实、一目了然。连伟大领袖都教导我们，秦始皇之后“百代”再无封建制，封建制在中国是远在周文王时代的事情。这正是我们史学中一个为迁就义

[1] 郭沫若《奴隶制时代》，人民出版社，1973，第17页。
[2] 郭沫若《奴隶制时代》，人民出版社，1973，第25页。

理而强扭事实的充分例子。这错误好像至今仍在延续,和笔者当年一样,一代代学生仍然从课堂接受对一种并不存在的历史的认识。如非后来在教科书外多读多想,我亦无从知道所学知识里包含如此严重的不实,一旦意识到,我即自诫日后凡涉及中国帝制以来历史,坚决不用"封建"一词——借此机会,同样提醒读者诸君。[1]从中我还反思,它不光给了我们错误的知识,更阻隔或关闭了对中国历史真境况和真问题的探究。大家都去谈论并不存在的"中国封建社会",而置二千多年的集权专制、大一统君权这一真正的"中国实际"于不论。我们身处中国却跟在欧洲历史后头研究"封建社会",本身让人啼笑皆非,更不幸的是,我们因而不去认识自己的历史,不清楚它究竟是怎样形态、存在什么问题。至今,我们的历史批判所以不深不透,恐怕与此有很大关系。

可惜,情况到现在也还没有显出多大的改良。中国史学界,不乏刻苦用功的人,也不乏学问满腹、钻研精深的专家,但似乎始终缺乏当代黄宗羲,缺乏那种能将史学提升为一种思想认识管道的人物。在局部的一件事、一个问题,或一个历史人物的研究上,我们每每能见精详丰赡的成果,但从全局高度提出切合中国史实际的方向性、规律性的命题与论证,则难得一遇。我所能找出的原因,主要在于学者不能摆脱义理,直接用历史材料说明历史。由此造成的疑惑、浮辞、伪说实在太多,不仅包括刚才所说的中国历史形态这样宏大的方面,即在具体的朝代史方面,我们的认识和解说也总是钻笼入套。比如由明入清,或所谓"明清鼎革"这一段,以我所见,真正从当时实际出发、实事求是、无拘无束、直面历史本相的研究,基本没有。所以这样,是因这段历史与两个很大的义理有关,而大家都不能够从中走出。一是农民起义问题,一是民族冲突问题。这两个问题,在当下历史语境及国家意识形态中举足轻重,有很严格的界限。绝大多数史家,囿于其中,小心翼翼,瞻前顾后。我曾将建国后明清史研究与孟森那时加以比较,发现史家敢于创见的精神流散甚大。孟森先生《明清史讲义》、《心史丛刊》一二三集、《清朝前纪》、《明元清系通纪》诸著,只要考之有据、言有所本,所论无

[1] 顺便指出,所谓"五四运动"提出过"反帝反封建"口号,也纯属"错案"。学者李新宇有文《五四"反帝反封建"辨析》,以详备的考据,相当有力地说明当时根本不曾有这口号,尤其"反封建"提法,更是"五四已经过去几年"(亦即马克思学说开始在中国传播)后方才出现。文见《齐鲁学刊》2009年第3期。

不明快，一则一，二则二，不讳、不隐、不忌，学术自由心态立然。他的书和文章，我每读必有获益，因为都是直面事实、不抱成见、不戴帽子而来。反观建国后，五十年代中期起到“文革”结束那段时间，不用说尽属以“理”入史、以“理”入学问，即便后来，束缚之痕仍历历可见，思想窒碍难行。令我们对脱略义理以外、一空依傍的真知灼见之盼，颇感受挫。

比如农民起义问题。自秦末陈胜吴广起，在中国帝制史上，农民起义与蛮族入侵一道，并为王朝周期性变更两大主因，几乎所有王朝，要么为农民起义所推翻，要么由蛮族入侵而瓦解。换言之，农民起义是帝制以来中国历史变化的主要动力之一。农民起义爆发，是王朝政治、经济现实极度黑暗所致，此毋庸置疑。起义，作为人民之反抗和暴政之暴露，也毋庸置疑。在此意义上，它完全拥有正义性、正当性以及必然性，这都毋庸置疑。根据历来的义理，农民起义被视为推动中国历史进步的力量与表现。“在中国封建社会里，只有这种农民的阶级斗争、农民的起义和农民的战争，才是历史发展的真正动力。”[1]这个论断，衡以阶级斗争学说很好理解，但衡以历史实际，却未必能落到实处。以我们的观察，经过农民起义推翻旧的统治，虽然促成王朝更迭，但中国历史和社会不要说大的积极变化，甚至毫无变化，所谓一元复始不过是周期循环、同义反复。如果有什么变化，恐怕也是社会益坏、积弊愈重。农民生存境状，二千年来趋势是每况愈下，赋税负担不降反升，一朝甚于一朝。“汉初十五而税一”[2]，税负不到百分之七，而晚明，“一亩之赋，自三斗起科至于七斗……一岁之获，不过一石”[3]，高至百分之三十到七十。在政治方面，几次成功的农民起义，最终都导致皇权体系的延续、巩固和加强。尤其朱明王朝，可谓完全由农民起义立国，而其制度丑陋性较前有过之无不及。所以如此，首先在于社会现实和历史结构本身都还没有发生新格局，一切只能周而复始；其次，农民起义作为反抗黑暗的现象，固然起于“正义”无疑，但受制于文化和精神能力低下，他们对自己行为的“正义”含义不能做思想的认识，更谈不上从理论高度对“正义”理念给以单独的观

[1] 毛泽东《中国革命和中国共产党》，《毛泽东选集》第二卷，人民出版社，1991，第625页。

[2] 黄宗羲《明夷待访录》，《黄宗羲全集》第一册，浙江古籍出版社，1985，第23页。

[3] 黄宗羲《明夷待访录》，《黄宗羲全集》第一册，浙江古籍出版社，1985，第24页。

照、反思,实际上,这种“正义”既是盲目的,也仅限于特殊阶段,一旦迈过“反抗”期,从造反者变成当权者,农民起义领袖就不可避免以当初的反抗对象为师,成为旧权力的抄袭者——这一规律,似乎从来没有例外。

以明末为例,最成功的两支农民起义军李自成和张献忠,后者精神上太过简陋,暴露了太多的黯昧本能,即置诸农民起义史范围内亦不足论;李自成军则好很多,其文化上的努力和自我匡束,已接近农民起义在这方面的最高境界。李自成大力吸收知识分子进入农民军,从他们那里借取政治策略,对农民军面貌和理想加以修正,克制子女玉帛、打家劫舍的原始冲动,着力塑造正义之师形象。正因有这些调整和提升,李军所向披靡,终至夺取明都。李自成险些成功,如历来所论,他“被胜利冲昏头脑”,功亏一篑。很多人因这一点,为他扼腕。其实更需要询问的是这样的问题:即便李自成未“被胜利冲昏头脑”,又将如何?李自成能够为中国开辟新的历史,还是仅能复制一下朱元璋的成功?这是关键所在,也是关于明末这段历史我们真正应该考察的方面。从道义上说,李自成起义完全正当,明王朝覆灭则令人有“时日曷丧?吾与汝偕亡”的痛快,这些都没问题。出于同情,我们对反抗者有所偏爱,尽量予以肯定或维护,比如说“大顺军推翻明王朝接管整个黄河流域几乎对社会生产没有造成什么破坏”[1],也不难以理解。但我们对历史的着眼处,终归不是情感,而在理性。李自成起义唤起我们何种情感共鸣是一码事,起义体现了何种内容,在历史、文化层面达到什么高度,是另一码事。功亏一篑说明,即便在农民起义范围内大顺政权也未臻善美。它的表现肯定比张献忠好,却明显比不了二百七十八年前缘同一路径而来的朱元璋。就算李自成不“被胜利冲昏头脑”,取得与朱元璋比肩的成就,对历史又有什么新意可言?我们不仅没从李自成那里看见创造历史的迹象,甚至也没有发现这种能力。

我们不会吝惜对农民起义的同情支持,但我们要将这种态度与对历史正确方向的判断区分开来。大顺政权以其实践表明,在最好情形下,它对历史的贡献将仅仅是王朝的周期性更迭。那是一个老套的故事,以对奴役者的反抗始,而以更换新的奴役者终。这样的结局,感伤者目为悲剧,而理性地看,当历史仍处于旧格局、按照老的轨迹运行时,完

[1]顾诚《南明史》序论,中国青年出版社,1997,第4页。

全是意料之中、万变不离其宗的事情。所谓"兴，百姓苦；亡，百姓苦"，兴与亡，不过是同质权力的易手、交割。只要权力终点仍是"龙床"，坐于其上的姓朱姓李、姓王姓张，于历史又有什么分别？就此言，李自成"成"也好"败"也罢，我们都不宜自作多情，轻易为之欣悦或喟叹，除非我们确实从历史整体明了其成败的意义。

历史是复杂的，它的道理，没法简单到"一部阶级斗争史"那样，只须做二元的判断。以明末来论，虽然大规模农民起义确是激烈社会矛盾的反映，但当时中国历史的主脑、主线是否就在这里，却需要给以整体的考量。我们对问题分量的估衡，不能以动静大、表现方式火爆为标志。依我们所知，明末农民大起义，李自成也罢，张献忠也罢，从结果看并没有提出、形成新的问题，从起因看也主要出于饥饿、灾荒、重赋等。这些内容与诉求不容漠视，揭示了社会的极大不公与黑暗；但放到历史整体中看，毕竟是已知历史的重复，不独明末农民起义来自于此，过去千百年农民起义也都来自于此。所以我们一面将寄予巨大同情，另一面，从理性角度不得不说，既然一件事所触及的只是旧问题，那么它形成的结果也自然越不出以往的层面。说得更加透彻些，如果中国历史已经面临什么新课题，以明末农民起义的客观水准看，是不能指望由它去负载、处理和解决的。实际上，明末的现实恰恰如此。虽然从李自成、张献忠那里我们找不到新的历史轨迹，但这样的轨迹在中国的确已经出现。证据有三：一、晚明经济因素和生产方式有新的突出变化；二、以乡绅力量的成长为背景，出现了社会再组织情形和新的社区政治萌芽，隐约有使君主集权耗散的趋势，甚至在局地事态中与之颉颃；三、精神思想和文化上，明确提出了君权批判，要求权力、利益重新分配，并尝试构想和描述新的社会图景和正确的伦理。纵览帝制以来中国史，不难鉴辨这三条都是带革命性的新的历史元素，它们应该寓示着中国的历史可能会有大的转折和突破。

明末所以出现这样的转折和突破，得益于两点，一是社会历史本身的水到渠成，二是精神思想和文化达到了相应高度。

关于前者，我们可通过唐宋以来中国技术文明的进化、商品的发展、城市的数量增长和形态变化去了解，更可注意明朝工商繁盛、出现雇佣劳动、大规模海外贸易、金融货币影响加重、资本开始集中，以及在资本和技术支撑下生产益趋专业化竞争,以至初步有行业垄断苗头等现象。顾炎武《天下郡国利病书》引《歙县风土志》说,嘉靖、隆庆间,长江中下游已现"末富居多,本富益少"[1]之状。古时,农为本、工商为末;"本富"是以农而富,"末富"则属于因工商致富。这种财富来源或经济成分的变化,当然椐橥着中国的一种质变。而各地区缘其资源、技术优势,开始形成专业化分工与布局,例如布匹生产,通常在松江纺织,再运到芜湖染色,原因是两地在不同生产环节和技术方面各擅所长、优势明显。说到行业垄断苗头,可举徽州为例:当时,徽州的生产者无疑已执了中国文化产业之牛耳,从文化用品(笔墨纸砚)到图书出版,绝无他处能撄其锋,《桃花扇》写到的蔡益所,大概便是这样一位;他登台时,夸耀自己的书肆:"你看十三经、廿一史、九流三教、诸子百家、腐烂时文、新奇小说,上下充箱盈架,高低列肆连楼。"[2]我们熟知的《千字文》《百家姓》并"三言"、"二拍"这样一些最风行的古代出版物,都是徽州出版家的产品,由他们编纂、刻印而推出问世。此外,由著名的"白银现象",可知资本元素在明代之突兀。按照弗兰克的研究,当时全球的白银泰半涌入中国,中国乃是"世界白银生产的终极'秘窖'"[3]。世界史上昔日的白银时代,很大程度上是由于中国经济的存在与支撑,正如以后美元时代与美国经济之间的关系。中国商品经济之发达,其又一证据是它所拥有的几座超大城市,"南京达到100万人口,北京超过60万人口",而广州与邻近的佛山有一百五十万居民,这"几乎相当于整个欧洲城市人口的总和"[4]。城市规模取决于城市内容,在以军事、政治为主导的古典型城市那里,既不需要在空间和人口上有大的扩展,事实上也难以负担这种扩展,只有在商品经济发达的条件下,超大规模的城市才有其必要。

明代经济和社会具转型意义的变化及表现甚多,学界也有充分的专业性讨论,兹难尽述。总之,我们从中得到这样的印象:到了明末,中国历史已至新旧交替的关口。它一面为旧矛盾所困(即农民起义所反映的),一面涌出全新的问题和现象。而从前瞻角度看,后者更重要、更具时代特色。代表历史

[1] 顾炎武《天下郡国利病书》凤宁徽,《续修四库全书》五九六·史部·地理类,上海古籍出版社,2001,第130页。

[2] 孔尚任《桃花扇》,人民文学出版社,1982,第183页。

[3] 弗兰克《白银资本》,中央编译出版社,2000,第162页。

[4] 弗兰克《白银资本》,中央编译出版社,2000,第159页。

深远去向、直指今天的,不是农民起义军,不是李自成、张献忠,而是社会经济、技术、生产方式的演进所提出来的历史变革要求。这才是真正有延展性的方向,尤当我们幸运地站在五百年后,更是一目了然看见它穿越时空而来。反观在四川以屠戮为乐的张献忠,抑或进入北京后终不能克制对于“子女玉帛”兴趣的大顺军,我们无疑找不到这样的线索和指向。

说来说去,还是历史高度问题。农民起义作为社会现实酿出的苦果,有其不可避免性,也完全值得理解,然而它确实并不处在时代、历史的高度上。在明代末年,是谁体现了这种高度?对此,只要尊重事实、直面历史,都不难于回答:是新兴经济和文化所催生的士绅、知识分子群体。意识到并进而承认这一点,首先需要跳出“阶级斗争为纲”思维,将目光落实和聚焦于先进生产力这一历史大局。反之可见,这么多年由于义理之蔽,我们对自己一段重要历史,怎样认识不够、偏颇乃至严重误读。走出这遮蔽,明末历史不单自己要浮现焕然一新的面目,很可能将使中国的古代史、古代文化被重新看过。我们看见,在社会和历史的质变的刺激下,明末有了立足于自我、个体的强烈的私有观念,而以此为引导,进而有“平权”的意识,又从“平权”意识中发展出对君权、独夫的批判。将这种思想脉络连结起来,最终它将指向何方,对已置身现代文明的我们来说,答案不言自明、相当简单。这里先要分辨一点:“私有”的现象、现实的存在,不等于有明确、完全的私有观念或私有主张,后者必以个人独立权利的认识与诉求为前提。在中国,私产的事实从春秋时代公田变私田起即已发生,但二千多年来,私产存在的事实与私有观念或私有主张的形成并不同步,原因是对私产的承认没有与个人独立或对个人权利的尊重挂钩。在大一统君权伦理中,君犹父,民犹子,这种以家庭比喻国家抑或将国家缩微于家庭的解释,旨在限制社会的真正独立性,百姓万民不过是一个庞大家族的众多支系,在生活层面有自己的单元、空间,在伦理或法理上却仍归家长(君父)所有。因此,中国虽容纳了私产的事实,却没有严格意义上的所谓“神圣不可侵犯”的私有制;如果有,亦仅是皇帝一人所享有之私有制,国家为其私有,万民为其私有,官员薪酬取之赋税却认为自己乃是“食君禄”……但这历来的认识,在明末切切实实面临突破。黄宗羲提出新的社会政治伦理:“不以一己之利为利,而使天下受其利;不以一己之害为害,而使天下释其害”[1];正当的国家,是让所有人“各得其私”“各得其利”、“敢自私”“敢自利”[2]的国家;应该根据这样的逻辑和原则,重新立法,以“天下之法”代“一家之法”[3]。面此表述,我们该认其为中国真正发生私有观念之始;它与欧洲启蒙思想家们所鼓吹的私有观念,比如蒲伯所谈“社会的正义靠自私来维系”[4]那样的意思,既在同一方向,也在同一高度。

这样推崇私有观念,是破天荒的事情。一旦有这种观念,过往一切价值都将纷然披解,伦理基石将被更换,个人或个体将就此崛起。在私有观念的拱卫下,每一位个体都有天然的平等地位。从本质上说,私有观念是一种人权观,而非财产观;它所肯定和欲加保护的,远不仅只是“财产”和“有钱人”,而是每个人依天赋人权理当拥有的一切:他的身体、他的精神、他的自由、他的尊严……只有愚民主义,才将私有观念曲解成唯独富人受益之物。事实上,私有观念与每个人息息相关。不论他们是贫是富,是平凡是显赫。它让社会真正回到对个人的尊重,真正摧毁了基于权力的人身依附。极而言之,私有观念下即便流浪的孤儿、身无分文的丐民,也比专制制度下腰缠万贯的富人更富有,至少他们作为人的基本权利不得践踏,而后者却随时可能被不受约束的权力剥夺一切。

私有观念不立,则平等思想无所由,平权意识无所出。黄宗羲说,君权之下,“不过欲得奔走服役之人,乃使草野之应于上者,亦不出夫奔走服役,一时免于寒饿,遂感在上之知遇,不复计其礼之备与不备,跻之仆妾之间而以为当然。”君之视臣如仆,臣之视己为妾,维持着一种卑怯苟且的关系,与“礼之备与不备”全无牵涉(这里,“礼”不妨换为“理”)。于是,他提出自己心中合理的君臣关系:“治天下犹曳大木然”,“君与臣,共曳木之人也”。[5]——第一,没有坐享其成者,大家都应该是劳动者;第二,只有分工不同,没有主仆之分,大家只是共事者。彼此关系,是互相依存、合作,不能一方发号施令、一方匍匐服从……假如我们对自古以来的君臣伦理略知一

[1] 黄宗羲《明夷待访录》,《黄宗羲全集》第一册,浙江古籍出版社,1985,第2页。

[2] 黄宗羲《明夷待访录》,《黄宗羲全集》第一册,浙江古籍出版社,1985,第3页。

[3] 黄宗羲《明夷待访录》,《黄宗羲全集》第一册,浙江古籍出版社,1985,第6页。

[4] 北京大学西语系资料组编《从文艺复兴到十九世纪资产阶级文学家艺术家有关人道主义人性论言论选辑》,商务印书馆,1973,第115页。

[5] 黄宗羲《明夷待访录》,《黄宗羲全集》第一册,浙江古籍出版社,1985,第2页。

二，大概都不能不震惊于他的“肆无忌惮”、“犯上作乱”。过去，我们只知有李自成那样的“造反者”，现在才知道，跟黄宗羲相比那些“造反者”算不了什么。黄巢、朱元璋、李自成是将旧皇帝反下台、自己去做新皇帝。黄宗羲不然，他直接否定了君权，把它从独大、独夫位子拉下马。这不是造反，这是发动一场革命。

总之，中国历来的只反贪官、不反皇帝，乃至人人心头暗揣的皇帝梦，到明末，终于有人起来将它彻底击碎了。皇帝字眼，在黄宗羲那里已彻底是负面的存在：“为天下之大害者，君而已矣。”[1]“屠毒天下之肝脑，离散天下之子女，以博我一人之产业”，“敲剥天下之骨髓，离散天下之子女，以奉我一人之淫乐”。而类似批判，并不仅见于黄宗羲，实际是明末清初一批知识分子的共同心声。例如雍正间吕留良案，案主曾静在其《所知录》中，将过往皇帝一语概括为“光棍”，提出对皇帝“成份”加以彻底改造：“皇帝合该是吾学中儒者做”。[2]此话的重点，与其说鼓吹儒者当皇帝，毋如说鼓吹“知书”方配得上治国。因为“知书”才能“达理”，“达理”才会讲道理、不胡来。善意、理性的政治，只能是讲道理、不胡来的政治。对此，他们有原则，甚至也有初步的制度构想。原则方面，黄宗羲提出：“天子之所是未必是，天子之所非未必非”[3]，权力不代表真理，权力与真理不构成等式，这与我们今人“反独裁”是同样的意思。接着他提出了一个扼止独裁的办法，就是“公其非是于学校”，“使治天下之具皆出于学校”。[4]这里的“学校”，与现在纯粹的教育机构有些不同，或可解释为国家政治人材储备地。里面的人，既是学生身份也是未来的从政者；他们“知书”、有知识理性，当前又置身“朝堂”之外，与乌七八糟的利益无关，大致相当于有独立见解的专家型政治评议人。所以，“公其非是于学校”、“使治天下之具皆出于学校”，这样的环节即便一时谈不上政治决策过程民主化，但对君权发生一定约束、制衡作用，显然是可期待的。其实更重要一点在于，这是新的政治思路和方向的打开、开启，沿此探索下去，谁能说中国人断然提不出类似代议制那样的设想呢？

[1] 黄宗羲《明夷待访录》，《黄宗羲全集》第一册，浙江古籍出版社，1985，第3页。

[2] 爱新觉罗·胤禛《大义觉迷录》，近代中国史料丛刊第三十六辑，文海出版社影印本，1966，第161页。

[3] 黄宗羲《明夷待访录》，《黄宗羲全集》第一册，浙江古籍出版社，1985，第10页。

[4] 黄宗羲《明夷待访录》，《黄宗羲全集》第一册，浙江古籍出版社，1985，第10页。

所以说，明末的精神思想高度，明显表现在新兴社会实践及其代言者那里，而非表现于别的事情。但何其不幸，这进程却迭遭两次隔碍。明末的农民战争和满清入侵，各有其必然，又各有其偶然。其必然，在于明王朝近三百年作孽多端、积重难返、窳败不堪、千疮百孔，早就如坐火山顶上，内忧与外患，都是一触即发；最终而言，明朝无论亡于李自成还是亡于满清，都应该说合情合理、咎由自取。其偶然，则是从历史大方向来看，内乱和外侵同样扰乱了中国的脚步；彼时中国，黄宗羲以“天崩地解”[1]称之，大怀疑和大批判的精神磊然而起，相对于即将到来的变革，“虏”“寇”之乱非但不处于同一方向，反倒令之铩羽折翅、鱼池水干，恰似黎明前本来极黑暗之际，地平线一缕曙光微微露出却倏忽消失，转而又沉入更深的黑暗。正因此，当我偶然见到“黑洞”一词的解释——黑洞是一种引力极强的天体，就连光也不能逃逸——当即想到，这简直就是明末的中国。

中国就此与可能的重大变革失诸交臂，令人怅惘。不过，此亦为历史所常有。对于历史，有人完全取理性主义，有人待以不可知论，恐怕各有偏至。总的来说，笔者不怀疑历史有其大方向，但就具体一时一地之事看，历史恐怕确实并不像理性主义者讲的那样富于规则、有规律可循，相反，种种的偶然、难以捉摸的情形屡见不鲜。明末这段历史，便属于后者。我们曾听说“资本主义”——不用这个指向性过强的术语，代以“现代文明”一词也许较好——不可能从东方的历史和文化自发产生；它另一种意思是，中国通往现代，只能依靠西风东渐、由外铄我的途径，甚至引出自由、民主等理念天然不合中国之论。诸如此类，非破不可；一因它们有碍我们对更好社会的探索追求，二来也全非历史事实。对这种论调，如果细致考察过中晚明的社会及文化，都很难不表质疑。当时中国明显自发地进入了“转型”通道，这结论应谓毋庸置疑。只是这一前景，被突发事态拦腰截断，继而由于满清的统治，民族矛盾取代和压制了中国原有的历史文化苦闷。换言之，中国所以未能延续“转型”过程，纯属意外。历史上，这种意外不在少数。远的不说，近现代两次中日战争，都不同程度改变了中国历史轨迹。故而，历史一面有其必然，一面也随时发生偶然；虽然总的来说，必然力量千回百折终归要实现，但因偶然而起的挫折、延误与

[1] 黄宗羲《留别海昌同学序》，《黄宗羲全集》第十册，浙江古籍出版社，1993，第627页。

迟缓，也实实在在令一个国家和民族在“运气”层面接受考验。我个人认为，从“古典”向“现代”转化中，中国的“运气”明显不如欧洲。当然，“运气”也有在我们一边的时候，例如公元之初前后，较之于别处（小亚细亚至欧罗巴大陆一带），我们的局面相对简单，麻烦较少，而能建起比较充分、稳固的农业社会农业文明，享其成果一千多年。

有时，历史兴废不由人意，我们只有仰而受之，这是没办法的事。但我们不可以不知其来历，不可以泯其真相，尤不可以错过它的教益。中国人说，往时难谏、来日可追；又说，前事不忘，后事之师。知往鉴今，是历史对我们之所以重要的原因所在。历史包含各种人力难及的启迪，许多问题，我们穷以一生、苦思冥想或许仍不能破解，到历史中却能轻松找到答案。这就是历史的宝贵，是它值得我们热诚相待的理由。在精神上和知识上，人类有诸多学习的途径，或者说，有许多师法的对象；在我看来，自然和历史是其中最好的两位老师，因为它们从不说谎，也几乎不会用虚离矫伪的义理误导你。

序　二

每个人一生，都有没齿难忘的经历。大约1670年，已入清的计六奇这样写道：

> 四月廿七日，予在舅氏看梨园，忽闻河间、大名、真定等处相继告陷，北都危急，犹未知陷也，舅氏乃罢宴。廿八日，予下乡，乡间乱信汹汹。廿九日下午，群徵叔云："崇祯皇帝已缢死煤山矣。"予大惊异。三十日夜，无锡合城惊恐，盖因一班市井无赖闻国变信，声言杀知县郭佳胤，抢乡绅大户。郭邑尊手执大刀，率役从百人巡行竟夜。嗣后，诸大家各出丁壮二三十人从郭令，每夜巡视，至五月初四夜止。[1]

"四月廿七日"，指的是旧历甲申年四月二十七日，置换为公历，即1644年6月1日。文中所叙，距其已二十余载，而计六奇落笔，恍若仍在眼前，品味其情，更似椎心泣血，新鲜殷妍，略无褪色。

之如此，盖一以创巨痛深，二与年龄有关。事发之时，作者年方二十二岁，正是英姿勃发的大好年华。在这样的年龄遭逢塌天之变，其铭心刻骨，必历久如一而伴随终生。时间过去将近三十年，计六奇渐趋老境，体羸力衰，患有严重眼疾，"右目新蒙，兼有久视生花之病"，而愈如此，那种将青春惨痛记忆付诸笔墨的欲望亦愈强烈。从动手之始到书稿告竣，先后四五年光景，"目不交睫，手不停披，晨夕勿辍，寒暑无间，宾朋出入弗知，家乡米盐弗问，肆力期年，得书千纸。"[2]他曾回顾，庚戌年（1670）冬天江南特别寒冷，大雪连

[1]计六奇《明季南略》，中华书局，1984，第7页。
[2]计六奇《明季南略》，中华书局，1984，第524页。

旬，千里数尺，无锡“一夕冻死”饥民四十七人，即如此，仍黾勉坚持写作，“呵笔疾书，未尝少废”；而辛亥年(1671)夏季，又酷热奇暑，计六奇同样不肯停笔，自限每日至少写五页(“必限录五纸”)，因出汗太多，为防洇湿纸页，他将六层手巾垫于肘下，书毕抬起胳膊，六层手巾已完全湿透……须知，这么历尽艰辛去写的上千页文字，对作者实无任何利益可图——因所写内容犯忌，当时根本无望付梓，日后能否存于人间亦难料定。他所以这样燃烧生命来做，只不过为了安妥自己一段挥之不去的记忆。

今天，不同年龄层的人，每自称“×× 一代”。作为仿照，十七世纪中叶，与计六奇年龄相近的那代中国人，未必不可以称为“甲申一代”。他们的人生和情感，与“甲申”这特殊年份牢牢粘连起来。令计六奇难以释怀，于半盲之中、将老之前，矻矻写在纸上的，归根到底便是这两个字——当然，还有来自它们的对生命的巨大撞击，以及世事虽了、心事难了的苦痛情怀。

若尽量简短地陈述这两个字所包含的要点，或可写为——

> 公元1644年(旧历甲申年，依明朝正朔为崇祯十七年)，4月25日清晨，李自成攻陷皇城前，崇祯皇帝以发蒙面，缢死煤山。自此，紫禁城龙床上不复有朱姓之人。5月29日，从山海关大败而归的李自成，在紫禁城匆匆称帝，“是夜，焚宫殿西走。”[1]6月7日，满清摄政王多尔衮率大军进入北京。

某种意义上，这样的历史更迭只是家常便饭。之前千百年，大大小小搬演过不下数十次，1644年则不过是老戏新齣而已。就像有句话总结的：几千年来的历史，无非是“一部阶级斗争史”。就此而言，明末发生的事情，与元、宋、唐、隋、晋、汉、秦之末没有什么不同。

作为二十世纪下半叶以后出生的中国人，我们有幸读过不少用这种观点写成的史著或文艺作品，一度也只能接触这种读物。对于明末的了解，笔者最早从一本叫《江阴八十天》的小册子开始，那是1955年出版的一本通俗读物，写江阴抗清经过，小时候当故事来看，叙

[1] 徐鼒《小腆纪年附考》，中华书局，2006，第153页。

述颇简明，然每涉人物，必涂抹阶级色彩，暗嵌褒贬、强史以就。中学时，长篇小说《李自成》问世，同侪中一时抢手，捧读之余，除了阶级爱憎，却似无所获。晚至九十年代初，某《南明史》出版，当时专写南明的史著还十分稀有，抱了很高热忱拜读，发现仍然不弃"阶级分析"，于若干史实文过饰非。

将几千年历史限定为"一部阶级斗争史"，无法不落入窠臼，使历史概念化、脸谱化。就受伤害程度而言，明末这一段似乎最甚。这样说，可能与笔者个人感受有关，所谓知之深、痛之切。但感情因素以外，也基于理性的审视。在我看来，明末这一段在中国历史上有诸多突出的特质：时代氛围特别复杂，头绪特别繁多，问题特别典型，保存下来、可见可用、需要解读的史料也特别丰富。

明代是一个真正位于转折点上的朝代。对于先前中华文明正统，它有集大成的意味，对于未来，又有破茧蜕变的迹象。没有哪个时代，思想比明代更正统，将中华伦理价值推向纯正的极致。同样，亦没有哪个时代，思想比明代更活跃、更激进乃至更混乱，以致学不一途、矫诬虚辩、纷然聚讼，而不得不引出黄宗羲一部皇皇巨著《明儒学案》，专事澄清，"分其宗旨，别其源流"，"听学者从而自择"[1]。

这一思想情形，是明朝历史处境的深刻反映。到明代晚期，政治、道德、制度无不处在大离析状态，借善恶之名殊死相争，实际上，何为善恶又恰恰混沌不清，乃各色人物层出不穷，新旧人格猛烈碰撞、穷形尽相，矛盾性、复杂性前所未见。

别的不说，崇祯皇帝便是一个深陷矛盾之人，历史上大多数帝王只显示出单面性——比如"负面典型"秦始皇、"正面典型"唐太宗——与他们相比，崇祯身上的意味远为丰富。弘光时期要人之一的史可法，也是复杂的矛盾体；有人视为"完人"、明代文天祥（如《小腆纪年附考》作者徐鼒），有人却为之扼腕或不以为然（批评者中，不乏像黄宗羲那样的望重之士）。即如奸恶贪鄙之马士英，观其行迹，也还未到头顶长疮、脚底流脓的地步，在他脸上，闪现过"犹豫"之色。

明末人物另一显著特色，是"反复"：昨是今非，今非明是；曾为"正人君子"，忽变为"无耻小人"，抑或相反，从人人唾弃的"无耻小人"，转求成为"正人君子"。被马士英、阮大铖揪住不放的向

[1] 黄宗羲《明儒学案序》，《明儒学案》上册，中华书局，1986，第8页。

来以清流自命，却在甲申之变中先降于闯、再降于满的龚鼎孳等，即为前一种典型。而最有名的例子，莫过钱谦益。数年内，钱氏几经“反复”，先以“东林领袖”献媚于马士英，同流合污，复于清兵进占南京时率先迎降，可两年之后，却暗中与反清复明运动发生关系。武臣之中，李成栋也是如此。他在清兵南下时不战而降，不久制造惊世惨案“嘉定三屠”，此后为清室征平各地，剿灭抵抗，一路追击到广东，却忽然在这时，宣布“反正”，重归明朝，直至战死。像钱谦益、李成栋这种南辕北辙般的大“反复”，固然免不了有些个人小算盘的因素，却绝不足以此相解释，恐怕内心、情感或人格上的纠结，才真正说明一切。

矛盾状态，远不只见于名节有亏之辈，尤应注意那些“清正之士”，内心也往往陷于自相牴牾。例如黄宗羲，自集义军，坚持抗清，只要一线希望尚在，就不停止战斗；即便战斗无望，也拒不仕清，终身保持遗民身份，其于明朝似可谓忠矣。然与行为相反，读其论述，每每觉得黄宗羲根本不是传统意义上的忠君者，他对君权、家天下的批判，是到那时为止中国最彻底的。以此揣之，他投身复明运动，并非为明朝而战，至少不是为某个君主而战，而是为他的国家、民族、文化认同而战。然而，他的行为客观上实际又是在保卫、挽救他已经感到严重抵触和质疑的皇权，以及注定被这权力败坏的那个人。这与其说是黄宗羲个人的矛盾，不如说是时代的矛盾。

在明末，这种情绪其实已是非常普遍的存在，并非只有黄宗羲那样的大精英、大名士所独有。细读《明季南略》，可于字里行间察觉作者计六奇对于明王朝不得不忠、实颇疑之的心曲。书中，到弘光元年四月止，对朱由崧一律称“上”，而从五月开始，亦即自清兵渡江、朱由崧出奔起，径称“弘光”，不复称“上”。古人撰史，讲究“书法”，字词之易，辞义所在。以“弘光”易“上”，是心中已将视朱由崧为君的义务放下——假如真的抱定忠君之念，计六奇对朱由崧本该一日为君、终生是君，但他一俟后者失国便不再以“上”相称。这是一种态度或评价。朱由崧在位时，作为子民计六奇自该尊他一个“上”字，然而，这绝不表示朱由崧配得上；《南略》不少地方，都流露出对朱由崧的微辞以至不屑。这是明末很多正直知识分子所共有的隐痛：虽然对君上、国事诸多不满甚至悲懑，但大义所系，国不得不爱，君不得不尊，统不得不奉，于万般无奈中眼睁睁看着社稷一点点坏下去，终至国亡。

虽然所有王朝的末年都不免朽烂，但明末似乎尤以朽烂著称。我们不曾去具体比较，明末的朽烂较之前朝，是否真的“于斯为盛”，但在笔者看来，明末朽烂所以令人印象至深，并不在于朽烂程度，而在于这种朽烂散发出一种特别的气息。

简单说，那是一种末世的气息。过去，任何一个朝代大放其朽烂气息时，我们只是知道，它快要死了——但并非真死，在它死后，马上会有一个新朝，换副皮囊，复活重生。明末却不同，它所散发出来的朽烂，不仅仅属于某个政权、某个朝代，而是来源于历史整体，是这历史整体的行将就木、难以为继。你仿佛感到，有一条路走到了头，或者，一只密闭的罐子空气已经耗尽。这次的死亡，真正无解。所谓末世，就是无解；以往的办法全部失灵，人们眼中浮现出绝望，并在各种行为上表现出来。

这是明末独有的气质，及时行乐、极端利己、贪欲无度、疯狂攫取……种种表现，带着绝望之下所特有的恐慌和茫然，诸多人与事，已无法以理性来解释。以弘光朝为例，在它存世一年间，这朝廷简直没有做成一件事，上上下下，人人像无头的苍蝇在空中飞来撞去，却完全不知自己在做什么。皇帝朱由崧成天耽溺酒乐，直到出奔之前仍“集梨园子弟杂坐酣饮”[1]；首辅马士英明知势如累卵，朝不保夕，却不可理喻地要将天下钱财敛于怀中；那些坐拥重兵的将军，仓皇南下，无所事事，为了谁能暂据扬州睚眦相向……他们貌似欲望强烈，其实却并不知所要究竟系何，只是胡乱抓些东西填补空虚。一言以蔽之：每个人所体验的，都是枯坐等死的无聊。

然而，这时代的深刻性，不只在于旧有事物的无可救药。我们从万古不废的自然界可知，生命机体腐坏，也意味着以微生物的方式转化为养料和能量，从而滋生新的生命。明末那种不可挽回的圮毁，在将终末感和苦闷植入人心的同时，也刺激、诱发了真正具有反叛性的思想。

前面说到明代精神的两面性。的确，以理学、八股为特征，明代思想状态有其僵死、保守的一面，就像遗存至

[1] 徐鼒《小腆纪年附考》，中华书局，2006，第364页。

今、森然林立的贞节牌坊所演述的那样。但是，对于明代精神的另一面——怀疑、苦闷与叛逆，谈得却很不够；对于明代知识分子的独立意识、批判性以至战斗性，谈得就更不够。

很显然，历朝历代，明代知识分子的上述表现应该说是最强的。从方孝孺到海瑞，这种类型的士大夫，其他朝代很少见到。如果说明中期以前多是作为个人气节表现出来，那么从万历末期起，就越来越显著地演进到群体的精神认同。著名的“三大案”，看似宫廷事件，实际是中国古代政治史一个分水岭；以此为导火索，知识分子集团与传统皇权的分歧终于表面化，从而触发党争和党祸。从天启年间阉党排倾、锢杀东林，到崇祯定逆案，再到弘光时马、阮当道——确言之，从1615年“梃击案”发，到1645年弘光覆灭——整整三十年，明季历史均为党争所主导。这一现象，表面看是权力争攘，深究则将发现根植于知识分子批判性的强劲提升和由此而来的新型政治诉求。在此过程中，知识分子集团不光表现出政治独立性，也明确追求这种独立性。他们矛头所向，是企图不受约束的皇权，以及所有依附于这种权力的个人或利益集团（皇族、外戚、太监、倖臣等）。

这是一个重大历史迹象。虽然党锢、党争在汉宋两代也曾发生，但此番却不可同日而语。明末党争不是简单的派系之争，事实上，它是以知识分子批判性、独立性为内涵，在君主专制受质疑基础上，所形成的带有重新切割社会权力和政党政治指向的萌芽。若曰不然，试看：

> 岂天地之大，于兆人万姓之中，独私其一人一姓乎？[1]

这是黄宗羲《原君》中的一句。如果我们意识到阐述了这一认识的人，正是在天启党祸中遭迫害致死的一位东林党人的后代（黄宗羲之父、御史黄尊素，天启六年死于狱中），或许能够从中更清楚地看到明末的精神思想脉络。

在欧洲，资产阶级的崛起，使君权、教权之外出现第三等级，最后导致民主共和。我们无意将明末的情形与之生搬硬套，却也不必因而否认，黄宗羲在中国明确提出了对君权的批判，而且是

[1] 黄宗羲《明夷待访录·原君》，《黄宗羲全集》第一册，浙江古籍出版社，1985，第3页。

从社会权利分配不合理的全新意义和高度提出的。我们不必牵强地认为明末发生了所谓"资本主义"(它是一个如此"西方"的语词)萌芽,但我们依然认定,这种思想连同它的表述,在帝制以来的中国具有革命性。

末世,未必不是历史旧循环系统的终结,未必不是已到突破瓶颈的关口。尽管我们明知,对历史的任何假设都近乎于谵妄,但关于明末,我们还是禁不住诱惑,去设想它可能蕴藏的趋势。这种诱惑,来自那个时代独特而强烈的气息,来自其思想、道德、社会、经济上诸多异样的迹象,来自我们对中国历史的了解与判断,最后,显然也从中西历史比较那里接受了暗示……总之,我们靠嗅觉和推测就明末中国展开某种想象,私下里,我们普遍感到这样的想象理由充足,唯一的问题是无法将其作为事实来谈论。

也罢,我们就不谈事实,只谈假设。

人们不止一次在历史中发现:事实并不总是正确的,有些事实并非历史合乎逻辑的发展,而是出于某种意外。一个意外的、不符合期待的甚至无从预见的事件突然发生了,扰乱了历史的进程,一下子使它脱离原来的轨道。这种经历,我们现代人遇到过,十七世纪中叶的汉民族似乎也遇到了。

那就是满清对中原的统治。

我曾一再思索这意味着什么。尽管今天我们会努力说服自己用当代的"历史视野"消化其中的民族冲突意味,但当时现实毕竟是,汉服衣冠被"异族"所褫夺。这当中,有两个后果无可回避:第一,外族统治势必对国中的矛盾关系、问题系列(或顺序)造成改写;第二,新统治者在文明状态上的客观落差,势必延缓、拖累、打断中国原有的文明步伐。

有关第一种后果,看看清初怎样用文字狱窒息汉人精神,用禁毁、改窜的办法消灭异己思想,便一目了然。在满清统治者来说,此乃题中之义、有益无害,完全符合他们的利益需要,不这么做没法压服反抗、巩固统治。但对中国文明进程来说却只有害处,是大斫伤,也是飞来之祸、本不必有的一劫。

至于第二种后果,历来有不少论者,对满清诚恳学习、积极融入汉文化大加赞赏,固然,比之另一个异族统治者蒙元,满清的表现正面得多。不过理应指出,在他们这是进步、是提高,中国文明却并无进步、提高可言——实质是,为适应一个较为落后现在却操持了统治大权的民族，中国放缓了自己的文明脚步。在先进文化面前，历史上两个使汉人完全亡国的外族，蒙元采取抵制，祚仅百年；满清以汉为师，结果立足近三百年。它们之间，高下分明。然而两者有一点相同，即均无裨益于中原文明。自其较“好”者满清来看，入主中原后，一切制度照搬明代，实因自身在文化上太过粗陋、没有创新能力，只能亦步亦趋地仿造与抄袭。

照明代的社会、经济、文化状态看，中国历史此时已处在突破、转型的前夜，至少，新的问题已经提出。倘若不被打断，顺此以往，应能酝酿出某种解答。满清入主，瞬间扭转了矛盾与问题的焦点。先前中国从自身历史积攒起来的内在苦闷，被民族冲突的外在苦闷所代替或掩盖；本来，它可能作为中国历史内部的一种能量，自发探求并发现突破口，眼下却被压抑下去或转移到别处，以至于要等上二百年，由西方列强帮我们重新唤醒、指示这种苦闷。

这是一个已经身在二十一世纪的中国人，于读史时的所思。毋庸讳言，它带着很大的猜想性。但这猜想，究竟不是凭空从笔者脑中而来，而是对扑鼻的历史气息的品咂与感应。读计六奇《北略》《南略》、黄宗羲《弘光实录钞》、顾炎武《圣安皇帝本纪》、文秉《甲乙事案》、夏允彝《幸存录》、王夫之《永历实录》、谈迁《国榷》……心头每每盘旋一个问题：这些人，思想上均非对君主愚忠、死忠之辈，不同程度上，还是怀疑者、批判者，却无一例外在明清之际坚定选择成为“明遗民”。他们有人殊死抵抗，有人追随最后一位朱姓君主直至桂中，有人远遁入海、死于荒渺，有人锥心刺骨、终生走不出“甲申”记忆……民族隔阂无疑是原因之一，但这既不会是唯一原因，而且从这些人的精神高度（注意，其中有几位十七世纪东方顶尖的思想家和学问家）推求，恐怕亦非主要原因。我所能想到的根本解释，应是他们内心十分清楚，这一事态意味着在巨大的文明落差下中国的方方面面将大幅后退。他们拚死保护、难以割舍的，与其说是独夫民贼，不如说是中国历史和文明的延续性。

“明遗民”是大现象、大题目，人物、情节甚丰，而且其中每可见慷慨英雄气，绝非人们从字眼上所想的冥顽不灵一类气质。就眼下而言，我们着重指出明末这段历史的幽晦与复杂、人性的彷徨与背反，包括社会心理或个人情感上的苦痛辛酸、虬结缠绕，并非一部“阶级斗争史”可以囊括。

中国人重新认识自己历史的时间并不长，基本从二十世纪开始。之前，既缺少一种超越的视野（对传统的摆脱与疏离），也缺少文化上的参照系（不知有世界，以为中华即天下），还缺少相应的理念和工具（对此，梁启超《中国历史研究法》所论颇精要）。以中国历史之长，这一工作又开展得如此之晚，其繁重与紧迫可想而知。即使如此，我们却仍有三四十年以上的时间，被限制在一种框架之下，使历史认识陷于简单化和概念化，欠账实在太多。

像明末这段历史，对观察全球化以前或者说自足、封闭状态下中国的社会、政治、文化、思想，可谓不可多得的剖截面，但迄今获取的认识与这段历史本身的复杂性、丰富性相比，却单薄得可怜。它先在二十世纪初排满运动中、后在抗日时期，以历史情境的相似令人触景生情，两次引起学界注意，陈去病、柳亚子、朱希祖、孟森、顾颉刚、谢国桢诸先生或加以倡重，或亲自致力于材料、研究，创于荜路蓝缕，有了很好的开端。五十年代起，思想归于一尊，同时还有各种"政策"的约束，对明末历史的探问颇感不便与艰难，渐趋平庸。举个例子，钱海岳先生穷其一生所撰，曾被柳亚子、朱希祖、顾颉刚等寄予厚望的三千五百万字巨著《南明史》百二十卷，一直静置箧中，直到新世纪的2006年（作者已过世三十八年）才由中华书局出版。像《甲申三百年祭》、《李自成》那样的著作，本来不无价值，但它们的矗立，却是作为一种警示性标志，起到排斥对于历史不同兴趣的作用。

历史是一条通道，现实由此而来；使它保持通畅的意义在于，人们将对现实所以如此，有更深入的、超出于眼前的认识。每个民族都需要细细地了解自己的历史，了解越透彻就越聪明，以使现实和未来朝较好的方向发展。

序　三

崇祯死了。他在李自成军攻陷皇城时，毅然自缢。作为皇帝，这样死去史不多见，说到历来以身殉国的皇帝，他算一个。

崇祯的死，被当成明朝灭亡的标志。姑以《现代汉语词典》为例，这部已印三百余次、总发行量据信超过四千万册、流传极广的辞书，于其卷末《历代纪元表》，将明代的起迄标注为“1368—1644”，所列最末一位君主即是思宗朱由检，也即通常人们所说的崇祯皇帝。对此，大中学校历史教材如出一辙，每位学生所得知识，都是在崇祯上吊的那天，明朝灭亡了。

然而，这并非事实。

崇祯的死与明朝灭亡之间，不能划等号。史家以崇祯死国为明亡标志，是为求简便而将历史以整数相除。真实的历史却往往不是整数，还有许多的事实，如同隐藏在小数点后面的数字，只求整数，这些事实就被抹去或省略。对专业治史者来说，求整数只是一种简化，他们对历史的了解，不会受此影响。然而，以外的人却不免陷入错误知识而且并不自知，他们会认真地以为，在崇祯自尽或者清兵进入北京那一刻，明朝就此亡掉。这是一个占据现在绝大多数人头脑的错误知识。

当时的情形，其实是这样的：

4月25日清晨，崇祯死后，北京为李自成所占。大顺军控制了黄河以北、山海关以南，包括陕、晋、鲁、北直隶和约一半河南在内的数省区域。如果手头有明朝版图，你立刻可以直观地看到，这是一片不大的区域；而且，这种控制并不牢固，总的来说还相当脆弱。

5月22日（甲戌日）至27日（己卯日）[1]，明军吴三桂部和满清联军，与

[1] 此为大致时间范围，具体过程，诸记不一。《燕都日记》、《请兵始末》说5月24日（丙子）吴三桂与李自成战于一片石，次日，清兵助吴大破李军。《明史》《东华录》《逆臣传》则记载，5月26日（戊寅）吴与李战，27日清兵参战。

李自成大战于山海关一片石，将后者击溃。李自成败退北京，于5月29日匆匆称帝，“是夜，焚宫殿西走。”

一周之后，清军进入北京。但是，大顺军溃逃所留下的地盘，并未立即纳入满清控制之下。在一段不短的时间内，满清对原属明朝疆土的掌控微乎其微；大致，仅北直隶（以今河北为主）一地而已。其左近处，晋、陕两省尚在争夺中（与李自成），而河南和山东的大部，一时间满清、大顺和大明谁都不能据有，互有交错。至于此外的广邈地方，满清干脆连一只脚印也还不曾留下。

反观此时明朝，虽旬月中，京师两番易手，从朱姓先改李姓，复改爱新觉罗氏，但亦仅此而已。所谓巨变，除了京师周遭可算名副其实，其他地方都谈不上。关外（所谓“建州”）后金崛起已近三十年，陕晋之乱也有十多年，张献忠1640年就攻打了四川……这些，均不自1644年始。如果说明朝是个烂摊子，则崇祯在世即已如此，而他殉国之后，暂时也没有变得更糟。

大部分地区，到此仍是明朝之天下。自荆楚以至浙闽，从淮河迄于粤、桂、滇，都还姓朱。它们不单面积广大，尤其重要的是，皆系中国富饶之地，天然粮仓几乎悉数在此（除天府之国已成瓯脱），工商于兹为盛，税赋根基未尝动摇，换言之，在这乱世之中，明朝财力仍属最强。对此，当时一位民间战略家“布衣陈方策”，上书史可法，这样分析形势：

> 东南岁输粮米数百万，金钱数百万以供京边，动称不足。今我粮运、银运尽行南还，贼将存仓之余粒、拷索之金为泉源乎？贼其饥矣，贫矣。[1]

言下之意，北事失利未必只有害处，一定意义上，竟也等于甩掉个包袱。北地苦瘠，物产不丰，迁都后，一直靠南边通过运河输血供养。如今，南方钱粮再不必北输，“尽行南还”，岂非卸掉大大的包袱？这位陈布衣又说：

> 举天下之大，贼仅窃十之一二，我犹居十之八九。且贼瘠我肥，贼寡我众，贼愚我智，贼饥我

[1] 冯梦龙编《中兴实录》，《南明史料（八种）》，江苏古籍出版社，1999，第663页。

饱,贼边我腹……[1]

语气稍嫌轻浮,所论则大皆事实。

此外,明朝为两京制,北京之外,还有南京。朱棣以北京为京师后,南京旧制保存未变,从六部到国家礼器一应俱全。过去二百多年,这种叠床架屋的配制不免糜耗冗费,谁承想,当初这因朱棣篡位而形成的制度,现在意外起到"系统备份"的作用,使明朝免于崩溃。事实上,因着南京这套备用系统的存在,面对京师沦陷乃至国君殒命,明朝所受到的打击并非想象的那么严重。

最后再看武装力量。福王南京称帝后,史可法对兵力重新部署,将江北明军主力设为"四镇",每镇兵额三万,四镇兵力计十二万。但这是计饷的定额,每个年度"每名给饷二十两"[2],十二万部队一年耗银二百四十万两,而朝廷整个财政年入六百二十万两[3],此已用掉三分之一强,所以必须严格控制额度。然而,计饷的兵额并不是各镇实际兵力。《小腆纪年附考》有一处提到,"四镇之兵不下数十万人"[4],绝非区区之十二万;另一处说,单单四镇中最强的高杰所部,便计"十三总兵,有众四十万"[5]。四镇之外,明军主力还有一个"巨无霸",这便是驻扎湖北的左良玉部。左部之强,四镇加起来也抵不过——"良玉兵无虑八十万,号称百万"[6](陈方策给史可法上书中,也说"左镇拥兵数十万"[7])。以上数字应有水分,未足信凭,但反过来说,朝廷出于财政原因所定下的江北四镇各三万、楚镇五万余兵力[8]的额度,同样不代表真实的数字。因各镇实际兵力原不止此,何况他们为增强自身实力,还都有扩军之举。例如,"泽清在淮安,选义坊之健者入部,肆掠于野。(淮抚田)仰无如何,乃为请饷。"[9]但朝廷拿不出钱来,对军纪的败坏,睁一只眼闭一只眼。除了抢掠,军方还在各地自行征税,"时四镇私设行盐理饷总兵监纪等官,自划分地,商贾裹足,民不聊生。"[10]其实,

[1] 冯梦龙编《中兴实录》,《南明史料(八种)》,江苏古籍出版社,1999,第664页。
[2] 古藏氏史臣(黄宗羲)《弘光实录钞》,《南明史料(八种)》,江苏古籍出版社,1999,第72页。
[3] 李清《三垣笔记》,中华书局,1997,第110页。
[4] 徐鼒《小腆纪年附考》,中华书局,2006,第230页。
[5] 徐鼒《小腆纪年附考》,中华书局,2006,第151页。
[6] 徐鼒《小腆纪年附考》,中华书局,2006,第175页。
[7] 冯梦龙编《中兴实录》,《南明史料(八种)》,江苏古籍出版社,1999,第662页。
[8] 李清《三垣笔记》,中华书局,1997,第108页。
[9] 徐鼒《小腆纪年附考》,中华书局,2006,第273页。
[10] 徐鼒《小腆纪年附考》,中华书局,2006,第258页。

“私设”二字无从谈起，在史可法的“四镇”规划中，“仍许各境内招商收税，以供军前买马置器之用”[1]一语，载于明文，可见并非“私设”。

就是说，这时明朝军队有账面内（计饷）和账面外（未计饷）之分。后者超过前者多少，没有翔实数据，但依“传闻”推想，多上几倍大概不成问题。而账面内（计饷）兵力，《三垣笔记》提供了确切的数字：

江北四镇：各三万，共十二万。

楚镇：五万余。

京营：六万。

江督、安抚、芜抚、文武操江，郑鸿逵、郑彩、黄斌卿、黄蜚、卜从善等八镇：共十二万。[2]

以上合计三十五万。如按多三倍算，明朝实际兵力这时仍超百万。这样估计似乎并不夸张。

尽有天下膏腴之地、国家组织完好、拥兵百万——这样一个朝廷，距“灭亡”二字不亦远乎？而它的对手或敌人：李自成已经溃不成军；张献忠始终抱定流寇哲学；满清刚刚入关、立足未稳，且与李自成继续缠斗、脱不开手。四大势力的处境，明朝可谓最好。

所以，虽然教科书为求简便可以把1644年当做一个重要标识，作为史实我们却应知道，这一年明朝不仅仍然健在，而且底气颇足。它的确遭遇严重危机，但不能与“灭亡”混为一谈。对它来说，类似的危机过去就曾有所经历。1449年，“土木之变”致英宗被俘，严重性相仿，明朝却起死回生，又延祚二百年。那么，怎见得1644年最终不可以是另一次“土木之变”？

为何费这些笔墨，反复辨析不当以1644年为明亡标志？第一，这知识本身是错的，是年，明朝不过死了一位皇帝，却很快又有了新皇帝，国家机器继续运转。第二，虽然政治中心从北京转到南京，并且失去对黄河以北的控制，但这政权既不支离破碎，更没有陷于流亡境地，

[1]《圣安皇帝本纪》《弘光实录钞》《南渡录》等皆同。

[2]李清《三垣笔记》，中华书局，1997，第108页。

某种意义上，其客观条件比对手们更优越。第三，倘若以为明朝随着崇祯自缢而亡了，不知道至此它其实仍然活得好好的，甚至有能力和大把的机会去收复失地、重整山河，那么我们不光在史实上出错，实际也无法搞懂明朝怎样灭亡以及为何而亡。

申明1644年明朝未亡，不单是弄清史实或纠正一个错误知识。不能因满清占领了北京，就立刻将它奉为中国权力的正统。仅以北京的得失为这样的标志，既有夸大之嫌，更是提前用后事看当下。1937年，中国也曾失去国都，是否可说中国就此亡国？这一类比，因后续历史的不同，也许不甚恰当；然而仅就1644年而言，其实并无不可。对清朝在中国历史的二百六十余年整体存在如何定义，可另外讨论，但在1644年，它是入侵者，是汉民族的敌人，是中国正统权力的颠覆者，此一历史原态没有含糊其辞的必要。

关注这个问题，不必说确与民族感情有关，南明这段历史两次形成热点，一次在清末民初，一次在抗日时期。前者本身就是民族原因所致，满清统治中国后，严厉禁蔽明末真相，将明史截断于崇祯之死，由清廷钦定的《明史》只写到庄烈帝（崇祯），也就是说，今之所谓明亡于崇祯的框架，正是来自满清。与此同时，满清决然封杀弘光、隆武、永历等南明诸朝，以及清初"明遗民"有关这段的史著，为此不惜制造一起又一起文字狱。这种遮蔽与掩杀，一直维持到同光之际，因其自身强弩之末才渐有松弛。所以，一旦清室逊位、进入民国，与排满思潮相呼应，学界立即涌起挖掘、修复这段历史的强烈愿望。等到日寇侵华、国府西迁，相似的情境再次触动历史记忆和心灵体验，使人们从新的层面看待和感悟明末。这种记忆与体验包含民族认同和精神溯源的可贵价值，正像明末清初诸多爱国者，每每追忆着岳飞、文天祥去激励自己那样。这时，崇祯死后的明代历史，隐然具有如何看待中华正统的意味。虽然国运日蹇、虎狼在前，爱国志士却不改坚贞，且不说国犹未亡，即便江山易手，国统也犹存心中——这是黄宗羲、王夫之、顾炎武、谈迁、方以智等许许多多"明遗民"所树立的榜样和传统。较之于此，轻言满清占据北京、明朝即告灭亡，置历史于何地，又令先贤情何以堪？

历史是远远而来的大河，穿山越岭，走过不同路段，滚滚向前。这种向前并非对过去的抛却，相反，所历之处的大地精华会流动在整条河流之中，携往未来。唯有这样看,历史才是庄重和有尊严的。之所以斤斤计较明代是否亡于1644年,不在于时间上区区一二年之差,而在于坚持历史的伦理层面不苟且。若干年中,这种苟且已达于荒唐。诸如王昭君从悲情人物变成光明使者、岳武穆失去"民族英雄"光环。起李陵、文天祥、左懋第等于地下,他们似乎已然面目无光。顺此逻辑,则洪承畴、吴三桂之徒,有朝一日将被膜拜为促进国家统一、民族团结的功臣。这背后,是一种实用主义历史观,取舍只问是否有利当下、合乎现实需要。其实不必如此,如前所说,历史有不同路段,完全可以分而论之。今日怎样、当时如何,各予尊重,有何不可?为何非要强史就今、驱策历史为现实服务?这做法,于现实或有若干便利,而从中华民族长远利益看,却割裂传统、造成历史伦理淆乱、致使一些重要而基本的是非阙如。

拗正这种偏差,不妨自重新确认明末历史始:在1644年,不管论以统序,还是质诸实际,满清并不具备南京的权威性,更不要说取代它。明朝作为当时中国之权力正统,至少维持到1645年6月7日(旧历五月十四丙午),亦即明京营总督、忻城伯赵之龙和礼部尚书钱谦益等向全境臣民正式下达投降书的那一天。这是满清真正成为中国统治者的时刻;此后,南部虽有隆武、永历等政权继续存在,但我们可以认为,奉明朝正朔的历史到此已经结束。

国变·定策

古云:国不可一日无君。4月25日以来,崇祯死国、北都沦陷,是明朝所受两大重创。但换个角度也不妨说,明朝虽然头破血流,却筋骨未伤;北京统治机器虽然瓦解,南京这套备用系统却完好无损,并且能够立即启动、投入运行——刻下,它只是缺少一位国君而已。

一

自倒数两个王朝起而至现代,约七百年间,大事基本发生在两座城市之间。

朱元璋在南京立国,“靖难”后,朱棣将首都迁到北京。清祧明祚,亦定鼎北京。清室逊位后,中华民国的国都之选,与明初刚好反向而行:先北京,北伐后南迁南京。逮至中华人民共和国成立,首都又从南京返于北京。

其间,南京曾四度告破。一破于朱棣“靖难”大军,二破于满清统帅多铎,三破于洪秀全,四破于中国人民解放军。这四次城破,除洪秀全那次,北京都曾从中受益;似乎南京之衰即是北京之盛,里头的渊源着实堪奇。

连帝制下最后两起大规模农民起义,亦于这两座城市取得最高成就。它们之间还有一个相映成趣的现象:洪秀全打下南京后,对以后的事情既似乎失去兴趣,势运亦到此为止,不能再越一步,虽象征性地派出北伐军去攻打北京,却仿佛是姑且表示一番而已。李自成刚好相反,在长城—黄河间纵横驰骋,乃至摧枯拉朽直捣北京;然而,逾此范围则屡吃败仗,洛阳执杀福王朱常洵是其平生大捷之中最南者,再南辄不利,最后死在鄂赣交界的九宫山,差不多也是他一生所到最南端。

二

两座城市之间的故事,多少有些神秘。

1644年春,它们的处境有天壤之别。一边,烽烟四起、城碎墙残、君王殒命、人心惶惶,另一边则安宁如故。截至此时,长江三角洲在满目疮痍、遍布祸乱的明末,独能置身事外,兵燹远隔,桑梓仍旧。王朝第二政治中心南京,安居乐业,街陌熙攘，秦淮河畔偎红依翠的风情丝毫未受打扰。

东南的静逸偏安，透过一个细节表露无遗——崇祯皇帝4月25日驾崩，足足过了十一天以至更久，南京才隐约听到点什么。诸史一致记载，5月6日（四月初一戊午），南京兵部尚书史可法等举行“誓师勤王”仪式。注意“勤王”二字，换言之，此时南京得到的消息，只是京师告急。真实情况却是，他们已无王可勤。勤王部队刚过长江，就在北岸的浦口停止前进，这时大概有了进一步的消息。计六奇说：

> （三月）廿九日丁巳（5月5日），淮上始传京师陷，众犹疑信相半。[1]

阻止部队北上的，恐怕就是这一“淮上”消息。然而，消息内容只提到“京师陷”，未含皇帝下落，而且来源也很不可靠，使人将信将疑。究竟发生了什么，准确信息直到5月15日（四月初十丁卯）方才到达：

> 丁卯。京营李昌期至淮安，告巡抚路振飞以大行之丧。振飞集士民告以大故。[2]

又经过两天，同样的信息送到南京：“四月己巳（5月17日），烈皇帝凶问至南京。”[3]《国榷》则记为庚午日（5月18日）“先帝凶问至南京”[4]，相差一天。对于这样特别重大的变故，理应慎之又慎加以核实，所以又经过十三天，到5月30日（四月二十五日壬午），南京官方最终完成了对噩耗的确认：“壬午……北信报确，史可法约南京诸大臣出议。”[5]

也就是说，东南一带普遍在旧历四月二十五日以后知悉巨变。这一时间表，证以计六奇的回忆：“四月廿七日，予在舅氏看梨园，忽闻河间、大名、真定等处相继告陷……廿八日，予下乡，乡间乱信汹汹。廿九日下午，群徵叔云：‘崇祯皇帝已缢死煤山矣。’”[6]很能吻合。

此时，距崇祯之死已一个月零五天。

[1] 计六奇《明季南略》，中华书局，2008，第1页。
[2] 谈迁《国榷》，中华书局，2005，第6071页。
[3] 顾炎武《圣安皇帝本纪》，《南明史料（八种）》，江苏古籍出版社，1999，第96页。
[4] 谈迁《国榷》，中华书局，2005，第6073页。
[5] 谈迁《国榷》，中华书局，2005，第6078页。
[6] 计六奇《明季南略》，中华书局，1984，第7页。

倘在今天，如此惊世之变，将于几分钟内传遍环球，而三百年前却辗转月余。这固是通讯原始所致，却并不完全因此。北京距南京约一千一百公里，假如一切正常，当时条件下像这样重大的消息，以第一等的传驿方式可在三五天送达。之所以耗时多至十倍，实在是一南一北已阴阳两隔，而中原板荡，有如飞地，为溃兵、难民所充斥，一片乱世景象。

工部员外郎赵士锦，5月19日（四月十四日辛未）逃离北京，和方以智等结伴南归，“行旅颇艰”，“相戒勿交一语”；经过二十天，五月初五端午日到达淮抚路振飞控制下的清江浦，最后回到故乡无锡已是6月21日（五月十七夏至日）[1]。这个经历，我们可以作为崇祯凶问曲折南下的参考。

由赵士锦的讲述，我们还略知北变之后沿途各地的情形。从天津经沧州、德州、茌平、高唐至济宁一线，明朝统治已经解体，李自成势力则正向这些地方渗透。在德州和济宁，赵士锦都曾目睹和北京相同的闯军拷掠士大夫的场面。济宁以下，徐州、宿迁至清河（今淮安市淮阴区）间，为缓冲区；五月初四夜，赵士锦看到“烟火烛天，光同白昼”，“吾兵烧青（清）河县也”——可见对这一区域，明朝已毁城弃守。过了黄河（此时黄河入海口位于今江苏滨海县境内），清江浦以南，才在明朝实际控制中。

显然，在南京北面横亘着两道天然屏障，第一道黄河，第二道长江。因为它们，南京得以把自己跟战乱隔开。虽然北变音讯传来后，空气也变得紧张，南京一度戒严[2]，而赵士锦从淮安乘小舟继续南归途经泰州、丹徒时，则被“防御甚严”的乡兵（民团）拒绝登岸，“刀棘相向，奸与良弗辨”[3]——一定的恐慌也许难以避免，但比之于中国其他地方，这一带看上去似乎是世外桃源。也许天险可恃，也许人们觉得作为本朝龙飞之地，这里元黄毓粹、王气犹存，是块天生的福地。

三

这种感受或想象，广泛存在于人们心头，尤其北方那些宗藩、官僚、将

[1] 赵士锦《北归记》，《甲申纪事（外三种）》，中华书局，1959，第23—24页。

[2] 计六奇《明季南略》，中华书局，1984，第1页。

[3] 赵士锦《北归记》，《甲申纪事（外三种）》，中华书局，1959，第24页。

军和富室。自从北方局势恶化以来,南逃之人便络绎于途,其中有两种人需要格外注意,一是手握重兵的武人,一是王室宗亲,他们对以后的事,都将施加重要影响。

早在4月中旬(旧历三月初)京师陷落以前,各宗藩就开始"弃藩南奔",时间大致在4月10日(三月初四)左右,他们不约而同奔淮安而来。截至4月27日,淮安已出现了四位亲王,分别是来自开封的周王、来自卫辉的潞王、来自汝宁的崇王,以及领地在洛阳、数月来一直流浪的福王。

计六奇说,最早到达的是周王(三月十一日以前),其次福王(三月十八日),最后是潞王(三月二十一日)。[1]其他作者所记,一般是福王与潞王同时抵达。文秉《甲乙事案》则说诸藩并至,还描述了当时的场面:

> 是时,各藩俱南奔,淮抚路振飞亲驻河干,以令箭约诸藩,舟鱼贯而进。[2]

关于其中经过,一种说法是正月庚寅日(1644年大年初一)闯军破怀庆,暂栖于此的福王逃脱,北上卫辉依附潞王,复于三月初一随潞王南至淮安。[3]另一种说法,河南大坏后周、潞、崇三王各自逃出,在曹州汇集,由水道南下;途中,四处流浪的福王看到这支船队,"乃趋入舟边,诉履历于三王",所幸舟中有两名太监原在福王府供职,"识故主",为之作证,这样福王才为三王接纳,"遂同舟下淮安",这是当时南京市民广泛口传的故事。[4]离乱之世,各种说法也许都不确凿,我们能够注意的,是福王在其中格外惨淡的处境。

计六奇又说,在淮安那段时间里,福王"寓湖嘴杜光绍园",周王、潞王辄以"行舟皆泊湖嘴"[5]。这也是一个要品味的情节。虽说诸王均在流亡中,其他人却"各以宫眷随",都还保持着亲王的派头与生活,"独福王孑然,与常应俊等数人流离漂泊"[6],"葛巾敝袍而已"[7]。福王一家是王室近支中最早的落难者,1641年春,洛阳陷落,老

[1]计六奇《明季南略》,中华书局,1984,第1页。
[2]文秉《甲乙事案》,《南明史料(八种)》,江苏古籍出版社,1999,第430页。
[3]钱海岳《南明史》第二册,中华书局,2006,第1页。
[4]计六奇《明季南略》,中华书局,1984,第188页。
[5]计六奇《明季南略》,中华书局,1984,第1页。
[6]计六奇《明季南略》,中华书局,1984,第6页。
[7]计六奇《明季南略》,中华书局,1984,第188页。

福王朱常洵被李自成杀而烹之。福世子自此家破人亡,以至形如乞丐,该年二月,有大臣根据河南来人所述,向崇祯皇帝汇报福世子近况:“问:世子若何。曰:世子衣不蔽体。”时在隆冬,难怪崇祯闻言为之“泣下”,“发三万一千金”派司礼太监王裕民专门前往“赍赈”[1]。1643年,崇祯批准他嗣位福王[2],但此时崇祯自己已穷于应付、捉襟见肘,嗣位只是虚号,恐怕连两年前的“三万一千金”也拿不出来了,福王实际处境不会有任何改观,依旧沦落底层,一文不名。眼下,船队驶入淮安时,周王表现阔绰,“出行赀给赏淮安各义坊”[3],以此为见面礼;反观福王,却“橐匮,贷常淓(潞王)千金以济”[4]。所借这笔钱,或即搬出舟中“寓湖嘴杜光绍园”的租住之用。大概,诸王将他捎到淮安已然不薄,继续留舟中彼此均不相宜。可以想见,身无分文、黯然离舟,连以后过日子的钱都要靠别人周济,这番光景下的福王真可谓穷途末路。据说,旬日之后,南京的大臣们前来觐见时,他是这样一副形容:

> 王角巾葛衣坐寝榻上,枕旧衾敝,帐亦不能具,随从田成诸奄布袍草履,不胜其困。[5]

然而,有道是“祸兮,福之所倚”。福王从花团锦簇、前呼后拥的王舟迁出上岸,孑然、伶仃地借寓杜光绍园,当时固然凄清,事后看,其命运转机似乎偏偏由此而来。那真是眨眼间峰回路转,极富戏剧性,不禁让人油然想起,唯独他的封号里有一个“福”字。

四

古云:国不可一日无君。4月25日以来,崇祯死国、北都沦陷,是明朝所受两大重创。但换个角度也不妨说,明朝虽然头破血流,却筋骨未伤;北京

[1] 谈迁《国榷》,中华书局,2005,第5889页。
[2] 谈迁《国榷》,中华书局,2005,第5977页。
[3] 文秉《甲乙事案》,《南明史料(八种)》,江苏古籍出版社,1999,第430页。
[4] 钱海岳《南明史》第二册,中华书局,2006,第1页。并见《国榷》第6066页。
[5] 文秉《甲乙事案》,《南明史料(八种)》,江苏古籍出版社,1999,第431页。

统治机器虽然瓦解，南京这套备用系统却完好无损，并且能够立即启动、投入运行——刻下，它只是缺少一位国君而已。

以最简明的情形论，崇祯皇位继承人属于他的男性后代。崇祯凡七子，其中四人早夭，最晚出生的二位皇子，连名字都没留下来。甲申之变时尚在人世的，是太子慈烺、皇三子定王慈炯[1]和皇四子永王慈炤。毫无疑问，他们都是皇位的当然继承人，顺序依长幼而定。问题是，到目前为止，三人下落不明。

既然失去简明，复杂就趁虚而入。作为王朝的当务之急，南京的重臣们为此紧锣密鼓、奔走忙碌，本来无可非议，甚至理所应当。然而，几乎每个人都在其中打着小算盘。

"小算盘"主要有两种，一是一己之私，一是集团利益。前者是指，通过拥戴新君捞取"定策之功"，瞬间大幅提升个人政治地位：成为政坛耀眼的明星，获得巨大权力。后者则从政治派别利益出发，力图确定一个符合自己需要的新君人选，考虑的重点在于谋求一位更易于合作的君主，这一结果的达成显然同样关乎权力。

打第一种小算盘的代表人物，是凤阳总督马士英。著名的东林党人打的是第二种小算盘。

崇祯死讯南来之际，"定策之功"立刻成为许多人的第一嗅觉，个个骚然心动、跃跃欲试。此可借路振飞一段话窥之：

> 有劝某随去南京扶立者，此时某一动则淮、扬不守，天下事去矣。此功自让与南国元勋居之，必待南都议定。不然，我奉王入而彼不纳，必且互争，自不待闯贼至而自相残，败事矣。[2]

"此功自让与南国元勋居之"，那个"让"字言之不虚，当时最能捷足先登者，便是路振飞，因为几位藩王均逗留于他的府治，北都之变的情报也是他最先获知，他若愿将"定

[1]《明史》本纪第二十四庄烈帝二作"慈炯"，他著如《鹿樵纪闻》或作"慈灿"。

[2]计六奇《明季南略》，中华书局，1984，第6页。《国榷》同，见6077页。

路振飞，崇弘之交漕督、淮扬巡抚。

北变之后，他治下的淮安顿成南北要冲，一时际会，北来消息、南下诸王、败军之将、逃难士民，都首先经过此地。

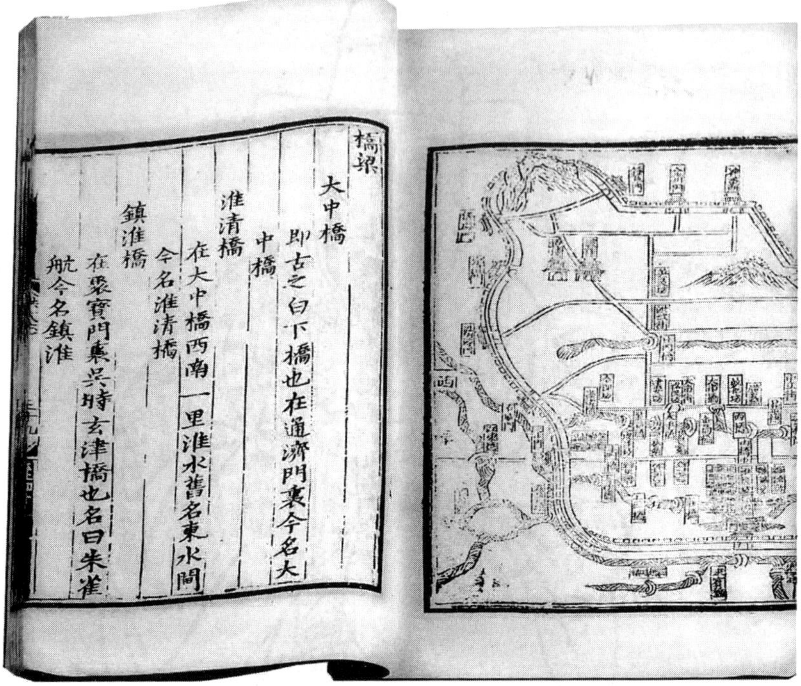

《洪武京城图志》。

朱元璋定都南京，朱棣将它迁往北京。甲申，北京沦失，明廷又回到南京。像是一个轮回，有明近三百年历史，从南京始，于南京终；开国皇帝在此登基，末代君主却也是在这里亡国。

策”奇功揽在怀中，确有近水楼台之便。所以，早就有人“劝”他“去南京扶立”。但路振飞一不贪功，二以守责为重，三顾全大局，没有接受那种劝告。可是他的姿态不能代表别人；上述一番话，足以显现当时觊觎“定策”者甚众，上蹿下跳，争先恐后。

活动最积极而又起到一种凝聚作用的，是马士英。此时他身居凤阳总督之职，不在南京政治核心内，没有资格直接参与定夺。但他制订了一个强有力的方案，分别争取了驻扎在江北的明军主力刘泽清、高杰、刘良佐的支持，以及南京所谓“勋臣”（开国元勋后代）例如诚意伯刘孔昭等的支持，加上某些非主流朝臣（例如吏科给事中李沾），形成共同体。这个共同体的纽带是拓展话语权，马士英本人和武人集团均在政治核心以外，有表态权，不能参加集议；而“勋臣”虽然可以参与政治决策，在明代的文官政治结构中却长期边缘化。基于这样的诉求，以马士英为主角，几股力量聚成一团。严格说来，他们虽有共同的敌人，却无共同的利益，本质上乃乌合之众；他们之所以有力量，主要是因为兵权在握。

真正有利益认同的，是东林党人。这是政敌们加予他们的称谓。在古代，“党”是负面的贬义词，从黑，本义为晦暗不明。《说文》曰：“党，不鲜也。”《论语》曰：“吾闻君子不党。”孔颖达注：“相助匿曰党。”不过，“党”字摆脱旧义而向现代含义转化，也正是自东林始，因此我们现在能够安然使用“东林党人”一语而不必理会当时那种泼脏水的居心。其次，由于并不存在相应的真正的组织，东林党人并非一种确切所指，某人之被归入其中，多半根据对方的人脉、行迹，或干脆依主观印象来断。宽泛地说，东林党实际就是明末政坛一些抱改革意向的人，他们希望朝政立脚点放到“天下为公”上面，反对“以天下之利尽归于己，以天下之害尽归于人”[1]，以及附着其上的各种人和现象——太监、奸贪、皇族直至皇帝本人。这样的政治立场，在天启年间激发了借权力追逐私利者的强烈反弹，构成惨祸。崇祯即位后，很快为东林党人平反昭雪，定魏忠贤阉党为逆案，从此，东林党人成为政界主流。基本上，崇祯皇帝本人就是改革派，虽然后来在内外交迫、焦头烂额的处境下，他颇有反复和矛盾，但终崇祯一朝，东林党人的主流地位始终未变。眼下，南京政治核心即由

[1] 黄宗羲《原君》，《黄宗羲全集》第一册，浙江古籍出版社，1985，第2页。

他们构成。

当然,也有像高弘图(南京户部尚书)以及路振飞那样的官员。他们资望深厚,努力保持个人独立性,无党无派。不过,在政见上,他们往往与东林党人一致,少有隙罅;以后,我们会在高弘图的表现中清楚看见这一点。

五

崇祯诸子全无下落,可居大位者只能到近支藩王中找。而以当时实际,范围亦属有限,无非是在南撤淮安的几位藩王中挑一个。顾炎武说:“大臣多意在潞王。”[1]他所说的“大臣”,实即东林党人或与之气味相投者,他们在南京政坛占有绝对优势。此议之源出,李清《南渡录》说:“倡议者,钱谦益也。”[2]钱是东林魁首,人脉甚广,由他提出倡议,号召力自然不同。果然,“兵部侍郎吕大器主谦益议甚力,而右都御史张慎言、正詹事姜曰广皆然之。”[3]这几位均为南都大僚,重量级人物。与大人物表态同时,还有两个低级别官员卖力地到处游说,争取更多支持。一时间,潞王呼声甚高,看上去似乎非他莫属了。

尤其是,史可法也倾向于潞王。这使得迎立潞王的可能性显得更大。钱谦益倡议提出时,史可法尚军次浦口,南京高层在高弘图召集下连日讨论,并将讨论的内容以信使告知史可法;同样,他也收到反对者的来信。对此,《国榷》这样记述:

> 南京闻变,兵部尚书史可法前将三千骑勤王,出屯浦口。户部尚书高弘图、都察院右都御史张慎言等连日议。潞王伦稍疏,惠王道远难至,亲而且近莫如福王。史可法意难之。总督凤阳马士英移书以商于可法。可法以福王不忠不孝,难主天下,逡巡而未决。[4]

[1] 顾炎武《圣安皇帝本纪》,《南明史料(八种)》,江苏古籍出版社,1999,第96页。

[2] 李清《南渡录》,《南明史料(八种)》,江苏古籍出版社,1999,第126页。

[3] 李清《南渡录》,《南明史料(八种)》,江苏古籍出版社,1999,第126页。

[4] 谈迁《国榷》,中华书局,2005,第6076页。

简言之，南京大臣们建议迎立潞王，凤阳总督马士英或以他为代表的一批人，认为福王当立。明显地，史可法不喜欢福王，倾向于潞王，但却迟迟拿不定主意，沉吟犹豫。

他犹豫什么呢？就在于“潞王伦稍疏，惠王道远难至，亲而且近莫如福王”这一句。

里面提到三个人：潞王、惠王、福王。这三人，头两位各有“不足”——潞王是“伦稍疏”，惠王是“道远难至”——唯独福王“亲且近”。反推之，潞王的问题在于“近”而不“亲”，惠王倒是满足于“亲”，可惜又不“近”。

这绕来绕去嚼舌头似的，究竟啰嗦些什么呢？

先挑简单的说：“近”字易解，就是此时此刻人在哪儿。潞王和福王都到了淮安，近在咫尺；惠王却人在湖广荆州府，不但远，路途也不太平，故曰“难至”。

至于那个“亲”字，我等却不免为之稍稍犯晕。它讲的是，封建礼法中的继承权顺序。基本原则是，一、先直系后旁支；二、旁支间由近而远；三、所有情形下先长后幼——唯有一个例外，叫“有嫡立嫡，无嫡立长”[1]，亦即嫡出为先，哪怕齿序居后。大致如此，再补充一点，这个顺序，不单为皇家决定继承人时所遵守，即便民间百姓，一旦继承、析分家产也是如此讲究。因为中国式家族具有盘根错节、举世无双的结构，必得将这种结构如此梳理出一番条理才行。

当时明朝王室枝叶，我们也不追溯太远，从崇祯的爷爷亦即以“万历皇帝”为人所知的明神宗说起。神宗传位于太子朱常洛，是为光宗；光宗死，长子朱由校即位，就是那位宠信魏忠贤的天启皇帝；朱由校死后，膝下无子，朱由检以“兄终弟及”登基，成为崇祯皇帝。眼下，按第一顺序，该崇祯诸子的某一位登上皇位——但我们已知，他们全都没有踪影。

第二顺序，理论上是天启那一支，但这全无意义，否则当初也轮不着崇祯当皇帝。接着往上推，第三顺序，应为光宗所出其他皇子或其后代，但是，除了天启、崇祯两位，他没有别的儿子，这条线索也就此PASS。于是轮到第四顺序，即光宗的兄弟抑或神宗其他儿子

[1]《明神宗实录》卷二五六，国立北平图书馆红格钞本影印本，1962，第4761页。

及其后代。这时，人选浮现了：神宗诸子活下来的，一共五位，长子常洛（光宗）、三子常洵、五子常浩、六子常润、七子常瀛，这五兄弟于1601年（万历二十九年）被这样安排：

> 冬十月己卯，立皇长子常洛为皇太子，封诸子常洵福王，常浩瑞王，常润惠王，常瀛桂王，诏赦天下。[1]

我们从中看到了"福王"、"惠王"的字眼，没错，他们都是光宗之弟，目前皇室中血缘最近者。

那么，潞王血缘如何？第一代潞王名叫朱翊镠，他是万历皇帝朱翊钧的弟弟，眼下袭爵的则是他儿子朱常淓。换言之，这位潞王跟天启、崇祯两位皇帝以及现福王朱由崧，为叔侄关系，这从他名字中那个"常"字即可知。然而，辈分高并不能帮上他的忙，彼此比一比，福王是神宗直系后裔，潞王却算旁亲。这便是前面所谓"伦稍疏"的具体含义。

其实，远不是"稍疏"；严格依礼法来论，朱常淓的资格简直不必考虑，排在他前头的即便不算崇祯诸子，也有四位之多。但话说回来，福王朱由崧也并非头号人选。这个位置属于瑞王朱常浩，亦即朱由崧的亲叔叔，此时还健在。

朱常浩既在血缘上与朱由崧一般近，又年长一辈，横竖都应是首选。然而，南京大臣讨论时，居然连提都没提到"瑞王"二字，岂不怪哉？这自然事出有因。朱常浩封地在汉中，恰恰是"贼祸"发源地，早就呆不得，几年前避难南下，辗转来到重庆，不料张献忠又杀奔而至。朱常浩至此已进退两难，事实上，一个月后（7月24日，旧历六月二十一丁丑）他就被张献忠捉住杀掉。当时还出了点故事："瑞王之就执也，雷方震，献忠曰：'若再雷者释之。'已而竟不免。"[2]运气就差了那么一点点。试想，连荆州的惠王都被认为"道远难至"，身困重庆的瑞王岂不是提都不用提么？除瑞、惠二王外，朱由崧的另一位叔父桂王朱常瀛景状相仿，封国在衡阳，此时被张献忠撵得避难广西梧州，也遥远得很。

[1] 张廷玉等《明史》卷二十一，中华书局，1974，第282页。

[2] 徐鼒《小腆纪年附考》，中华书局，2006，第211页。

将这些情况细细交代一番，我们便明白“亲而且近莫如福王”究竟什么意思了。换言之，从理论到现实，朱由崧都是不二之选。

六

可是，事情虽如此明了，南京的主流意见却偏偏对福王不感兴趣——东林党人公然倡议迎立潞王，还为此大搞串联；首席大臣史可法也搔首踟蹰，沉吟不决。这是怎么回事？莫非衮衮诸公不晓得按伦序福王当立？当然不是这样，他们对于圣贤之书滚瓜烂熟，个个是名教专家。莫非潞、福相较，此贤彼愚、良莠分明？这倒确实是一个焦点，史可法在答复马士英的信中就表示：

> 福王则七不可，（谓贪、淫、酗酒、不孝、虐下、不读书、干预有司也。）唯潞王讳常淓，素有贤名，虽穆宗之后，然昭穆亦不远也。[1]

这一席话，有说是史可法本人的看法（如《明季南略》），有说出于吕大器、张慎言、姜曰广，史可法仅是将其转达给马士英（如《小腆纪年附考》）。不论如何，确有此议论；马士英后来一口咬定史可法应就此承担责任，从而给弘光政局埋下一大伏笔。

前面说，东林党是改革派，论到不拘泥于礼法，抑或将是非看得皆比礼法重，这种可能性真的未必没有。刚才所引批评福王“七不可”那段话，明显是将贤愚置于伦序之上。关键是，潞王“素有贤名”的说法是真是假？有无事实根据？查一查史料，我们意外发现，东林党人在这件事上居然撒了谎。朱常淓之贤愚，与朱由崧半斤八两、彼此彼此，顶多以五十步而笑百步。以下，是当时朝中一些中立者的亲眼所见和评论：

> 初，上（指弘光皇帝朱由崧）既失国，咸恨不立潞王。时太常

[1] 古藏氏史臣（黄宗羲）《弘光实录钞》，《南明史料（八种）》，江苏古籍出版社，1999，第5页。

少卿张希夏奉敕奖王，独语大理寺丞李清曰："中人耳。未见彼善于此。"……大理寺少卿沈胤培尝曰："使王立而钱谦益相，其败坏与马士英何异！"[1]

张希夏受朝廷委使，与潞王直接接触，印象很一般，完全不认为"彼"(朱常淓)善于"此"(朱由崧)。这显然比东林党人并未与之打过交道而径言"素有贤名"来得靠谱。沈胤培说，假使迎立潞王而以钱谦益为宰相(既然他有首倡之功)，跟福王、马士英的这组搭配比，结果其实是一样的。从钱谦益诸多表现看，事实多半将如此。直觉上我很怀疑，潞王"素有贤名"，根本是以钱谦益为首的东林活动家们信口胡编的，他们根本不了解潞王为人如何，目的只是为弃福王、立潞王制造舆论。兵法云"兵不厌诈"，实际上政治比打仗更不"厌诈"。虽然东林的政治大方向较正派，但具体策略肯定有虚有实，必要时并不拒绝耍手段。像潞王这样的人，被说成"素有贤名"，实在对不上号。他就是一公子哥儿，平时以"广求古玩"为嗜好，"指甲长六七寸，以竹管护之"[2]。福王嗜酒，沉湎梨园，是个戏迷；潞王嗜古玩，喜欢围棋，是个棋迷——两者可不是半斤八两么，何来贤愚之分？或曰，皇宫里长大，一辈子除了吃喝玩乐就无事可做，哪个藩王能有例外？这倒真不一定。后来在福州即位为隆武帝的唐王朱聿键，就不这样。当然，并不是说潞王品质有多坏，他既不曾当国，我们就无从断言(其实，连朱由崧也未必有多"坏")。然而，东林党人用以扶潞弃福的那句所谓"素有贤名"，确实只出于他们的杜撰。

七

我们原先以为东林党人不重伦序，是想择善而立，结果发现并非如此。那么，这岂不是很有些可鄙了吗？倒也不宜这样匆忙下结论。

欲知东林党人执意排斥福王的真正原因，非得从四十多年前说起。那

[1] 李清《南渡录》，《南明史料(八种)》，江苏古籍出版社，1999，第413页。

[2] 李清《南渡录》，《南明史料(八种)》，江苏古籍出版社，1999，第413页。

国画《南京燕子矶头》，作者贺天健。

甲申年四月末，朱由崧渡江抵于南京，入城前泊舟于此，接受包括史可法在内的百官觐见；五月初一日离舟，在孝陵祭告朱元璋，然后入城，从东华门进入大内，正式踏上践祚之路。

马士英画作。

马士英进士出身，有诗画之雅不足为奇，奇怪的是，他的画作题材与风格多关乎林泉之致，情氛淡泊。

《史忠正公遗像》。

乾隆四十年（1775），乾隆皇帝颁旨，以史可法为忠臣楷模，隆重表彰。圣旨评价是："节秉清刚，心存干济，危颠难救，正直不回。"赐谥"忠正"，此图当由此而绘。画中形象，与史可法没什么关系，完全取美化态度。真实的史可法，其貌不扬，见过他的人说："可法为人躯小貌劣，不称其衣冠。"

多尔衮像。

1643年，皇太极死，福临冲龄即位，以和硕睿亲王多尔衮为摄政王，委政于彼。清军连夺明朝两京，都是多尔衮所立功勋。

明代龙袍图案。

龙形、明黄色、云纹的含意，人所熟知，有趣的是还分布着许多葫芦，最大的两个甚至居于龙冠之顶。这是因为葫芦本虽寻常物，古时却以读音谐近“福禄”、“护禄”而视为吉祥，故尊贵如龙袍也遍绣葫芦，并写有“吉庆万年”、“洪福齐天”、“吉祥”、“如意”等字样。

时，皇长子朱常洛已经十九岁了，万历皇帝却迟迟不肯将他册立为太子。有两个原因：一、朱常洛出身不够尊贵，生母是一位普通宫女，而且是万历某日到慈宁宫给太后请安，一时“性”起、偷偷摸摸播种的结果，不料一枪命中，搞得万历很没面子；二、万历在宫中有个最爱——郑贵妃，她四年后也生下一位皇子，不是别人，正是朱由崧的父亲、后来被李自成煮了吃的老福王朱常洵。两个原因中，第二个起主要作用。倘若郑贵妃未曾生子，平安无事；一旦得子，从此变生肘腋，恩怨不绝，把明朝一直缠到死——有朱常洵后，万历动了“私心”，想把皇位留给爱妃之子，为此朱常洛册立太子的事一直拖着。

由此引发“国本之争”。经大臣往复相争，万历终于在二十九年(1601)不得不立朱常洛为太子，同时将朱常洵等其余四子封为亲王。后来，瑞、惠、桂王均已就藩之国，唯独还把福王留在身边。这也不合祖制，照规定，亲王成年后须到封地居住，若无宣召不得来京，这既是礼法，也出于国家安全考虑。又经一番理论，拖延十年之久的福王之国问题，总算解决，于四十二年(1614)三月离京就藩于洛阳。但事情远不能到此为止，反而愈演愈烈，“那时太子早晚将废的传说已经流传多年，成为人尽皆知的事了。”[1]之前就发生过鼓吹废太子以立福王的“妖书案”，而在福王之国翌年，又发生更具震撼性的“梃击案”——一个暴徒，悄悄潜近太子所居慈庆宫，先将守门太监一棍击倒，当冲到前殿檐下时被警卫制服，朱常洛幸免于难。此案搅得满朝大乱，揭盖子、捂盖子双方相持不下，最后以万历当众宣称对太子满意、无意以福王更换之，并强行处决暴徒及其“合谋”了事。这是万历四十三年(1615)的故事。过了五年，万历驾崩，风波再起，连续发生“红丸”、“移宫”两案，其间衅端一言难尽，根子上皆由万历之宠郑贵妃、福王而起。读者欲知究竟，可读温功义先生所著《三案始末》，相当经典的一本小册子，写得甚是翔实。

三案的根本，是皇帝企图摆脱束缚、使权力偏私化，和一些反对者对这一企图的顽强抵制。皇家一方，始终视为“系朕家事”，从万历到当了弘光皇帝的朱由崧，都如此理解[2]；反对者可不这么看，在他们眼里，这是以私坏公，

[1] 温功义《三案始末》，重庆出版社，1984，第106页。

[2] 古藏氏史臣(黄宗羲)《弘光实录钞》，《南明史料(八种)》，江苏古籍出版社，1999，第58页。

用今天话说，究竟人大于法，还是法大于人？他们并非要维护某一个人，比如太子朱常洛，而是认为皇帝所为也要合于法度，不能想怎么干就怎么干。简而言之，四十年来斗争的实质，是皇权独大、绝对自由抑或主张它应受限制。围绕这一分歧，形成两条阵线。一条由皇帝、皇族、太监以及部分朝臣组成，显然地，这些人或是皇权直接获益者，或是指望通过巩固、加强这种权力也从中得利者。另一条阵线则由国是为重、秉公而行、在伦理和政治层面坚持独立性的士大夫正途人物组成。

两股力量都百折不挠，其中，后者的顽强格外可以注意，所谓明末的知识分子政治的觉醒，于兹表现特别明显。皇权作为千百年来的习惯势力，它的强大和绝对优势不言而喻，它可以采取一切手段来保护自身，从万历至天启三朝，也确实是这么做的。然与历代不同，明末知识分子政治集团的抵抗特别惨烈，就算魏忠贤大兴冤狱，实施特务恐怖，编撰并经皇帝钦批、颁布类似于“万历以来若干历史问题决议”的《三朝要典》，亦未能压服。非但如此，杯葛意愿愈形旺盛，并从起初仅听从良知呼唤的个人行为，逐渐演变成同声相应、同气相求的精神认同。到光、熹之间，准组织化的东林党隐然有形。

这段渊源，是福王不受欢迎的真正原因。李清分析：

> 因江南数在籍臣恐福王立后或追怨“妖书”及“梃击”、“移宫”诸案，谓：“潞王立，则不惟释罪，且可邀功。”[1]

在当时南京官场，李清置身门户之外，出言持平，他以上看法应较合于实际。至少钱谦益、吕大器二人确实表现出害怕灾祸加身的心理，以“不惟释罪，且可邀功”解释他们力主迎立潞王，是说得通的。后来，监生陆濬源疏攻东林：

> 国家祸本之酷，不在流贼，而在百官；不在今日，而在四十年前。借国本为题，沽名出色，踵发不休……夫三案者何，梃击、红丸、移宫也……乞皇上俯赐宸览，知逆案之罗织，

[1] 李清《南渡录》，《南明史料（八种）》，江苏古籍出版社，1999，第126页。

即知计典之砌陷；知梃击之朋诬，即知红丸、移宫之颠噬。且此辈自神宗迄今且矫托王言，箝制人口，此又欺蔽朋比之大端也。[1]

他用心很恶，要勾起朱由崧的报复欲，但这段话将福王一家与东林党人之间四十年恩怨的根由，却交代得比较清楚。

八

东林党人陷入严重尴尬。他们高举“迎贤立贤”旗帜，假如朱常淓确系贤王，则对朱由崧的排斥，也好歹师出有名。不幸，二者间并无贤愚可言，不以伦序定迎立的做法，显得毫无根据。考虑到“国本之争”以来的历史，毋宁说他们等于走到了自己的反面。他们当初批评万历不讲伦序，而今己之所为也是如出一辙。尽管他们可以辩解，万历出于私心，自己出于公心，但旁人却完全可以说，就事论事、从法不可废的角度看，他们选潞王、排斥福王与万历图谋改变太子地位，实质没有不同。

这一决策失误，源自两点。

其一，确有动机不纯的因素。总体上，东林党人是明末政治中的健康力量，甚至昭示了历史的变革和新生，但并不是说，每个人品质、格调彼此相当，中间亦有懦弱、卑微之人直至投机分子。史可法、刘宗周、黄道周、祁彪佳等，个人品性都铮铮佼佼、无可指摘；钱谦益、吕大器却不免质地不纯、杂厝斑驳。钱氏在弘光登极、马士英揽权后，竟觍颜投靠；吕大器则在排福迎潞方案破产后，赶紧献上马屁，以图自赎。而这二人，恰是当时迎立潞王的首倡者和最积极推动者，可见这一方案羼杂不纯动机实属事实。

其二，书生气重，不懂务实。讲原则、守信念，本是知识分子的正派作风，韩愈说：“适于义而已，不顾人之是非”、“饿死而不顾”，程颐说：“饿死事小，失节事大。”很多明代正直官员，都极重名

[1] 李清《南渡录》，《南明史料（八种）》，江苏古籍出版社，1999，第178页。

节，鄙视滑头油脑。不过，书生气太重有时会变成硁执和狭隘，对小节斤斤计较，反而置大局于不察。关于“定策”这件事即如此。尽管有许多陈年旧账，尽管朱由崧浑身毛病，但当时情势下，这些均非大局。大局是什么？一言蔽之：按照伦序，福王当立。正如路振飞告诫的：“议贤则乱，议亲则一，现在惟有福王。”[1]这个大局不坚持、不把握，就授人以柄，反被对手抢去先机。只要这步棋走正，别事均可另图；反之，这步棋没走对，则满盘被动。在这一点上，史可法犹豫不决是很大的失误，他应该把福王的道德缺失抛诸脑后，当机立断，力排众议，立即迎福王于淮上。

很多年后，黄宗羲反思此事，曾这样批评史可法：

> 当是时，可法不妨明言，始之所以异议者，社稷为重，君为轻之义……奈何有讳言之心，授士英以引而不发之矢乎？臣尝与刘宗周言之，宗周以为然。语之可法，不能用也。[2]

以上的道理本身，光明磊落、朝气蓬勃，很能体现明末改革派士大夫的新思维。可是，如此超前的主张若想付诸实践，并不现实，毕竟还是君主体制，只能在现存伦理话语内说事、处理问题。黄宗羲的建议，史可法非不想用，是根本不可用。他徘徊不定，就因为内心处在所愿与不能的夹缝中，既不甘心拥戴福王，又深知这样做的难度。不在其位，难谋其政。史可法作为当局者所想到、看到、体会到的东西，黄宗羲岂能尽知？可惜的是，尽管史可法可能都想到、都看到、都体会到了，却陷入哈姆莱特式迟疑，让那个马士英捷足先登。

九

关于马士英拥立福王，在基本事实不变的情况下，各家叙说多有不同。计六奇说：

[1] 计六奇《明季南略》，中华书局，1984，第6页。《国榷》略同，除“现在惟有福王”作“现在既有福王”，见6077页。

[2] 古藏氏史臣（黄宗羲）《弘光实录钞》，《南明史料（八种）》，江苏古籍出版社，1999，第5—6页。

马士英独念福王昏庸可利，为之内贿刘孔昭，外贿刘泽清，同心推戴，必欲立之，移书史可法及礼部侍郎吕大器，谓以序以贤，无如福王，已传谕将士奉为三军主，请奉为帝。[1]

这是最强硬、最决绝的一幅图景，“必欲立之”，“已传谕将士奉为三军主”，至以武力相威胁。顾炎武同样提到福王之立有军事为后盾：

时士英握兵权于外，与大将靖南伯黄得功、总兵官刘泽清、刘良佐、高杰等相结。诸大将连兵驻江北，势甚张。大臣畏之，不敢违。[2]

其他讲述，却包含让人意想不到的情节。最奇特的是《弘光实录钞》所记：第一，抓住时机、抢“定策”之功的主意，来自阮大铖，是他“走诚意伯刘孔昭、凤阳总督马士英幕中密议之，必使事出己而后可以为功”。第二，三人密议的结果，并非径以福王为目标，而是由阮大铖派手下一个叫杨文骢的赶往淮安，“持空头笺，命其不问何王，遇先至者，即填写迎之”：

文骢至淮上，有破舟河下，中有一人，或曰福王也。文骢入见，启以士英援立之意。[3]

计六奇记录了一种说法，也称马士英最初奔潞王而来：

或云士英亦希立潞王，而潞王舟先发一日，且渡江，乃亟奉福王登舟，黄得功、刘良佐、高杰以兵护行。[4]

对此，计六奇表示怀疑，“其说非也”；他认为，马士英是在福王舟抵仪真时，“私致推戴之意，且招刘泽清以兵南下”。撇开细节问题，马士英开始并非

[1] 计六奇《明季南略》，中华书局，1984，第6页。
[2] 顾炎武《圣安皇帝本纪》，《南明史料(八种)》，江苏古籍出版社，1999，第96页。
[3] 古藏氏史臣(黄宗羲)《弘光实录钞》，《南明史料(八种)》，江苏古籍出版社，1999，第5页。
[4] 计六奇《明季南略》，中华书局，1984，第7页。

只拥戴福王这一点，应属可信。《小腆纪年附考》提供了故事的另一版本：

> 士英亦遣其私人传语可法，谓立君以贤，伦序不宜固泥。可法信之，即答以七不可之说……[1]

马士英一类人，脑中盘旋的只有“投机”二字。有奶便是娘，“不问何王，遇先至者，即填写迎之”的行径，很合乎他们的内心逻辑。伦序也好，贤愚也好，在他们这里，才真正纯属一种借口、一种旗号，需要什么就拿出什么，逢山开路、遇水架桥；总之，把“定策奇功”抢到手就是了。李清说，这伙人中另一位重要角色刘泽清，原来也表态拥护潞王，一旦听说马士英与其他几位将军结成同盟，“至是以兵不敌，改计从（高）杰等。”[2]所以，他们远比史可法们灵活，别人还在踌躇、还在煎熬之际，他们却早已摇身一变、顺势而动、稳操胜券。

十

李清还提到在这过程中朱由崧有一个举动：

> 时王闻，惧不得立，书召南窜总兵高杰与黄得功、刘良佐协谋拥戴。[3]

可能性不知如何。更多迹象表明，朱由崧“被”拥立的成分似乎较大，无论以他的头脑，还是以他彼时的处境、心气论，都不像有能力采取主动。

综合各种所述，我们大致复原一下朱由崧时来运转的那一刻：他随潞王等来到淮安后，落拓登岸，穷困潦倒，与几位随从靠借来的一千金度日。正在无计可施之际，一日，忽然遇见几个陌生人。其中一个，掏出一封信笺，上面写着恭迎他去南京继承大统之类的话，

[1] 徐鼒《小腆纪年附考》，中华书局，2006，第155页。
[2] 李清《南渡录》，《南明史料（八种）》，江苏古籍出版社，1999，第126页。
[3] 李清《南渡录》，《南明史料（八种）》，江苏古籍出版社，1999，第126页。

具名者“马士英”、“刘孔昭”等等，都是些响当当的人物。当然，来者不曾告诉他的是，他们在淮安首先寻找的是潞王，可惜，打听来的消息显示，潞王的船队前一天就驶离该处，现在甚至已经渡过长江。换言之，当初若非黯然离开王舟，他本人也将与这样的机遇失诸交臂。然而，事起突然，一时间，福王信疑参半。不过，很快马士英就亲自赶来觐见，带着几位军事强人的效忠信，还有浩浩荡荡的军队。朱由崧终于明白，一件大事即将发生。

以上所有情节，我们无法给出具体日程表，很多事情在幕后发生，史无明载，就连当时史可法和南都诸臣都蒙在鼓里。[1]《国榷》有一笔记载，5月30日（四月二十五日壬午），“史可法约南京诸大臣出议，不果。”原因不明，会不会是马士英奉迎福王正在途中，密嘱其同伙暂时回避？根据我们掌握的日期，6月1日（四月二十七日甲申），南京礼部官员前往仪真面见福王，正式呈交请他驾临南京的“百司公启”；这意味着，6月1日之前他应该正在从淮安到仪真的路上。

5月30日，史可法召集会议“未果”，仅隔一天，6月1日同样的会议却开成了，而且取得决定性成果。《圣安皇帝本纪》记道：

> 甲申，守备南京魏国公徐弘基、提督操江诚意伯刘孔昭等，南京户部尚书高弘图、工部尚书程注、都察院右都御史张慎言、掌翰林院事詹事府詹事兼侍读学士姜曰广等，南京守备掌南司礼监务太监韩赞周等集朝内。兵部右侍郎吕大器署礼、兵二部印，不肯下笔。吏科给事中李沾厉声言：“今日有异议者死之。”[2]

紧接其后，顾炎武提到“诸大将连兵驻江北，势甚张”，作为李沾严厉威胁的注脚。

这个会议，马士英、史可法均不在场。前者是资格问题，后者似乎返回浦口驻地，不在南京。

对于某一方，这是一次准备充分的会议，对于另一方，则有些猝不及防。吕大器显然遭到当头一棒，他以不肯起草文件和用印的方式，做着无谓而徒劳

[1]“南都诸臣不知也，方列王不孝不弟七款……不知杰等与士英已迎立福王矣。”李清《南渡录》，《南明史料（八种）》，江苏古籍出版社，1999，第126页。

[2]顾炎武《圣安皇帝本纪》，《南明史料（八种）》，江苏古籍出版社，1999，第96页。

的挣扎。

《明季南略》和《小腆纪年附考》说，与李沾发出威胁同时，刘孔昭、韩赞周“复力持之”。朝臣、勋贵、太监，三种声音交织得很好，充分显示事先经过周密联络和策划。吕大器还想拖延，遭到刘孔昭“面詈”，警告他“不得出言摇惑”。“大器不敢复言”。“议遂定”。“乃以福王告庙”。[1]告庙，是将结果呈报于列宗列祖，在礼法上完成确认。

同日，礼部官员赶往仪真递交“百司公启”，福王“得启即行”。次日(6月2日)抵浦口，魏国公徐弘基等恭接。第三天过江，舟泊南京城外燕子矶。第四天(四月三十日丁亥)，南京要人谒见。第五天(五月初一日戊子)，福王离舟登陆。入城前，先到孝陵祭告，然后从东华门入，步行穿过皇极殿，出西华门，到内守备府，以之为驻跸行宫；百官朝见，行面君时正式的四拜礼。

“定策”尘埃，至此落定。

入城时，王辇所到之处，市民沿街聚观，绅士们肃立恭迎。《国榷》说：“始，江南闻变，各怀危惧。至是，士民忻忻有固志。”[2]南京街头气氛说明，随着福王到来信心正在恢复。而在稍远的外地，还是人心惶惶；计六奇记述，福王入南京当日，“无锡各大家避居湖滨”，整个五月上旬，不断有抢劫消息传来，五月十一日(6月15日)，时为教书先生的计六奇正授课中，听到外面铳声一片，跑出一看，“数百人荷戈鸣金，巡绕庐舍”，打听后得知是地方集资组成的临时保安队伍，“每人予米三升，钱三十文，肉半斤”。[3]撇开政坛的矛盾斗争不论，从民间角度看，新君人选产生是受欢迎的，它对稳定人心、恢复安宁有积极意义。

十一

历史常有奇怪的巧合。

1644年6月7日，古历谓之庚寅日。就像彼此约好的，满清摄政王多尔衮在这天进入北京，而远隔千里，明

[1] 计六奇《明季南略》，中华书局，1984，第7页。徐鼒《小腆纪年附考》，中华书局，2006，第156页。
[2] 谈迁《国榷》，中华书局，2005，第6081页。
[3] 计六奇《明季南略》，中华书局，1984，第8页。

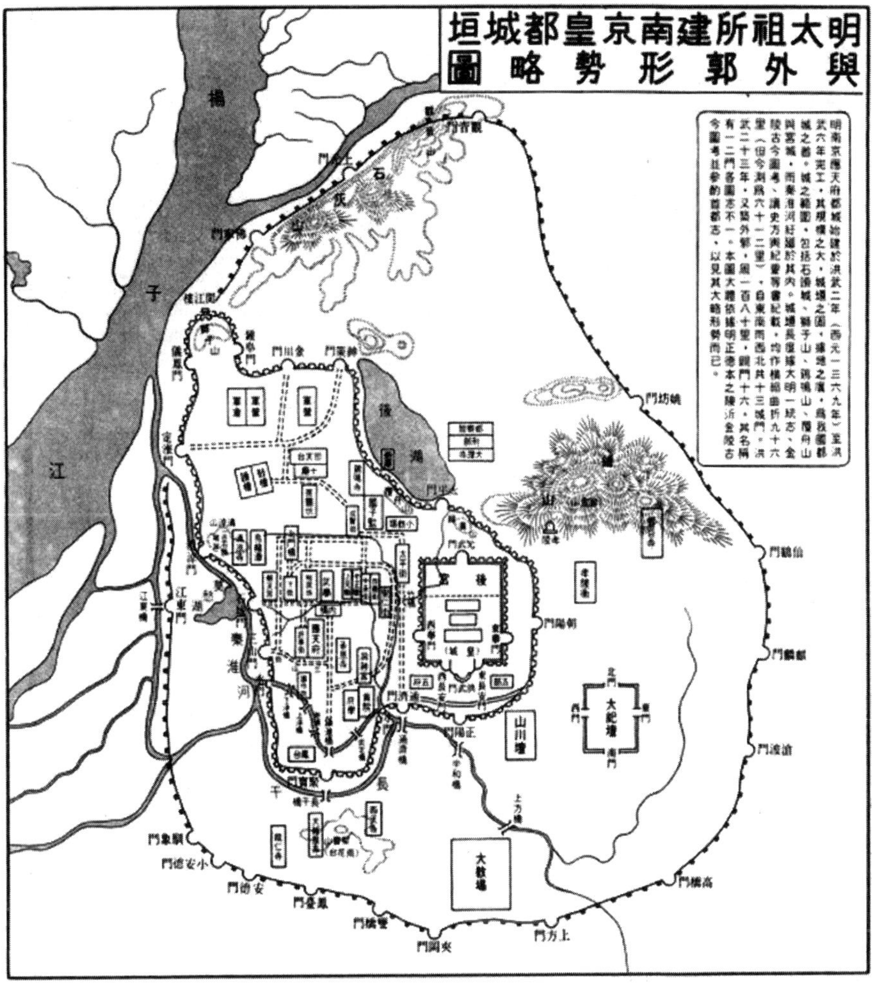

洪武南京全貌复原图。

此图是根据正德间陈沂《金陵古今图考》并参酌其他文献记载所制，引人注目的是朱元璋时南京有一道巨大的外郭，周长据说达一百八十里，整个钟山都在其内。明代末年，外郭已不存。

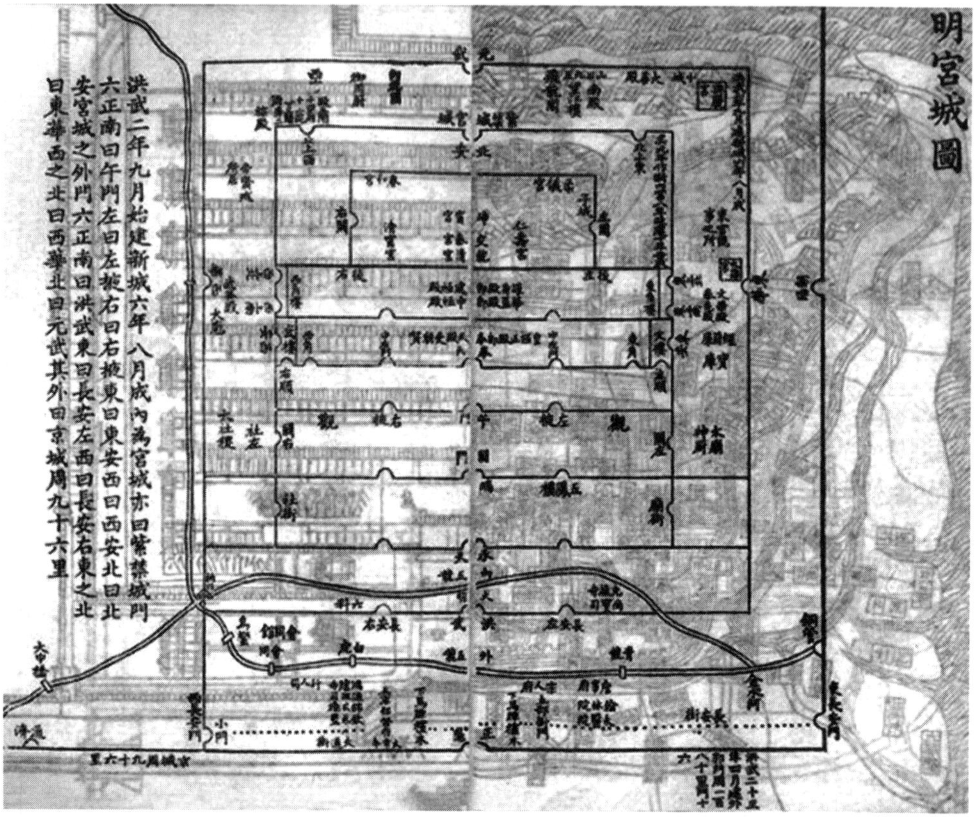

明宫城图。

明代南京和后来北京一样，分外城、内城、宫城三层。“洪武二年九月始建新城，六年八月成。内为紫禁城”。“其外曰京城，周九十六里”。“洪武二十三年四月建外郭一百八十里、门十六。”此为内城（当时称“京城”）至宫城（即紫禁城）示意图。

朝福王朱由崧也于当日在南京宣布监国。

事实上，当然没有什么约定或沟通，以当时情形，北京、南京两地起码须隔十几日方能了解对方那里发生了什么。然而，他们却不谋而合，共同选择6月7日这一天去做各自最重要的事。何以如此，只有老天知道。也许，真的有什么神秘力量，冥冥中做出这样的巧安排。

《小腆纪年附考》记述多尔衮入城的经过：

> （明朝官民）备法驾迎太子于朝阳门，望尘俯伏，及登舆，非太子也，众骇愕间，前驺者麾都人悉去白冠，则我大清摄政王率满洲兵入城矣。城上白标骤遍……[1]

崇祯死后，盛传太子落入李自成之手，并于5月中旬一片石大战前被挟往前线；及李军战败，太子为三桂所救，留在军中[2]。这只是传闻，明太子的真正下落一直悬疑，三百多年来学者穷究备考，仍无定论。不过当时北京城内对太子在吴三桂军中的传闻，好像笃信不疑，而多尔衮决计利用这一点——以及北京对吴三桂实已降清的不知情。他让部队诈称奉太子还朝，骗入朝阳门。瞬间，北京易帜，“城上白标骤遍”。

《国榷》也记道：

> 清摄政王汤鹅泰（多尔衮当时的译音）入北京。时卤簿出朝阳门，臣民望尘伏道左，止辇升舆，则胡服颀身，臣民相顾失色，关宁兵（指吴三桂军）已先驱入都门。城上俱立白旂。[3]

多尔衮本可耀武扬威，以征服者姿态强势入京，但他却采取了掩人耳目的方式。这固然说明来者并非想象中的那种粗鲁无谋的“蛮夷”，似也让人感到，北京城的未来统治者对明朝的正统地位和权威，心存畏惮。他们颇注意替自

[1] 徐鼒《小腆纪年附考》，中华书局，2006，第156页。
[2] 徐鼒《小腆纪年附考》，中华书局，2006，第155页。
[3] 谈迁《国榷》，中华书局，2005，第6083页。

己的行为寻找合法性，以便从伦理上成为有说服力的中国权力继承者。从一开始，满清就着眼于此，包括之所以通过与吴三桂联合的方式入关(清兵完全可以随时越过长城，这在崇祯二年十月“乙巳之变”中，皇太极率十万满蒙骑兵突入关内、逼临北京，已一目了然)，以及占领北京后礼葬崇祯(虽然并不隆重)、将军事行动首先放在追击李自成上。后来，在多尔衮致史可法的那封著名的信中，这些捞取合法性的努力，都成为满清论证自己更配得上统治中国的依据。

当北京上演明末版“鬼子进村”一幕时，福王朱由崧的监国仪式也在南京举行。较诸清兵狡诈的入城，南京的仪式来得冠冕堂皇、从容不迫。仪式第一个环节，行告天礼，并焚烧祝文。据说，祝文烧出的灰烬扶摇而上，“飘入云霄”[1]，这像是不错的兆头。然后，朱由崧升殿，以监国身份接受群臣的四拜之礼。开国名将徐达之后、魏国公徐弘基跪进监国宝印，群臣再行四拜礼。这样，明王朝正式结束了自4月25日以来四十七天无君的状况。

朝廷正式发布崇祯皇帝的讣告，同时作为监国临政的举措，大赦天下，并决定免除因用兵而向民间征收的“练饷”、停收崇祯十二年(1639)以来“一切杂派并各项钱粮”；上述税费，如有崇祯十四年(1641)之前拖欠未缴者，现在也一笔勾销[2]——当然，这只是顺水人情，其实收不上来。

无论如何，从表面看，朱由崧监国就像以往每位新君即位一样，保持着帝国的一贯风范，有条不紊，程序规整。王朝经历了悲痛，但没有失去秩序，而且以举行监国仪式为标志，似乎正在恢复平静、重新开始。

几天内，陆续做出重要任命：以史可法为东阁大学士兼兵部尚书、高弘图为东阁大学士兼礼部尚书、马士英为东阁大学士兼都察院右都御史、姜曰广为东阁大学士兼礼部左侍郎、王铎为东阁大学士入阁办事、张慎言为吏部尚书、周堪赓为户部尚书。

6月19日，朱由崧正式即皇帝位。这纯粹是个手续问题。十二天前，所以首先以监国名义临政而不直接即皇帝位，是因法定皇位继承人是崇祯太子，现在，在太子没有下落的情况下，朱由崧“因序而立”，但需要以监国的名义过渡一下。

[1] 徐鼒《小腆纪年附考》，中华书局，2006，第157页。
[2] 徐鼒《小腆纪年附考》，中华书局，2006，第157页。

即位诏书宣布，明年改元，新年号是“弘光”。之前，阁臣们拟了两个年号，一为“弘光”，一为“定武”。写下，团作两丸。朱由崧“祝天探丸”，摸到了“弘光”[1]，他就此成为弘光皇帝——换言之，倘摸到另一纸团，历史上留下来的便是“定武皇帝”。据说，对这年号的凶祥，当时就有议论，“弘”字也还罢了，“光”字如何用得？吏部尚书张慎言在得知清朝那边年号为“顺治”后，私下提出一个理论：“光”从火，而“治”从水，“恐水能克火”[2]。对字义或谐音有所讳忌，在中国是很常见的心理。“嘉靖”的年号，就曾被民间联想为“家家皆净”。实际而言，当然并无道理。就算朱由崧“祝天探丸”得到的是“定武”，事情该怎样仍将怎样。一年以后，唐王朱聿键在福州称帝，年号“隆武”，运数也没有变得好起来。

撇开运数不谈，在朱由崧即位的当时，明王朝确有柳暗花明之意。从5月上旬闻悉崇祯死讯算起，短短一个月，顺利解决了新君就位的问题，今后各项事务的展开似乎有了保障。人们从诏书中看到，新君有力地强调着“燕畿扫地以蒙尘，龙驭宾天而上陟，三灵共愤，万姓同仇”，并立下“敢辞薪胆之瘁，誓图俘馘之功”的誓言[3]。考虑到诸多有利条件，就像皇帝承诺的那样，帝国将会翻开“更始”的一页。

崇祯十七年三月十九日以来，北京两易其手，南京也经过一番明争暗斗找到新的主人。此刻，它们就像两大高手，在中国这张巨大棋盘的两端同时各就其位，准备布子行棋、对垒博弈。好戏在即，粉墨已毕，我等只管持壶啜茗、定睛细看便是。

[1]谈迁《国榷》，中华书局，2005，第6099页。

[2]谈迁《国榷》，中华书局，2005，第6099页。

[3]李清《南渡录》卷之一，《南明史料（八种）》，江苏古籍出版社，1999，第136页。

四镇·武人

二百多年“以文抑武”体制，现在成为明朝前途中一片最大的暗礁。一边是不容动摇的祖制、国本，一边是沮抑已久、而今在现实支持下话语权突然放大，野心亦随之猛增的武人集团……此时，李自成奔命远方，满清“腥膻”也根本还没有逼近，南京却已经内伤深重。

一

世上自有国家以来，便伴随武力。武力，不惟帮助国家建立，亦为其维持存在所仰仗。但武力与国家间的关系，从来有两面性——可以是拱卫、守护者，亦能成为破坏者甚至毁灭者。

有鉴乎此，各种类型或制度的国家，都曾设法解决这一难题；迄今来看，却没有堪称完善的方案，就连现代民主政体也不敢自诩可以高枕无忧。虽然从现实有效性观察，民主政体下武力失控的可能性极低，军人凭借武力发难、一举改变国家现状的情形，基本杜绝。但现实情形并不足以消除理论上的担忧，以美国为例，我们时常从其电影、小说等看到军方因不满现实、试借武力一逞己志的假想情节。此虽仅为文艺家的想象，但其构思与叙事却并非全无来由和依据。

所有国家（朝代）的创建，几乎都是行使武力的结果，一般而言，权力瓜分将体现军功的因素，从而普遍形成显赫、强大的军事贵族阶层。一位欧洲史学家这样说：

> 他们就是围绕在每一个有权势者（包括国王在内）周围的王室武士（household warriors）群体。虽然当时有各种难题困扰统治阶级，但最紧迫的问题却不是和平时期的国家或私人庄园的管理，而是设法拥有作战手段。无论于公或于私，无论是为了无忧无虑地工作，还是为了保卫生命和财产，许多世纪以来，战争一直被认为是对每一个领袖的事业的常见威胁，以及各种权力职位存在的目的。[1]

这些人，我们不妨大致或笼统地称他们“骑士”，虽然严格意义上“骑士”只是

[1] 马克·布洛克《封建社会》上，台北桂冠图书股份有限公司，1998，第233页。

"最低层封建主"[1],但因其广为人知、比较通俗,我们姑且用它来指代欧洲中古时期整个的军事贵族阶层。我们知道,骑士文学是欧洲文学非常悠久的品种;例如,西班牙有熙德传说,法国有《罗兰之歌》,英国有亚瑟王和圆桌武士故事。假如你不很熟悉这些,起码听说过《堂·吉诃德》,那也是骑士文学的反讽之作。当然,更可以读一读莎士比亚历史剧,不论《约翰王》《亨利四世》《亨利五世》《理查二世》……里面有许许多多这样的人物。这些情节中,不断出现某某公爵、某某伯爵,你方唱罢我登场,正像布洛克谈到的:"虽然正式集会由于戴着王冠的国王的光临而大大增添光辉,但诗人甚至对中、低级贵族召开的最普通会议也给予慷慨的渲染"[2],这是欧洲古典文学津津乐道、颇具特色的一番炫华场景,我们中国读者往往对此有深刻印象。而此类场景的历史背景是这样的:

> 卡佩王朝初期封建割据不断加强,法国领土上存在着数十个大的封建公国和伯国,卡佩国王对他们除至多保留领主与附庸的关系外,没有任何其它控制权,他们在其领地内行使着完全独立的统治权利。这些封建公、伯国主要是诺曼底公国、勃艮第公国、阿基坦公国、布列塔尼公国……[3]

这是中世纪的法国,而在英格兰、意大利、德意志,情形皆相仿佛。

在尊贵然而孤立可怜的国王与口头宣誓效忠、实际则因为行使着独立的权力而往往飞扬跋扈的军事贵族之间,我们隐隐约约懂得何谓"既有入侵、又有内乱的反复不断的战争状态"——布洛克并且说:欧洲"一直生活于这种状态"[4]。军事贵族集团的强大,带来两个影响:一是国家稳定系数偏低,君弱臣强,王权不能有效管理国中武装力量,叛乱、纷争、冲突频繁出现;二是国家被军事贵族实权所架空,后者对国家的效忠可以只是名誉上乃至表面的,而凭借领地、城堡行军事割据之实,相对于统一、完整形态的国家,其社会经济生产和文化发展存在较多障碍,面临很大不利因素。

[1] 沈炼之主编《法国通史简编》,上海人民出版社,1989,第85页。

[2] 马克·布洛克《封建社会》上,台北桂冠图书股份有限公司,1998,第330页。

[3] 沈炼之主编《法国通史简编》,上海人民出版社,1989,第84页。

[4] 马克·布洛克《封建社会》上,台北桂冠图书股份有限公司,1998,第244页。

二

中国历史由于独特的文化源头，走在另一条路上。两周期间，中国也实行与欧洲相近的“封建制”，但是，通过“周礼”亦即一套伦理规范，封国与王权、封国与封国之间去军事化，在道德框架内达成秩序的认同与信守。不过，平王东迁(前770年)起，从春秋至战国，先前的道德认同逐渐崩解，此后大约五百多年，王纲解纽、霸道兴起、天下攘乱、武力失控，此即为何孔子会屡屡梦见周公、终生以恢复周礼为己任。

五百年大乱，秦国强者胜出。秦以最强武力数平、消灭其他较弱的武力，从而建成大一统的中央集权国家。这一国家形态，天然地包含抑制、防止超越国家之上的武力之存在的思想，“堕名城，杀豪俊，收天下之兵聚之咸阳，销锋铸鐻，以为金人十二”[1]。这种认识，带着很强的中国文化和历史特色，世界其他地方，无论欧洲还是东方的蒙古、日本，均无由致之；所以，中国能够出现大一统中央集权的构想与实践，别处则不能。但秦朝虽将这一诉求表达出来，却并未找到用以支持它的架构，毁坏大城城防、收缴销毁天下兵器，都是些硬性和外化措施，仅此肯定不能真正达到目的。代之而起的汉代，开始寻找中央集权与“封建制”政治原理的不同，文、景、武三朝，贾谊、晁错、主父偃先后提出《治安策》《削藩策》《推恩令》，从思想上明确中央集权认识，与“封建制”划清界限。这是中国历史非常重要而且独具的进展，目今一般历史教科书囿于成说，用欧洲历史模式套论中国，将二千年帝制时期称为“封建社会”，而实际上，自秦代起中国就脱离于“封建”体系、进入中央集权模式。

而具体的形而下的制度建设，则还要经过几百年，方形完备。其中要格外注意中国选士制度的形成与变迁。《汉书·董仲舒传》说：

> 自武帝初立，魏其、武安侯为相而隆儒矣。及仲舒对册，推明

[1] 司马迁《史记》秦始皇本纪第六，上海古籍出版社，1997，第191页。

孔氏，抑黜百家，立学校之官，州郡举茂材孝廉，皆自仲舒发之。[1]

究竟是“自仲舒发之”抑或稍早些，或许待定，但中国政治土壤中的确长出了一株独特的幼苗，它在几个世纪间从贡举制逐渐演化到科举制，如邓嗣禹先生所论，最终定型于隋唐两代：“科举之制，肇基于隋，碻定于唐。”[2]

把历史对照起来，才比较容易看出名堂：在大致同样的时间段，欧洲形成了军事贵族的骑士集团，中国则生成靠笔墨吃饭的文官集团。他们成为各自的社会中坚。在欧洲，若想做人上人，得靠骁勇、征战和军功；在中国，则“万般皆下品，唯有读书高”，靠的是学识、德行或吟诗赋文的才具。这反映了社会结构的区别，以及权力的去向。随着“士”的阶层的生长与壮大，中国将社会权力移交给远离武力的文官政治，后者“手无缚鸡之力”，无法以武力方式构成威胁——首先当然是对帝权本身的威胁，其次，客观上人民遭受兵燹之灾的几率也大大降低，这意味着社会可以期待较长久的稳定。对此，黄宗羲在《明夷待访录·兵制三》里有一简明概括：“唐宋以来，文武分为两途。”[3]自从这权力模式定型以来，有一种看法就在中国扎下了根，即：“天下”虽于“马上”得之，却不能于“马上”治之。这可以简化为两个字眼，“武功”和“文治”——国家建立或改朝换代主要依靠“武功”，而社稷延存和祚运传续却取决于“文治”。

所以一般地，新朝代建立后，会马上着手改变“打天下”时军事系统的状态，使整个系统重组。宋太祖“杯酒释兵权”，往往被讲述成阴谋故事。其实不然，这一情节来自中央集权政治结构内在而自发的要求，所发生的也远不是一些卓有战功的将军个人权力地位边缘化，而是整个军事系统都被重新构造。这种重新构造，每个朝代原理相同，具体方式方法不一。唐宋两朝，军权收归中央，“然其职官，内而枢密，外而阃帅州军，犹文武参用”[4]，文职重臣外出领军，为全权性质，可直接带兵，亦即文臣临时变身将军，故曰“文武参用”。而在明代统治者看来这很不彻底，它进一步设计出文武“截然不相出入”的兵制：

[1]班固《汉书》卷五十六，中华书局，2002，第2525页。
[2]邓嗣禹《中国考试制度史》，商务印书馆，民国二十五年(1936)，第18页。
[3]《黄宗羲全集》第一册，浙江古籍出版社，1985，第34页。
[4]《黄宗羲全集》第一册，浙江古籍出版社，1985，第34页。

> 文臣之督抚，虽与军事而专任节制，与兵士离而不属。是故涖军者不得计饷，计饷者不得涖军；节制者不得操兵，操兵者不得节制。方自以犬牙交制，使其势不可叛。[1]

简言之，明军领导管理有两个并存的层面，一为文官系统的督抚，一为武臣系统的总兵、参将等。前者管控后者而不与部队发生任何直接关系，后者领兵而接受前者的指令。这种设计，目的不言而喻：分散武力的领导权。问题是，怎么做到这一点？我们发现关键在于这句话："涖军者不得计饷，计饷者不得涖军。"换言之，把权力加以切割，交给一些人财权而不给他们兵权，交给一些人兵权而又不给他们财权。古云："兵马未动，粮草先行。"明朝正是将"兵马"和"粮草"拆解成互不相干的两块，有"兵马"者无"粮草"，有"粮草"者无"兵马"。如此一来，谁也不能单独控制武力，非于彼此依赖的同时，又彼此牵制不可。在此，明朝统治者很会动脑筋，想出的办法颇为巧妙。当然，决定性因素还是中央集权体制，没有这样一种财赋尽归中央的体制，显然无从以"粮草"来控制军队。

某种意义上，明代确实做到了"使其势不可叛"，近三百年中，不是没有能征善战的将军，却没有真正的军事强人。武力之于国家那历来的两面性，似乎成功地变成了一面——只有顺应国家需要的一面，而无危害、破坏的一面。

三

可惜，世上无十全十美之事。虽然武力之于国家的两面性似乎被化解，但这化解方式本身却有自己的两面性。"节制者不得操兵，操兵者不得节制"，承平状态下可有效防范武力失控，可一旦国家面临较严重的外患或内忧，所带来的问题恰恰也就是不能有效控制武力。因为，真正需要用兵的时候，"节制者不得操兵，操兵者不得节制"势必是内耗与

[1]《黄宗羲全集》第一册，浙江古籍出版社，1985，第34页。

掣肘。不单如此,“节制者”、“操兵者”两种角色长期定向化,还阻断了健全军事家的产生。此即黄宗羲指出的:

> 夫天下有不可叛之人,未尝有不可叛之法。杜牧所谓“圣贤才能多闻博识之士”,此不可叛之人也。豪猪健狗之徒,不识礼义,轻去就,缓则受吾节制,指顾簿书之间,急则拥兵自重,节制之人自然随之上下。试观崇祯时,督抚曾有不为大帅驱使者乎?此时法未尝不在,未见其不可叛也。[1]

但他只讲了某一面的情形,还有另一面,亦即“节制者”不知兵。在以文抑武的军事系统中,文官出身的督抚都是些读着圣贤书、念着“子曰诗云”长大的进士,派他们去“节制”那些带兵打仗的将军,寻常剿讨小股毛贼也许还看不出来什么,狼烟四起、遇到大规模战事时,局面实在不免荒唐;既然不知兵,实际上,他们也很难“不为大帅驱使”。

帝制中国,无论统治者还是老百姓,都从“文武分途”或者说文官政治结构受益,国家安定,生产能够保持,文明的脚步较少受干扰,这些都应看到和承认。一直到十八世纪,中国的经济在全球鳌头独占,与从制度上有效抑制武力的破坏性有极大关系。不过,正像一开始所说,国家与武力这对难兄难弟的矛盾,没有尽善尽美的解决方案,相对较好的方案,也必然存在不足。从帝制中国的情形看,自从晋、唐经历最后两次严重内乱而终于找到有效抑制武力破坏性的制度后,宋、明两大朝代因内部武力失控而起的危机均不再至,董卓、安禄山式枭雄销声匿迹,它们最后覆亡无一例外由外族入侵所致,这也绝非巧合。

问题正在于,当内部武力失控的可能大为削弱时,国家整体军事能力和效率必然随之下降。其害处,承平之世丝毫看不出来,一旦“有事”,虎皮羊质、外强中干的真相便会暴露。宋、明脆败于西夏、金、蒙古、满清诸外族,一直以来被归之于后者武力超强。这固然未为无理,但人们谈得很不够的,其实是宋、明自身军事机体何其虚弱、不堪一击。这两个朝代几乎不能赢得任何一场战争,虽然局部来看它们并不乏军事奇才和英

[1]《黄宗羲全集》第一册,浙江古籍出版社,1985,第34页。

雄人物，岳家军也罢，戚继光也罢，但置诸整体，宋朝、明朝在军事中的表现皆属低能。归根结底，这不应到个人身上找原因，而是制度使然。以文抑武，不光严重制约军队的战斗力，还使得军事领域掺杂、充斥着官场政治的各种阴谋气息，在秦桧如何损毁岳飞、北京官场如何倾轧袁崇焕……这类故事中，有着宋、明两代军事机器的典型特征和原理。简言之，“无事”时它的确十分有效地消融了导致军事强人产生的能量，然而“有事”时它却恰恰销蚀了国家对于高效军事组织和伟大将领的希望。

我们从明代可以看到，它绝非在朝代尾声才暴露自己军事上的低能。1449年，明英宗朱祁镇率五十万大军，对蒙古瓦剌也先部玩“御驾亲征”，结果于土木堡（今河北怀来附近）五十万人马全军覆没，朱祁镇本人被活捉而去。这么一出喜剧，固是皇帝胡闹所致，但五十万明朝正规军一触即溃，委实超乎想象。皇家的《英宗实录》这么记载：

> 壬戌，车驾欲启行，以虏骑绕营窥伺，复止不行。虏诈退，王振矫命抬营行就水，虏见我阵动，四面冲突而来，我军遂大溃，虏邀车驾北行。[1]

并没发生战斗，对方只一冲，明军“遂大溃”，威风八面的大明皇帝也就被人“邀车驾北行”（俘虏）了，五十万大军根本是纸老虎，或者连纸老虎也不算。诸多迹象表明，明朝之能维持二百五十年左右的国泰民安，很大程度是因周边没有强敌。十四世纪蒙古人崩溃以后，完全退回游牧原形——他们本质上不适应国家形态，此时终于恢复本性，四分五裂，在广邈原野上东驰西骋，唯以劫掠为能事；历来是中国心腹之患的北方一线，由此暂为虚壑，直到万历年间努尔哈赤统一建州五部，北部重新出现一个蛮族国家。

崇祯初年以来，内忧与外患并起，督抚＋大帅的结构在内外两线都暴露出同样的问题：承平状态下的稳然可控，一经实战考验，被证明彻底失控。洪承畴战败、被俘、投降，是这当中有代表性的典型事例。当时，以“兵部尚书兼副都御史、总督蓟辽军务”身份来到辽东的洪承

[1]《明英宗实录》卷一八一，国立北平图书馆红格钞本影印本，1962，第3498页。

畴，在松山之战中为诸将所弃，大同总兵王朴率先遁去，在十三万大军中引起连锁反应，“于是各帅争驰，马步自相蹂践，弓甲遍野。”[1]之后，洪承畴带着仅剩的由他直接指挥的万余孤军，困守松山半年，终于投降。大致，整个崇祯朝的军事失利如出一辙，剔除其他因素，都因督抚＋大帅这一结构造成军事行动实际不可控所致。

眼下，来到朱由崧领衔的弘光朝。即位之始，他发下“敢辞薪胆之瘁，誓图俘馘之功”的狠誓。君仇国辱须报，疆土亟待恢复。单论数量，此时明朝尚拥兵百万以上，比敌人只强不弱，朱由崧发下那样誓言，也算有根有据。问题是，祖宗制度摆在那儿，偏瘫的明朝若想起死回生，弘光君臣非玩出点新花样不可。

四

新任总理大臣兼国防部长——明朝的官衔称为“东阁大学士兼兵部尚书”——史可法尝试改革，当然，他谨慎回避任何类似“改革”的字眼，以免引起与祖制相违的质疑。

这方案，就是对弘光朝有重大影响的著名的“设四藩”。提出的时间，诸书所记不一。顾炎武记为乙未日[2]（五月初八，公历6月12日），谈迁记为己亥日[3]（五月十二，公历6月16日），黄宗羲和计六奇记为庚子日[4]（五月十三，公历6月17日），李清笔下日期最晚，为甲辰日[5]（五月二十一，公历6月21日）。差异或系时过境迁，各人记忆不一所致。笔者倾向于采信黄宗羲《弘光实录钞》，正像那个“钞”字所示，此书之作，以黄宗羲私藏的弘光“邸报”为本：“寒夜鼠啮架上，发烛照之，则弘光时邸报，臣畜之以为史料者也。年来幽忧多疾，旧闻日落，十年三徙，聚书复阙，后死之责，谁任之乎？先以一代排比而纂之，证以故所闻见，十日得书四卷，名之曰《弘光实录钞》。”[6]

[1] 谈迁《国榷》卷九十七，中华书局，2005，第5904页。
[2] 顾炎武《圣安皇帝本纪》，《南明史料（八种）》，江苏古籍出版社，1999，第97页。
[3] 谈迁《国榷》，中华书局，2005，第6096页。
[4] 古藏氏史臣（黄宗羲）《弘光实录钞》，《南明史料（八种）》，江苏古籍出版社，1999，第6页。计六奇《明季南略》，中华书局，2008，第26页。
[5] 李清《南渡录》，《南明史料（八种）》，江苏古籍出版社，1999，第137页。
[6] 古藏氏史臣（黄宗羲）《弘光实录钞》，《南明史料（八种）》，江苏古籍出版社，1999，第3页。

这时，朱由崧监国已十天，距他登基称帝还有两天，提出的时机比较恰当。

方案向新君提出一份整体军事蓝图，建议照此构筑防卫体系，确定战略部署。现存由史可法玄孙史开纯编于清乾隆年间的《史忠正公集》，收有《议设四藩疏》一文。但此文甚短，参以《国榷》《南渡录》所述，整个方案的内容远比此文具体、详细，也许继此疏后，史可法又向朱由崧提交过进一步的说明（《明季南略》提到了《四不可无疏》，但《史忠正公集》未载）。总之，下面我们集各书之述，以近方案全貌。

《史忠正公集》之《议设四藩疏》全文[1]如下：

> 从来守江南者必于江北，即弱如六朝者，犹争雄于徐、泗、颍、寿之间，不宜画（划）江而守明矣。但此时贼锋正锐，我兵气靡备（惫），分则力单，顾远则遗近，不得不择可守之地，立定根基，然后再图进取。臣酌地利，当设四藩。其一淮、徐，其一扬、滁，其一凤、泗，其一庐、六。以淮、扬、泗、庐自守，而以徐、滁、凤、六为进取基。各属之兵马钱粮听其行取。如恢复一城、夺一邑，即属其分界之内。庐城踞（距）江稍远，有警不妨移驻江浦六合，以捍蔽沿江，相机固守。江北之兵声既振，则江南之人情自安矣。

文中地名多为简称，为便了解，我们将其转为今名：淮、徐，是江苏淮安和徐州，即沿黄河—淮河一线；扬、滁，是江苏扬州和安徽滁县，即长江北岸与南京紧邻的北、西两块区域；凤、泗，是安徽凤阳和江苏盱眙（当时称泗州），位于南京西北方；庐、六，是安徽合肥和六安，辖区为滁州西南以远。

以上地区，尽处江北。此即史可法所谓“守江南者必于江北”，他构想，在南京由北至西筑起两道防御圈，外圈为凤阳府、徐州到淮安府，内圈由庐州府至滁州到扬州府。这两道防御圈，加上天险长江，等于南京正前方及左侧有三层保护。而南京以东和以南，是自家畛域，无须设防。

三道防线，有如三道箍，将南京围

[1] 史可法《史忠正公集》卷一，商务印书馆，民国二十五年十二月，第3—4页。

得铁桶一般。四藩之间的关系,既是横向的,也是纵向的,一在前、一在后、一为攻、一为守。即:“以淮、扬、泗、庐自守,而以徐、滁、凤、六为进取之基。”[1]互为表里,里应外合。

这设计应该说很牢靠了,但我们也发现,核心在于一个“守”字,与朱由崧发誓时的口气大不相同,貌似怯懦。然而联系实际,这恰恰显出设计者的务实,不尚虚言、脚踏实地。奏疏讲得很清楚:“此时贼锋正锐,我兵气靡备”,“顾远则遗近,不得不择可守之地,立定根基,然后再图进取”。稍后我们当可看到,南京从政坛到军界是怎样一种面貌,在此情状下,唱高调毫无用处。南京第一步如能做到收拾人心、同仇敌忾,已很不错;立刻北进、收复失地,想也别想。

更具体地看,“设四藩”的布局共有四块区域,即内外两个防御圈各切成两段,外圈为淮徐、凤泗,内圈为庐六、扬滁。各段“包干”范围,李清《南渡录》有详尽记述[2]:

一、“辖淮扬者驻于淮北,山阳、清河、桃源、宿迁、海州、沛县、赣榆、盐城、安东、邳州、睢宁,隶十一州县,经理山东招讨事。”

二、“辖徐泗者,驻泗州(今江苏盱眙),徐州、萧县、砀山、丰县、盱眙、五河、虹县、灵璧、宿州、蒙城、亳州、怀远各州县隶焉,经理河北、河南开、归一带招讨事。”

三、“辖凤寿者,或驻寿,或驻临淮,以凤阳、临淮、颍上、颍州、寿州、太和、定远、六安各州县隶之,经理河南陈、归一带招讨事。”

四、“辖滁和者,或驻滁州,或驻庐州,或驻池河,以滁州、和州、全椒、来安、含山、合肥、六合、巢县、无为各州县隶之,经理各辖援剿事。”

五

单看以上,“设四藩”只是一番兵力布置,看不出有何“改革意义”。需要注意的是,奏疏中“各属之兵马钱粮听其行取。如恢复一城、夺一邑,即属

[1]李清《南渡录》,《南明史料(八种)》,江苏古籍出版社,1999,第138页。

[2]李清《南渡录》,《南明史料(八种)》,江苏古籍出版社,1999,第138页。

其分界之内”一句。这是具有实质意义的，不过《史忠正公集》所载内容过简，读者难以尽悉其意，倘若参照一下《南渡录》所述，对相关内容何其重要，辄豁然明朗：

> 一切军民皆听统辖，有司听节制，营卫原存旧兵听归并整理，所辖各将听荐题用，荒芜田地俱听开垦，山泽有利皆听开采。仍听招商收税，以供军前买马置器之用。镇额兵三万，岁供本色米二十万，所收中原土地即归统辖。[1]

这段文字，顾炎武《圣安皇帝本纪》几乎分毫不差，谈迁《国榷》也大体相同。顺便说一下，我推测后二者所述均据《南渡录》。原因有二：一是李清弘光间在南京居要职，《南渡录》中事都是他亲历亲闻；二是《南渡录》成稿应早于《圣安皇帝本纪》和《国榷》，南京城破之后，李清便归隐故乡兴化枣园，杜门著述，顾炎武则参加过一段抗清活动，谈迁《国榷》虽写得早，原稿却于1647年失窃，“又发愤重新编写，一六五三年带稿子到北京又加修订”[2]，定稿起码是1653年以后了。

把《南渡录》的记载逐句读下来，我们得到以下信息：“四藩”被赋予极大权力，可以说军、政、财权集于一身。不单指挥军队，老百姓也归他们管；不单管得了百姓，还管得了地方官；所有原地方部队，都被收编、统一于麾下；有权提名、建议提拔军官，虽然理论上需要督师批准，实际只是履行个手续而已；凡属荒地都可任意开垦，任何矿产都可不加限制地开采；甚至，有商业管理权和征税权，税收不必上缴而留为“军费”；最后还有一句：“所收中原土地即归统辖”，即：但能攻下中原一城一地，就立即、自动、无条件纳入该镇势力范围，而联系上面所准予的诸种权力，其中的诱惑是巨大的。

《圣安皇帝本纪》在“所收中原土地即归统辖”后面，多了一句：

> 寰宇恢复，爵为上公，与开国

[1] 李清《南渡录》，《南明史料（八种）》，江苏古籍出版社，1999，第138页。

[2] 吴晗《谈迁和国榷》，《国榷》，中华书局，2005，第2页。

元勋同,准世袭。[1]

该句亦见于《国榷》,写做:

寰宇恢复,爵为上公,世袭。[2]

至此,我们才算完整了解"设四藩"方案,也终于接触到它比较核心的地方。不错,它的确是一个务实、周密的军事防卫计划,但这计划的生命力并不取决于态度的务实和设计的周密,而取决于利益与权力的再分配或让步。假如没有后面那种实质内容,计划制订得再好,也引不起任何兴趣。俗话说,肉包子打狗,有去无回。到了明末这种光景,朝廷与军队之间,就是肉包子与狗的关系。不拿出相当的实惠,根本不可能调动军方的"积极性"。

我们不必沉吟措辞是否得当,而可径直确认:"设四藩"差不多等于封了四个独立王国,不妨分别称之为"淮徐国"、"扬滁国"、"凤泗国"、"庐六国"。唐末藩镇军事割据时代又回来了,甚至退回到汉代初年实封异姓王(韩信、英布等)那样的状态。当然,史可法奏疏未有只言片语点破这一点,它好像只是谈论军事布局,但我们看得很清楚,布局是一方面,割据是另一方面——抑或不如说,表面上出于布局,内里是为着安抚军方、努力调动他们保护国家的"积极性"。

这表示,所谓"涖军者不得计饷,计饷者不得涖军;节制者不得操兵,操兵者不得节制"、"文武分途"那套祖制,已徒具虚名。四藩尽有其兵、尽有其地、尽有其民,可在境内行使一切权力,是某一区域内绝对统治者。而且,不单现在明确划分好的区域归其所有,将来一旦征服新地,也通通作为奖赏装入他的腰包,完全是分茅裂土的架势。

明朝二百多年来的以文抑武,以及军队在国家政治中的工具化和边缘化,到此宣告瓦解。或者说,最终证实那套办法没有真正解决国家与武力这一难题;它一度行之有效,只是因处和平现实,未经真正考验。基本上,崇祯朝十

[1]顾炎武《圣安皇帝本纪》,《南明史料(八种)》,江苏古籍出版社,1999,第97—98页。
[2]谈迁《国榷》,中华书局,2005,第6096页。

明军军容。

这支明军，软甲肥马，盔刃铮然，装备相当精良。虽然后期明军缺饷严重、纪律很坏、屡尝败绩，但明军战斗力是否如表现的那么不堪一击，也值得考虑。《祁彪佳日记》所述证明，即便在弘光间，明军练兵标准仍然不低。

崇祯间重要将领唐通。

唐通，陕西泾阳人。时为宣化总兵、密云总兵，而先降李自成，后降多尔衮，比较典型地反映了明代武人“轻去就，缓则受吾节制，指顾簿书之间，急则拥兵自重”的特征。

明军发兵图。

文职统帅端坐帐中，发号施令，而大将及其所属，须跪接军令。图中帐内文官画得特别高大，并非偶然，实际是对明代以文抑武、视武人为豪猪健狗之徒军事制度的形象说明。

明军作战图。

明军由总兵官担任方面军司令，投入具体战斗。明初，为使将领与兵权分离，对总兵官采取临时指派的办法，遇事佩印出战，事毕缴还，故称“充总兵官”。后演为常任，而再派文官督抚节制之，形成督抚＋总兵格局。史可法开府扬州，任务就是督师四镇（四大总兵）。

行军图。

明军行进队列，文官统帅居中，武人前后左右簇拥护卫，“右文主义”一目了然。

七年都在证明这一点——剿“贼”也好，平“虏”也罢，所以节节失利，追根寻源是军事制度无法适应实战需要。统治稳固时，它能够防范养虎遗患之弊，抑阻武力觊觎威柄的风险。但好事岂能全占？一俟“有事”，却发现并非“养兵千日”就可“用于一时”，从“养”到“用”的衔接与转换，有许多因素需要把握、安排，而明朝军事制度显然并未认真、深入、细致处理好这些问题，等到狼烟四起，突然发现自己空养了数百万军队，其实却是个豆腐渣体系，安内攘外，无一堪用；末了，国都沦陷，君被逼死。

这种在战乱时期已被证明全然无效的军事制度，无法再坚持下去。史可法奏疏图变，既迫不得已，也势属必然。然而不幸，仓猝间实际谈不上创新，变是非变不可，却又拿不出新的办法。怎么办？只好悄悄捡起老套子，乞助于祖制所否定甚至是严加防范的藩镇制。计六奇评论说：

> 愚谓即仿古藩镇法，亦当在大河以北开屯设府，岂堂奥之内而遽以藩篱视之。[1]

他也觉得，现实地看，倒退到“古藩镇法”实属无奈，舍此并无他法可以救急；但他认为，四藩之设起码应在黄河以北，将其置于肘腋之内，太冒险了。这确实是非常要害的问题，后来弘光朝所有苦头都可说由此而来。不过，这点道理史可法不可能不明白，也不会未曾虑到，然而，一来南京防卫乃当务之急，二来若真将四藩设在黄河以北，可能吗？哪位大帅将欣然受命？这里要捎带批评一下黄宗羲。谈到“设四藩”，他对史可法很不以为然，说“君子知其无能为矣”[2]，这固然出于嫉恶如仇（参酌他对赳赳武夫冠以“豪猪健狗之徒，不识礼义”的看法），但和历来“清流”一样：不在其位、而谋其政。人常说“当局者迷，旁观者清”，其实刚好相反，当局者的认识较旁观者一般都来得更清醒、准确。旁观者不担责任，话总能说得最漂亮，当局者却不能以漂亮为念，他要审时度势，言行尽量符合实际，还要顾及大局。

[1] 计六奇《明季南略》，中华书局，2008，第27页。
[2] 古藏氏史臣（黄宗羲）《弘光实录钞》，《南明史料（八种）》，江苏古籍出版社，1999，第6页。

六

四藩者，黄得功、高杰、刘泽清、刘良佐也。国变后，他们是左良玉以外明朝正规军中实力最强的四大统帅。这四支部队，黄得功镇庐州[1]，刘良佐也应驻于左近[2]；高杰、刘泽清则是“外来户”，前者由山西败溃而来，后者是从山东逃到江北。“及设四藩，杰卒驻扬，泽清驻淮，良佐驻凤、泗，黄得功驻庐。”[3]其中还有一些过节、争夺，暂且不表。

划定四藩的同时，朝廷还宣布给五位大帅晋爵。宁南伯左良玉、靖南伯黄得功进封侯爵，高杰、刘泽清、刘良佐分别为兴平伯、东平伯、广昌伯。

需要补充一个情况，一般以为“设四藩”的主意出自史可法，事实也许并非如此。《议设四藩疏》肯定是史可法写的，也是以他的名义进呈于朱由崧，不过这只表明职务关系——作为首揆，相关行为必须由他出面。但意见是不是他提出，或者，是不是他的独自主张，一些记载露出其他迹象。

例如，《明季南略》“史可法请设四镇”一条，载史可法奏疏有如下字样：“臣与高弘图、姜曰广、马士英等谨议……”、“又议……”，显示有关建议是内阁集体会商的结果。《国榷》的记载有相同内容，且更具体：

> 大学士史可法言：“昨午与诸臣高弘图、姜曰广、马士英等，恭承召谕，令臣等将用人、守江、设兵、理饷各宜议定。谨议……江北与贼接壤，遂为冲边。淮扬滁凤泗庐六处，设为四藩，以靖南伯黄得功总兵刘良佐高杰刘泽清分镇之。”[4]

明指头一天经朱由崧召对、下旨，开了一个会，专门讨论。

最出乎意表的材料，见应廷吉《青燐屑》。史可法督师扬州，作者充其幕僚，追随左右直至扬州城破前夕，其间

[1] 钱海岳《南明史》第六册，中华书局，2006，第1880页。
[2]《小腆纪年附考》第176页说，崇祯十五年(1642)，刘良佐曾与黄得功联手，在安徽潜山大败张献忠。
[3] 计六奇《明季南略》，中华书局，2008，第33页。
[4] 谈迁《国榷》，中华书局，2005，第6096页。

无话不谈，后均记于《青燐屑》一书。1644年12月2日(旧历十一月初四)，崔镇，对时局备感失望的史可法回顾半年来弘光朝的经历，如是说：

> 揆厥所由，职由四镇尾大不掉。为今之计，惟斩四臣头悬之国门，以为任事不忠之戒，或其有济。昔之建议而封四镇者，高弘图也；从中主张赞成其事者，姜曰广马士英也。依违其间无所救正者，余也。[1]

里面包含四个要点：一、"设四藩"提议人是高弘图；二、表示赞成的有姜曰广、马士英；三、史可法本人当时对此感到拿不定主意；四、数月后，经观察和检验，史可法认为这是一个糟糕的决定，并深为后悔没有断然反对。

这段话正好能与《国榷》、《明季南略》相证，即："设四藩"方案，来自于一次内阁会商。而且我们进一步得知，史可法非但不是始作俑者，还是唯一感到犹豫的人。

问题是，这说法的可信度如何？会不会是史可法推卸责任的一面之词？笔者不以为如此。综观甲申之变以来，种种表现说明史可法是勇于任事、能够忍辱负重之人。这样一个人，对属于自己的过错不会诿之他人。封四镇后不久，江督袁继咸从九江入朝，曾就此事专程前往内阁，"责阁臣史可法不当遽伯高杰"[2]，史可法一言未发，没有为洗刷自己而透露内情。查遍史料，他仅仅是在私密、愤懑的情形下对应廷吉提到过一次，除此之外人概莫知，以致同时代的黄宗羲过了很多年仍认为："史可法亦恐四镇之不悦己也，急封爵以慰之。"[3]

归根结蒂，四藩之设、重赏诸帅、武人地位提升，不在于谁提议，而在客观上可否避免？徐鼒论道：

> 然则可法胡为出此谋也？曰：不得已也。诸将各拥强兵，分据江北，能禁其不窃踞自尊乎？不能也。锄而去之，能保其不为敌用乎？不能也。既不能制其死命，而又不能抚之以恩……假以朝命，

[1] 应廷吉《青燐屑》，《明季稗史初编》卷二十四，上海书店，1988，第429页。

[2] 李清《南渡录》，《南明史料(八种)》，江苏古籍出版社，1999，第139页。

[3] 古藏氏史臣(黄宗羲)《弘光实录钞》，《南明史料(八种)》，江苏古籍出版社，1999，第6页。

使恩犹出之自上，此亦乱世驭骄将不得已之术也。[1]

从最实际的角度讲，且不说别的，弘光之立就很借重武人，不是有朱由崧曾以书招高杰等率兵拥立的传说吗？就算朱由崧本人无此举，马士英与诸将串联总是千真万确的事，“诸大将连兵驻江北，势甚张。大臣畏之，不敢违。”[2]皇帝人选如何，都已须视武人眼色，何况封个伯爵侯爵？这尚在其次，更主要的是，国变之后，败兵如潮，军队处在失控边缘，事实上此时已经发生严重危机——高杰所部在扬州、瓜州等处，大肆劫掠，与民众生死对峙；不同部队之间也为争夺地盘或其他利益，频发流血冲突。可以说，原有军事建构已失去效用，根本没有任何约束力，必须要有新的方案，平衡利益、稳定军队，同时，重构朝廷武力或至少形成一种暂时秩序。就此而言，“设四藩”也许不是令人嘉许的方案，但它相当诚实，反映了现实的要求。

七

在我所读有关南明历史的论述中，能够瞩目于军事建构问题对南明时局之影响的，是一位美国作者司徒琳(Lynn A. Struve)。她的《南明史》，以明朝的“右文倾向”(或我所称的“以文抑武”)为起点和基础，将其视为南明的主要和基本矛盾。她说：“在明代中国不会有如同艾森豪威尔(Dwight Eisenhower)或者黑格(Alexander Haig)的官员，也不会有做了州长或市长还向选民炫耀已往军功的上校。”[3]西方作者对这种情形拥有特殊的敏感，极为自然，而中国人可能却比较迟钝。过去我们的南明研究，普遍注意的是党争或道德问题，把它看作左右南明的主要矛盾。我们比较习惯这样的思路和兴趣点，可惜这并非崇祯之后格局变化所在。弘光朝的新局面，在于武人地位改变及由此造成的牵制与影响。与大多数人的历史认识不同，

[1] 徐鼒《小腆纪年附考》，中华书局，2006，第168页。

[2] 顾炎武《圣安皇帝本纪》，《南明史料(八种)》，江苏古籍出版社，1999，第96页。

[3] 司徒琳《南明史(1644—1662)》，上海古籍出版社，1992，第7页。

扬州何园。

甲申国变后，随着政治中心南移，与南京一江之隔的扬州，从此不平静。类似这样的富裕、精致景象，刺激着权重益大的将军们的贪欲，引发流血事件。设四镇后，成为明军前敌总部亦即史可法督师驻地。清军南下，扬州遭血洗，作为它灭亡明朝的祭刀之物。

扬州盐商宅第。

扬州，古时声色之都，商业之都。除开古运河与长江相交处这一地利，扬州自古繁华的另一原因，便是盐商汇聚。如此考究的盐商宅第，提示着这座城市的普遍的豪奢。

弘光朝并非因为清兵南下而崩溃；实际压垮弘光朝的，是内部军变，亦即左良玉部的叛乱——当然，左部叛乱又只是国家与武力这对矛盾最终的总爆发，在此之前，龃龉不断、酝酿已久，以后我们会借史可法督师扬州的情形作更加细致的观察。

过往二百余年，国家政治生活中几乎没有武人身影。太祖朱元璋尽戮宿将，逮其末年，依《明史》所说："公、侯诸宿将坐奸党，先后丽法，稀得免者"，只有一个汤和"独享寿考"。[1]一般都将此解读为朱元璋残忍好杀，固然不错，然仅仅如是观，未免小觑了这位农民皇帝。实际上，其中有他的治国取向。《闲中今古录》载：

(太祖)响意右文，诸勋臣不平。上语以故曰："世乱则用武，世治宜用文，非偏也。"[2]

回答相当坦然：打压武人，意在右文。这一右文倾向，明朝始终保持不变，即便中间朱棣曾以"靖难之役"大肆用兵，武人地位也未因此反弹。以后明朝并非没有大的政治动荡，景泰末"夺门之变"、万历末"移宫案"，都关乎帝位，但我们在其中只见文臣身影，未见武人参预或武力因素，后者政治上的边缘化一目了然。

弘光政治，却庶几相颠倒了。首先，福王以兵而立，文臣迫于军事压力不敢坚持己见、草草放弃主张，这是过去未有的情形。紧接着，又发生一连串武臣跋扈，乃至凌辱文臣的事情。四月二十七日，讨论迎立问题时，吕大器表现犹豫，诚意伯、提督操江刘孔昭"詈大器不得出言摇惑"，不但态度粗暴，说话内容也是命令式的，而吕大器竟"不敢复言"。[3]福王进城入宫当天，文武百官第一次正式谒见的时候，灵璧侯汤国祚就当场喧哗，"讦户部措饷不时，其言愤絮"，文官大多沉默，倒是大太监韩赞周出面制止，"叱之起"。[4]这位灵璧侯就是汤和的后代，回想乃祖晚年"入闻国论，一语不敢外泄"[5]的表现，岂非天差地别？

过了一个月，同样是在御前，早朝

[1] 张廷玉等《明史》，卷一百二十六，汤和传，中华书局，1974，第3755页。

[2] 黄溥《闲中今古录》，《中华野史·明朝卷一》，泰山出版社，2000，第184页。

[3] 徐鼒《小腆纪年附考》，中华书局，2006，第156页。

[4] 徐鼒《小腆纪年附考》，中华书局，2006，第157页。

[5] 张廷玉等《明史》，卷一百二十六，汤和传，中华书局，1974，第3755页。

甫毕，刘孔昭拉着汤国祚、赵之龙（忻城伯、京营戎政总督），“呼大小九卿科道于廷”，“大骂”吏部尚书张慎言，“欲逐之去”；骂他“排忽武臣，专选文臣，结党行私”。如此骂了一阵子，犹不过瘾，刘孔昭竟然“袖中取出小刃，逐慎言于班，必欲手刃之”。最后，还是靠韩赞周得以制止，“叱之曰‘从古无此朝规！’乃止。”[1]

这出闹剧，将武臣的忘形展示无遗。他们并非仅仅不把文职重臣放在眼里，索性也置皇帝的威仪于不顾。打个比方，犹今之在法庭上，控辩双方意见不合，一方居然拍桌咆哮甚而大打出手。这种态度，岂止是欺压对手，而是连同法官、法庭一并藐视了。故而韩赞周斥以“从古无此朝规”。

刘孔昭等明里冲着张慎言而来，实则是向文官主政的传统发起挑战。吏部专司官员选用，古时称吏部和吏部长官为“铨曹”，这个“铨”字，便是考量、衡准之意，正如御史王孙蕃所说：“吏部司职用人，除推官升官外，别无职掌。”[2]作为吏部尚书，张慎言提出任用人选，不仅是分内之事，实际上舍此他简直也就无事可做。但此刻，在新的形势下，刘孔昭一班武臣已不甘此权尽操文官之手，他们打着反对结党营私的旗号，图谋参与到这项权力之中，这是闹事的实质。所以，他们与其说是攻击张慎言，不如说是在表达对国家制度的不满。事后，内阁大学士高弘图向弘光皇帝上奏时，严正指出：

> 文武官各有职掌，毋得侵犯，即文臣中各部不得夺吏部之权。今用人乃慎言事，孔昭一手握定，非其所私即谓之奸，臣等皆属赘员矣。[3]

作为抗议，高弘图提出辞职。受到指责和侮辱的张慎言，更是坚决自请“罢斥”。正常情况下，皇帝应根据原则，对那班逾分的武臣进行一定处理，至少给予申饬；但在朱由崧来说，自己帝位就拜这些武人所赐，其“定策之功”回报还来不及，哪敢说三道四？他虽然也努力“慰留”张慎言，却始终没讲一句公道话。结果，十多天后张慎言果然“致仕”，成为弘光朝第一位去职的文职重臣。

整个武臣集团都蠢蠢欲动。发出类似信号的，不仅有开国元戎的后代，

[1] 计六奇《明季南略》，中华书局，2008，第19页。
[2] 计六奇《明季南略》，中华书局，2008，第19页。
[3] 计六奇《明季南略》，中华书局，2008，第19页。

还有手握重兵的野战军统帅。“四镇”之一、新晋伯爵的刘泽清毫不掩饰地叫嚣：

> 中兴所倚，全在政府，旧用大帅，自应群臣公推，今用宰相，亦须大帅参同。[1]

什么意思呢？他认为：走向“中兴”，必须革新政府；过去多少年，大帅的任用都由文官说了算，现在要变一变了，何人当宰相，大帅也应参与决定。

没有什么比这更赤裸裸地表明了军人干政的意图。二百多年“以文抑武”体制，现在明显成为明朝前途中一片最大的暗礁。一边是不容动摇的祖制、国本，一边是沮抑已久、而今在现实的支持下话语权突然放大，野心亦随之猛增的武人集团；这种尖锐矛盾，令所谓文、武分途变成了文、武对立。此时，李自成奔命远方，满清“腥膻”也根本还没有逼近，南京却已经内伤深重。这么一具躯体，还需要从外部给予打击，才会颓然委地吗？

八

六、七月间，又爆发更激烈的冲突。

前左都御史、浙江耆宿刘宗周起复旧职。是年，刘宗周六十六岁。在学问和思想上，他是一代大宗师，世称“蕺山先生”，明末名流出其门下的甚多，如祁彪佳、熊汝霖、陈子龙、周镳、黄宗羲、陈洪绶、仇兆鳌、毛奇龄……可谓网尽精英。他的学说，以“诚意”、“慎独”为核心。从思想到人格，无论对人对己，他都严正之极，容不得半点污垢，行为刚峻乃至乖异。他曾自谓：“既通籍，每抱耿耿，思一报君父，毕致身之义。偶会时艰，不恤以身试之。”[2]他还是“以文抑武”论的主要坚持者，崇祯十五年十一月二十九日，在崇祯皇帝召见五府六部九卿科道的面对中，他发言说：

[1] 李清《三垣笔记》，中华书局，1997，第95页。

[2] 刘宗周《与周生》，《刘子全书》卷之二十，书下，华文书局股份有限公司影印本，1968，第1427页。

> 臣闻用兵之道，太上汤武之仁义，其次桓文之节制。以故，师出有名，动有成绩。[1]

认为用兵最高境界，是汤武仁义之道，如果做不到，就要像齐桓、晋文那样切实予以约束、控制；否则，武力不是什么好东西。不难窥见，他心中对武力以及从事武力的武人，怀有伦理上的卑视；这当然反映着儒家意识形态的基本观念。可以想象，一个有着这样观念而个性又极坚毅的人出现于刻下的南京，会触发怎样的事端。

从接到朝廷起用通知那一刻起，刘宗周似乎就进入一种特殊的精神状态。他从家乡山阴起身，一路向南京进发。但他并不急于进入南京，也不肯使用"左都御史"的官衔，《明季南略》说他"不受衔"[2]，《小腆纪年附考》则说"以大仇未报，不敢受职"[3]。这种举动在别人身上，可能是作秀，但在刘宗周却绝对严肃，是对"诚意"、"慎独"理念的践行，用他原话讲，"当此国破君从之际，普天臣子皆当致死"，幸而不死，大家起码该做到"少存臣子负罪引慝之诚"。[4]他恪守着"名不正，则言不顺"，入朝面君之前，要把一切有关大义疏明确立。在他看来，君仇未报，人人都是戴罪之臣，无颜接受新的任命，所以自称"草莽孤臣"，以这身份向朱由崧递上一道又一道奏疏，陈述心中的各种原则。

在引起轩然大波的《恸哭时艰立伸讨贼之义疏》中，他严厉抨击弃土辱国、望风而逃的将帅：

> 数百里之间，有两节钺而不能御乱卒之南下，致淮北一块土，拱手而授之贼。尤可恨者，路振飞坐守淮城，久以家眷浮舟于远地，是倡逃之实也。于是，镇臣刘泽清、高杰，遂相率有家属寄江南之说，尤而效之，又何诛焉！按军法，临阵脱逃者斩，臣谓一抚二镇，罪皆可斩也。[5]

[1]《刘子全书》卷之十七，奏疏，华文书局股份有限公司影印本，1968，第1225页。
[2]计六奇《明季南略》，中华书局，2008，第45页。
[3]徐鼒《小腆纪年附考》，中华书局，2006，第162页。
[4]刘宗周《恸哭时艰立伸讨贼之义疏》，《刘子全书》卷之十八，奏疏，华文书局股份有限公司影印本，1968，第1259页。
[5]刘宗周《恸哭时艰立伸讨贼之义疏》，《刘子全书》卷之十八，奏疏，华文书局股份有限公司影印本，1968，第1257页。

紧接着，又上《追发先帝大痛以伸大仇疏》，指责封疆之臣确知崇祯皇帝凶问后，理当“奋戈而起，决一战以赎前愆”，结果却“仰声息于南中，争言固圉之事，卸兵权于阃外，首图定策之功”，“安坐地方，不移一步”——人臣若此，皆该“坐诛”。[1]

两疏一出，“中外为之悚动”[2]。客观地说，疏中言论不无过激，尤其“可斩”、“坐诛”字眼，似乎杀气腾腾。不过，这其实未足挂怀。刘宗周只是一个持议过苛而手无寸铁的老夫子，口中说出那些话，在他乃是激于忠义、呼唤正气、从伦理层面出发的必有之论。其次，其矛头所向应该说没有“党偏”迹象，我们看到他并非专门针对武人集团或马士英等弘光新贵而来，所列的“可斩”对象包括路振飞，还说他“尤可恨”。其实大家公认路振飞很正派，绝不属于“奸小之辈”。由此可见刘宗周不免也是“攻其一点，不计其余”，有股子“一个都不饶恕”的倔强劲儿。

问题是，武人集团正处在由弱势转强势、向文官系统发起冲击的过程中。他们刚刚成功撵跑了吏部尚书张慎言，刘宗周居然“顶风作案”；更何况，人未到、挑衅先至，是可忍则孰不可忍。

事情迅速演为一场危机。“都中谤纸喧传”，南京出现许多匿名传单，造谣东林党人“聚兵句容”，图谋“不轨”，又称“四镇方修行署，将入清君侧”；南京满城岌岌，“旬日方定”。[3]

这些谣言，可以肯定出自武人集团，而其源泉是东平伯刘泽清。在造足气势之后，“越数日，刘泽清疏至，明己有功无罪”，其中更有如下狠话：“宗周若诛，即卸任。”要求朱由崧赐予上方剑，让他去杀掉刘宗周。李清对刘泽清的上疏有三个字的印象：“语狂悖。”[4]

刘泽清似乎并非嘴上说说，《南疆逸史》(亦见于《弘光实录钞》)记载了一个惊人情节：

> 方宗周在丹阳僧舍也，泽清、(高)杰遣刺客数辈迹之。见其正

[1] 刘宗周《追发先帝大痛以伸大仇疏》，《刘子全书》卷之十八，奏疏，华文书局股份有限公司影印本，1968，第1261页。

[2] 徐鼒《小腆纪年附考》，中华书局，2006，第162页。

[3] 李清《南渡录》，《南明史料(八种)》，江苏古籍出版社，1999，第207页。

[4] 李清《南渡录》，《南明史料(八种)》，江苏古籍出版社，1999，第207—208页。

容危坐，亦心折不敢加害。[1]

情节很像《赵氏孤儿》屠岸贾之刺赵盾。以刘泽清的阴毒，这种事他能够做得出。

不过，说高杰也派遣了刺客，应系讹传。事实上，高杰不曾参与刘泽清攻击刘宗周的行动(详下)；在此，笔者提供一条来自祁彪佳日记的可直接排除高杰嫌疑的证据。当时，祁彪佳奉命过江，处理部队间纠纷；七月十六日，在瓜洲与从扬州赶来、正在此协调"四镇"的太仆寺少卿万元吉会晤。他在当天日记中写道：

……欢然共谈于楼上。万以刘鹤洲(刘泽清字)方参论东林诸老，欲令高英吾(高杰字)上诉，反其所言。予以非镇将所宜言，令勿托彼。万极是之。[2]

这里说的是，刘泽清冒用高杰名义，联名上疏参劾刘宗周等，万元吉了解后，打算让高杰自奏一疏，声明名义被刘泽清冒用，而祁彪佳认为这么做不妥，万元吉由是打消此念。

据《明季南略》，大约半个月中，刘泽清先后三次上疏，要求严惩刘宗周。第一次与高杰联名，第二次与刘良佐同时上疏，第三次以"四镇"的集体名义：

七月廿一丙午，刘泽清、高杰劾奏刘宗周劝上亲征以动摇帝祚，夺诸将封以激变军心，不仁不智，获罪名教。三十日乙卯，刘良佐、刘泽清各疏参刘宗周劝主上亲征为有逆谋。八月初二日丁巳，高杰等公疏请加宗周以重僇，谓疏自称"草莽孤臣"为不臣。既上，泽清以稿示杰，杰惊曰："吾辈武人，乃预朝中事乎？"疏列黄得功名，得功又疏辩实不预闻。[3]

不仅冒用了高杰名义，还冒用了黄得功名义，只有刘良佐未见表示异议。

[1] 温睿临《南疆逸史》，中华书局，1959，第62页。
[2] 祁彪佳《祁忠敏公日记》，《历代日记丛钞》第八册，学苑出版社，2005，第473页。
[3] 计六奇《明季南略》，中华书局，2008，第47页。

最恶劣的当属第三次，盗用“四镇”集体名义来构成强大军事压力，逼迫朱由崧制裁刘宗周。

事实上，刘泽清还曾于八月二十日第四次上疏。这一次，攻击对象除了刘宗周，还有内阁大学士姜曰广。原因是，刘宗周《恸哭时艰立伸讨贼之义疏》呈达后，握有票拟权的姜曰广代朱由崧作出如下批示：

> 览卿奏，毋狥偏安，必规进取，亲统六师恢复旧物，朕意原是如此。至严文武恇怯之大法，激臣子忠孝之良心，慎新爵、核旧官，俱说的是。朕拜昌言，用策后效。仍着宣付史馆。该部知道。[1]

虽无实质性处理，然而，将刘宗周奏疏存入史馆，等于所言将鉴于史册。

因此，刘泽清大恨，连同姜曰广一道猛攻，《甲乙事案》形容：“其词凶悍甚。”[2]这种凶悍有充分的理由。虽然高杰、黄得功不肯与之联手，内阁大学士、兵部尚书马士英却是他的奥援。黄得功揭发刘泽清盗用其名义的奏疏，被马士英悄悄扣下。面对刘泽清的连番弹劾，刘宗周指出：

> 本朝受命三百年来，未有武臣参文臣者，尤未有武臣无故而欲杀宪臣者，且未有武臣在外而辄操庙堂短长、使士大夫尽出其门者。有之，皆自刘泽清始。一时纪纲法度荡然矣。[3]

这几句话，完整道出弘光政局的根本之变。大势如此，不可挽回。十多天后的事实证明，这场较量，文官系统损失惨重。九月九日，姜曰广致仕；九月十日，刘宗周致仕。户部给事中吴适上疏，恳请留任姜、刘，没有任何反应。《小腆纪年附考》说：“宗周以宿儒重望，为海内清流领袖。既出国门，都人士聚观叹息，知南都之不可有为也。”[4]

[1]《刘子全书》卷之十八，奏疏，华文书局股份有限公司影印本，1968，第1259—1260页。

[2] 文秉《甲乙事案》，《南明史料（八种）》，江苏古籍出版社，1999，第465页。

[3] 李清《南渡录》，《南明史料（八种）》，江苏古籍出版社，1999，第208页。

[4] 徐鼒《小腆纪年附考》，中华书局，2006，第260页。

九

对姜曰广、刘宗周的相继去位,文秉评以"从此大柄益倒持矣"[1]——的确是这样一个标志,这样一个决定性时刻;在那以后,国柄实际落在武人之手,"以文抑武"国策就此破产。

但是,明人对于这当中的合理性,往往不能认识,他们难以走出抽象的"是非",从客观实际出发去看待和理解这种变化。比如文秉随后的评论:

> 泽清以武夫而强预举错之权,固已悖矣。至公然驱逐正人,甘为群奸效命,逆莫大焉。[2]

仍是"悖"、"正人"、"奸"、"逆"一类字眼,仍然以正统看一方、以阴谋看另一方。其实政治上实质性的变动,从来不是靠阴谋;阴谋可以起一点作用,起不了决定性作用;决定性作用还是来自实势的转换。明末政治的武人上位,不应视为捣鬼的结果,而是趋势所在。

拉开一段距离的清人,所见就比明人中肯。徐鼒承认刘宗周疏言都是"侃侃正论",但却批评他是"君子之过"。他提出这样的问题:"大其守春秋讨贼复仇之意也。然则其言可用乎?"并引用了一句古语:"国君含垢,贵知时也。"拿史可法为对照,并称赞了后者:"史可法之委曲抚绥,论者讥其懦,而吾独有以谅其时势之难也。"[3]

对此,我所见的鞭辟入里的评论,来自温睿临《南疆逸史》:

> 夫道有污隆、时有常变,文经武纬,迭相为用。兵之设肇于炎黄,圣人未尝不亟讲之也。故《易》著师象、艺尚射御;武王亲秉旄钺,周公东征,四国是吪;孔子

[1] 文秉《甲乙事案》,《南明史料(八种)》,江苏古籍出版社,1999,第465页。

[2] 文秉《甲乙事案》,《南明史料(八种)》,江苏古籍出版社,1999,第465页。

[3] 徐鼒《小腆纪年附考》,中华书局,2006,第164页。

> 夹谷之会，具左右司马，诛莱夷而齐侯惧；清之战，冉求用矛以入齐师，孔子称其义。故以即戎望之善人，而夫子自言战则克，盖得其道矣，圣人何尝讳言兵哉！自晋人尚清言、宋人崇理学，指武备为末事、将帅为粗人，借弭兵偃武之说以自文其不能，天下靡然从之；于是将鲜道德之选、军蔑尊亲之习，甲兵朽钝，行伍单弱。驯至盗贼纵横，猾夷交侵；乃尊用粗暴猛厉之夫，奉以为将。始则慢之，继则畏之；骄兵悍将，挟寇自重，文吏恇怯而不敢究。盖后世中国之衰，皆自腐儒酿之也。宗周侃侃正色，忠矣直矣。至欲以干羽格"闯"、"献"方张之虐焰，何其迂也！南都立国，宿将尽矣，惟有四镇耳。故虽暴横，而史公欲用之；不惮委曲绸缪，抚辑其众。乃宗周指其当诛以激其怒，使之抗疏诬诋大臣，不反轻朝廷之威耶？汉文帝有言曰："卑之无甚高论"；令及今可施行也。后世之君子，皆自持其正论，以博名高耳，岂计时势之不能行哉！……呜呼！世有君子而使其道不得行，人君之过也。尊其身矣、听其言矣，而言不度乎时宜、身无救於败亡，则岂孔孟之道果仅可用诸平世欤！[1]

此段将国家与武力以及文与武的辩证关系、历史认识的变化、宋明理学与孔子本人的差异、史可法正确在何处等一干问题，讲得格外清楚。读一遍，我们对中国的相关历史，基本可知其廓盖。

尤应注意"则岂孔孟之道果仅可用诸平世欤"这一句，历史的确提出了这样的问题。用于和平下或比较秩序化的现实，"孔孟之道"在古时算是不错的选择，然一逢乱世，这体系就有点像纸糊的灯笼，中看不中用。总之，很难找到万全之策，这似乎是没有办法的事。"孔孟之道"擅长守成，能保社会平衡和稳定，但不具侵略性、进取性或攻击性，是平平安安过日子的办法。基督教伦理天生赞美冲突，不满足现世，很有侵略性、进取性或攻击性，总想方设法破坏旧的、追求新的，哪怕失去安宁。不同文化塑造了不同的社会和不同的生活。"孔孟之道"下古代中国人自有其实惠，这一点既应看到，若跟同时代世界其他地方相比甚至也许可以知足；它并非完全不搞阶级压

[1] 温睿临《南疆逸史》，中华书局，1959，第65—66页。

迫、也不曾做到一律公平，但它相对讲道理，主张各有所退让、忍让，主张和为贵，遇到矛盾不赞成用强，讲调和、讲中庸……这些，都是它的长处，也是它所以令中国大多数时间较其他古代世界安详、丰裕的原因。但“物无非彼，物无非是”，“正复为奇，善复为妖”。它的好处，便是它的不好处。不喜欢用强，慢慢地就变成无强可用；老讲调和、中庸，泼辣、野性、健劲的力量，慢慢地就不见踪影。

用进废退，这既是自然界的原理，也是人世的常情。对儒家中国来说，文、武难以保持平衡状态，向“文”一侧偏得太多，“文”的经验很厚重，“武”的能力日益孱弱，愈到后来愈严重。汉之后，除唐代一段时间，遇到与外族PK，基本上大汉民族都一溃千里。我们讲的，并非在“积贫积弱”的近现代与欧美列强及日本之间的PK，却是作为明显富强得多的文明与蒙昧不开的“蛮夷”之间的PK。后一情形，晋代以来起码出现过三次。第一次，是被鲜卑、匈奴等“五胡”驱赶到长江以南；第二次，先被金人驱赶到长江以南，再被蒙古人在长江以南亡国；第三次，便是被满清征服全境。其实，严格地说还包括唐末。唐末跟明末很有几分神似；黄巢也将国都打下，并在那里称帝，之后也是异族武力——名叫沙陀，乃突厥人的一支，它的首领先是李克用，然后是朱温——代替中国皇帝把叛乱者击败、赶跑，进而又夺了汉人天下。这样看来，儒家被确立为文化正统后，生死存亡关头，汉族中国全部以强输弱。

这显然要算一种结构性的缺陷。总之，以中国历史来看，强能凌弱总被证明并不成立，相反，弱能胜强反倒屡试不爽。这一点，或许将给目下某些强国论的鼓吹者泼些冷水，因为除了近现代，历史上中国几次“挨打”，都并不因为“落后”，相反恰恰是以富强之国的身份。

且以1644年而论，甲申国变后，大明、大清双方无论国力、军力都并不般配——前者尽有膏腴之地，江浙一带更是中国财赋之所出，谈到军力，单单江淮至荆楚一线，明军即达百万以上；反观清人，既来自开发不足、物产不丰的关外，其真正兵力不过十余万人（满清征南，投降的明军起到很大作用，“扬州十日”、“嘉定三屠”等便主要是后者的“杰作”），况且战线如此之长，按通常军事理论，单单补给一项就大为不利。然而结果如何？清兵南下，直如破竹，明朝则一触即溃。

是否有以下的可能：明军虽然人数占优，实际战斗力却极差，不像清军少则少矣，却个个是精兵强将？我们从两者交战的不相匹敌，极易作此揣测。然而，历史却并不迎合揣测，哪怕看上去“合情合理”。就此，我们有翔实、直接的材料，来说明明军的战斗力。这个材料，见于祁彪佳日记。

朱由崧刚刚监国，祁彪佳就受命巡抚苏松（苏州、松江一带）。到了那里，他开始抓一件大事，即整顿军队：

> 予以地方多事，不可无兵，乃将各营兵并为标下左、右、中、前、后五营……标中之兵，力必在六百斤以上，其九百斤者，则拔为冲锋官。[1]

他要求，每个士兵必须有举起三百公斤的力气，这样才达标；假如能举四百五十公斤，就提拔为冲锋官。这个标准相当高，体格膂力远超过普通人（未知今天的士兵能否达到），一旦投入战斗应得谓之强劲。那么，祁彪佳是否不过说说而已？不是的。他用了几个月的时间督行其军事整顿计划，日记留有多处相关记述。如七月初九，视察“义勇营”[2]；七月十五日，手下将领向他汇报“以力及额者（即达到前述之标准者）入标中营，余归左右二营”[3]；七月二十日，到“教场”考核练兵效果[4]；八月二十六日，在“礼贤馆”“试验冲锋官技勇”，“有腹压六百斤石又能立六人于上者”[5]；九月十二日，同样是在“礼贤馆”，“召标中新募兵过堂”，“内有未冠者五六人，皆力举七八百斤”，“又试诸冲锋官技力”[6]。可见标准被严格执行了，既未苟且，更非说说而已。当然，较诸明军其他部队，也许祁彪佳算是“高标准，严要求”，但比一般要求不会高出太多，否则很难推行。

这样的部队，能说是草囊饭袋？又怎会一触即溃、不堪一击？然而事

[1] 祁彪佳《祁忠敏公日记》，《历代日记丛钞》第八册，学苑出版社，2005，第467页。

[2] 祁彪佳《祁忠敏公日记》，《历代日记丛钞》第八册，学苑出版社，2005，第471页。

[3] 祁彪佳《祁忠敏公日记》，《历代日记丛钞》第八册，学苑出版社，2005，第473页。

[4] 祁彪佳《祁忠敏公日记》，《历代日记丛钞》第八册，学苑出版社，2005，第474页。

[5] 祁彪佳《祁忠敏公日记》，《历代日记丛钞》第八册，学苑出版社，2005，第484页。

[6] 祁彪佳《祁忠敏公日记》，《历代日记丛钞》第八册，学苑出版社，2005，第488页。

实又确实如此，清兵南下过程中，简直不曾发生过什么像样的战斗，明军望风披靡，几乎全都不战而降。其中答案，显然难于强、弱求之，实际也无从于强、弱求之，而必然另有根由。作为观察与思考，我们就此展开的认识，需要抵于历史与文化的深层及全局。

虏寇·坐毙

十余年来，“寇”“虏”并称。前者是深仇大恨，一经提起，咬牙切齿。后者是心腹之患，如虎狼在侧。可甭管“寇”、“虏”，弘光朝竟然都不曾对它们伸出哪怕一根手指头。

周处像。

周处，晋代人，《晋书》、《世说新语》有传。“处少孤，未弱冠，膂力绝人，好驰骋田猎，不修细行，纵情肆欲，州曲患之。处自知为人所恶，乃慨然有改励之志。”为史上改过自新之典型，京剧《除三害》演其事。兴平伯高杰，相当程度上让人联想到周处。

吴三桂像。

吴三桂，崇祯间辽东总兵，封平西伯。闯军破北京后，吴三桂降于满清，在山海关一片石会同清军击败李自成。清军由此入关、占领北京。当时南京不以为其叛降，目之“仗义媾虏”。

一

明亡于清，这是历史事实。从这个事实，人们又普遍生出一种看法：满清是明朝不共戴天的仇敌；正如金人是北宋的仇敌，蒙元是南宋的仇敌，抑或日本是近现代中国的仇敌。清末民初，以及抗战时期，都曾用民族主义情绪渲染这段历史，抒发亡国之恨。

较通俗的例子，如欧阳予倩先生名剧《桃花扇》。1957年，他忆其缘起：

> 一九三七年初冬，抗日战线南移，上海沦陷，我怀着满腔忧愤之情，费了差不多一个月的时候把《桃花扇》传奇改编为京戏……我突出地赞扬了秦淮歌女、乐工、李香君、柳敬亭的崇尚气节；对那些两面三刀卖国求荣的家伙，便狠狠地给了几棍子……福王，我是把他作为一个昏庸的傀儡皇帝来处理的。四镇武臣如刘泽清之流，拥兵自重，睚眦必报，毫无抗敌之心而投降唯恐落后……把以上的一些人物在那个时间搬上舞台，还是有些作用的。像这样的戏，在那个时候演出，影射时事在所难免……[1]

此戏先写成京剧，1946年底改话剧，1963年再拍为电影，跨越数种艺术样式，影响当然可观。它是在孔尚任同名作基础上改编而来。读一读孔氏《桃花扇》，可明显看到两者间主题大变。孔剧所表，乃正邪之辨，或曰"君子"、"小人"之别；在欧阳予倩那里，此亦为一线条，却退居次位，焦点乃是民族大义与爱国情怀。欧阳予倩承认，他是将剧中故事比附于抗日现实；换言之，1644年弘光政权与满清之间，与1937年中日之间，颇能令人触景生情。

这种解读，非欧阳予倩所独有。实

[1] 欧阳予倩《〈桃花扇〉序言》，《欧阳予倩全集》第二卷，上海文艺出版社，1990，第433—434页。

际上，明季历史自晚清重新引起注意以来，基本便负载着民族主义话语，也被用为这种历史资源。不单史学家由此着眼，政治家也乐于这样激发民众。同盟会有十六字纲领，其中的八个字“驱逐鞑虏，恢复中华”，完全取自明太祖北伐宣言：“驱逐胡虏，恢复中华”[1]，二者所差，一字而已。由这番历史勾连，“明末遗恨”隐然指向“中华”的得而复失，和“胡虏”的卷土重来，明清鼎革于是被提取为一段悲情史，以发挥激醒现实的作用。

对此，应该话分两头。

一方面：一、明朝确为满清所亡；二、由明到清，属于外族入侵而非汉族政权的内部更迭；三、满人入主，对中华文明步伐确有延缓、拖累和打断的作用。以上三点，应予确认。

但另一面，从十七世纪中叶到晚清，中间有二百五六十年的时间。这二百来年，非寻常可比。其间，整个世界都发生了天翻地覆的变化。假若可以起死人于地下，让明末某人与清末某人就历史观、国家观、民族观讨论一番，其沟通之苦，恐如鸡同鸭讲。换言之，这种思想及话语上的断裂与阻隔，千万忽视不得。

所以，从晚清到抗战期间，近现代人士有关明季历史的读解，有立足史实的一面，但不能否认，也有夺他人酒杯、浇自家块垒的另一面。他们的确在谈论明末，却未必谈的全是明末，也夹带了不少现实情怀。克罗齐那句“一切真历史都是当代史”[2]，虽已被引得不能再滥，我们却仍须再借重一次。他说：

> 当生活的发展需要它们时，死历史就会复活，过去史就会再变成现在的。罗马人和希腊人躺在墓室中，直到文艺复兴时期欧洲人的精神有了新出现的成熟，才把它们唤醒。[3]

近现代以来两次南明热，情形与此相类，都是基于现实需要而造成“死历史复活”。

虽然克罗齐揭示了历史学的一种普遍情形，我们却并不愿意一切历史

[1]《明太祖实录》卷二六，国立北平图书馆红格钞本影印本，1962，第0402页。

[2] 贝奈戴托·克罗齐《历史学的理论与实际》，商务印书馆，1986，第2页。

[3] 贝奈戴托·克罗齐《历史学的理论与实际》，商务印书馆，1986，第12页。

果真都成为“当代史”。就个人言,有些时候我乐于阅读使历史往事与当下视野很好结合的作品,为成功的“古为今用”击节叫好;但另一些时候,我想说“不”,主张还原历史,使之与现实相切割、各不相扰。这似乎矛盾,其实不然。历史本来就包含两种关系,一是相通性或相似性,一是差别性或特殊性。对于相通与相似,我们挖掘疏通;对于差别与特殊,我们甄别明辨。就这么简单。

关于明末一幕,具体讲,当时明、清两个政权之间的关系,尤其是弘光朝的对清态度及政策,以及满清在弘光政权覆亡中起何种作用等,我以为不能搞成“当代史”。这基于两点:第一,充分意识到时代的跨度,古今不同,明人没有我们现在的思想感情,不能把朝代所不具备的思想感情强加给他们;第二,非要那样做,许多事情解释不通,我们将迷失真相,无法了解历史本身究竟如何,最终只会得到错误知识,而且越积越多。

二

关于甲申国变后明、清间关系,今天大概没有人不以为处在敌对之中。我曾访问过网上一些明史爱好者的论坛,随处可见以满清为仇雠的情绪,这固然折射了当下的民族主义社会思潮,但显然也由于对那段历史怀有一种理解或想象,觉得站到明朝立场上,势必如此。

然而我可以肯定,明朝当时情绪并非如此。不但如此,明朝对满清的真实心态,还是今天很难想象的。

简而言之,在明朝眼里,满清不是它的敌人。虽然乙酉之变(朱由崧被俘以及南京陷落)之后又当别论,但终讫弘光一朝,明朝确未以满清为敌,无论政治、军事、外交上,还是情感上。诚然,当时对满清以“虏”、“酋”、“腥膻”相称,而予以文化和种族的歧视,但这与进入国家间敌对状态不是一码事。

置身二十一世纪,用现代眼光看,确实无法搞懂这种关系。这就是为何先前我们要专门强调,并非一切历史都是“当代史”。明人有他们自己的观念,他们的国家伦理处于另一体系。横亘于我们与他们之间三个多世纪的时光,会造成历史内容的诸多落差。

我们借一个著名人物，观察历史落差可以大到什么地步。

经教科书的讲述以及若干文艺作品的渲染，我们心中关于明清代际转换，往往以清兵入关为重要的时间点。而此事件，又与一个“卖国贼”形象紧密相连。此人非他，辽东总兵、平西伯吴三桂是也。他被描述为在山海关引狼入室，叛变投敌。今天，若以“吴三桂”三字询诸国人，必曰“民族败类”、“汉奸典型”。

然而，这却只是我们的看法。在整个弘光朝，吴三桂拥有正面的形象，事实上，他被看做功臣和英雄。尽管山海关自他手中献出，然后又作为先锋引多尔衮入京，南京上下却不以此为多大的罪恶。后者看重的，是他联手清兵、击溃李自成，为崇祯皇帝报了仇。那时，人们普遍认为，平西伯真正尽到了对于君主的义务，是为人臣者之表率。五月末，户部侍郎贺世寿在其奏疏中，正是这样评价吴三桂，同时抱怨其他武将的渫黩：

> 如吴三桂奋身血战，仿佛李、郭（指唐将李光弼与郭子仪，二人以平安史之乱垂诸史册），此乃可言功拜爵，方无愧色。若夫口头报国，岂遂干城，河上拥兵，曷不敌忾！[1]

这完全不能说服我们。作为现代人，不妨谅解古人奉守忠君之道，而引狼入室却另当别论。吴三桂之为我们不齿，主要在后者。而令人意外的是，当时评论几乎不曾涉及这一点，就好像那是一个盲点。

问题出在哪儿呢？

在多尔衮致史可法那封著名信件中，关于吴三桂，作者引用了一个中国典故：“独效包胥之哭”[2]。故事发生在春秋末年。公元前506年，伍子胥率吴国大军攻破郢都，楚大夫申包胥“走秦告急，求救于秦”，“昼夜哭，七日七夜不绝其声”，秦哀公终为所动，“乃遣车五百乘救楚击吴。”[3]假如我们为明人对吴三桂“引狼入室”无动于衷感到困

[1] 李清《南渡录》，《南明史料（八种）》，江苏古籍出版社，1999，第147页。

[2] 徐鼒《小腆纪年附考》，中华书局，2006，第235页。

[3] 司马迁《史记》伍子胥列传第六，上海古籍出版社，1997，第1688页。

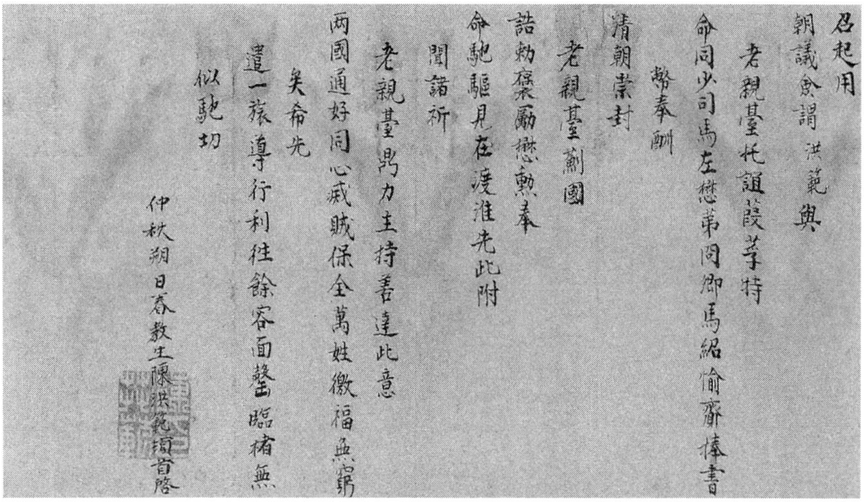

召起用
朝議僉謂洪範與
老親臺忱誼篤摯特
命同少司馬左懋第同卿馬紹愉齎捧書
幣奉酬
清朝崇封
老親臺薊國
誥勅褒勵懋勲奉
命馳驅見在渡淮先此附
聞諸祈
老親臺鼎力主持善達此意
兩國通好同心戮賊保全萬姓徽福無窮
吴希先
遣一旅導行利往餘容面罄臨楮無
似馳切
仲秋朔日眷教生陳洪範頓首啓

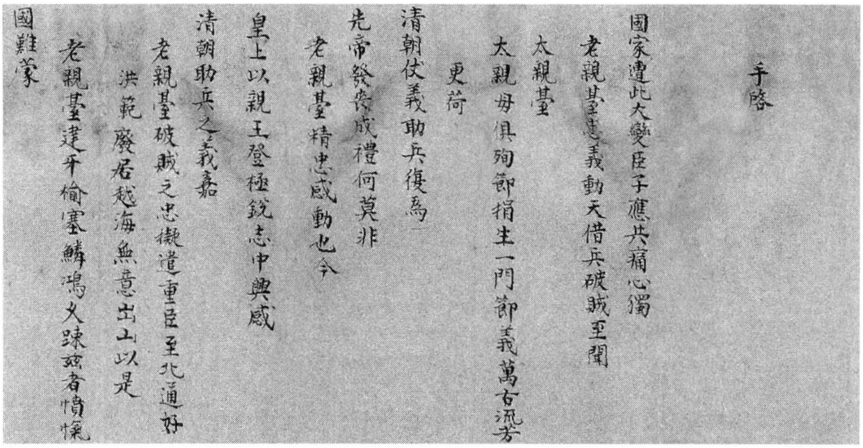

手啓
國家遭此大變臣子應共痛心獨
老親臺忠義動天借兵破賊至聞
太親臺
太親母俱殉節捐生一門節義萬古流芳
更荷
清朝仗義助兵復爲
先帝發喪成禮何莫非
老親臺精忠感動也今
皇上以親王登極銳志中興感
清朝助兵之義嘉
老親臺破賊之忠擬遣重臣至北通好
洪範廢居越海無意出山以是
老親臺建牙榆塞鱗鴻久疎茲者憤慷
國難家

弘光使团陈洪范致吴三桂信。

陈洪范，时任左都督，弘光朝组成以左懋第为首的北京使团，陈洪范、马绍愉副之。此信系使团渡过淮河前，陈洪范写给吴三桂的，意在沟通。信中“清朝仗义助兵，复为先帝发丧成礼，莫非老亲台精忠感动也”一句，表明了明朝的官方态度。

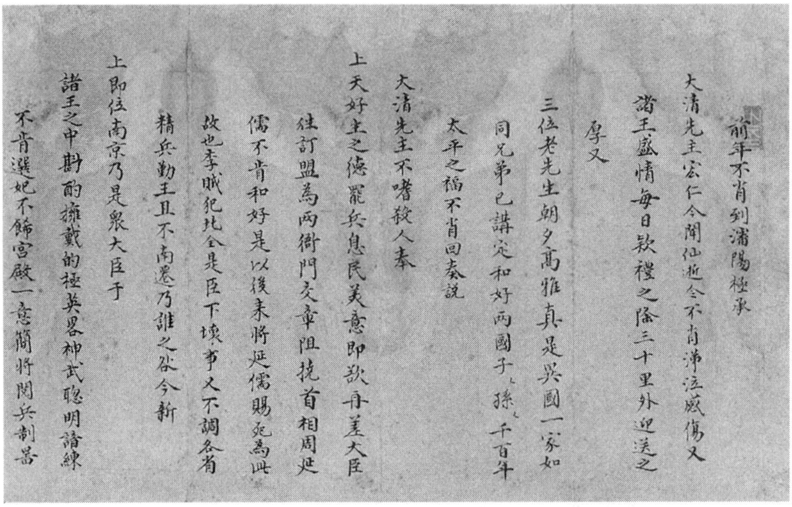
前年不肖到瀋陽極承
大清先主宏仁今聞仙逝令不肖涕泣感傷又
諸王盛情每日款禮之隆三十里外迎送之
厚又
三位老先生朝夕高雅真是吳國一家如
同兄弟已講定和好兩國子子孫孫千百年
太平之福不肖回奏說
大清先主不嗜殺人本
上天好生之德罷兵息民美意即欲舟差大臣
往訂盟爲兩衙門交章阻撓首相周延
儒不肯和好是以後來將延儒賜死爲此
故也李賊犯北全是臣下壞事又不調各省
精兵勤王且不南遷乃誰之咎今新
上即位南京乃是衆大臣于
諸王之中斟酌擁戴的極英畧神武聰明諳練
不肯選妃不飾宮殿一意簡將閱兵制畧

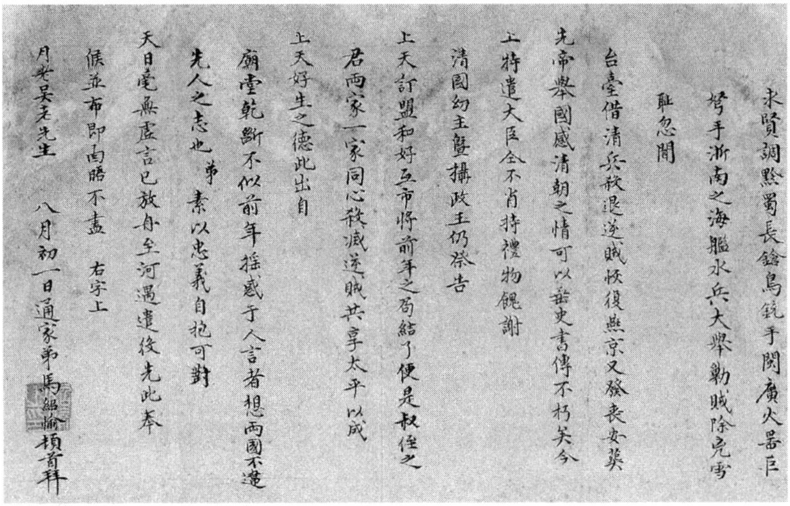
求賢調黔蜀長鎗鳥銃手閩廣火器臣
等手浙南之海艦水兵大舉剿賊除兇雪
恥忽聞
台臺借清兵殺退逆賊恢復燕京又發喪安葬
先帝舉國感清朝之情可以垂史書傳不朽矣今
上特遣大臣仝不肖特禮物酬謝
清國幼主暨攝政王仍恭告
上天訂盟和好互市將前年之局結了便是叔侄之
君兩家一家同心殺滅逆賊共享太平以成
上天好生之德此出自
廟堂乾斷不似前年搖惑于人言者想兩國不違
先人之志也弟素以忠義自抱可對
天日毫無虛言已放舟至河邊候復先此奉
候並布即圖晤不盡　右字上
月老吳老先生　八月初一日通家弟馬紹愉頓首拜

弘光使团马绍愉致吴三桂信。

马绍愉，太仆寺少卿，弘光使团副使。此信除感戴清朝、称赞吴三桂与陈洪范信同，还提到要与满清“两家一家，同心杀灭逆贼，共享太平”。

惑，可以到这典故中寻找答案。

古时，国家“主权”概念，既不强烈，也不精密。申包胥的行为，置诸今日，非落个乞求外国势力干涉本国内政的骂名不可，古人却目为忠义救国之举，垂范后代，流芳千古。这就是为何吴三桂洞开国门、导异国之军入境这样一幅图景，在我们和明人那里唤起的联想会大相径庭。我们所想到的，大概是《地道战》“鬼子进村”中胖翻译官一类形象，古人脑海浮现的却是昼夜哭于秦庭的申包胥。

假如只是多尔衮把吴三桂比附于申包胥，我们不妨嗤之以鼻，只当他巧舌如簧。问题在于，明朝人士持有完全相同的评价：

> 吴三桂一武臣耳。至割父子之亲，甘狄之俗，反仇作援，辱身报主，卒挫狂锋，逐凶逆，此申包胥复楚之举也。[1]

申包胥典故，是中国话语，不是满清话语，多尔衮不过是鹦鹉学舌，他了解这种话语在中国的正面性和有效性。而他对中国思维的理解，颇中鹄的。关于吴三桂邀清兵击退李自成，明朝果然解读为申包胥第二，是救国的忠臣，而非叛国的逆臣。他这一形象的终结，将一直等到顺治后期率军进攻云贵等地，尤其是在缅甸亲手俘获永历皇帝朱由榔的那一刻。

甲申五月二十八日，弘光登基当月，明朝决定晋平西伯吴三桂为蓟国公，“给诰券禄米，发银五万两、漕米十万石，差官赍送。”[2]

六月二十三日（1644年8月7日），朱由崧就与满清关系及交涉等，召对内阁成员，共讨论了七件事，第二件便有关吴三桂，对他引清军入关给出四字评语：“仗义购虏”。[3]“购”，通“媾”，即讲和、和解之意。这四个字，可以视为官方对吴三桂问题的正式结论。它不单给予吴三桂本人以完全肯定（“仗义”），同时以一个“购”字，追认和确认吴与满清的合作，符合朝廷的意愿。稍后，朝廷向北京派出高级使团，使命之一，正是当面嘉奖吴三桂。

[1] 刘泌《恳彰天讨疏》，《南明史料（八种）》，江苏古籍出版社，1999，第645页。

[2] 李清《南渡录》，《南明史料（八种）》，江苏古籍出版社，1999，第147页。

[3] 李清《南渡录》，《南明史料（八种）》，江苏古籍出版社，1999，第178页。

总之,退回明朝语境,吴三桂头上非但没有“卖国贼”帽子,反倒顶着“忠义”的光环。他的汉奸地位是以后形成的,是历史话语转换中重新叙述的结果。这个例子说明,在不同时代,历史视阈之别可能判若云泥。

三

吴三桂未受谴责反被褒扬,只是现象。现象都有其根由,如不从根由上求解,我们对当时许多事情,都摸不到脉络。

帝制时代,没有我们现在的国家观念。我们认为,国家高于一切,任何人不得凌驾于国家之上。而古代宗法关系中,“朕即国家”,国是家的放大,君犹父,君主是这大家庭的家长。循这种关系,帝制国家伦理对罪恶、仇敌的认定,以“危我君父”为第一顺序,此种人、事或势力,才是全体臣民不共戴天之敌。而1644年,逼死崇祯皇帝的是李自成,不是满清。在这过程中,依礼法论,后者不但无仇,反倒有恩。它出兵与李自成决一死战,将其赶出紫禁城和北京,解除了明朝宗庙社坛继续为其所窃据、凌辱之耻。

因此,虽然自崇祯即位之初,虏、寇就并为两患,明朝久为两者同时夹攻,但此时此刻,明朝的仇敌是“寇”,不是“虏”。对于后者,明朝如果不加感激,至少没有理由视为敌人。就好比父亲被人害死,自己没有能力雪恨,多亏一个邻居施以援手,方替自己出了这口恶气,末了自己反对别人怒目相向,这叫什么?这叫“以怨报德”。

这种逻辑,任何现代人岂但接受不了,更觉匪夷所思。笔者并不例外。我在此娓娓述之,绝不表示认可。作为经过民主思想熏陶过的我们,对君父至上、爱君甚于爱国的是非观,只能斥之“咄咄怪事”。但是,回到1644年,这种是非观不仅不是“咄咄怪事”,反而无比真切,人们正是通过它来指导判断,决定言行。而且,不单明朝的态度为其左右,满清当局的举措同样处处以此为考量。

在满清方面,对于入主中原一事,显然经过极精审的计划。他们透彻研究了中国的伦理体系,深知如何获致权力合法性。单说以武力推翻明朝,他们早有此能力,却一直在等待真正合适的时机。当李自成作为造反者攻克北京、逼死崇祯皇帝时，满清意识到，最理想的时机出现了。入关后的事态，也继续证明满清当局有既定、成熟的政治战略。他们倾其兵力，一路向西追歼李自成，对黄淮以南的明朝则置之不问。他们尽可能地为自己捞取合法性，以便最终向中国臣民证明其君父大仇是仰赖他们方得偿报，乱臣贼子是由他们亲手化为齑粉。在北京，他们还为崇祯夫妇正式发丧，令其入土为安。第二年，当清军携带着李自成殒命的成就出现在黄淮北岸时，他们已经站在伦理制高点上，俯视着南京。

此亦即多尔衮1644年8月28日（旧历七月二十七壬子）致信史可法时，何以能堂而皇之指责明朝：

> 闯贼李自成称兵犯阙，荼毒君亲，中国臣民不闻加遗一矢，平西王吴三桂界在东陲，独效包胥之哭。朝廷感其忠义，念累世之夙好，弃近日之小嫌，爰整貔貅，驱除枭獍。入京之日，首崇怀宗帝后谥号，卜葬山陵，悉如典礼……耕市不惊，秋毫无扰。方拟秋高气爽，遣将西征，传檄江南，连兵河朔，陈师鞠旅，戮力同心，报乃君国之仇，彰我朝廷之德。岂意南州诸君子苟安旦夕，弗审事机，聊慕虚名，顿忘实害，予甚惑之！国家之抚定燕京，乃得之于闯贼，非取之于明国也。贼毁明朝之庙主，辱及先人，我国家不惮征缮之劳，悉索敝赋，代为雪耻。孝子仁人，当如何感恩图报。兹乃乘逆贼稽诛，王师暂息，遂欲雄据江南，坐享渔人之利，揆诸情理，岂可谓平！[1]

以下掊击福王登基一事，称为"俨为敌国"之举，威胁就此"简西行之旅，转旆东征"，乃至不排除与闯军合作，"释彼重诛，命为前导"。

我们可以说多尔衮此信蛮横霸道，有些内容很是无赖，然而却不能否认，在伦理上它无懈可击。这一点，明朝方面也无力辩驳。史可法复信就不得不说，满清入京后一系列举动，"振古烁今，凡为大明臣子，无不长跽（半跪，单膝着地）北向，顶礼加额，岂但如明谕所云，'感恩图报'已乎。"[2]吏科给事中熊汝霖上疏，议及多尔衮之信，颇感其先声夺人，令本朝处境尴尬：

[1] 徐鼒《小腆纪年附考》，中华书局，2006，第235—236页。

[2] 史可法《复摄政睿亲王书》，《史忠正公集》卷二，商务印书馆，民国二十五年十二月，第24页。

闻卤有谩书，以不葬先帝、不讨逆贼为辞。使彼果西入，而我诸镇无一旅同行，异日何以藉口？[1]

替多尔衮捉刀的，显然是汉族文士[2]，对礼教条理谙而熟之，所谓以彼之道还治彼身，用中国纲常质问明朝，刚好捏住后者软肋。明朝虽然首都为其所占，国土为其所分，一时间，却好似哑巴吃黄连，有苦说不出。且不说南京自身有成堆的问题，局如乱麻，就算它政治清明、可以有所作为，只怕暂时也不便以清为敌，行"恩将仇报"之事。

四

这种"不便"，现代人几乎已经看不见。今天我们看甲申国变之后时局，目光首先投向闯进国门的满清，视此为当务之急。但在明朝人眼中却刚好相反。这是因为，在问题的先后次序上，古人观点与我们不同。

崇祯时期，"寇""虏"并称。而甲申之后，先前并称的两患，实际暂时变成一个——"寇仇"瞬间无比放大，"虏患"不仅相应冲淡，更因满清击退李闯而客观上有惠于明。此时明朝对满清，即不像史可法所言当真抱有"感恩图报"之心，起码也感觉稍释前嫌，所以举国上下所痛，俱在李闯一端。

地理大发现和形成民族国家意识之后，对于现代人来说，"内""外"是分量极重的概念，只要面临外侮，团结起来、一致对外总是第一要义。而仍处"国家"与"天下"混同意识之中的明代，"内""外"的概念，不是没有，却远不够强烈，更非第一位。先前讲到申包胥一例，揆以现代观念，多少有"里通外国"之嫌，当时却并不苛求。春秋战国，偶然也有屈原那样的"爱国者"，但更多的还是伍子胥、商鞅、韩非子、苏秦一类"客卿"，他们替别国乃至敌国工作，完全没有"内"

[1] 李清《南渡录》，《南明史料（八种）》，江苏古籍出版社，1999，第254页。

[2] 据南炳文《南明史》，此人姓李名雯，满清入京后，为宏文院中书舍人。见该书第43页。

“外”观念。汉以后,华夷之分渐趋强烈,但主要从文化、礼俗层面论之,还没有(亦不可能)达到如今的民族国家层面。对于遭受丧君之痛的明朝人来说,要求他们和今人一样,在闯进关来的满清面前,民族危机感立即上升到第一位,转而与逼死崇祯的李自成泯其恩仇、修其和好、一致对“外”,这是十九世纪末以后才有可能的情形,十七世纪中叶无以致之。我们已反复讲过,甲申三月十九日以后明人的“国恨家仇”为何是李闯而非满清的道理,那道理虽全然不合我们口味,却是历史实境真况,回避不了,否认无益。

现在我们便去了解,当时情境下一般明朝子民的反应。

小说“三言”的编者冯梦龙,是这一过程中的历史当事人。作为当时活跃、敏感的出版家,他很快推出一部时事文献集《中兴实录》,具体出版时间未详,但从所收文章内容看,书出于弘光年内当属无疑。该书点校者这样说:“《中兴实录》辑弘光朝部分奏疏、公告而成,确凿有据,为研究弘光朝史实,提供了重要的原始资料。”[1]其实,该书尤为难得之处,是辑有不少民间言论,以冯梦龙自己说法:“因里人辑时事”[2]。欲觇南明一时民意,此适为佳本。

书中收录苏州、松江、常熟、嘉兴等处,士民个人或集体因国变而发表的倡议书十余件,矛头一致对准“贼”、“寇”。如“主辱臣死,岂主死尚可臣生,国乱臣忠,有忠臣岂容国乱”,“立此盟誓,告我同仇,必使敷天缟素,三军衰墨,以灭贼之日,为释服之期。”[3]“逆贼凭陵,肆犯畿阙。镜篪失守,庙社震惊。致先帝饮恨鼎湖,母后痛心椒殿。凡为臣子,莫不切齿裂眦,欲刃贼腹,斩灭之无遗种。”[4]最具代表性的,为以下《讨贼檄》:

逆贼无天,长驱犯阙,主忧臣辱,义不俱生。泣血勤王,冀灭此而朝食;毁家殉国,忍坐视以偷安。但苦无饷无用,空拳奚济;若能同心同力,举义何难?……义旗迅指,誓清西北之尘;忠勇传呼,奋吐东南之气。承邀灵于天地,决无

[1]李昌宪、夔宁《点校说明》,《南明史料(八种)》,江苏古籍出版社,1999,第577页。

[2]冯梦龙《中兴实录叙》,《南明史料(八种)》,江苏古籍出版社,1999,第580页。

[3]卢泾才《杀贼誓言》,《南明史料(八种)》,江苏古籍出版社,1999,第596页。

[4]袁良弼《吴郡公讨降贼伪官》,《南明史料(八种)》,江苏古籍出版社,1999,第598页。

圣主不中兴；祈默祐于祖宗，岂少忠臣共光复。敢告同志，速定合谋。[1]

检阅其文，难觅以“北虏”为仇为敌之声。今人面此，不免失望的同时而以为古人不知“爱国”。非也，古人不是不爱国，只是爱国在他们，与我们不属同一语义。他们的爱国，归结于爱君；爱君即爱国，君仇即国仇。所以，“以灭贼之日，为释服之期”，“义旗迅指，誓清西北之尘”，在明代中国人，这便是最高的爱国。由此我们也提醒自己，到古人那里发掘爱国精神资源，要格外当心这种歧义，否则，很难不有所误读。

这也就是为什么，在朱由崧《登极诏》这一表明朝廷方针的重要文件里，我们只见以“灭寇”为使命，不见“驱虏”之类字样。所谓“三灵共愤，万姓同仇。朕凉德弗胜，遗弓抱痛，敢辞薪胆之瘁，誓图俘馘之功。”[2]那个“馘”字，仅指李闯。

这意味着什么呢？意味着在1644年，明朝认为国家危难仅为内部“匪乱”，而非外族“入侵”。现代人接触这种情形，很难不产生反感；由于反感，又很难不在对明末的读解中，掺杂现实的联想。抗战时期，欧阳予倩大概就是基于这样的联想，重解重写《桃花扇》的。比如，把弘光朝只谈镇压农民军不谈抗击满清，与“攘外必先安内”相勾连；或，用投降/抵抗、卖国/爱国等现代情感价值，套论弘光间的人和事。这是从批判的角度，还有相反的，从歌颂角度混淆古今。我就读过某《南明史》，谈及永历时明军与李自成、张献忠残部合作，盛赞为基于民族大义同舟共济，殊不知那是经过乙酉之变，明之大敌业以满清为首要的缘故；和弘光间计划与满清联手打击李闯一样，这也是时势所致，没有什么现代意识形态可挖。

五

从伦理和心理上对甲申国变后的形势有所疏解后，我们转而具体考察明朝的对清政策。

自形势紧迫论，特别是从后果论

[1] 徐人龙《讨贼檄》，《南明史料（八种）》，江苏古籍出版社，1999，第590页。

[2] 计六奇《明季南略》弘光登极诏，中华书局，2008，第10页。

（仅隔一年，南都沦陷），明朝在满清问题上，表现出令人不解的迟钝与迟缓。这固然与史可法督师扬州、离开中枢，南京早早失去主心骨，马士英等人贪渎无为有关，却也符合先前所讲弘光朝对满清所抱的不敌、不仇、不急的总体态度。

换成今天，会在第一时间认真研究对清政策。而在史料中，起初却找不到这类记录。弘光朝就对清政策的正式会商，居然还要等上将近两个月。

不过，这不等于满清问题在明朝政治中销匿无踪，它仍然有所浮现，从部分官员个人的议论和报告中。

熊汝霖得知满清觊觎山东的动向，疏言：

> 近闻卤骑南下，山东诸郡岂可轻委？南北诸镇非乏雄师，不于时渡河而北，或驻临济，或扼德河，节节联络，断其来路，直待长驱入境，徒欲一苇江南，公然向小朝廷（蔑指满清）求活乎？且闯贼遁归，志在复逞。及今速檄诸镇过河拒守。一面遣使俾卤回辕，然后合五镇全力，分道西征。或如周亚夫之入武关，或如王镇恶（东晋名将）之溯渭水，直捣长安，出其不意。[1]

检《国榷》，六月初三乙未（1644年7月6日），“清以故户部右侍郎王鳌永招抚山东河南。”[2]熊汝霖所说“近闻”，盖即此事。北变后，山东、河南实际已成瓯脱，即使李闯退走西部，明朝也未采取实质性动作回归其间。如今，满清先下手了。际此事态，熊汝霖认为朝廷必须有所表示与决定。他的思路，先防满、后击闯。通过主动进军黄河以北，令满清知明朝实力犹存、未可轻犯。然后以主力西征，捣李闯老巢。对此，他总结为一句话：“杀贼可以灭卤。”我们看到，这虽是一道要求重视满清问题的奏章，但“杀贼可以灭卤”之论表现出，当时明朝深为有关复仇的伦理顺序所限，而与现实本身的缓弛相拧相反。“杀贼”明明不能“灭卤”，比较明智和现实主义的做法是，借“卤”杀“贼”，枕戈待旦，“贼”尽之日，悉出精锐杀“卤”。这是可能实现的方案，但当时明朝既无此雄心，思维方式也跳不出伦理窠臼。

客观上，明朝此时处境确实头绪繁

[1] 李清《南渡录》，《南明史料（八种）》，江苏古籍出版社，1999，第194页。
[2] 谈迁《国榷》，中华书局，2005，第6111页。

多,左支右绌,难以兼顾。吏科章正宸说:“今日形势,视晋宋更为艰难。肩背腹心,三面受敌,而悍将骄兵,漠无足侍。”[1]所谓三面受敌,是指北直满清、晋陕李闯和楚蜀张献忠,较四面楚歌相去不远。理论上不难设想种种进取方案,落于实际,就发现难以万全,更不必说明朝还是那样一盘散沙的状况。因此,刘宗周提出的“北拒卤,西灭寇,南收荆楚”[2]十字要点,看上去相对恰当、平实,实行起来仍属渺茫。

嗣后,身在前方、受命巡抚河南的凌𬴂,总算提出了较为务实的对清策略。当时,朝廷主张不明,而凌𬴂虽职任在身,却是光杆司令,无兵无钱,所谓“不藉尺兵,不资斗粟,徒以忠义激发人心”[3]。有鉴乎此,凌𬴂建议从根本上调整对清策略,并相应调整军事布置。他首先指出:“方今贼势犹张,东师渐进。然使彼(满清)独任其劳而我兵安享其乐,恐亦无以服彼心而伸我论。”此亦多尔衮所质疑、羞辱明朝者,凌𬴂认为从道义上这说不过去。但他进而指出,事情不止关乎道义:

> 为今日计,或暂借臣便宜,权通北好,合兵讨贼,名为西伐,实作东防,俟逆贼已平,国势已立,然后徐图处置。若一与之抗,不惟兵力不支,万一弃好引仇,并力南向,其祸必中江淮矣。[4]

这番话,真正触及政策导向层面,而非头痒挠头、脚疼揉脚。思考方向正确,头绪理得较顺。基点是“权通北好”,与满清暂缔联合;联合的目的,不仅是先解决李闯问题,也以此安定明朝防务,引满清西向,“然后徐图处置”;若不如此,在尚未准备好的当下与满清相争,是徒然引火烧身,非明智之选。这构想是否一厢情愿,还要看满清的态度。但它本身立论,应属情理帖然,明显可行。

凌𬴂建言未见采纳。原因首先显然是,主政者心思根本不在此,而诸镇

[1]李清《南渡录》,《南明史料(八种)》,江苏古籍出版社,1999,第188页。

[2]李清《南渡录》,《南明史料(八种)》,江苏古籍出版社,1999,第196页。

[3]李清《南渡录》,《南明史料(八种)》,江苏古籍出版社,1999,第244页。

[4]李清《南渡录》,《南明史料(八种)》,江苏古籍出版社,1999,第244页。

武臣则大多无意于北进。其次，谈迁在《国榷》里提到："清虏命李建泰招谕凌駉，授巡抚。駉阳受之，以闻。"[1]凌駉"或暂借臣便宜，权通北好"之言，似即指此事。朝廷是否就此对凌駉有所猜疑，亦未可知。当然，凌駉的忠诚毫无问题，后来清兵渡河，他于城破时自经殉国，相当壮烈。

还有一个原因，也许更加直接——此时，朝廷已就对清政策形成预案，在此情况下，凌駉的建议自然不再有考虑的必要。

六

关于明朝对清政策的出台，需要交代一下背景。

朱由崧登基，南都大局既定，有关北事，久无片言。朝中相持不下、往复争讼者，全在党别派系。持续瞩目、跟踪满清动态的，仅史可法一人。他受"定策首功"马士英排挤，在朱由崧即位第三天（五月十八日乙巳），即于御前陛辞，开府扬州，督师江北。置身前线，或许是他认识较为切实之故，但更重要的还是责任感。

六月初，满清开始有所动作，向山东派遣巡抚。史可法很快向朝廷报告，指出："恢复大计，必先从山东始。"提出派巡按御史王燮可至山东。对此，《国榷》仅记"章下吏部"，没有下文。[2]六月末至七月初，满清异动频频，"清虏易我太庙主，奉高皇帝主于历代帝王庙"（将朱元璋牌位请出太庙），"清虏命李建泰招谕凌駉，授巡抚"，"清虏命固山额真同平西王吴三桂下山东"，"清虏下青州，东昌、临清皆降"。[3]史可法的应对，是支持山东的民间抵抗。他请朝廷对"山东倡义诸臣张凤翔等"予以委任。因为是空头支票，这次，朝廷不感到为难而爽快同意，"命次第擢用"。[4]

比之于分散的措施，史可法最关心的是方针大计，而这竟迟迟阙如。他以一道《款虏疏》[5]，专论此事：

> 目前最急者无逾于办寇矣。

[1] 谈迁《国榷》，中华书局，2005，第6126页。
[2] 谈迁《国榷》，中华书局，2005，第6120页。
[3] 谈迁《国榷》，中华书局，2005，第6126页。
[4] 谈迁《国榷》，中华书局，2005，第6129页。
[5]《史忠正公集》题为《请遣北使疏》，显系清人改窜。据冯梦龙《中兴实录》，原题是《款虏疏》，兹予恢复。

然以我之全力用之寇，而从旁有牵我者，则我之力分，以寇之全力用之我，而从旁有助我者，则寇之势弱，不待智者而后知也。近闻辽镇吴三桂，杀贼十余万，追至晋界而还。或云假之（“之”，《中兴实录》作“虏”）以破贼，或云借之（同上，原为“虏”）以成功，音耗杳然，未审孰是。然以理筹度，宁（辽东都指挥使司宁远卫，今辽宁兴城）前既撤，则势必随以入关，此时畿辅间必不为我所有。但既能杀贼，即为我复仇。予以义名，因其顺势，先国仇之大，而特释前嫌，借兵力之强，而尽歼丑类（指李闯），亦今日不得不然之着数也。敌兵（《中兴实录》作“今胡马”）闻已南来，凶寇又将东突，未见庙堂议定遣何官、用何敕、办何银币、派何从人，议论徒多，光阴已过。万一北兵至河上，然后遣行，是彼有助我之心，而我反拒；彼有图我之志，而我反迎。既示我弱，益见敌强（《中兴实录》作“益长虏骄”），不益叹中国之无人，而自此北行之无望耶？乞敕兵部即定应遣之官，某文某武，是何称谓，速行覈议。[1]

此疏《史忠正公集》未著日期，依《南渡录》，当写于六月下旬[2]，从某些内容（如“音耗杳然，未审孰是……则势必随以入关”）看或更早。

虽然消息还有些含混，作者却已凭藉出色的研判力，对局面给出恰当分析。基本认识，颇与凌駉不谋而合。同样认为满清对李闯作战，客观上替明朝报了仇，应以此为重，因势利导，暂释前嫌，将其兵锋引向李闯；指出，如不及时明确政策，可能导致满清南下与明为敌，造成李闯死灰复燃。

正如标题所示，奏章最重要的内容，是提请和敦促朝廷派出使团前往北京，与满清正式谈判。他根据某些迹象警告说，如果清兵已经逼近黄河，事情或将不可挽回。正是这一警告，引起南京高度重视，朱由崧“命速议北使事宜”[3]，不久，“召对阁臣高弘图等”[4]。

有关这次召对，《款虏疏》之外，我们再补充一个背景。

《国榷》等记述，六月初九辛未，满清“驰诏江南”。这个文件，相当于《告

[1] 史可法《请遣北使疏》，《史忠正公集》卷一，商务印书馆，民国二十五年十二月，第7页。

[2] 李清《南渡录》，《南明史料（八种）》，江苏古籍出版社，1999，第177页。

[3] 李清《南渡录》，《南明史料（八种）》，江苏古籍出版社，1999，第177页。

[4] 李清《南渡录》，《南明史料（八种）》，江苏古籍出版社，1999，第178页。

江南人民书》，首次全面阐述了满清对明政策。首先，它用“不共戴天者，君父之仇。救灾恤患者，邻邦之义”一语，概括三月十九日以来的事态，以此为目前两国关系基调。其次，申明在此过程中清国的恩德：“我大清皇帝，义切同仇，恩深吊伐。六师方整，蚁聚忽奔。斩馘虏遗，川盈谷量……为尔大行皇帝缟素三日，丧祭尽哀。钦谥曰‘怀宗端皇帝’，陵曰‘思陵’，梓宫聿新，寝园增固。凡诸后妃，各以礼葬。诸陵松柏勿樵。”随后对弘光新朝，示以谅解、共存之意：“其有不忘明室，辅立贤藩，戮力同心，共保江左者，理亦宜然。予不汝禁。但当通和讲好，不负本朝。”并表示愿与明朝合作，“各勦勍旅，佐我西征”。[1]

曾有作者质疑此件，以为与满清“统一全国”战略不合，应为赝伪，抑或虽有起草却并未正式发出。[2]此聊备一说，然而，政治、外交从来如博弈，棋无定形，着法尚变，未必拘泥。即如以上诏书中所谓对李闯与明朝同仇敌忾，又何必果信？就在1644年初，满清当局还曾致信李闯等各地农民军首领：“兹者致书，欲与诸公协谋同力并取中原，倘混一区宇，富贵共之矣，不知尊意何如耳。”[3]同理，此时满清对明示好不仅可能，作为缓兵之计、麻痹战术恐怕还甚有其必要。

对方已表态，这边不能假装听不到，何况对方姿态看起来还超出预期，使南京愿意回应。总之，在史可法奏疏和满清公开信的背景下，明朝结束新君登基以来未对满清表明态度的局面，在朱由崧主持下，拿出具体方案。

七

六月二十三日御前会议，形成如下结果：决定正面呼应满清，双方“通和讲好”；为此，组建并及早派出使团，出访北京。在这基本对策下，还研究和明确了许多细节问题[4]：

一、决定对满清进行经济补偿，分为两个方面：一是“助我剿寇有功，复应

[1] 谈迁《国榷》，中华书局，2005，第6118页。

[2] 南炳文《南明史》，南开大学出版社，1992，第41—45页。

[3]《清帝致西据明地诸帅书稿》，北京大学文科研究所编《明末农民起义史料》，开明书店，1952，第455页。

[4] 李清《南渡录》，《南明史料(八种)》，江苏古籍出版社，1999，第178—179页。

劳军若干”，即其入关作战的军事耗费补偿；二是未来每年的“赏赐”及定额，答应崇祯三年标准之上逐年递增，“每量增岁币十分之三”，并且补足历年所欠之款（崇祯三年后因边衅停给），不过这项钱款的支付，附有以下说明和条件，即眼下“物力未充”、暂不付与，同时须“俟三年马匹不犯”。

二、考量在“国书体裁”中，亦即作为官方正式口径，对满清君主以何相称。“景泰中曾称‘也先可汗’，或‘可汗’，或称‘金国主’，宜会议。”留待进一步讨论。

三、交涉时，本朝使节所持礼仪。“今彼据燕京，称帝号，我使第不至屈膝，即是不辱命，全天朝礼。”曩往，大明居帝尊，以女真为臣属。眼下后者称帝，明朝无力与之计较，只能退而求其次，至少不被以臣属相待。

四、对使节的授权。主要是赔偿（“赏赐”）额度；规定使节“到时可议”，即允许有一定弹性，具体是“十万上下，听便宜行”，但“十万以外太多，必须驰奏”。

五、将经济赔偿与收复失地挂钩。会议提到，为防止“卤先勒银币，然后退地”，给钱之前，双方应该“歃血誓盟”。不过，这方面准备达到的目标，史料中没有很明确的结论。起初说法是：“如议分地，割榆关（山海关古称榆关）外瓯脱与之，以关为界。”这主要是因为，北京有明室陵寝，“若议榆关内，则山陵单弱，何以安设备守？惟不妨金币优厚”，所以希望用多给钱的办法保住北京。不过，后来明显觉得这不太可能，高弘图说：“必不得已，山东决不可弃，当以河间为界。”亦即对于未来边界，明朝打算最多让步到冀鲁之间。但这究竟仅属高弘图个人意见，还是会议的结论即是如此，尚不清楚。

这些内容，必然引起争议。工科都给事中李清质疑，谈判如若有成，恐怕明朝反受其害：

> 未得，而我之酬谢穷；既得，而虏之征求何极？昔寇准遣曹利用款辽，曰：“尔所许，过三十万则斩汝。”然未几复益至五十万，积渐使然也……民穷而饷匮，饷匮而兵枵，兵枵而卤突，情见势屈，恐江南已骚然靡敝。[1]

他的忧虑未为无理，以当时态势言，则并不在点子上。除非明朝有把握战而

[1] 李清《南渡录》，《南明史料（八种）》，江苏古籍出版社，1999，第179页。

胜之,将满清驱回关外,否则,"以金钱换土地与和平"其实是比较经济的办法,因为战争消耗显然将大大高于赎买的费用。

八

这次会议,是了解弘光朝的好材料。我们由此知道,它打算"以币乞和",并准备在领土问题上对满清让步。不过,除了看得到的内容,还有深度解析的必要。倘若足够细心,会发现某个议题的缺失。先前,无论在凌駉建议、史可法奏章还是满清文告中,我们都曾见到一个共同内容,即:明军西进,与满清联合追剿李自成。这个问题,在御前会议有关记述中只字未提。

需要探讨一下,这个问题关系着什么。在满清而言,它把入关与李自成作战,揽为义举,并一直借此从名誉上打压明朝。它主动提议与明军共进恐怕不是出于真心,而是料定明朝做不到这一点,打道义牌,从而彰显后者"不忠不义"。而凌駉、史可法等明朝有识之士强烈主张西进,正是看到这一点,史可法曾在另一道奏疏中忧虑地指出:"虏假行仁义而吾渐失人心。"[1]与此同时,他们认为联清西进,具有战略价值。凌駉称之为"名为西伐,实作东防";史可法指出,这既可"借兵力之强,而尽歼丑类",又兼收阻"胡马南来"、防"凶寇东突"之效。再有,是否迈出西征这一步,根本而言关乎"恢复大业"。史可法等深知,当时整个朝政窳窆百现,积重难返,谁都无法使其有全局的改观,于是希望借西征启其一端,令"不急之工、可已之费,一切报罢;朝夕之宴饮,左右之献谀,一切谢绝"[2],振奋精神,扭转"偏安"思维,将朝政纳入"恢复"正轨。

反观御前会议,独独对西进不着一字,也就明白南京主导思想上无意于"恢复"。这才是弘光政权的死结。

我们现代人一见"乞和"、"割地",往往痛心疾首,以为大慝。但在古代,这并非想象的那样严重。古代不存在严格的国际法体系,盟誓、条约有一定约束力,可是真的加以无视和撕毁却也不算

[1] 谈迁《国榷》,中华书局,2005,第6162页。
[2] 谈迁《国榷》,中华书局,2005,第6162页。

什么，没有联合国、海牙国际法庭之类居中仲裁、估衡罪责，争端最终还是由实力来解决，我们看春秋战国间，那种不断盟会又不断毁弃的闹剧，正不知有多少。十七世纪中叶，起码在中国，依旧如此；今日予之，却不妨于条件发生变化的明天，重新夺回来。

六月二十九日召对，令人印象深刻处，不在于讨论了对满清的赔偿与割地问题，而在于对西进问题完全不提。假如明朝一面着手与满清媾和，暂屈大丈夫之所当屈，一面顺势而动，整顿兵甲、驱师西进，我们对局势的解读，尚能于消极中捕捉一丝向积极转化的因素，对未来则尚有想象的余地。那一缺失或消失，不单证实了来自满清的判断，也向历史证实，这朝廷确已自弃希望。

九

出使北京的使团，倒是很快组成了。七月初五，宣布使团由兵部右侍郎兼都察院右佥都御史左懋第领衔，马绍愉、陈洪范为副使。临行，左懋第辞阙，痛陈：

> 臣所望者恢复，而近日朝政似少恢复之气。望陛下时时以天下为心，以先帝之仇、北京之耻为心……抚江上之黎氓，而即念河北、山东之赤子……臣更望皇上命诸臣时时以整顿士马为事，勿以臣此行为必成；即成矣，勿以此成为可恃。必能渡河而战，而后能扼河而守，而后能拱护南都于万全。[1]

分明已抱诀别之意，字字泣血，历历可见。明朝实不乏这样的忠正之臣，可惜，他们都不能挽狂澜于既倒。那种整体的隳坏，正如《左传》所言："疾不可为也，在肓之上，膏之下，攻之不可，达之不及，药不至焉，不可为也。"[2]

明朝似乎觉得，向北京派出使团，便万事大吉，重新变得无所事事，此后我们只看到一些零星记载，如七月十七日将出使名义从"款北"改为"酬北"

[1] 李清《南渡录》，《南明史料（八种）》，江苏古籍出版社，1999，第189页。
[2]《左传春秋正义》卷第二十六，成公十年，北京大学出版社，1999，第743页。

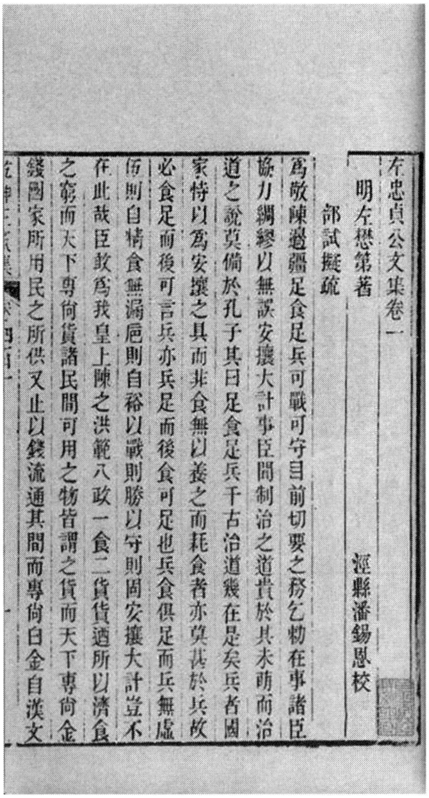
左忠貞公文集卷一

明左懋第著　涇縣潘錫恩校

部試擬疏

爲敬陳邊疆足食足兵可戰可守目前切要之務乞敕在事諸臣協力綢繆以無誤安攘大計事臣聞制治之道貴於其未萌而治道之說莫備於孔子其曰足食足兵千古治道盡在是矣兵者國家恃以爲安攘之具而非食無以養之而耗食者亦莫甚於兵故必食足而後可言兵亦兵足而後食可足也兵食俱足而兵無虛伍則自情食無漏卮則自裕以戰則勝以守則固安攘大計豈不在此哉臣敢爲我皇上陳之洪範八政一食二貨貨所以濟食之窮而天下專尚貨諸民間可用之物皆謂之貨而天下專尚金錢國家所用民之所供又止以錢流通其間而專尚白金自漢文

《左忠贞公文集》书影。

左懋第，山东莱阳人，崇祯七年进士，时任右佥都御史兼应（天）徽（州）巡抚。朝议组建使团赴北京与清和谈，无人应命，左懋第主动进奏，要求北上。后遭满清扣押，不屈被害，获誉“明末文天祥”。

李自成像，作者佚名。

此绘像体现了当代英雄主义画风，从人物姿态、表情、目光、面容等看，应为“文革”时期作品，其手法与特征曾广泛见于当时工农兵形象宣传画。以之与明人史著中李自成相对照，历史反差感极强。

(“款”有藐视之意)[1],八月初四补充决定“优恤”吴三桂之父吴襄、赠其“蓟国公”[2],九月初二“史可法请进兵恢复,诏以‘北使方行,大兵继之未便’。”[3]之外再无动静,哪怕屡有塘报报告“和议未成”[4],包括十二月中旬使团成员陈洪范只身南归、从而确知和谈失败[5],南京也都没有任何应对。

虽然朝廷状态如此,史可法却没有放弃。他权当先前建议已获默许(确实也没有遭到否定),而自行准备。从所见材料看,南京主事者从未对他的准备工作给予任何实质的支持,但他一直都在积极筹备,纵然只是孤旅一支,纵然只是象征性地表示明朝采取了行动,也要将它变成事实。八月十八日,他向朝廷报告“将北伐”,“命申纪律”[6],九月初二,请求正式进军,但被以等待和谈结果为由,下令暂缓。

以后,史可法曾多次敦促。九月二十六日,奏言:

> 各镇兵久驻江北,皆待饷不进。听胡骑南来索钱粮户口册报,后遂为胡土。我争之非易,虚延日月,贻误封疆,罪在于臣。[7]

眼见一河之隔,满清大张旗鼓展开接管,自己却只能干瞪眼。十一月十二日,他愤而写道:

> 痛自三月以来至于今日,陵庙荒芜,山河鼎沸,大仇数月,一兵未加。[8]

“一兵未加”四个字,道尽悲哀。《史忠正公集》还载有《自劾师久无功疏》,用强烈自责的方式,揭露朝事之空洞虚无:

> 臣本无才,谬膺讨贼,亦谓猛拌一死,力殄逆氛,庶仰酬先帝之恩,光赞中兴之治。岂知人情未

[1]李清《南渡录》,《南明史料(八种)》,江苏古籍出版社,1999,第196页。
[2]李清《南渡录》,《南明史料(八种)》,江苏古籍出版社,1999,第209页。
[3]李清《南渡录》,《南明史料(八种)》,江苏古籍出版社,1999,第234页。
[4]李清《南渡录》,《南明史料(八种)》,江苏古籍出版社,1999,第307页。
[5]李清《南渡录》,《南明史料(八种)》,江苏古籍出版社,1999,第309页。
[6]李清《南渡录》,《南明史料(八种)》,江苏古籍出版社,1999,第221页。
[7]谈迁《国榷》,中华书局,2005,第6151页。
[8]谈迁《国榷》,中华书局,2005,第6162页。

协,时势日艰,自旧岁五月出师,左拮右据,前疐后跋……臣是以仰天拊心,泣涕出血,精神日瞀,忧郁日沈,疾病日加,深叹于寸丝之莫酬,而万死之莫赎也。[1]

此疏上于何日,未得其详,而据疏中"今受命十月,一旅未西"来看,时在乙酉三月(1645年4月)。这时,清兵已渡过黄河,"破蒙山,逼归、徐,江南震恐"[2]。面此局势,史可法抚思所来,内心岂不创巨痛深。《史忠正公集》所载最后一道奏疏,作于左良玉军变后,其云:

顷报北兵……臣提兵赴泗,正思联络凤泗,控守淮南,不意复有上游之警(指左军之变),调臣赴庐皖上游。臣伏思上游之事,发难无名,沿江重兵,自足相抵,其势未必即东下,而北兵南来,则历历有据,声势震荡,远近惶骇。万一长淮不守,直抵江上,沿江一带,无一坚城,其谁为御之?不知士英何以受蔽至此![3]

这道奏章发出不久,扬州告破,史可法罹难。纵观前后全过程,明朝可谓未用史可法一言,而史可法则是眼睁睁看着国家怎样一步一步毫无作为地走向灭亡。《南疆逸史》为之概述:"可法受事数月,疏非数十上,皆中兴大故,言极痛愤,草成辄呜咽不自胜,幕下士比为饮泣。"[4]

十

客观起见,作一点说明:史可法说,终弘光一朝不加一兵、一旅未西,严格讲亦非事实。实际上,曾有一支明军主力正式向西北挺进,并抵于黄河南岸的归德。这支军队,便是四镇之一兴平伯高杰所部。

[1] 史可法《自劾师久无功疏》,《史忠正公集》卷一,商务印书馆,民国二十五年十二月,第21页。
[2] 温睿临《南疆逸史》,中华书局,1959,第42页。
[3] 史可法《请早定庙算疏》,《史忠正公集》卷一,商务印书馆,民国二十五年十二月,第21—22页。
[4] 温睿临《南疆逸史》,中华书局,1959,第41页。

高杰其人，原系李自成旧将，后归降。国变中及弘光伊始，他形象很坏，参与马士英拥立朱由崧的行动、在扬州荼毒百姓、又与靖南侯黄得功大打出手。他是地道的一介武夫，粗暴勇狠，天生草莽气质。但此人内在品质其实相当纯正，我读他的故事，不期想起鲁智深。当时鲁提辖经赵员外介绍，到五台山出家，众僧见其凶恶，皆不欲留，独智真长老曰：此人根性至正，将来"证果非凡，汝等皆不及他"[1]。这句话，也完全可以用于高杰。史可法督师江北后，苦口婆心做诸将工作，最终被感化的只有高杰。以后的高杰，脱胎换骨，判若两人，直到去世，他的表现称得上义薄云天。

在史可法影响下，高杰很快与其他诸镇从思想和行为上划清界限，跃出污泥，独濯青莲，凡大是大非都能站到正确立场。他是弘光大帅中唯一胸怀恢复大志且能付诸行动的人。七月，朝廷打破对清政策之沉默不久，他就托监军万元吉请示：

> 高杰闻两寇相持，欲乘机复开、归(开封、归德)，伺便入秦，夺其巢穴。[2]

可见挺进开、归的军事计划，在他心中存之已久。八月二十四日，史可法代他再次请示：

> 高杰言进取开归，直捣关洛，其志甚锐。[3]

其间，高杰曾致信清肃王豪格，写得光明磊落、满纸血性：

> 逆闯犯阙，危及君父，痛愤予心。大仇未报，山川俱蒙羞色，岂独臣子义不共天！……杰猥以菲劣，不揣绵力，急欲会合劲旅，分道入秦，歼闯贼之首，哭奠先帝，则杰之血忠已尽，能事已毕，便当披发入山，不与世间事，一意额祝复我大仇者。[4]

[1] 金圣叹《第五才子书施耐庵水浒传》上，中州古籍出版社，1985，第88页。
[2] 李清《南渡录》，《南明史料(八种)》，江苏古籍出版社，1999，第221页。
[3] 谈迁《国榷》，中华书局，2005，第6142页。
[4] 计六奇《明季南略》，中华书局，2008，第145页。

高杰的转变，有如周处第二，令人称奇。他从驱赶大军蜂拥南下，一心一意找个安逸富庶之地安顿家小、苟且偷生，到拔地而起、仗剑而行、倾巢北进——且是在无任何后援的情况下毅然前往——其大悔大悟，令人肃然。

“九月之十日，祭旗，疾风折大纛，西洋炮无故自裂，杰曰：‘此偶然耳。’遂于十月十四日登舟。”[1]“明年正月，杰至睢州。”睢州即今河南睢县，在归德(今商丘)以西约四十公里。驻于此地的明总兵许定国，与高杰有旧隙，高杰自归德出发前曾与之修好，“贻定国千金、币百匹”[2]，由是不备。乙酉一月十二日，许定国设计杀害了高杰，然后降清。

“可法闻之大哭，知中原之不能复图也。”[3]南京只有一个高杰。斯人既亡，厥无其继。高杰的出现，其实是个意外。是史可法感召力与高杰品性相互激发、耦合的结果，两个条件缺一不可。

虽然出师未捷身先死，高杰并未真正投入作战，但毕竟明军一支劲旅已经到达前线。就此而言，不加一兵、一旅未西的说法，似应修正。

然而有个疑问：高杰北进究竟有无旨意？疑问的提出，是因为从基本材料看，在“恢复”问题上，南京当局始终扮演阻挠、刁难角色。这并不表现为言语上的明确禁止(与责任和道义相拗)，却实质性地从物质和行动上给以掣肘。比如派饷一事，史可法唇焦舌敝、再三索讨，迟迟不予兑现。为此，素来任劳任怨的史可法，终于少见地发了牢骚：

> 近闻诸臣条奏，但知催兵，不知计饷。天下宁有不食之兵、不饲之马？可以进取者，目前但有饷银可应，臣即躬率櫜鞬为诸镇前驱。[4]

这是八月的事情，到十一月份，据其下属应廷吉说，“额饷虽设，所入不敷所出”[5]。虽发下一些钱粮，却根本不够用。史可法只好另筹，包括屯田，甚至亲自求人捐献。例如有朱姓巨富，“公

[1] 徐鼒《小腆纪年附考》，中华书局，2006，第265页。
[2] 计六奇《明季南略》，中华书局，2008，第157页。
[3] 温睿临《南疆逸史》，中华书局，1959，第382页。
[4] 李清《南渡录》，《南明史料(八种)》，江苏古籍出版社，1999，第212页。
[5] 应廷吉《青燐屑》，《明季稗史初编》卷二十四，上海书店，1988，第430页。

虑经费不足，辄造其庐，请助饷万金以塞众口。”[1]

高杰大军北行，肯定需要足够的军费，但我们却未发现朝廷曾针对这一行动予以拨给的记载。其来源，可能是高杰驻扎江北数月来自征所得（建四藩时，有诸镇可开市征税的许可），或者通过其他途径。应廷吉说，史可法动员朱姓巨富捐饷未果，后来高杰也找上门，他可不那么客气，采取了打土豪方式，“追赃数十万，减至四万”[2]，似乎弄到一些，但也没尽如其愿。

除军费须自筹补充，进军的指令，我们推测也与南京无涉，而是史可法以督师名义自行下达。这虽属推测，却有侧面的旁证——左良玉兵变后，马士英尽调江北兵力对付左军，连史可法直接指挥的区区几千人也不放过（参阅前文所引史可法《请早定庙算疏》）；可见，依南京主政者的本意，绝不乐于见到一兵一卒远离近畿。高杰所部，在四镇中战斗力首屈一指，对马士英来说，将这样一支主力部队派出远征，可能性完全为零。

因此，假使分析得不错，高杰西进大概是在自筹军费基础上，经史可法个人毅然拍板而来的行动。如此说来，史可法坚称朝廷不加一兵、一旅未西，某种意义上仍是事实。

十一

这个朝廷，国都失陷，疆土分裂，君主自尽。然而，它什么也没有做。

这个朝廷，拥有最多的兵力、最富的区域、最先进的生产力，论有资格打仗与打得起仗，无人能及。然而，从头到尾它没打过一场仗。

也不尽然。它打过仗，一场大仗。却并非对外，而在自己内部，聚集数十万兵力、满腔热情打了一仗——同时也是最后一仗。

十余年来，“寇”“虏”并称。前者是深仇大恨，一经提起，咬牙切齿。后者是心腹之患，如虎狼在侧。可甭管“寇”、“虏”，弘光朝竟然都不曾对它们

[1] 应廷吉《青燐屑》，《明季稗史初编》卷二十四，上海书店，1988，第431页。

[2] 应廷吉《青燐屑》，《明季稗史初编》卷二十四，上海书店，1988，第431页。

伸出哪怕一根手指头。

两者当中，对为己复仇的某方，如前所说基于道义或策略的缘故，暂不招惹，也还罢了；奇怪的是，对明明有血海深仇的另一方，也不加一矢，让别人“全权代理”，自己却只作壁上观，俨然看客，若无其事。

这样无法理喻的一幕，除了甘坐等死，委实没有其他说得通的理由。然而，求生不是本能吗？就算濒死，凭着本能也总要挣扎一下。可弘光朝却仿佛懒得挣扎，抑或不屑挣扎了。

朱由崧登基满两个月时，吏科都给事中章正宸对时事加以点评：

> 两月来，闻文吏锡鞶（“锡”通赐，“鞶”为官员腰带，这里指升官）矣，不闻献馘；武臣私斗矣，不闻公战；闻老成隐遁矣，不闻敌忾；闻诸生卷堂矣，不闻请缨发。如此日望兴朝之气象，臣知其未也。[1]

这是弘光朝现实的基本图景，从开始到结束，一以贯之、从未稍变。朱由崧登基两个月如此，一年后还是如此。而且，这样的状态无须敏锐才能发现，大家都看在眼里，所以类似章正宸那种批评、提醒、谏劝的奏章，不断涌来，比比皆是。但却没有任何触动，朝政宛若一潭死水，纹丝不动，形同鬼域，寂蔑得骇人。

也许，确实朽烂透顶了，已无一丝可致振作的气力。但又不尽然。我们分明看到史可法、左懋第、凌駉、高杰、祁彪佳诸人的存在，他们所体现的精神力度，不必说在明末，置诸任何时代，都是可以撕裂夜空的闪电。国变以来，明朝并不缺乏伟岸人格，并不缺乏英雄传奇，并不缺乏滚烫心灵，我们甚至要说，从弘光到永历，明朝整个最后尾声阶段，这种人和事的涌现比任何历史时期都更多。然而，那些悲壮、惨烈的故事，似乎只是见证了个人品质的优卓，对于时代，对于历史整体，却毫无意义。

作为后世观察者，我们感觉到一种吞没，一种虚空，一种无解之死。在我们眼前，明末展示出来的黑暗，远远

[1] 李清《南渡录》，《南明史料（八种）》，江苏古籍出版社，1999，第188页。

超越了黑夜的层次;它是黑洞——黑洞,是一种引力极强的天体,就连光也不能从中逃逸。关于明朝的灭亡,至少笔者无法看成外族入侵的结果。它消失于自体内部一种浑沌、无形却能吞噬一切的力量,一种"物质塌陷"。历史上,当黑暗积累得太久,就能够生成这样的自我毁灭的能量,而外部的推动,只是压垮骆驼的最后一根稻草而已。

桃色·党争

这斗争，在明朝已延续四十年之久，一边是作为近倖小人集团的阉党，一边是坚持道义、真理与改革的知识分子阵营。此二者间的消长，关乎江山社稷兴亡；至少在孔尚任看来，南渡之后阉党得势，是弘光政权病入膏肓、不可救药的标志。

一

明之亡,本身像一部悬疑小说,仁者见仁,智者见智。历来,各家各派依其所思,说什么的都有。

其中,有位孔夫子后人,名叫孔尚任,写了一部戏剧,题为《桃花扇》,洋洋十余万言。要说这部剧作的品质,以笔者看来,真无愧世界戏剧史上任何佳作。不单单是文辞的优美、人物的鲜活,更因它开创性地采取了全纪实的叙事。除因情节构造之需,于若干细节有所虚构或想象外,大部分内容都来自真凭实据。所谓"朝政得失,文人聚散,皆确考时地,全无假借。至于儿女钟情,宾客解嘲,虽稍有点染,亦非乌有子虚之比。"[1]作者就像今之学者做论文那样,以一篇《桃花扇考据》,专门列出他所本的主要材料,一方面显示作品的严肃,一方面亦备有兴趣的看客或读者索证稽核。而且他对材料的搜集,并不以案头为满足,利用各种机会,踏访实地,亲问旧人。以我孤陋的见闻,远在十七世纪(《桃花扇》"凡三易稿而书成",最后脱稿于1699年),以这种方式和意识产生的剧作,仿佛只有《桃花扇》。

剧中主要角色三:一位妓女,一位才子,一位奸佞。他们之间,通过一柄折扇串接起来。妓女恋慕才子,才子以扇定情,奸佞从中破坏,妓女因此血溅折扇——所谓"桃花",便是溅于扇面的血迹,按照作者的原话:"桃花者,美人之血痕也"[2]。

这自是一段古典凄美的爱情,如将其视为"才子佳人"故事,予以体会、感喟和唏嘘,颇为自然。然而,作者却给我们打预防针。他说,只看表面的话,《桃花扇》要么是"事之鄙焉者",要么是"事之细焉者",要么是"事之轻焉者",乃至是"事之猥亵而不足道者"。[3]这绝非他写作的目的。写这作品,在他是一个已揣

[1] 孔尚任《桃花扇凡例》,《桃花扇》,人民文学出版社,1982,第11页。

[2] 孔尚任《桃花扇小识》,《桃花扇》,人民文学出版社,1982,第3页。

[3] 孔尚任《桃花扇小识》,《桃花扇》,人民文学出版社,1982,第3页。

了几十年的梦想："予未仕时，每拟作此传奇，恐闻见未广，有乖信史"，是极郑重的。他回顾，自己还在少年时，族中一位长辈因曾亲身经历，"得弘光遗事甚悉"，"数数为予言之"，特别是"香姬面血溅扇，杨龙友以画笔点之"这一情节，对他触动甚深；多年萦绕，终于酿成一个构思——以"南朝兴亡"，"系之桃花扇底"。[1]所以，在类乎序言的《桃花扇小引》里，他特别点明该剧主旨是：

> 知三百年之基业，隳于何人？败于何事？消于何年？歇于何地？不独令观者感慨涕零，亦可惩创人心，为末世之一救矣。[2]

用我们今天话说，虽然题材和情节似乎是吟风弄月，《桃花扇》的真实主题却并非爱情，而在政治。这极为有趣。如果我所记不错，在政治中挖掘性的元素和影响，或者说从性的角度解读政治，是上世纪六十年代随文化批评时髦起来的视点。而孔尚任写《桃花扇》，竟似在十七世纪末已得此意。这样讲，是否夸张，抑或有所"拔高"，读过《桃花扇》的人不难鉴识。剧中，李香君这一元素，实际起到一种隐喻的作用，来代表人心向背、是非取舍和政治褒贬。作者让政治立场去决定一位美人的情意所归——政治"正确"者，得她芳心倾许；而政治上的丑类，辄令她性趣荡然。

尤应指出，这位美人，除容貌、颜色上被赋予种种的美妙，从而对于男性普遍地构成梦中情人般的吸引，还特有一个"妓女"的身份。这使她的含义格外具体、固定和突出，而根本区别于"普通"女子。换言之，从身体到社会角色，无论"自然属性"或"社会属性"，她都是一个明确、强烈而纯粹的性的符号。在她身上，那种性之于政治的隐喻意味，不单单是毋庸置疑，简直也就是唯一的意味。

不妨看看剧中有怎样的体现。第二十四出"骂宴"，当着几位奸佞，迷人樱唇吐出了如许的娇音：

> 东林伯仲，俺青楼皆知敬重。干儿义子从新用，绝不了魏家种。[3]

[1] 孔尚任《桃花扇本末》，《桃花扇》，人民文学出版社，1982，第5页。
[2] 孔尚任《桃花扇小引》，《桃花扇》，人民文学出版社，1982，第1页。
[3] 孔尚任《桃花扇》，人民文学出版社，1982，第157页。

侯方域绘像。

侯方域，即侯朝宗，明末“四公子”之一。河南归德人。崇祯间应试南京，流寓于此，与秦淮名妓李香相恋，参加复社活动，忤阮大铖。弘光时，阮得势欲逮之入狱，走脱，投史可法幕。

电影《桃花扇》。

《桃花扇》，孔尚任作，演述崇、弘之间南京的政治斗争。这斗争，在明朝已延续四十年之久。此二者间的消长，关乎江山社稷兴亡。在孔尚任看来，南渡之后阉党得势，是弘光政权病入膏肓、不可救药的标志。

在第二十一出，马士英得知其党田仰的聘礼为香君所拒，气急败坏：

了不得，了不得！一位新任漕抚，拏银三百，买不去一个妓女。岂有此理！难道是珍珠一斛，偏不能换蛾眉。[1]

而阮大铖的几句唱，切齿之余，则酸溜溜地散发了醋意：

当年旧恨重提起，便折花损柳心无悔。那侯朝宗空空梳栊了一番。看今日琵琶抱向阿谁。[2]

权力、金钱与性之间向来的对等，突然消失，“新任漕抚，拏银三百，买不去一个妓女”、“珍珠一斛，偏不能换蛾眉”，抑或权力、金钱所暗含的性优势被公然无视，唤起几位高级男性政客内心深刻的失落。来自美艳妓女、天生尤物的否定，较诸直接的政治挫折，也许更加令人意气难平。

孔尚任却显然从中感觉到快慰。实际上，他是把“性”作为奖赏给予所称颂的一方，也作为鄙夷而给予了另一方。在他，这是历史批判的一种依托，一种方式。此即开场第一出侯方域登台自报家门时点出的“久树东林之帜”、“新登复社之坛”，以及吴应箕那句“小弟做了一篇留都防乱的揭帖”，所共同透露的内容——一直以来存在于南京且日趋激烈的党派斗争。这斗争，在明朝已延续四十年之久，一边是作为近倖小人集团的阉党，一边是坚持道义、真理与改革的知识分子阵营。此二者间的消长，关乎江山社稷兴亡；至少在孔尚任看来，南渡之后阉党得势，是弘光政权病入膏肓、不可救药的标志。

二

虽然我们不会像孔尚任那样，把明

[1] 孔尚任《桃花扇》，人民文学出版社，1982，第139页。

[2] 孔尚任《桃花扇》，人民文学出版社，1982，第140页。

朝消亡仅仅归结于政治和道德;毕竟,将近四百年之后,我们已经走出了古典兴亡观及其话语体系,而拥有更多的观察角度和不同的思考方向。可是,《桃花扇》所着力表现的内容,在短命的弘光朝历史中仍有分量,乃至是相当重的分量。

这是那时代所特有的事实。

从1644年5月下旬围绕"定策"发生的明争暗斗,到翌年6月3日(乙酉年五月初十)朱由崧出逃,一年之内,南京几乎没有哪件事与党争无关。岂但如此,我们对弘光朝各项事业,从政治到军事,从民生到制度,均留下无头苍蝇般的印象,从头到尾,一盆浆糊,没有完整做成一件事,全都虎头蛇尾、半途而废,或干脆只形诸语言不见于行动——权举一例,从皇帝到群臣一致信誓旦旦、反复念及的恢复中原、为先帝复仇,也根本停留在口头,直到最后也不曾实质性地发出一兵一卒;而唯独对于一件事,人们贯穿始终、全力以赴、未尝稍懈,这便是党争。福王之立、马士英当政、史可法出督、阮大铖起复、张慎言刘宗周姜曰广吕大器高弘图等先后罢退、左良玉反叛……所有的重大政治变故,差不多都酿自党争。直至崩溃前一个月,马阮集团全神贯注去做的,仍是针对东林—复社阵营罗织罪名、图兴大狱,并以处决其中两个活跃分子周镳、雷縯祚,作为高潮。

它的根源,有远有近。

远的,是万历、天启、崇祯三朝一系列起起伏伏,其中有两大关节:一是天启年间魏忠贤、客氏当道,屠戮东林;一是崇祯登基后定阉党为"逆案"。更多的头绪,先前我们已有交代,读者若有不明,重温即可,不复赘及。

我们将了解的重点,放在近处。那是崇祯十一年(1638)秋天发生的一桩事,内容便是吴应箕在《桃花扇》第一出所说的"小弟做了一篇留都防乱的揭帖"。

这份揭帖名叫《留都防乱公揭》。先解释几个名词:古代把公开张贴的启事、告示称作"揭帖";"揭"是它的简称;"公揭",则是有多人具名的揭帖;至于"留都",指的是南京。如若转为当代语,《留都防乱公揭》略同于一张由南京部分人士集体署名的街头大字报。

列名其上的"南京部分人士",多达百四十余。朱希祖先生曾以专文对具体人数进行考辨[1],我们在此且不管

[1] 朱希祖《书刘刻贵池本留都防乱揭姓氏后》,《明季史料题跋》,中华书局,1961,第21—24页。

它，而着重注意上述人数所表现出来的声势。倘在今日，一张百人签名的大字报也许算不了什么，但这是在将近四百年以前，当时，受过一定教育的人纵非万里挑一，千里挑一总是差不多的。所以，能有百人签名，这张大字报在知识界显然具有相当的代表性。

代表谁呢？主要是复社。这是明末的一个知识同人团体，欲知该团体势力如何，我们来看眉史氏《复社纪略》的记载。据它说，早在十年前，亦即戊辰年（崇祯元年，1628），以姑苏为首，各地青年学人社团（复社前身）成员即达七百多人；书中将这些姓名逐一开具，然后叹道：

> 按目计之，得七百余人，从来社集未有如是之众者！计文二千五百余首，从来社艺亦未有如是之盛者！嗣后名魁鼎甲多出其中，艺文俱斐然可观；经生家莫不尚之，金阊书贾，由之致富云。[1]

天下读书人，没有不崇尚复社的，甚至出版家也靠印他们的书发了财。《桃花扇》里就有这么一位书商蔡益所，专刻复社名流之作；他上场时以“贸易诗书之利”、“流传文字之功”[2]自夸，倒是出版家的外俗内雅的好对。

须知以上尚是1628年的情形，又经十几年，复社势力之膨胀简直令人侧目。阮大铖曾这样煽动马士英：“孔门弟子三千，而维斗等聚徒至万，不反何待？”[3]维斗乃复社领袖之一杨廷枢的表字，阮大铖说他“聚徒至万”，肯定是危言耸听，以说动马士英出手镇压。另有说法称，杨廷枢“声誉日隆，门下著录者三千人”[4]，这大约比较客观。仅仅杨廷枢一人，身后追随者即达三千；其他复社巨擘就算达不到这种规模，但把每个人的影响面都计算起来，无论如何会是个使人瞠目的数字。难怪有人要愤愤不平地告御状说：“东南利孔久湮，复社渠魁聚敛。”[5]

复社兴起，有一实一虚两个背景。

[1] 眉史氏《复社纪略》，中国历史研究社编《东林始末》，神州国光社，1947，第204页。

[2] 孔尚任《桃花扇》，人民文学出版社，1982，第183页。

[3] 朱希祖《书刘刻贵池本留都防乱揭姓氏后》，《明季史料题跋》，中华书局，1961，第23—24页。

[4] 朱希祖《书刘刻贵池本留都防乱揭姓氏后》，《明季史料题跋》，中华书局，1961，第24页。

[5] 朱希祖《书刘刻贵池本留都防乱揭姓氏后》，《明季史料题跋》，中华书局，1961，第23页。

前者是崇祯初年定阉党为逆案，为东林平反，形成一种直接而具体的刺激，令读书人志气大长，而东南一带原系东林渊薮，此地年轻后学，率先跃起，集会结社、谈经论世、指斥方遒。至于后者，则须联系晚明整体精神思想氛围。主要自王阳明以来，明人讲学之风大兴。笔者曾往泰州崇儒祠谒访，得见当年王艮为外出讲学，仿孔子周游列国的车制而自制的蒲轮车，虽非原物，而是今人想象下的赝品，却也提供了一种形象。据说他就乘着这古简之车，从江西出发，沿途聚讲，直抵北京。明末学派林立，就是讲学风盛所致。"东林"被诬为"党"之前，其实是个书院的名称，无锡至今有其址。万历二十二年(1594)，顾宪成忤旨革职，返乡讲学，重修东林书院并任主持，名儒耆宿纷至沓来，很快成为思想、学术重镇，最终给朝政以深刻影响。东林模式或东林经验，既激于时代，反过来也是对时代的有力印证；由于经过了思想、历史、伦理层面的究问与反思，历来士大夫作为王朝政治"齿轮与螺丝钉"的那种功能，明显朝着带有自我意识的知识分子政治独立性转化了，所以，整个明末知识分子阶层的斗争性、反叛性以及基于思想认同的群体意识，空前提高和增加，乃至现代的知识分子已可以从他们身上嗅到一些亲切熟悉的气息，这是从未有过的。

复社，作为东林的延续，而且基于对后者经验的汲取，意识上更加自觉，一开始就迅速迈向组织化和统一。《复社纪略》记载：

> 是时(壬申年,1632)江北匡社、中洲端社、松江几社、莱阳邑社、浙东超社、浙西庄社、黄州质社，与江南应社，各分坛坫，天如(张溥，表字天如)乃合诸社为一，而为之立规条，定课程曰："自世教衰，士子不通经术，但剽耳绘目，几倖弋获("弋获"，获得、获取之意)于有司。登明堂不能致君，长郡邑不知泽民；人材日下，吏治日偷，皆由于此。溥不度德，不量力，斯与四方多士共兴复古学，将使异日者务为有用，因名曰'复社'。"又申盟词曰："毋非圣书，毋违老成人，毋矜己长，毋形彼短，毋巧言乱政，毋干进辱身。嗣今以往，犯者小用谏，大则摈。既布天下，皆遵而守之。"又于各郡邑中推择一人为长，司纠弹要约，往来传置。[1]

[1] 眉史氏《复社纪略》，中国历史研究社编《东林始末》，神州国光社，1947，第181页。

复社领袖张溥。

晚明，启蒙思想趋于活跃，尤其崇祯皇帝即位后将阉党铲除，使这种现象释放出更大能量，东南一带涌现大批青年士子的思想学术社团。1632 年，张溥“合诸社为一”，名曰“复社”，为社会和政治的改进探寻出路。

南京牛首山塔。

牛首山在南京南郊，以双峰如牛角而名。《留都防乱揭帖》使阮大铖避居于此。

这件材料,将复社诞生经过、名称含义、创始者等各方面情况,录述甚确。我们可以认定:第一,这是一个从思想认识到组织形式相当成熟的社团,有宗旨、有规章,而且是跨越多地(从河南、山东到江浙、湖广)的全国性组织;第二,这是一个兼顾学术与政治的组织,由学术而政治、由政治而学术,学用相济、理论与实践相结合;这意味着,它注重思想性,是学人和知识分子而非官僚与政客的团体,但又不同于闭门式的单纯读书会,强调所学所思"务为有用",目标最终指向社会政治探索。以此观之,复社是针对社会、政治改进寻找思想之路的共同体,这一精神内核与现代政党已很接近。

至于张溥以"兴复古学"诠释"复社"之名,我们不必为其字眼所拘。一来这跟张溥个人思想主张有关,我们知道他推崇前后七子的复古论;二来在中国历史上以及古代语境中,"复古"往往是现实批判的好用工具,"改制"者往往"托古"。与复社从内容到形式的鲜明的历史创新性相比,"兴复古学"一类遣词,不会迷惑我们。相反的,我们恰要指出,复社的主体是晚生后辈,跟其前驱东林相比,年轻气盛乃其突出特点。东林的构成,几乎清一色是朝臣,纵不位居要津,亦有一官半职,抑或为致仕之名宦。复社成员相反,比如我们较熟知的吴应箕及所谓"明末四公子"陈贞慧、侯方域、方以智、冒襄,除方以智登过进士,余皆为诸生。他们的年龄,或许不算真正年轻(最年长的吴应箕,主笔《留都防乱公揭》时年已四十四),但心态究非登堂入室的心态,普遍看上去疏狂不忌,这其实亦是锐气使然。

如果我们以复社成员为"学生群体",则可以将复社视如明末的"学生组织",而《留都防乱公揭》事件便是这群体和组织掀起的一场"学生运动"。它有着明显的青春色彩和青春气质,冲动、激昂、理想主义,同时也不免浮夸、偏执、耸人听闻。现代学潮所表现的那些特点,此一事件基本应有尽有。比如,不妨比照着"五四运动"来想象1638年8月复社学子们之所为,一样的自视进步、崇高、热血,也一样的不容置疑、唯我独尊、霸气十足。和诸多现代学潮一样,它也缺陷明显,很有待商榷乃至可诟病之处,但这都不能掩其历史价值。它是发生在传统权力空间(庙堂)之外的群众性政治运动,有着自发性、自主性,独立表达了一种声音与诉求;远在十七世纪上叶,中国出现这一幕,颇能说明知识阶层的思想活力,以及对权力加以分割的意愿，这些深层次内容盖过了它的某些缺陷。

三

一百四十余人群起而攻之的，是阮大铖。清朝官方所修《明史》，从近三百年历史中确定了十余人为"奸臣"，阮大铖便分得一席之地。他名列《奸臣传》最后一位，换言之，他是明代"奸臣"的压卷之人。论其由来，即因天启年间依附魏忠贤。以此崇祯元年遭弹劾，第二年定逆案，遂论罪，但网开一面，允许他"赎徒为民"，"终庄烈帝世，废斥十七年，郁郁不得志。"[1]

照理说，一个废斥了十七年，在整个崇祯朝都毫无机会的人，就是十足的落水狗，复社诸人为何还要"痛打"？关于这件事，笔者认为要从两方面看：其一，复社方面确实不懂"费厄泼赖"；其二，事出有因，并非无故。

从阮大铖方面说，他根本不是能甘寂寞的人。《明史》对他有几个字的评价："机敏猾贼，有才藻。"写这句评语的人，碍于其"奸臣"身份，不肯使用好字眼儿，但看得出来，实际认为此人非常非常聪明，非常非常有才。晚明盛产才子，而且是那种触类旁通、全能通识型的才子，一如欧洲文艺复兴之有达·芬奇、卢梭一流的人物。而即便在这些才子中，阮大铖也要算一个佼佼者。作为饱读诗书的人，笔墨文字就不必说了；他在出版、戏剧、音乐、园艺很多方面，都居顶尖的地位抑或深孚众望。

十年前，我过访同里，购得计成《园冶》一册。计成乃是同里的骄傲，生于万历年间，精绘画、造园艺术，这本《园冶》被目为"我国造园史上的巨著"[2]，传至日本，更"尊为世界造园学最古名著"[3]。打开正文，当年赫然置于首位的，居然是阮大铖所作《冶叙》。此文作于崇祯甲戌年（1634），亦即他遭复社攻击前四年。此时他早已臭名远扬，然而造园大师却不避嫌疑，郑重邀其为《园冶》

[1] 张廷玉等《明史》卷三百八，中华书局，1974，第7938页。

[2] 罗哲文《总序》，《园冶》，中国建筑工业出版社，1999，卷首（未标页码）。

[3] 陈植《园冶注译序》，《园冶》，中国建筑工业出版社，1999，第5页。

首序，我们推测因为两点：一、计成非党无派，可能并不在意政治；二、阮大铖在造园上的眼界、见地，是计成所钦佩的，请他作序，表示这方面的一种认同与借重。果然，阮大铖文中提到，对造园他并不只是鉴赏家，也亲施营造：

予因剪蓬蒿瓯脱，资营拳勺，读书鼓琴其中。胜日，鸠杖，板舆，仙仙。[1]

大意是说，曾把府中一片荒地，加以清整，池上理山（“拳勺”语出《中庸》：“今夫山，一拳石之多”，“今夫水，一勺之多”，借指园林微观山水造景），作为读书弹琴处；赶上好天气，辄请出老人，奉之游娱。

阮氏才情最著处，是戏剧方面。他的这一天赋，在明末恐怕首屈一指。所著《十错认》（《春灯谜》）、《燕子矶笺》等四剧，后世虽不演，当时可是名满天下。对此，连敌人亦不能够抹煞。吴梅村回忆了这一幕：

（复社）诸君箕踞而嬉，听其曲时亦称善，夜将半，酒酣，辄众中大骂曰：若奄儿媪子（“奄”指魏忠贤，“媪”指客氏），乃欲以词家自赎乎！引满泛白，抚掌狂笑，达旦不少休。[2]

孔尚任将这情景悉数写入《桃花扇》第四出。虽然复社诸人意在羞辱，但对阮氏“词家”分量是不否认的，只是正告他，词曲上再了得，亦不能赎罪于万一。阮大铖的戏剧成就，不仅限于创作，实际上他拥有当时南京水平最高的一个私家剧团，这剧团并不营业，只供自己及亲朋玩赏，而其亲自调教，还延聘名师，当时第一流的行家如柳敬亭、苏昆生都曾被罗致在府。《桃花扇》第四出写到复社诸人假意“借戏”，他闻讯后这样说：

速速上楼，发出那一副上好行头，吩咐班里人梳头洗脸，随箱快走，你也拿帖跟去，俱要仔细着。[3]

[1] 阮大铖《冶叙》，《园冶》，中国建筑工业出版社，1999，第32页

[2] 吴梅村《冒辟疆五十寿序》，《吴梅村全集》卷第三十六文集十四，上海古籍出版社，1990，第773页。

[3] 孔尚任《桃花扇》，人民文学出版社，1982，第30页。

口气俨然剧院老板兼艺术总监。他创作的本子，不让外人演，只供其私家剧团独家诠释，演员、服饰、乐师……都细予讲求，务得窾要。亲睹过阮氏私家剧团演出的张岱说：

> 阮圆海（圆海，阮氏之号）家优讲关目，讲情理，讲筋节，与他班孟浪不同。然其所打院本，又皆主人自制，笔笔勾勒，苦心尽出，与他班卤莽者又不同。故所搬演，本本出色，脚脚出色，齣齣出色，句句出色，字字出色。余在其家看《十错认》、《摩尼珠》、《燕子矶笺》三剧，其串架门笋（剧情衔接和转合）、插科打诨、意色眼目（演员表情及交流），主人细细与之讲明。[1]

评价何其之高。历来，戏剧玩到这个地步的，除了他，便只有李渔李笠翁。据说，在他与朱由崧的关系里，戏剧也是颇有分量的因素；朱由崧是个戏迷，而他不光是大行家，还有最好的剧团。

如果阮大铖愿意，他可以过很舒服的日子，以其博才多艺论，应该还是情趣丰饶、充满创造的日子。可惜不。废斥十七年，他简直没有一天将往事放下，这是根性所致。他生性锱铢必较、睚眦必报，假如受了一口气，就无论如何咽不下，当年所以投靠魏党，起因就是东林方面原答允委以一职，结果变卦，他一气之下而投反方怀抱。再者，借其一生来观，此人权力欲过剩，当年刚刚振翅高飞，忽然跌落，一下沉沦十七年，权力的瘾头根本不曾过足，憋得难受，势必一泄方快。最后，不能不谈谈人品；阮大铖要才有才，要智有智，眼光、趣味也岐嶷不凡，但人品确确实实很劣坏。这又让人慨叹人的矛盾性，人就是这样，往往把颇好的东西与颇坏的东西并集一身，而难尽美。阮大铖自某一面看可说是时之髦、人之杰，非常优秀，但自另一面看，却又无耻之尤、彘狗不如。笔者给他这般劣评，主要不是因为往事，当年阿附权贵我们可以视为人性弱点，不让人佩服，却也不必疾之如仇；关键是弘光间起复之后，他真正展示了陋劣的嘴脸，一朝权在手，便把恶来行，利用职务实行人身迫害，乃至屠

[1] 张岱《陶庵梦忆·西湖梦寻》，上海古籍出版社，1982，第73—74页。

刀高举。以往,他是名节有亏、不曾行恶,现在全然不同。

且将话头拉回他东山再起之前。对于蛰伏中的阮大铖,张岱有个观察:

阮圆海大有才华,恨居心勿静,其所编诸剧,骂世十七,解嘲十三,多诋毁东林,辩宥魏党,为士君子所唾弃。[1]

张岱非东林—复社一脉,甚至对后者还有些微辞,故以上描述应无所偏。"居心勿静"四字,是点睛之笔。前面我们曾问,一条十七年的"落水狗",复社仍穷追"痛打",是否过分?由张岱的观察,可知还真如鲁迅形容的:

况且狗是能浮水的,一定仍要爬到岸上,倘不注意,它先就耸身一摇,将水点洒得人们一身一脸,于是夹着尾巴逃走了。[2]

这一段,简直像特意写给阮大铖,形神兼备。"落水"后,他努力爬上岸,并不时耸身摇一摇,把水溅到别人身上,然后再"夹着尾巴逃走";十七年,他始终是这么做的。

四

而且还有更加具体的原因。《明史》说:

流寇逼皖,大铖避居南京,颇招纳游侠为谈兵说剑,觊以边才召。[3]

"流寇逼皖",是崇祯八年(1635)的事。为此,阮大铖从老家安庆避乱到南京。

[1] 张岱《陶庵梦忆·西湖梦寻》,上海古籍出版社,1982,第74页。

[2] 鲁迅《论"费厄泼赖"应该缓行》,《鲁迅全集》第一卷,人民文学出版社,1980,第274页。

[3] 张廷玉等《明史》卷三百八,中华书局,1974,第7938页。

但实际上，他来此远非避乱。到了南京，就开始大肆活动，《明史》所说“颇招纳游侠为谈兵说剑”，只其一端；我们从别的史料发现，他在南京广为交纳、到处公关。吴梅村说：

> 有皖人者，流寓南中，故奄党也，通宾客，畜声伎，欲以气力倾东南。[1]

策划《留都防乱揭帖》时，陈贞慧也说：

> 士大夫与交通者未尽不肖，特未有逆案二字提醒之；使一点破，如赘痈粪溷，争思决之为快，未必于人心无补。[2]

可见活动重点，并非使枪弄棍之人，而是社会名流、有政治影响力的人物，且颇为奏效。之能得逞，一是“逆案”已历多年，不少士大夫对此颇感淡然。二是阮氏本人确实风雅博才，与之交不失怡悦，况且他还拥有一个顶级剧团，谁不想饱饱眼福？三是施以恩惠，说白了，就是以财贿通（阮大铖相当有钱），连复社名流也在其列，例如侯方域。当时，侯南闱不中，又赶上河南闻警，便滞留南京，渐渐囊金颇匮，大铖“乃假所善王将军日载食，与侯生游”[3]。这是侯方域自己的说法，因为事情有些尴尬，不免闪烁其辞；依《桃花扇》，则侯方域梳栊李香君的全部费用（黄金三百两），都是阮大铖托他们共同的朋友杨龙友居中打点。

前面说到，自崇祯初起，复社势力已盛，而它正式成立后的三五年内，更发展到无所不在的地步，从文化到政治，呼风唤雨，简直是左右明末的一种在野的“霸权”。当事人吴梅村为我们言彼时复社名流的表现与心态：

> 往者天下多故（变乱，动荡），江左尚晏然，一时高门子弟才地自许者，相遇于南中，刻坛墠，立

---

[1] 吴梅村《冒辟疆五十寿序》，《吴梅村全集》卷第三十六文集十四，上海古籍出版社，1990，第773页。

[2] 朱希祖《书刘刻贵池本留都防乱揭姓氏后》，《明季史料题跋》，中华书局，1961，第22页。

[3] 侯方域《李姬传》，《壮悔堂集》，商务印书馆，1937，第130页。

名氏……以此深相结，义所不可，抗言排之，品覈执政，裁量公卿，虽甚强梗，不能有所屈挠。[1]

强势若此，舍我其谁。就连对马、阮深恶痛绝的孔尚任，也觉得复社诸君过于得理不饶人，以“热闹局就是冷淡的根芽，爽快事就是牵缠的枝叶”[2]，微讽其意气太盛，而给自己种下祸根。不过，与复社讲究宽容、策略，原是不可能的，它就是一个青春性、叛逆性组织，或者说，就是明末一个“愤青”集团。一来，它自视怀抱崇高理想，手握真理正义，只要“义所不可”，就“抗言排之”，为此绝不“有所屈挠”，这正是它要坚持、断不放弃的东西；二来，它那样人多势众、影响广泛、一呼百应，满世的粉丝和拥趸，满面春风、花开堪折直须折，得意犹且不及，又怕着何来？

所以，当一条“落水狗”、一个已经被历史钉上耻辱柱的人，居然在眼皮底下大肆活动、招摇过市，而非隐姓埋名、夹起尾巴做人，本身就不可容忍。况且，他们解读出了其行径的真正居心：拢络人心、打通关节，以便“翻案”。他们痛心于人心是如此易于忘却，不过十年出头的光景，丑类的罪恶就被淡漠，“奄儿媪子”的阮圆海已经高朋满座、俨然南京社交界的一颗明星！若任由事情这样下去，东林先辈的血岂不白流？

笔者设想，假使1635年阮大铖迁至南京后，低调处世、离群索居、只当寓公，恐未必发生《留都防乱揭帖》事件。然而三年来，阮氏的张扬与跋扈，终令复社精英感到责无旁贷。他们的领袖，本有不少是东林旧耆和英烈的后代，旁人或能忘却、淡漠，他们则刻骨铭心。《南疆逸史》关于顾杲写道：

杲，字子方，端文公宪成之孙。为人粗豪尚气，以名节自任。端文讲学东林书院，清流多附之。由是东林遂为党魁，皆引端文自重，而杲为其宗子，故虽未任而名甚高。阮大铖既废，居金陵，思结纳后进以延誉，乃蓄名姬、制新声，日置酒高会，士雅游者多归之。礼部主事周镳恶

[1] 吴梅村《冒辟疆五十寿序》，《吴梅村全集》卷第三十六文集十四，上海古籍出版社，1990，第773页。
[2] 孔尚任《桃花扇》，人民文学出版社，1982，第68页。

之，曰："此乱萌也。"因草檄，名曰《南都防乱》，引诸名士以排之，而难于为首者。杲曰："舍我其谁！"[1]

"端文公宪成"，便是东林开创人顾宪成，而《留都防乱公揭》上的第一个署名人，正是顾宪成之孙顾杲（台湾文献丛刊本《南疆绎史》于兹不同，写为"从子"，即顾宪成之侄；但据顾杲好友黄宗羲《思旧录》"泾阳先生之孙"[2]，应误），所以他会说："舍我其谁！"

不过，《留都防乱公揭》却并非由周镳倡议和起草，虽然这说法传之甚广，连阮大铖都以为如此。但参与策划的陈贞慧在《防乱公揭本末》中特别指出："阮以此事仲驭（周镳表字仲驭）主之，然始谋者绝不有仲驭也。"他并且详细讲述了事情经过：

崇祯戊寅，吴次尾（吴应箕，表字次尾）有《留都防乱》一揭，公讨阮大铖。次尾愤其附逆也，一日言于顾子方杲，子方曰："杲也不惜斧锧，为南都除此大憝。"两人先后过余，言所以……次尾灯下随削一稿，子方毅然首唱，飞驰数函：毘陵为张二无（张玮），金沙为周仲驭（周镳），云间为陈卧子（陈子龙），吴门为杨维斗（杨廷枢），浙则二冯司马（冯晋舒、冯京第）、魏子一（魏学濂），上江左氏兄弟（左国栋、左国材）、方密之（方以智）、尔止（方以智族弟）。[3]

情节甚明：吴应箕率先提议，顾杲明确支持；两人随即来找陈贞慧，达成一致，吴应箕当场成稿，而顾杲领衔签名，同时发出数封信给复社在各地的核心人物。

然据吴应箕《与友人论留都防乱公揭书》：

留都防乱一揭，乃顾子方倡之，质之于弟，谓可必行无疑者，

[1] 温睿临《南疆逸史》，中华书局，1959，第265页。
[2] 黄宗羲《思旧录》，《黄宗羲全集》第一册，浙江古籍出版社，1985，第365页。
[3] 朱希祖《书刘刻贵池本留都防乱揭姓氏后》，《明季史料题跋》，中华书局，1961，第22页。

遂刻之以传。[1]

这封书信，是事情发生过程中，吴应箕为说服某同志而写，并且他又恰是两位最早的行动讨论者之一，因而以上说法比之于陈贞慧，离事情原貌又进了一步。综合起来，我们可以认定：行动的倡议来自顾杲，而文稿起草人是吴应箕。

按陈贞慧所述，发动这场攻势，复社诸君当时也觉得冒风险；顾杲"不惜斧锧"云云，以及陈贞慧所用"毅然"字眼，显系此意。对此，笔者颇疑为时过境迁的自美之辞。就当日态势言，复社方面对阮大铖盛气凌人，略无顾忌（请参考吴梅村所记"借戏"、彻夜辱笑阮大铖一幕）。不过，在是否需要以"公揭"方式将阮大铖示众一事上，复社内部确有分歧。陈贞慧说：

> 仲驭、卧子极叹此举为仁者之勇，独维斗报书以"铖不燃之灰，无俟众溺，如吾乡逐顾秉谦、吕纯如故事，在乡攻一乡，此辈即无所托足矣"，子方因与反复辨论。时上江有以此举达之御史成公勇，成公曰："吾职掌事也。"将据揭上闻。会杨与顾之辨未已，同室之内起而相牙，揭迟留不发，事稍露矣。[2]

复社重镇杨廷枢，回信反对此举，理由并不是"冒险"，而是小题大做。他认为阮大铖已成死灰，这么一个人，只须令其在乡里名声扫地足矣，不值得在南都大动干戈，那反倒抬举了他。"无俟众溺"的"溺"字，繁体与"尿"通，此处可解为"淹"，也可解为"尿"，如是后者，则复社中人对阮大铖的蔑视，可谓无以复加。

吴应箕也提到：

> 当刻揭时，即有难之者二：谓"揭行则祸至"，此无识之言，不足辨矣；又谓"如彼者何足揭，而我辈小题大作"，此似乎有见，而亦非也。[3]

[1] 吴应箕《与友人论留都防乱公揭书》，《楼山堂集》第十五卷书，中华书局，1985，第176页。

[2] 朱希祖《书刘刻贵池本留都防乱揭姓氏后》，《明季史料题跋》，中华书局，1961，第22页。

[3] 吴应箕《与友人论留都防乱公揭书》，《楼山堂集》第十五卷书，中华书局，1985，第176页。

存在两种反对声音：一是可能招祸，吴应箕对此以“不足辨”，一语否之；二是“小题大作”论，这显然指杨廷枢“不燃之灰，无俟众溺”的看法。

五

虽然内部有人反对，分歧到最后亦未消除，《留都防乱公揭》还是公之于世了。由吴应箕所用那个“刻”字，我们得知它不是手写品，而是印刷品，所以必非一份，而是印了许多张贴到南京各处，“流毒之广”可想而知。一夜之间，阮大铖臭了大街，《明史》说：“大铖惧，乃闭门谢客”[1]，《小腆纪年附考》的说法还要具体些：“匿身牛首山”[2]，远远躲到南京郊外，一改三年来的张狂，重新夹起尾巴，效果极著。陈贞慧还说，事先有个名叫成勇的御史，答应将公揭奏闻朝廷，未知是否果行。

假如说一直以来复社“品覈执政，裁量公卿”，则在这一事件中又达到新的高峰，影响越出于士绅阶层，而抵及市民社会，名声大振。

至于公揭一文，本身实在谈不上立意诚平，岂止危言耸听，即向壁虚构、捕风捉影之处，亦复不少。比如，说阮大铖在皖“每骄语人曰：‘吾将翻案矣，吾将起用矣。’所至有司信为实然”，以至“凡大铖所关说情分（请托说情），无不立应，弥月之内，多则巨万，少亦数千”，情浮于辞，有夸张之嫌；又说，阮大铖是因在老家触了众怒、小命难保，“乃逃往南京”，其实阮大铖躲避的是战乱；又说，阮大铖交结之人杂乱不堪、形迹可疑，暗示其中有“闯、献”奸细，言之无据；还说，“其所作传奇，无不诽谤圣明，讥刺当世。”“《春灯谜》指父子兄弟为错，中为隐谤。”[3]不免欲加之罪、何患无辞了……凡此种种，不一而足。故而，我们若视之为明代的“大字报”，也无不妥。

这些瑕疵，我们不予讳言，但要从中把握历史方向，立足根本，鉴别是

[1] 张廷玉等《明史》卷三百八，中华书局，1974，第7938页。

[2] 徐鼒《小腆纪年附考》，中华书局，2006，第250页。

[3]《留都防乱公揭》，《国粹学报》，国粹学报馆，1910年第74期。

非。有学者论：

> 阮大铖政治上失意，借寓南京编演新戏，交结朋友，声歌自娱，这在当时的留都也是极平常的事。不料，顾杲、吴应箕、陈贞慧这批公子哥儿看得老大不顺眼，心想秦淮歌妓、莺歌燕舞乃我辈专利，阮胡子来凑什么热闹。崇祯十一年(1638)八月，他们写了一篇《留都防乱公揭》广泛征集签名，对阮大铖鸣鼓而攻之，文中充满了危言耸听的不实之词。[1]

公揭其文，确实不好。但文章不好，不等于事情做得不对。阮大铖心怀仇怨，这连他的朋友张岱也不否认，他的"交结朋友"绝不是什么"极平常的事"。至于以"公子哥儿"一语括定复社诸人，将他们对阮大铖的斗争，悄悄归结于"秦淮歌妓、莺歌燕舞乃我辈专利"，读此，令人唯觉无语。乙酉之变后，清兵南下，恰是这些"公子哥儿"，或战至死，或为国自尽，而那个阮大铖却溜之大吉……可见论人论世，不能一叶障目，必得瞻前顾后、看到整体。复社诸君，在公揭一文中有其不可，于整体或大节却无愧历史；阮大铖刚好相反，1638年某种意义上他是"受害者"，但我们却并不因此而免其"祸国者"恶名。吴应箕抗清"慷慨就死"(《明史》语)后，有个朋友在诗中写道：

> 九死卿将一羽轻，齐山真共首阳名。乾坤此日犹长夜，枉使夷齐号劣生。[2]

他说，就义了的吴应箕，将阮大铖彻底变成一根羽毛，也暴露着整个世界的黑暗——作者在诗末讽刺性地注道："时移文称次尾劣生"。恰恰是这么一个捐躯者，被官方文件以"劣生"相称，黑白颠倒若此。可惜，作为后世治史者，有人也重复了这种颠倒。

再有，我们虽称《留都防乱公揭》为明末"大字报"，觉得复社精英的做法与表现，让人油然想到"革命小将"，但

[1] 顾诚《南明史》，中国青年出版社，1997，第70页。
[2] 邢昉《哭吴次尾》，钱仲联主编《清诗纪事》明遗民卷一，江苏古籍出版社，1987，第26页。

切不能忽视时间的不同。相似的情形,发生于十七世纪初与发生于二十世纪后期,不可同日而语。在当时,万马齐喑、暮气沉沉,中国的历史与文化在老路上已山重水复,精神如"铁屋"(鲁迅),文化如"酱缸"(柏杨),人格如"病梅"(龚自珍),当此情形下,复社的青春、躁动乃至孟浪,正是新的血液与生命,至少闪出一条歧路,走下去,虽不知如何,但总不是徘徊于老路,总能给人遐想的余地。无论如何,最不应该用二十世纪的语境估衡十七世纪的事情,如果仅因偏激、过火一类字眼浮于脑海,便将复社与二十世纪某些现象同质化,我们恐怕既脱离了历史,也解除了判断力。情绪或方式似曾相识,不代表性质相同。复社是自发、自主现象,是对现实的不满与反抗,是旧格局变革的先声,不是"奉旨造反",不是"导师挥手我前进",不是"三忠于四无限"。前者使我们难得地领略一缕"青春中国"气息,后者却让人痛切品尝了沉重与呆愚。

我一直认为孔尚任是从青春气息去体会、捕捉那段往事,否则,他不会将剧中一切提炼成"桃花"的意象。他与剧中人,时代相近、语境相同,我们宁愿信赖他的感受。"桃之夭夭,灼灼其华"。十七世纪上半期,以一个自我砥砺、奋发进取、蒸蒸日上的青春知识群体崛起为标志,中国思想、文化和政治明显引入新的因素,桃花一度灿烂。可惜这脆弱春光,难禁关外寒流长驱南来,使我们无缘见它如何生长,进而结出怎样的果实。

六

《留都防乱公揭》后,还有一次交锋,乃至上演肢体冲突。事见《桃花扇》第三出"闹丁",笔者涉猎未广,没有找到有关此事的其他材料,但以《桃花扇》叙事皆有所本推之,这样重要的情节,应非出于孔尚任的杜撰,读者中高士倘知出处,幸为指点。我仅于祁彪佳(那时他在北京任职)稍后日记(四月初六)里,看见一笔"时因江南所用之人,风波甚多,而碍手不少,连日与毛禹老商之未决。"[1]不知此番学生闹事,是否也在"风波甚多"之内。

[1] 祁彪佳《祁忠敏公日记》,《历代日记丛钞》第八册,学苑出版社,2005,第335页。

事发时间，剧本注明为“癸未三月”，癸未年即1643年。年代如此确切，更显得作者有所本。不过，月份上也许是二月而非三月。因剧中讲得清楚：“今值文庙丁期，礼当释奠。”[1]亦即故事发生在丁祭日。考明代制度，朝廷规定“春秋仲月上丁祭先师孔子”[2]，即每年有两次祭孔大典，分别在仲春、仲秋月的第一个丁日（一般每月有三个丁日）举行，故称“丁祭”。春季包括正月、二月、三月，相应为初春、仲春、暮春。因此，“仲春上丁”就是指二月的第一个丁日，具体在癸未年（1643），则为二月初三日（公历3月22日）。

这样，我们便有了非常具体的时间：1643年3月22日。

地点为文庙亦即孔庙，也就是秦淮河北岸那座有名的夫子庙。丁祭，既是国家大礼，也是学子向先师致敬的日子，所以，“孔子庙每年的丁祭，都是由学生来主持的。”[3]若在地方，由府、州、县学的学生参加，北京、南京两都，则为“国子监”的学生。国子监，是明代最高学府，“永乐元年始设北京国子监。十八年迁都，乃以京师国子监为南京国子监，而太学生有南北监之分矣。”[4]学生主要由郡县学每岁拣选而来，规模庞大，“洪、永间，国子生以数千计”[5]，不逊于任何现代大学。故而可以想象，丁祭那天，夫子庙是怎样一番人头攒动、水泄不通的景状。

其间，前来参祭的复社诸人，意外地与阮大铖撞个正着。戏中写道：“[小生惊看，问介]你是阮胡子，如何也来与祭；唐突先师，玷辱斯文。[喝介]快快出去！”小生是吴应箕，那个“惊”字有讲究。此时距《留都防乱公揭》已历五载，五年来“闭门谢客”的阮大铖想必是销声匿迹，不怎么抛头露面的；谁知道眼下突然出现在这样一个重要日子和重要场合，作为“公揭”的始作俑者，吴应箕岂止意外，更将惊其大胆，所以紧跟着有一句：“难道前日防乱揭帖，不曾说着你病根么！”而阮大铖这样回答：“我乃堂堂进士，表表名家，有何罪过，不容与祭。”“我正为暴白心迹，故来与祭。”[6]

彼此言语相撞，争着争着，阮大铖形只影单、难敌众口，羞怒之中率先破口大骂：“恨轻薄新进，也放屁狂言！”这

[1] 孔尚任《桃花扇》，人民文学出版社，1982，第23页。

[2] 张廷玉等《明史》卷四十七志第二十三礼一，中华书局，1974，第1225页。

[3] 欧阳予倩《桃花扇》（话剧）第一幕第一场，《欧阳予倩全集》第二卷，上海文艺出版社，1990，第343页。

[4] 张廷玉等《明史》卷六十九志第四十五选举一，中华书局，1974，第1678页。

[5] 张廷玉等《明史》卷六十九志第四十五选举一，中华书局，1974，第1681页。

[6] 孔尚任《桃花扇》，人民文学出版社，1982，第24页。

一骂不要紧，四周全是毛头学生，“轻薄新进”、“放屁狂言”岂不触了众怒？大家齐齐指定了他道：“你这等人，敢在文庙之中公然骂人，真是反了。”于是围上来，一顿饱打。那阮大铖养得一口好髯，人称“阮胡子”，此番正好成为袭击目标，“把胡须都采落了”；然而这只算轻伤，打到后来，阮大铖唱道：“难当鸡肋拳揎，拳揎。无端臂折腰撅，腰撅。”[1]撅，便是跌、摔。肋骨挨了拳，胳膊折了，腰也摔坏了。阮大铖见势不妙，来个“三十六计，走为上”，落荒而逃。

“袭阮事件”，因发生于丁祭日的国立大学学生集会，看起来似更有后世学潮的味道。其一哄而起、群情激昂的广场性、群体性如出一辙，连肢体语言，也很合于“革命不是请客吃饭，不是做文章，不是绘画绣花，不能那样雅致，那样从容不迫，文质彬彬，那样温良恭俭让”。[2]

需要特别在意1643年这个时间点，第二年，便发生了崇祯死国、清兵入关、福王南立、马阮当政等大逆变。从这一时间窗口回看丁祭风波，对接下来的一系列事态，便有了清晰的意识。它不啻于将青春知识群体与阮大铖之间的矛盾推向高点，所谓旧恨新仇，并蓄胸间，一旦找到缺口，怎能不决堤而出？

七

对弘光党争加以探问之前，我们先就材料的使用，明确一个原则。由于事涉真伪、情况复杂，为求客观，我们对基本情节的诸家讲述，不得不有所依违、取弃。凡与之有利害关系，或倾向过于鲜明，虽是亲历者，我们对于这样叙说与论评，也只好束之高阁，例如黄宗羲的《弘光实录钞》、文秉的《甲乙事案》。可靠或合理的材料，应该符合两点：一、中立的、没有派别身份的作者；二、作者虽在“门户”之中，但叙事论人能够做到持平、求实。以此两点绳之，我们从诸著内遴出两种，作为了解弘光党争的主要依据。

一是李清所著《三垣笔记》。作者于弘光间先任工科给事中，再升大理

[1]孔尚任《桃花扇》，人民文学出版社，1982，第25页。
[2]毛泽东《湖南农民运动考察报告》，《毛泽东选集》第二版第一卷，人民出版社，1991，第17页。

寺丞，事多参决，是历史目击人和“在场者”。其次，他从崇祯朝起就与党争保持距离，置身其外。关于《三垣笔记》的写作，他强调两点，一是求实，“非予所闻见，不录也”；二是“存其公且平者”，对某一方“不尽是其言”，对另一方也“不尽非其言”。他指出，关于这段历史，官方“记注邸钞，多遗多讳”，私家“传记志状，多谀多误”，《三垣笔记》就是针对这种情况，“借予所闻见，志十年来美恶贤否之真”。[1]

二是夏允彝（表字彝仲）的《幸存录》。和李清不同，夏允彝有派别身份，他与陈子龙并为几社两大创始人，“时吴中名士张溥、张采、杨廷枢等结复社以为东林之续也，公亦与同邑陈公子龙、何公刚、徐公孚远、王公光承辈结几社，与之相应和。”[2]然而《幸存录》乃是夏氏赴死之前，以超越党派立场、痛思明末历史的沉潜之心，所投入的写作；书未竟，“闻友人徐石麒、侯峒曾、黄淳耀、徐汧等皆死，乃以八月中，赋绝命词，自投深渊以死”[3]，临殁前，唤其子完淳而特嘱之：

> 余欲述南都之兴废，义师之胜衰焉，今余从义师诸公九京游矣！靡有暇矣！汝虽幼，南都之大政，于庭训犹及闻之……余死矣，汝其续余书以成！[4]

这样一本著作，其诚切端肃，岂寻常文墨可比。这一点，为李清所证实。他晚年隐居著述期间，读到《幸存录》，不禁激赏：“独夏彝仲《幸存录》出，乃得是非正”，盛赞之“存公又存平”；对于自己写《三垣笔记》，李清也引夏氏为同调，说：“苟彝仲见此，无乃首颔是记（《三垣笔记》）亦如予首颔是录（《幸存录》），而又以存我心之同然为幸也。”[5]

八

这段史事，线索概如《幸存录》以下所述：

[1] 李清《自序》，《三垣笔记》，中华书局，1997，第3页。

[2] 沈眉史《夏公彝仲传》，《夏完淳集笺校》附录二，上海古籍出版社，1991，第529页。

[3] 王鸿绪《明史稿》，《夏内史集》附录，商务印书馆，民国二十八年（1939），第83页。

[4] 夏完淳《续幸存录自序》，《夏完淳集笺校》卷十，上海古籍出版社，1991，第422页。

[5] 李清《自序》，《三垣笔记》，中华书局，1997，第3—4页。

> 士英首以阮大铖荐,举朝力争之,卒以中旨起为少司马。大铖一出,日以翻逆案处清流为事。宪臣刘宗周(刘宗周,官左都御史)以疏争,士英、大铖内用群珰(太监),外用藩帅,并收勋臣为助,其意不过欲逐宗周辈,而内珰勋藩遂不可制。贿赂大行,凡察处者,重纠败官者,赃迹狼籍者,皆用贿即还官,或数加超擢。时以拥立怀异心,并三案旧事激上怒。上实宽仁,不欲起大狱,故清流不至骈(连比成案)者。……而一时柄臣,务以离间骨肉危动皇祖母,欲中诸名流以非常之法。如杨维垣、袁弘勋、张孙振者,不啻人头畜鸣。又,拥立操异论者不过数人,而柄臣自侈其功,凡人纠必欲以此诬入之。如妖僧等事,几起大狱,卒致左帅(左良玉)以众愤,有清君侧之举。士英尽撤劲兵以防左帅,敌已至维扬(扬州),而满朝俱谓敌必无虞,且欲用敌以破左(左良玉),一时有识者谓乱政亟行、群邪并进,莫过于此。[1]

把前因后果以及层层递进的关系,讲得有条不紊,要言不烦。

我们已经知道,马士英迎立福王,出于阮大铖的谋划。然而两人的渊源,既比这个早,也比这个深。李清记载:

> 周辅延儒再召原任,阮光禄大铖,迓之江干,情甚挚。延儒虑逆案难翻,问大铖废籍中谁为若知交可用者,大铖举原任宣府马抚军士英。时士英犹编戍籍,忽起凤督(凤阳总督),茫然,既知大铖荐,甚感。[2]

据《明史》,周延儒再召为相、赴京,时在崇祯十四年(1641)九月。由此可知,《留都防乱公揭》之后,阮大铖虽"闭门谢客",暗中仍四处奔走;由此也可知,那时马、阮已经沆瀣一气。

纵如此,阮大铖头上顶着"逆案"罪名,既是先帝钦定,又相当于"反革命集团"案,不像普通罪名方便撤销,而且不是他一个人的问题,牵一发动全局;加上朝中东林占优,阻力甚大。马士英虽然挤走史可法,高居首辅,想要对

[1] 夏允彝《幸存录》,《明季稗史初编》,上海书店,1988,第292—293页。

[2] 李清《三垣笔记》,中华书局,1997,第94页。

阮知恩图报或树为羽翼,也不那么容易。这便是夏允彝所说的,“举朝力争之,卒以中旨起为少司马”。为了阮大铖,马士英最后不惜动用非常手段,踢开规章,罔顾朝议:

诸阁臣皆以为不可,士英曰:“我自任之。”其(阮大铖)冠带来京一旨,即士英手票。[1]

手票,是辅臣代皇帝草拟的旨意。马士英利用票拟权,以朱由崧名义,允许阮大铖按原品秩,穿戴正式朝服晋见。

这显然是权奸才干得出的事,但马士英无所谓。朱由崧明知这道旨意并不出于自己,却并不追究,而且如期接见了阮大铖。原因毋待赘言,他的帝位拜马士英所赐,那个将要接见之人,也在“定策”中立有大功。接见后,关于起用阮氏,高弘图未表反对,但认为须走正常程序,交“九卿科道公议”,这样,“大铖出亦自光明”。马士英哪会上这个当!

士英曰:“满朝大半东林,一会议,大铖且不得用。且有何不光明?岂臣曾受大铖贿耶?望陛下独断。”[2]

如今国人多以为古代皇帝权大无边,可以为所欲为。实际并非如此。帝制中国,尤其在明代,法度颇严;至少就制度层面说,皇帝面临诸多限制,其“一言堂”的自由也许还不及后世。比如任用官员,明代严格规定权在吏部,吏部负责铨选,必要时经群臣公议,绝对不可以“出于中旨”亦即由皇帝直接任命。这是一个重大原则,虽然也屡有破坏,但只要发生这种事情,总会引起朝臣强烈抗议。马士英“望陛下独断”一语,公然违反国家制度。它只在两种情况下会变成现实,要么赶上一个刚愎自用的皇帝,要么赶上一个身不由己、懦弱无能的皇帝。眼下情形,属于后者。吃人嘴短,拿人手短;朱由崧在马士英面前直不起腰来,只能默认后者之所为。

[1]李清《三垣笔记》,中华书局,1997,第94页。
[2]李清《三垣笔记》,中华书局,1997,第95页。

然而，阮大铖恢复冠带之后，马士英却没有进一步行动，实质性地解决他的职位。直接或者表面上的原因，是“举朝大骇”，一片反对之声。朱由崧接见阮大铖，在六月六日（或六月八日），此后十多天，抨击阮大铖的奏章接连不断，而辅臣高弘图等纷纷乞休。[1]李清则提供了这种说法：“时马辅士英谓大铖冠带已复，且因荐从议，意稍懈。”[2]似乎在马士英看来，为阮大铖争取到恢复冠带的待遇，已经算对得起他，加上反弹如此强烈，马士英也觉得犯不上为了阮大铖树敌太多；或者，他想把事情先放一放，等待更合适的时机。然而，在马士英不曾出手的情况下，忽传中旨，“即命添注（阮大铖）兵部右侍郎”，时间是八月底或九月初[3]。李清揭秘说：

> 内传起升阮大铖兵部添注右侍郎，从安远侯柳祚昌言也……说者谓李司礼承芳发南都时，因失势无与交者，独大铖杯酒殷勤，意甚感。此番传升，实系承芳，士英不知也，颇惭恨。[4]

这阮大铖真是厉害，无须马士英，他照样搞到“中旨”。一位侯爵为他提案，司礼监太监则帮他讨得旨意，人脉遍于内外；这也有力证明，避难南京以来他对打通关节所下的苦功，复社的警觉绝非无中生有。

而马士英的懈怠，也很堪玩味。他与阮大铖之间，并非想象的那样铁板一块。这一点，对弘光政局本有其意味，但东林—复社一方未能明辨，更谈不上加以把握、从中周旋，反而多少有些“为渊驱鱼，为丛驱雀”。

九

阮大铖从上台到翌年满清兵临城下逃往浙江前，总共就干了两件事：贪腐和构陷；两件事都干得很有力度，很疯狂。李清说：

[1] 计六奇《明季南略》，马士英特举阮大铖，中华书局，2008，第41—43页。
[2] 李清《三垣笔记》，中华书局，1997，第102页。
[3] 徐鼒《小腆纪年附考》，中华书局，2006，第255页。计六奇《明季南略》，中华书局，2008，第44页。
[4] 李清《三垣笔记》，中华书局，1997，第102页。

阮司马大铖自受事以来，凡察处降补各员，贿足则用。尝语沈都谏胤培曰：“国家何患无财，即如抚按纠荐一事，非贿免即贿求，半饱私橐耳。但命纳银若干于官，欲纠者免纠，欲荐者予荐，推而广之，公帑充矣。”[1]

不单自己受贿，还公然主张国家通过受贿扩大财源。在他带领下，弘光朝贿风大炽，至如夏允彝所说：“凡察处者，重纠败官者，赃迹狼籍者，皆用贿即还官，或数加超擢。”官场上的一切，无不用贿赂来解决。回想《留都防乱公揭》对他的攻击，此刻阮大铖以实际行动，坐实了某些当初似乎危言耸听的指责，比如，“凡大铖所关说情分，无不立应，弥月之内，多则巨万，少亦数千”。贪腐，显然乃此人天性中所固有；他的富有，显然也是利用政治腐败、权钱交易而来。他是此一游戏的老手和高手。

我们的内容主要是党争，故对阮氏的贪腐问题不拟着墨很多。在贪腐与党争两件事情之间，前者调动了他的欲望，后者则调动了他的感情。对于贪腐，他是顺应本能去做；对于党争，他则倾注了巨大的爱憎。在本能中，他展示了疯狂，甚至是非理性（以弘光朝的朝不保夕，他贪得无厌去攫取钱财，实在不可理喻）；而在爱憎中，他展示了专注、智慧、严密和深刻，让人见识到他的政治头脑和才干。

他陷身逆案，重返政坛并未使他彻底翻身、扬眉吐气，对他来说，若要如此，必须翻案。然而，逆案乃先帝钦定，当年，崇祯皇帝曾以亲手烧毁阉党文件《三朝要典》的行为，警示逆案决不可翻。此人所共知，阮大铖再狂悖，也不便矛头直指崇祯皇帝。这时，他绝顶聪明的脑瓜开始发挥作用：

马辅士英以荐阮光禄大铖为中外攻，甚忿。大铖亦语人曰：“彼攻逆案，吾作顺案相对耳。”于是士英疏攻从逆光时亨、龚鼎孳、周钟等，大铖教也。[2]

什么意思？李自成克北京，不少明朝官员投降归顺；同时，李政权也以“大顺”

[1] 李清《三垣笔记》，中华书局，1997，第108页。
[2] 李清《三垣笔记》，中华书局，1997，第96页。

为号。不是骂我"逆案"吗，我就给他来个"顺案"。难为阮大铖想得出！一字之别，尽得风流，真是神来之笔、绝妙好对：逆、顺成偶，我逆彼顺——然而，到底谁是真正的"逆臣"，请试思之。

上面列为"顺案"首要的三人，是崇祯末期极活跃的"清流"大名士，当时俱以正人自居，城破后却"认贼为父"。三人中，除周钟外，都算是敝同乡，也即阮大铖同乡；龚鼎孳合肥人，光时亨桐城人。龚鼎孳和周钟的行径相对确凿。龚氏先降闯、再降清，后在清朝官至尚书；周钟据说曾向李自成上《劝进表》、代草《下江南策》，中有"独夫授首，万姓归心，比尧、舜而多武功，迈汤、武而无惭德"[1]等语，马士英的奏疏称："庶吉士周钟者，劝进未已，又劝贼早定江南，闻其尝骤马于先帝梓宫（棺木）前，臣闻不胜发指。"[2]光时亨据说曾力阻崇祯南迁，而城破后又"躬先从贼"[3]；但后有不同材料说明他是被诬陷和冤枉的，清末，马其昶先生说："公初堕陴（城墙），及自经、投河，屡死不得，卒殒命于奸人（指马、阮）之手，事既已验白，而野史诬载，至今犹被口语……当公之下狱也，独御史必欲坐以'阻南迁'罪杀之。御史者，即初丽逆案，而后首迎降之张孙振云。"[4]李自成溃逃后，周钟、光时亨脱身，辗转回到南方，龚鼎孳则留在北京欢迎满清；眼下，正好可以治这两位南还之人的罪。

治"从逆诸臣"之罪，伦理甚正，又深得民意（当时南中这一呼声很高），阮大铖鬼就鬼在这里。他是项庄舞剑，暗度陈仓。不能正面和直接打击东林—复社，就先迂回、再牵连。比如以周钟牵连周镳。周钟、周镳是堂兄弟，又同为复社骨干，而周镳在《留都防乱公揭》事件中非常卖力，有人对阮大铖说："周镳之名，以诟公而重，诸名士之党，又以诟公而媚镳。"[5]阮遂"衔镳刺骨"。他通过发动"顺案"，先将周钟下狱，继而逮系周镳。其实，周氏兄弟素来不和，"以才相忌，各招致门徒，立门户，两家弟子遇于途，不交一揖"[6]。论理，兄弟反目若此，不合以周钟牵连周镳，但阮大铖确是善做文章的人，连这种家族内部矛盾，他也能够利用。《小腆纪年附考》记

[1] 徐鼒《小腆纪传》卷十九列传十二周钟，中华书局，1958，第207页。
[2] 徐鼒《小腆纪传》卷十九列传十二周钟，中华书局，1958，第208页。
[3] 计六奇《明季北略》，中华书局，1984，第434页。
[4] 马其昶《桐城耆旧传》，黄山书社，1990，第185页。
[5] 徐鼒《小腆纪年附考》，中华书局，2006，第250页。
[6] 徐鼒《小腆纪年附考》，中华书局，2006，第250页。

载，周镳的叔父等告了一状，称："家门不幸，镳、钟兄弟成隙，镳私刻《燕中纪事》、《国变录》等书，伪撰《劝进表》、《下江南策》以诬钟；且镳于陛下登极首倡异谋，是钟罪止一身，镳实罪在社稷也。"[1]虽然我们没有旁证，但此事相当蹊跷，周镳叔父很像受人指使，将罪名一股脑儿推在周镳身上，或曾被暗示如此可以开脱周钟，亦未可知。

要之，借"顺案"为绳索，阮大铖终于启其翻案、复仇之幕。

十

弘光间，马、阮并称。但论做权奸的天分，马士英不及阮大铖远甚。后者甲申年九月起用，权势激增，大有后来居上之势。起初，他以马士英为靠山，后来实已将其甩开而另抱粗腿。确定吏部尚书人选一事，显示某种程度上，阮大铖的权势已能与马士英分庭抗礼。当时，马士英属意张国维，阮大铖则欲用张捷；某日，忽接中旨，任命张捷为吏部尚书。"内传忽出，士英抚床惊愕，自此始惮大铖。"[2]要知道，阮大铖此时官职不过是兵部右侍郎，马士英却是内阁首辅；换言之，总理干不过一个副部长。其实，从阮大铖通过大太监为自己拿到兵部右侍郎的任命一事，已见出苗头。李清描述他的强势："阮少司马大铖意气轩骜，侵挠铨政，其门如市。"[3]还提起一次亲身经历：

> 予以谒客过阮司马大铖门，见一司阍者，问曰："主人在否？"阍者对曰："若主人在，车马阗咽矣，如此寂寂耶？"予为一叹。[4]

可惜弘光朝太短命，前后存世一年，阮大铖则总共只有八个月来表现他的弄权天赋，从身陷逆案之人而冠带觐见，而添注兵部右侍郎，而兵部尚书兼右副都御史（乙酉年二月初六，1645年3月3日），虽未跻身内阁，但稍假时日，莫说

[1] 徐鼒《小腆纪年附考》，中华书局，2006，第250页。
[2] 李清《三垣笔记》，中华书局，1997，第118页。
[3] 李清《三垣笔记》，中华书局，1997，第113页。
[4] 李清《三垣笔记》，中华书局，1997，第116页。

入阁办事(其实他后来虽无阁臣之名,已有阁臣之实),取马士英而代之恐怕也指掌可取。

阮大铖追逐权力的推动力之一,自然源于报仇雪恨的渴求。他曾当面对吴梅村发出警告:

> 吴学士伟业以奉差行与阮戎政大铖别,大铖曰:"上仁柔主,一切生杀予夺,惟予与数公为政耳。归语声气诸君(你那些复社哥儿们),猿鹤梦隐,定不起同文之狱也。"[1]

似乎是网开一面:放下屠刀,犹可成佛;重点则实不在此,重点是"一切生杀予夺,惟予与数公为政耳"这一句。他当然不会停留于口头威胁,以"顺案"为突破口,切实付诸行动。

继周镳、雷缜祚下狱之后,更大的网拉开了。十月丙子(11月20日),安远侯柳祚昌(亦即为阮氏奏请添注兵部右侍郎的那人),疏讦翰林院学士徐汧:

> 自恃东林渠魁、复社护法。狼狈相倚,则有复社之凶张采、华允诚,至贪至横之举人杨廷枢。鹰犬先驱,则有极险极狂之监生顾杲。皇上定鼎金陵,而彼公然为《讨金陵檄》,所云"中原逐鹿、南国指马、祈哀犬羊、分地盗贼",是何等语!乞大奋乾断,立逮徐汧,革去举人杨廷枢、监生顾杲,先行提问,其余徒党,容臣次第参指,恭请斧钺。[2]

疏入,皇帝的答复是:"命已之。"要他们不要这样搞。这答复,有可能出自朱由崧,也有可能出自马士英,因为后者可以代皇帝批复,同时对于兴大狱抱着多一事不如少一事的态度。然仅过八天,另一个东林死敌张孙振,便再上一疏,这次矛头所指已非复社愣头青,而是东林巨魁、崇祯大僚吴甡和郑三俊,以及现任苏松巡抚祁彪佳。[3]

[1] 李清《三垣笔记》,中华书局,1997,第115页。
[2] 李清《南渡录》,《南明史料(八种)》,江苏古籍出版社,1999,第276页。
[3] 李清《南渡录》,《南明史料(八种)》,江苏古籍出版社,1999,第281页。

明代艳妆仕女。

乌云堆雪，樱唇滴艳；丰肌弱骨，软襦绣衣。典型的明代气息，典型的“金陵春梦”——《红楼梦》所形容的“花柳繁华地、温柔富贵乡”。

江孔殷诗《春日过东园》。

江孔殷，清末进士，曾任江苏候补道。“年前鱼舫笙歌处，添作迷楼外有园。春好花为铺锦绣，客来心不动风播……”此诗未必写秦淮，“迷楼”亦未必是昔年有名的顾媚故址，但其格调颇合秦淮河畔文人风雅。

老年冒襄。

冒襄，即冒辟疆，“四公子”之一。六次南京乡试，皆不中，却因而成为秦淮河闻人。为人风流倜傥，一时才俊莫不与之交，“咸把臂同游，眠食其中，各踞一胜，共睹欢场”。曾于1636年为魏学濂击退阮大铖，集东林冤死诸臣遗孤，举行桃叶渡大会，“一时同人咸大快余此举，而怀宁饮恨矣”。此为其老年绘像，而倜傥之风犹在。

《夫子庙》，姜松华作。

这是描绘南京夫子庙的当代油画作品，以大块红色为主调，上方为一轮暖阳。从景物看，画家是从来燕桥一带东望取景，因而所绘当为旭日朝阳时分。癸未年（1643）“仲春上丁”，夫子庙大概也蒙着这般色调与情绪。

原因在于，复社仅为枝叶，东林才是大树之根，抑或“针插不进，水泼不入”的地方保护伞。例如，祁彪佳之为阮大铖忌，主要是因为用顾杲为幕僚，从而被目作庇护者。阅《祁忠敏公日记》，确有多笔涉及顾杲。九月二十八日：

旬余来，盛传铨部（吏部）议欲转（改调）予，予知非欲优待，乃以议论意见不合，有外予之意也。前以一揭救左公祖（指左光先，“公祖”系尊称），已拂当路意。又因钱牧斋（钱谦益）言，东义之警有嘉禾二友早知于未变之前，惟锡山顾生名杲者能知二友，乃聘来晤于吴门归舟。及予至吴门，屡于礼贤馆晤之……不知顾生曾以讨檄得罪阮圆海，而予独取用，又触忌甚矣。[1]

十月十六日：

薄暮，顾子方（顾杲，表字子方）偕台州顾南金入署，留酌于水镜斋。顾甚知南中局面消息，语多所未闻，且深劝予言去。[2]

从以上看，祁、顾相识乃是近期的事，祁从前并不知道顾杲曾主持《留都防乱公揭》。祁与顾交往，没有庇护关系，祁遇事会咨询于顾，与其说顾受益于祁，不如说倒是消息灵通的顾杲对祁彪佳帮助更多。南京政局日坏，祁是从顾杲那里了解到，辞职的建议也来自顾杲，而祁彪佳接受了这建议。十月二十一日，祁彪佳接钱谦益信，“已知予深为时局所忌，势不能留”[3]。二十六日，与赴任途中路过的杨龙友晤，杨是马士英亲戚，祁彪佳乘便表示归志，“求其转达马瑶草，必放予归”[4]。十一月初一，得知柳祚昌“参徐九一、杨维斗诸君子”事[5]。十一月初五，从友人书信读到张孙振对他的指控：

至是，见掌河南道张孙振言予力争皇上监国（当初，祁彪佳认为

[1] 祁彪佳《祁忠敏公日记》，《历代日记丛钞》第八册，学苑出版社，2005，第494页。

[2] 祁彪佳《祁忠敏公日记》，《历代日记丛钞》第八册，学苑出版社，2005，第500页。

[3] 祁彪佳《祁忠敏公日记》，《历代日记丛钞》第八册，学苑出版社，2005，第502页。

[4] 祁彪佳《祁忠敏公日记》，《历代日记丛钞》第八册，学苑出版社，2005，第503页。

[5] 祁彪佳《祁忠敏公日记》，《历代日记丛钞》第八册，学苑出版社，2005，第504页。

朱由崧立即登基不妥，宜以监国过渡）、阻建年号，请与吴鹿友（吴甡）、郑玄岳（郑三俊）同诛而未之。诬予无所不至，甚且指为奸贪。予唯一笑置之。[1]

由是请辞益坚，终于十一月十四日得到批准。其间有一重要情节，即祁彪佳拿到张孙振弹劾奏章后，曾转交给杨龙友，后者傍晚即过府拜访，且带来马士英手札一封，“以予才固殊绝，不肯即放”，杨龙友还转达马士英如下看法：“但论其（指祁彪佳）做官甚好，不必问意见异同也。”[2]祁彪佳对此感受良好，记入日记时，对马士英略其姓氏而称“瑶草”，语气欣慰。有野史说，张孙振劾祁彪佳为马士英所嗾，据此则明显不实。换言之，张孙振的幕后另有其人；这个人，从祁彪佳日记的线索求之，只能是“阮圆海”。

由祁彪佳所记，阮大铖与其党徒步步紧逼、张网掘阱的态势，一目了然。不少史著，包括《小腆纪传》《清史稿》，甚至权威的《明史》都说，顾杲、黄宗羲遭到逮捕。如《明史》称：“大铖又诬逮顾杲及左光斗弟光先下狱”[3]，《小腆纪传》“黄宗羲传”记述：“时方上书阙下，而祸作，与杲并逮”[4]。这是一个错误，顾、黄并未被捕。但逮捕令确已下达，对此，黄宗羲述之甚明：

阮大铖得志，以徐署丞疏逮子方及余。时邹虎臣（副都御史邹之麟）为掌院，与子方有姻连，故迟其驾帖。弘光出走，遂已。[5]

具体经办者加以拖延，以此幸免。吴应箕也是逮捕对象，“周镳下狱，应箕入视，大铖急捕之，亡命去。”[6]幸免者还有侯方域，他得到风声逃离南京前，留书阮大铖，立此存照：

昨夜方寝，而杨令君文骢（即杨龙友）叩门过仆曰：“左将军兵且来，都人汹汹，阮光禄飏言于清

[1] 祁彪佳《祁忠敏公日记》，《历代日记丛钞》第八册，学苑出版社，2005，第505页。

[2] 祁彪佳《祁忠敏公日记》，《历代日记丛钞》第八册，学苑出版社，2005，第505页。

[3] 张廷玉等《明史》卷三百八，中华书局，1974，第7941页。

[4] 徐鼒《小腆纪传》卷五十三列传四十六儒林一，中华书局，1958，第571页。

[5] 黄宗羲《思旧录》，《黄宗羲全集》第一册，浙江古籍出版社，1985，第365页。

[6] 徐鼒《小腆纪传》卷四十六列传三十九义师一，中华书局，1958，第480页。

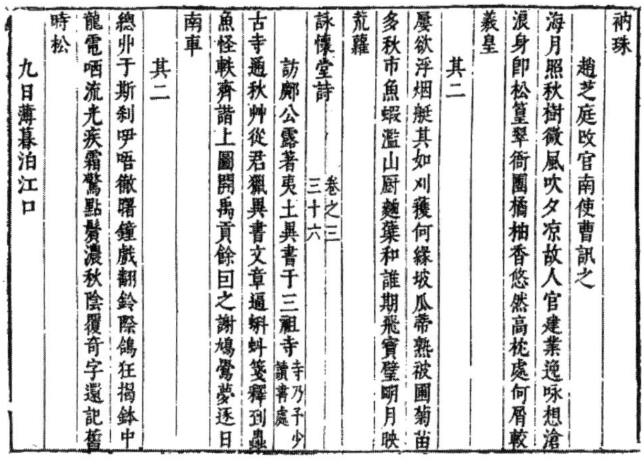
衲珠
趙芝庭改官南使曹訊之
海月照秋樹微風吹夕凉故人官建業逸咏想滄
浪身卽松篁𦶜衙園橘柚香悠然高枕處何眉較
羲皇
其二
屢欲浮烟艇其如刈穫何緣坡瓜帝熟被圃菊苗
多秋市魚蝦濫山厨麪葉和誰期飛寶璧明月映
荒蘿
詠懷堂詩　卷之三　三十六
訪鄭公露著夷土異書于三祖寺 寺乃予少讀書處
古寺通秋艸從君獵異書文章逼蝌蚪箋釋到蟲
魚怪軼齊諧上圖開禹貢餘曰之謝鴂鴒夢逐日
南車
其二
總丱于斯剎咿唔徹曙鐘戲翻鈴際鴿狂揭鉢中
龍電哂流光疾霜驚點鬢濃秋陰覆奇字還記舊
時松
九日薄暮泊江口

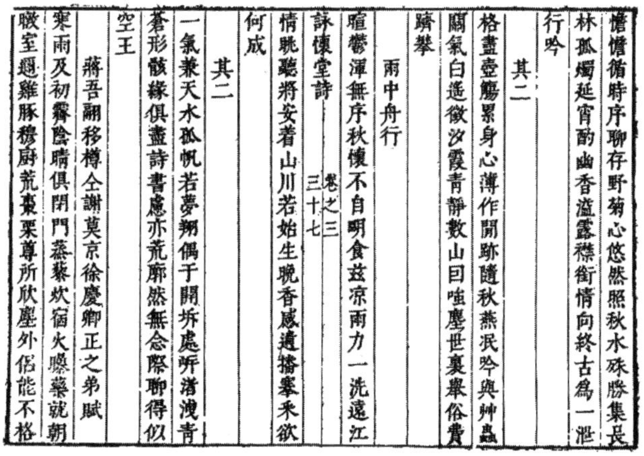
憒憒循時序聊存野菊心悠然照秋水殊勝集長
林孤燭延宵酌幽香溢露襟銜情向終古爲一泚
行吟
其二
格盡壺觴累身心薄作閒跡隨秋燕泯吟與艸蟲
鬭氣白遥徵汐霞青靜數山回嗤塵世裏舉俗貴
蹄拳
雨中舟行
暄鬱渾無序秋懷不自明食茲凉雨力一洗遠江
詠懷堂詩　卷之三　三十七
情眺聽將安着山川若始生晚香感遺播搴采欲
何成
其二
一氣兼天水孤帆若夢翔偶于闢坼處昕瀉洩青
蒼形骸緣俱盡詩書慮亦荒廓然無念際聊得似
空王
蔣吾翮移樽仝謝莫京徐慶卿正之弟賦
寒雨及初霽陰晴俱閉門蒸藜炊宿火𤏶藥就朝
暾室邇雞豚穆廚荒棗栗尊所欣塵外侶能不格

阮大铖《咏怀堂诗集》刻本。

民初，曾有一个阮大铖诗再发现小高潮。1916 年，王伯沆费尽心力，觅得《咏怀堂诗集》《诗外集》四册 。1921 年，柳诒徵又偶然从南京旧书肆发现《辛巳诗》一册。因王、柳两先生的成果，1928 年，南京国立中央大学国学图书馆盋山精舍以刻本印行《咏怀堂诗集》，不惜重金，品质极精。

议堂，云子与有旧，且应之于内。

痛骂辣讽：

士君子稍知礼义，何至甘心作贼，万一有焉，此必日暮途穷，倒行而逆施……仆且去，可以不言语，然恐执事不察，终谓仆于长者傲，故敢述其区区。[1]

并非人人有此幸运，复社名流陈贞慧确实被捕，几死[2]。又下令逮捕吕大器、左光先（浙江巡按、左光斗堂弟）、户科给事中吴适。吕大器因先已返回四川老家，“以蜀地尽失，无可踪迹而止”[3]；左光先倒是抓到了，但押解途中“乱亟道阻，间行，走徽岭得免”[4]；吴适不幸，真的身陷囹圄，罪名是“东林嫡派，复社渠魁”[5]——至此，东林、复社已公然是论罪依据。终于，屠刀也举起来了，刀下之鬼便是周镳、雷缜祚，两人于乙酉年四月初九（1645年5月4日）遇害：

谓二人实召左兵（左良玉兵变），趣赐自尽。乃各作家书，互书“先帝遗臣”于腹，投缳死。遗命勿葬，如伍子胥抉目事，置棺雨花台侧，未浃月（不足一个月）而南都破矣。[6]

以上，仅为零散迫害，实际上阮大铖已做好准备，随时开展一个全面打击东林—复社分子运动，将其一网打尽，并拟就一份名单：

时孙振与阮戎政大铖欲阱诸异己，有十八罗汉、五十三参、七十二菩萨之说。[7]

《幸存录》也说：

[1] 侯方域《癸未去金陵日与阮光禄书》，《壮悔堂文集》卷三，商务印书馆，1937，第53页。

[2] 赵尔巽等《清史稿》，列传二百八十八遗逸二，中华书局，1977，第13851页。

[3] 张廷玉等《明史》卷二百七十九，中华书局，1974，第7143页。

[4] 马其昶《桐城耆旧传》，黄山书社，1990，第177页。

[5] 徐鼒《小腆纪传》卷十四列传七吴适，中华书局，1958，第160页。

[6] 徐鼒《小腆纪传》卷十九列传十二周镳，中华书局，1958，第207页。

[7] 李清《三垣笔记》，中华书局，1997，第122页。

未几，有妖僧者，自称先帝，又自称为某王，殆类病狂者，而张孙振与大铖欲借以起大狱，流传有十八罗汉五十三参之名，海内清流，皆入其内，如徐石麒、徐汧、陈子龙、祁彪佳之属咸列焉，即余未尝一日为京朝官、杨廷枢一老孝廉，而罗织俱欲首及之。[1]

之前，名单认定工作早就悄悄进行，“阮大铖作正续《蝗蝻录》、《蝇蚋录》，盖以东林为蝗，复社为蝻，诸和从者为蝇为蚋。”[2]蝗、蝇易懂，蝻是蝗之幼虫，蚋便是蚊子。他总共编了三本名册(《蝗蝻录》共有正、续两本)，以蝗、蝻、蝇、蚋为比喻，分别列入东林、复社成员，以及东林、复社的追随者。然后，一直等待合适的时机。甲申年十二月起，接连发生大悲和尚、南来太子等案，因案情牵及帝位，阮大铖认为是绝好由头，就此发难。所谓“罗汉”、“菩萨”等名目，与魏忠贤编造《东林点将录》，比照《水浒传》一百单八将给东林要人逐一加派诨名的做法，一脉相承，等于阮大铖不打自招。此名单，《小腆纪年附考》第327、328页有较详披露，于兹不赘。而所有史家一致认为，名单一旦落实，国中清流，将无孑遗。

事在一发千钧之际。李清说：“非上宽仁，大狱兴矣。闻马辅士英亦不欲，故止诛大悲。”[3]夏允彝也说：“马(士英)意颇不欲杀人，故中止。”[4]除此外，还有更重要的原因，即左良玉突然兵变，以清君侧之名，拔营东来，阮大铖辈已无力将大狱付诸现实。

乙酉年三月二十五日[5](1645年4月21日)，左良玉自武昌反。左良玉与东林渊源甚深，他的“清君侧”，公开理由之一是替东林打抱不平，时人有诗，将该事件形容为“东林一路踏江南”[6]。左氏起兵前，在宣言中怒斥阮大铖：

睚眦杀人，如雷缜祚、周镳等，锻炼周内，株连蔓引。尤其甚者，借三案为题，凡生平不快意之人，一网打尽。令天下士民，重足解体。[7]

[1] 夏允彝《幸存录》，《明季稗史初编》，上海书店，1988，第308页。
[2] 徐鼒《小腆纪年附考》，中华书局，2006，第327页。
[3] 李清《三垣笔记》，中华书局，1997，第122页。
[4] 夏允彝《幸存录》，《明季稗史初编》，上海书店，1988，第308页。
[5] 据李清《南渡录》，《南明史料(八种)》，江苏古籍出版社，1999，第385页。
[6] 计六奇《明季南略》，中华书局，2008，第210页。
[7] 张廷玉等《明史》卷三百八，中华书局，1974，第7943页。

事变既生，马士英、阮大铖悉遣江北重兵迎拒左良玉，黄淮防线为之一空，清兵渡淮时，“如入无人之境”[1]。以此观之，明不亡于寇虏，而亡于党争之说，倒也凿然。

十一

夏允彝之子夏完淳，被郭沫若叹为“神童”。郭这样说：

> 夏完淳无疑地是一位“神童”，五岁知五经，九岁善词赋古文，十五从军，十七殉国，不仅文辞出众，而且行事亦可惊人，在中国历史上实在是值得特别表彰的人物。[2]

这位绝世的少年，于年仅十七被满清大员洪承畴杀掉之前，践行父亲临终之托，续完《幸存录》。其中对弘光朝事的一番总结，令历来识者抚膺击节：

> 朝堂与外镇不和，朝堂与朝堂不和，外镇与外镇不和，朋党势成，门户大起，清兵之事，置之蔑闻。[3]

自崇祯十七年五月福王监国，至弘光元年五月朱由崧北狩，一年之内，国家态势基本如此。

这也便是乃父于南京陷落、痛不欲生之际，所剀切书写的反思：

> 二党之于国事，皆不可谓无罪，而平心论之，东林之始而领袖东林者……皆文章气节足动一时，而攻东林者……皆公论所不与

[1] 计六奇《明季南略》，中华书局，2008，第203页。
[2] 郭沫若《夏完淳》，《夏完淳集笺校》附录二，上海古籍出版社，1991，第573页。
[3] 夏完淳《续幸存录》，《明季稗史初编》，上海书店，1988，第322页。

也。东林中亦多败类，东林者亦间有清操独立之人，然其领袖之人，殆天渊也。东林之持论高，而于筹敌制寇，卒无实著。攻东林者自谓孤立任怨，然未尝为朝廷振一法纪，徒以忮刻，可谓聚怨而不可谓之任怨也。其无济国事，则两者同之耳。[1]

何为痛定思痛，莫过于此。

除夏允彝以“清流”营垒同志身份，所道出的悔恨自责之声，我们也应看一段李清从党派之外做出的评论：

至魏忠贤杀（魏）大中，谓为大铖阴行赞导者，亦深文也。但一出而悍傲贪横，锄正引邪，六十老翁复何所求？而若敖已馁，何不觅千秋名，乃遗万年臭？[2]

两段话并而齐观，才是比较完整的认识。就东林—复社来说，国家危难时刻，未能聚焦主要矛盾，全力赴当务之急，确系难辞之咎。然而与这种过激相比，以阮大铖为代表的一班贪横之徒，满怀私欲，毫无急公近义之心，才是葬送国家的真正根源。这样的是非，必须分清。

所以，黄宗羲在读到夏氏父子的《幸存录》《续幸存录》后，很不赞同，面对同一营垒里出现这种议论，他略无避讳，针锋相对写出《汰存录》，加以批评：

愚按：君子小人无两立之理，此彝仲学问第一差处。庄烈帝亦非不知东林之为君子，而以其倚附者之不纯为君子也，故疑之。亦非不知攻东林者之为小人也，而以其可以制乎东林，故参用之。卒之君子尽去，而小人独存，是庄烈帝之所以亡国者，和平之说害之也。彝仲犹然不悟，反追惜其不出乎此，可谓昧于治乱之故矣。[3]

[1] 夏允彝《幸存录》，《明季稗史初编》，上海书店，1988，第293页。
[2] 李清《三垣笔记》，中华书局，1997，第114页。
[3] 黄宗羲《汰存录》，《黄宗羲全集》第一册，浙江古籍出版社，1985，第329页。

这段话,是直接针对刚才夏允彝那段引文而发,语气之激烈,不免令人感到对那样一位殉国烈士有失恭让。但在黄宗羲看来,事关大是大非,“当仁,不让于师”,何况同道?他认为,善与恶没有调和的可能和必要;推动历史和政治朝善的方向发展,是必须坚持的立场,不存在对恶妥协的问题,这是治乱之别的根本。他再次重复了对于帝权的批判,指出帝王(哪怕是崇祯皇帝那样就个人品质而言相对不坏的帝王)本质上不以天下之治为目标,为了家天下私利,他们对于“君子”(善)和“小人”(恶),采取参用手法,从中制衡,这正是国家不得其治、终于颓亡的原因。随后,他提出如下观点:

> 凡一议之正,一人之不随流俗者,无不谓之东林……今必欲无党,是禁古今不为君子而后可也。[1]

什么是“东林”?古往今来,所有推动历史进步、努力建造好社会、与奸恶势力不懈斗争的健康力量,凡属这种追求或这样的人,无论出现于何朝何代,都是“东林”;历史本来有“党”,天然存在正邪之分,怎么取消得了,又何能混淆?

醍醐灌顶,耳目一新。

读《汰存录》,笔者油然想到约三百年后的鲁迅。这两位浙江老乡之间,真有太多的相似之处。黄宗羲如此苛对夏允彝,某种意义上我颇感不忍。不过,黄宗羲所谈处在更高的层面。夏允彝的反思,为明朝解体而发;黄宗羲则是从历史正义的高端,论析基本原则,以及人们应有的抉择。朝有存亡,代有兴替;把握住正确的历史观,总比一时一地的得与失重要。

同时又意识到,从东林到复社,明末党争中前仆后继、代代涌现的知识精英,是如此朝气蓬勃。他们的信念、激情,以及因此迸发出来的不可思议的才华,乃是中华持续千年的文明繁荣和新的苦闷所共同作用、孕育的结果。不消举更多的例子,单单一个夏完淳,倘若你肯去读一读那部将近八百页的《夏完淳集笺校》,定会为这个牺牲时年龄不过十七岁的少年,有着如此高贵的人格、如此巨大的才华、如此丰厚的学识、如此精

[1] 黄宗羲《汰存录》,《黄宗羲全集》第一册,浙江古籍出版社,1985,第329页。

深的思索，而目瞪口呆。他的形象，描写出一个真正的“青春中国”，一个在思想、文化乃至社会政治上潜藏甚而已经展露出原创能力的中国。至此，笔者不禁再度感慨于满清的入主，之于中华文明可能的豹变乃是极严重的干扰。兴许，东西方文明的赛跑，就差在这二三百年之间。

降附·名节

降附名单中不少人，历来“遇事敢言”、“有直声”，清议甚佳，乃至是东林、复社名士。在盛行以名节论是非的明末政坛，这令人大跌眼镜，构成十足的反讽。观察这个“名节”系统，我们除了从中看到中国特有的经济、社会、文化的形态，也看到了历史的阴影。

一

明末投降问题，既引人注目，又淆乱迷离。

当时，杨士聪写了一本小册子《甲申核真略》。他在“凡论”里说：

> 称核真者，以坊刻之讹，故加核也。坊刻类以南身记北事，耳以传耳，转相舛错，甚至风马牛不相及者，其不真也固宜。[1]

他所讲的“坊刻”，指甲申国变后推出的一批书。明代印刷术既已发达，而明人的时事意识、政治意识、新闻意识、市场意识更是前所未有。惊世之变后，出版家反应迅疾，第一时间付诸行动。他们知道什么书好销，也知道怎样内容合乎读者口味，于是，以亲历、见闻的名目，或编或撰，大量推出纪实作品。以我看来，这其实是中国的第一次纪实作品出版热。不过也跟今天相仿，名曰“纪实”，里面却有不少属于挂羊头卖狗肉，打着亲历、见闻的旗号，实际只是道听途说，即便捕风捉影、张冠李戴、无中生有一类情形，亦复不少。一个主要原因，即如杨士聪所说，“以南身记北事”。好些编者、作者，事变发生时，根本身在南方。既然并不在场，况且又是短时间匆就，哪怕没有捏造之心，对实际事实疏于核实终归难免。举个例子，后被阮大铖借题杀掉的周镳，便是“以南身记北事”的一位。他一个人就编辑了两本这样的书，一名《燕中纪事》，一名《国变录》，被失睦的亲戚告发为“私刻”。[2]这两本书，我们现在不能看到，难断其质量；不过以其远离北京，仍敢采用《燕中纪事》《国变录》这样追求现场感的书名，确令人不得不抱一点怀疑。

对于“纪实热”中的失实和作伪，杨

[1] 杨士聪《甲申核真略》，《甲申核真略(外二种)》，浙江古籍出版社，1985，第7页。

[2] 徐鼒《小腆纪年附考》，中华书局，2006，第250页。

士聪概括了三种主要情况。一种无意,一种故意,一种刻意:

> 综前后诸刻而论之,有三变焉。其始国难初兴,新闻互竞,得一说则书之不暇择者,故一刻出,多有所遗,有所误,有所颠倒,此出于无意,一变也。既而南奔伪官,身为负途之豕,私撰伪书,意图混饰,或桃僵李代,或渊推膝加,且谬谓北人未免南来,一任冤填,罔顾实迹,此出于立意,又一变也。十七年之铁案既翻,占风望气者实烦有徒,归美中珰,力排善类,甚至矫诬先帝,他为收葬之言,掊击东林,明立逢时之案,捉风捕影,含沙射人,此阴险之极,出于刻意,又一大变也。[1]

他的概括,算是比较全面了。情况确如他所说,当时,有关北京的真相,有多种原因可以导致歪曲与变形。不过,杨士聪没有提及他为何要如此强烈地批评和抱怨"不真"、"风马牛不相及"、"耳以传耳,转相舛错"。他有难言之隐。

崇祯十六年,杨士聪任职左谕德,甲申之变他正在京城,和其他数百名京官一道,被李自成逮捕、羁押,当众官遭受酷刑时,他却因与闯军部将王敦武交好,受到保护。后来,李自成溃走,满清入城,他又通过已经降清的门人方大猷帮助,脱身南逃。但有报道说,他投顺了李闯,得授官职"伪户政府少堂。徐凝生《国难纪》云:'亲见门粘钦授官衔。'"[2]

关于杨士聪曾经投降,似为孤说,姑置不论;然而他先后从"寇""虏"两边都得到好处,总是事实。假如再加上未能尽"主辱臣死"的义务,那么,这个从北京全身而退的明朝中级官员,道德层面上便有三个难言之隐。南来后,这阴影一直笼罩着他。他仍希望为朝廷做事,史可法也曾请旨以他为江北监军,然而"不果",只好落寞过江,辗转迁徙,年五十二而终。吴伟业为作墓志铭,论之:"悒悒不得志以死","忠矣而不遂其名"。[3]

无疑地,《甲申核真略》在他实为"发愤"之作。以当时舆论,明朝诸臣在闯军帐下受刑辱而不能死,即为可耻,像杨士聪这样,居然能够毫发无伤

[1] 杨士聪《甲申核真略》,《甲申核真略(外二种)》,浙江古籍出版社,1985,第7页。
[2] 计六奇《明季北略》,中华书局,1984,第603页。
[3] 吴伟业《左谕德济宁杨公墓志铭》,《甲申核真略(外二种)》,浙江古籍出版社,1985,第57—59页。

地从北京逃出来，更必然大亏名节。针对这种氛围，杨士聪愤然写道：

> 自南中欲锢北来诸臣，遂倡为刑辱之说，计将一网打尽。坊刻竖儒，未喻厥旨，乃谬引刑不上大夫之说，横生巧诋，何比拟之非伦也。余偶未罹贼刑，兹于受刑诸臣，悉为明著于篇，以质公论。[1]

从这段话可见，“北来诸臣”怎样变成了过街老鼠。这种道德义愤不留丝毫余地，北京每个幸免于难的官员一概有罪，而为众口唾骂、千夫所指。杨士聪以为其中存有极大不公，今天我们也以为如此；他指控南方出版物在报道、记述和反映甲申之变上，存在以道德劫持事实或出于政治斗争需要歪曲事实的情况，我们也同意这一看法。不过，他的反驳与澄清不仅徒劳，甚至天真可笑。在当时，别的不说，单单他“偶未罹贼刑”这一点，就绝不可能得到谅解。面对这种情节，每个人所展开的想象都将是：此人必已降贼。

更极端的例子，是光时亨。他在崇祯末年任刑科给事中，以城破前“力阻南迁”闻名于史。多种史籍述称，城破后光时亨降于李自成，如《甲申传信录》、《弘光实录钞》等等，总之持其说者甚众，大约正如杨士聪所说“耳以传耳，转相舛错”，互抄互袭，以致最初所出已不可考。几年前我写《龙床》，从诸家唯见此说，未尝疑之；嗣后，偶然读到马其昶《桐城耆旧传》中的《光给事传弟五十一》，这才知道光时亨降闯也许子虚乌有。据该书述，城陷之时，光时亨正与御史王章巡城，混乱中王章被杀，光时亨从城墙堕落，摔坏左腿，爬到一间尼庵，半夜自经，被尼姑发现解救。又与御史金铉一齐投河，金铉身亡，光时亨则被人救起。之后“潜行南还”，在宿迁被刘泽清派士兵捉拿，送到南京。阮大铖因旧怨，将其列入附逆案中，乙酉四月与周钟、项煜等同日被杀。到唐王朱聿键时，其子光廷瑞替父伸冤，给事中方士亮具疏求平反，得到黄道周支持，“得旨昭雪”，恢复原官衔，又授光廷瑞以内阁中书之职。[2]

马其昶称其所本为《桐城轶事》，以及左光先的《野史辨诬》，前者“记被诬下狱及昭雪事甚详”。这两件材料，

[1] 杨士聪《甲申核真略》，《甲申核真略（外二种）》，浙江古籍出版社，1985，第9页。

[2] 马其昶《桐城耆旧传》，黄山书社，1990，第184—185页。

我都不曾眼见。比之于光时亨曾降李闯的众口一词，马其昶一家之言有些单弱，我们未必立刻加以采信。但这种在同一件事上南辕北辙、截然相反的叙述，提醒我们充分注意明末历史的复杂性。

二

如杨士聪所说，在南方，“北来诸臣”背负了沉重压力，身陷白眼之中。这处境，固然源自一种极端化的伦理道德话语（后面我们再具体讨论），但也要看到，北京陷落后发生的许多事，对明末的精英阶层构成很大打击，使他们倍感颜面扫地，难对世人。

《甲申朝事小纪》开列了投降李闯的明朝官员详细名单，具其姓名及所授官职。那是一份相当长的名单，我逐个数下来，总计一百四十五人。其中分三种情形：迎降拥戴者、接受大顺委任者、得录用而未授职者。[1]《平寇志》也写到大致相同的情形和数目，只是未曾具体列出每人姓名。[2]

北京落于李自成之手后，投降确实成风。《明季北略》“内臣献太子”条记：三月二十日，也即城陷第二天，李自成从太监处搜得藏匿的崇祯诸子，太子与李自成交谈时先提了三点要求，然后又讲了这样一句：“文武百官最无义，明日必至朝贺。”果然，次日接受朝贺时，赶到者多达一千三百余人。“自成叹曰：‘此辈不义如此，天下安得不乱！’于是始动杀戮之念。”[3]又一条记道，二十三日投顺者点名，发现几个已经“削发”（出家免祸）的官员赫然在列，乃“令人尽拔其余毛，詈云：‘既已披剃，何又报名？’”李自成对刘宗敏、李过、牛金星等说：“各官于城破日，能死便是忠臣。若身体发肤受之父母，不敢毁伤，削发之人，不忠不孝，留他怎的？”[4]作为胜利者，出于自身利益，李自成确实需要从旧朝官吏中录用一些人，为其服务。但他对于厚颜如此的降附者，反感远多于欣赏。《平寇志》叙述首辅魏

[1] 抱阳生《甲申朝事小纪》，书目文献出版社，1987，第639—644页。

[2] 彭孙贻《平寇志》卷之十，上海古籍出版社，1984，第224页。

[3] 计六奇《明季北略》，中华书局，1984，第458页。

[4] 计六奇《明季北略》，中华书局，1984，第474页。

洪承畴像。

洪承畴，崇祯十二年任蓟辽总督，领兵关外。崇祯十五年，于松山战败被俘，寻降于清，是最早降清的明朝重臣。松山失利闻于北京，君臣咸谓洪承畴必死，崇祯皇帝为之辍朝三日。

横波夫人顾媚。

顾媚，明末南京名妓，“秦淮八艳”之一。嫁龚鼎孳为妾，于崇祯十六年秋到北京。闯军破城后，龚鼎孳因她而有名言“我原要死，小妾不肯”。

魏学濂花鸟扇面。

魏学濂，忠烈之后，声气名士。北京失陷，未等消息传来，里人已先为之预设殉死结局，不料相反，一时群情汹然。

藻德晋见时情形：

首呼魏藻德，叩首膝行前。自成起旁揖之，诘曰："若受特恩，为何不死？"藻德哭曰："方求效用，那可死？"自成、金星皆笑。藻德叩首求试，自成挥起之。[1]

李自成的态度，根本是奚落、戏弄与蔑视。

李自成规定，三月二十一日为百官朝贺日，如打算归顺，于这一天"投职名"报到。《明季北略》说：

百官报名者甚众，以拥挤故，被守门长班用棍打逐。早起，承天门不开，露坐以俟，贼卒竞辱之，竟日无食。有云："肚虽饥饿，心甚安乐。"[2]

闯军刚刚入城，众官惧朝服冠带惹祸，纷纷销毁。到三月二十日，得到令百官投职名的消息，又后悔莫甚，仓猝间争相前往戏班子抢购戏服，致一顶戏冠之价陡至三四两银子。这样，第二天才得以"各穿本等吉服入朝"。其中有个杨枝起[3]，得到赴部授职通知，行前对家人眉飞色舞道："我明日此时便非凡人矣。"他因此得外号"不凡人"。杨枝起的表现，并非个别。"新授伪官皆绣衣，红刺谒客，交错于途。"[4]扬眉吐气、奔走相告，至为京城一景。

倘以上列诸事，述者或系转抄，非得之亲见，那么我们来看一位目击者的记叙。复社名流、无锡监生顾杲，当时正在北京。他在《一席记闻》中，从一个无锡人的身份，写了四位同籍者的表现，并特别声明所写为"予之目见耳闻者数事"。此四人，一是兵部职方司主事秦汧，最后那段日子里，他受守城之命，三月十八日九城俱陷时，正在城上，忽见李自成在众降官"导迎"下走来，其中还有一位与之同年的朋友。秦汧当即跪地，报上官职，口称"恭迎圣驾"，却没人搭理

[1] 彭孙贻《平寇志》卷之九，上海古籍出版社，1984，第217页。
[2] 计六奇《明季北略》，中华书局，1984，第472页。
[3]《明季北略》记为钱位坤。
[4] 彭孙贻《平寇志》卷之十，上海古籍出版社，1984，第224页。

他。“汧又高声大喊。时兵马之声，如风雨骤至，汧虽高声大喊，贼终不问。”另一位无锡人，秦汧的姑父、翰林学士赵玉森，三月二十日赶到礼部主事王孙蕙寓所：

> 涕泗交零，曰：“予受知崇祯固深，然国破家亡，实其自作之孽。予将捐性命以殉之，理既不然，将逃富贵以酬之，情亦不堪，奈何？”孙蕙曰：“方今开国之初，吾辈当争先着。”玉森曰：“甚合吾意。”遂同诣贼报名。

他们在报名处，遇见第四位无锡人，礼部主事张琦：

> 遇张琦拱手而不言，琦曰：“无弃故人，老夫尚可扬尘舞蹈。”因与俱焉。

正走着，忽然看见前方秦汧的背影：

> 急呼与语。汧曰：“吾决计已久，虑无同志，得诸公共事，宦途不患无帮手，况赵姑夫尤休戚相关者乎。”握手大笑，扬扬而前，不复楚囚相向矣。

故事还没完。“既至，孙蕙独有所奏，三人皆愕然。”原来王孙蕙棋高一招，预先备好表文，且保密，以防仿效。赵、秦二人不免心有恼恨，多亏张琦劝道：“勿以小嫌而伤同气。”“由是赵、秦皆不言。”[1]

为求证顾杲这段记叙得之亲见，而非耳食，笔者做了些许考据。顾杲自述其城陷后经历：“城外无可藏身，贼初入城，尚不妄杀，予因得俯仰于其间，更伺吾邑之列士大夫者。”亦即，借居在某位无锡籍官绅家中。起初，我曾设想这位无锡籍官绅或许就是王孙蕙，却又觉情理上不通，遂予放弃而另行搜求。后来，终于在《平寇志》里发现一条线索：

> 及都城隐，孙蕙偕同里秦汧、赵玉森、张琦等至马世奇寓，谋谒贼，世奇不可。[2]

[1] 顾公燮《丹午笔记》一席记闻，《丹午笔记·吴城日记·五石脂》，江苏古籍出版社，1999，第26—27页。
[2] 彭孙贻《平寇志》卷之十一，上海古籍出版社，1984，第253页。

进而又从《明季北略》看到："公弱冠，即受知顾端文公"[1]，至此豁然得解。马世奇，崇祯四年进士，时任左庶子。他不但同为无锡人，关键在于他是顾杲祖父顾宪成的门生；"端文"，即顾宪成死后谥号。以这层关系，顾杲城陷后"俯仰于其间"之地，当为马府无疑。换言之，三月二十日，顾杲在马家亲见王孙蕙一行前来动员马世奇参加他们的投降行动，而遭拒绝。至于马世奇，他在拒绝投降后次日自缢身亡，后来受到弘光朝廷的表彰，得谥"文忠"。

顺便说一下，王孙蕙对于藏在袖中的那篇奏章，很下了一番功夫，可谓得意之作。中有佳句："燕北既归，宜拱河山而受箓；江南一下，当罗子女以承恩。"一时盛传。宋企郊传达了李自成的评价："主上以公表及周庶常草诏，可作新朝双璧。"[2]"周庶常"指周钟，其《劝进表》也写出了漂亮的颂词，稍后我们可以欣赏。

三月二十三日，崇祯遗体收殓入棺，陈放于东华门某庵，命明朝官员前来告别。文秉《烈皇小识》述其场景：

> 诸臣哭拜者三十人，拜而不哭者六十人，余皆睥睨过之。[3]

"哭拜"，表示对死者仍守君臣之分；"拜而不哭"，则是既不愿落得忘恩负义的骂名，又忌惮开罪新统治者、引火烧身；至于"睥睨过之"，当然是清楚地表示与旧主一刀两断。第一种人仅三十位，第二种六十位，而第三种多到不必计数，以"余皆"二字括之。我们难以确切说出明朝京官总数。从《宪宗实录》中看到，成化二十三年七月乙卯，亦即朱棣忌辰那一天，于奉先殿举祭，点名后发现"文武官不至者一千一百一十八员"。[4]前面所引《明季北略》，也称三月二十一日在承天门投顺的人数，有一千三百多；而"廿三辛亥诸臣点名"一条，又有"百官囚服立午门外，约四千余人"[5]之句。可见明朝京官是个相当庞大的群体。他们当中，只有三十人做到仍然效忠崇

[1] 计六奇《明季北略》，中华书局，1984，第523页。

[2] 彭孙贻《平寇志》卷之十一，上海古籍出版社，1984，第253页。

[3] 文秉《烈皇小识》，《明季稗史初编》，上海书店，1988，第180页。

[4]《明宪宗实录》卷二九二，国立北平图书馆红格钞本影印本，1962，第4955页。

[5] 计六奇《明季北略》，中华书局，1984，第473页。

祯皇帝，六十人愿意承认曾经是崇祯皇帝的臣属，余下的，全部“睥睨过之”了。

这比例有些惊人。

三

在中国，投降属于丑行，一般认为投降者多是些品质低劣或驳杂的人。然而甲申之变，人们发现并非如此。降附名单中不少人，历来“遇事敢言”、“有直声”，清议甚佳，乃至是东林、复社名士。例如陈名夏、周钟、侯恂、龚鼎孳、魏学濂、张家玉、方以智，包括前面曾经提过的杨枝起。在盛行以名节论是非的明末政坛，这令人大跌眼镜，构成十足的反讽。到弘光间，过去一直作为“小人”而被打压的阮大铖之流，对此如获至宝，以“顺案”之名（以李自成号“大顺”及诸臣投顺，一语双关）打击报复，虽属借题发挥，却也有根有据。

侯恂，河南归德人，明末四公子之一、《桃花扇》主角侯方域之父，前户部尚书、东林耆宿，名将左良玉所以政治上倾向于东林，就是因为曾受侯恂提携。他于崇祯九年（1636）因失职而下狱；三月二十日，闯军克京翌日，他便和另一罪臣董心葵自狱中放出，二人“备言中国情形及江南势要，自成大赏之”。二十三日午门点名，众降官“囚服立午门外”，“日晡，自成出，据黼座”，侯恂则作为投诚模范，与大顺诸要人牛金星、刘宗敏、李过等，登上午门、“在主席台就座”了。[1]他在大顺政权中的官职是“工政大堂”[2]，等同明朝的工部尚书。然《甲申核真略》有独家之说，称闯军欲用侯恂为侍郎，“恂不肯，要以大拜，贼即许之，俟东征旋师如约”，即等李自成从山海关班师后正式举大拜之礼，末了，“贼败归西走，因不果”。[3]杨士聪既以亲历者身份述之，我们便引在这里备闻。但这一材料只涉及侯恂是否正式授职，不涉及是否投降，后一事实还是不变的。

陈名夏，南直溧阳人，崇祯癸未（1643）会元、探花，官编修，兼户、兵科都给事中。他是复社大才子，归降李闯后，仍授编修。有关他的投降，《明

[1] 计六奇《明季北略》，中华书局，1984，第473页。
[2] 计六奇《明季北略》，中华书局，1984，第640页。
[3] 杨士聪《甲申核真略》，《甲申核真略（外二种）》，浙江古籍出版社，1985，第19页。

季北略》讲了一段曲折故事。城陷后，陈名夏匿于其北京小妾娘家。得知崇祯煤山自缢凶信，几次自杀，都被小妾一家解救。之后，潜出逃遁，途中被闯军抓获。不料，审讯他的闯军王姓刑官，原系山西诸生，昔时南游受困，在溧阳遇到陈名夏，陈留其一饭并赠程仪少许。此事与其人，陈名夏早已忘却，王某却铭记在心，此时邂逅，即刻相认。陈因而免祸，但"涕泣求去"，王某却说："先生大名在外，去将安之，留此当大用。"陈坚不从，悄悄溜走，途中又遭俘获，陈自称系被王某所释，于是送回王处。这次，因王某荐举之故，被授编修；其间，又因有亲戚打着他的名号，得王某宽刑减罪，"于是陈通贼之名大著"。而陈名夏对所授"伪职"终不肯就，"日夜求归"，王某拗不过，"乃赠其行赀，阴护出城，故陈归最早"。计六奇说，故事得之"北来一友，述之甚详"；同时又表示，这与一般所知究竟大相径庭，"未敢擅为出脱也，姑附所闻，以俟公论。"[1]即便陈名夏降闯之事存疑，他于弘光元年从"从贼案"脱身，跑到河北大名府降清[2]却是千真万确。他是清朝的第一任吏部"汉尚书"，后至"宰相"(弘文院大学士)，为清初"南臣领袖"。

魏学濂，浙江嘉善人，东林巨擘魏大中次子。他一家在明末声望极高，海内景仰。乃父英名不必说，即其兄长、魏大中长子魏学洢，也被目为人间楷模。魏大中狱中惨死后，魏学洢领得父亲尸体，千里"扶榇归，晨夕号泣，遂病。家人以浆进，辄麾去，曰：'诏狱中，谁半夜进一浆者？'竟号泣死。崇祯初，有司以状闻，诏旌为孝子"。[3]魏学濂本人到甲申之变前，也都高风亮节，"有盛名"[4]，曾在崇祯元年从浙江徒步至京上访，伏阙讼冤，血书上疏，致"天子改容"[5]，对推动东林党冤假错案平反，有重大贡献。李自成逼进京师，他屡有建言，引起崇祯重视，特别召见，准备委以重任。"无何，京师陷，不能死，受贼户部司务职，颓其家声。"[6]《平寇志》、《甲申朝事小纪》等，都明确记载他就任大顺"吏政府"司务，后来官方《明史》也采取了这一说法。但其降附经过，扑朔迷离，诸说竟至悬殊。一说城陷后魏学濂与陈名夏、吴尔

[1] 计六奇《明季北略》，中华书局，1984，第601—602页。
[2] 赵尔巽等《清史稿》卷二百四十五列传三十二，中华书局，1977，第9633页。
[3] 张廷玉等《明史》卷二百四十四，中华书局，1974，第6337页。
[4] 张廷玉等《明史》卷二百四十四，中华书局，1974，第6337页。
[5] 计六奇《明季北略》，中华书局，1984，第609页。
[6] 张廷玉等《明史》卷二百四十四，中华书局，1974，第6337页。

壎、方以智相遇于金水桥，大家商议以死报先帝，魏学濂反对，说："死易尔，顾事有可为者，我不以有用之身轻一掷也。"并说出了太子等尚在，自己所联络的真定、保定义师"旦暮且至"这样的理由。后传来太子被捉并遇害的消息，而所约义师迟迟不至，于是，魏学濂赋绝命诗二首而自缢。这段叙述，毫未提及降附之事，此为"未降说"。然而，《明季北略》同时也录述了截然相反的说法。例如《忠逆史》："学濂初闻贼急，有老仆经事大中（自魏大中时即为魏家仆人），劝主人尽忠，勿负先老爷一生名节，学濂唯唯。先以事遣此仆归，遂率先投款。初改外任，以韩霖荐，留用，授伪户政府司务。"《北回目击定案》则描述了魏学濂做"伪官"的情状：乘一头驴，"穿伪式黄袍，负一伪敕，在草场阅刍，指挥得意。"[1]除上述叙事外，彭孙贻《平寇志》亦陈有具体经过：

> 学濂与山西解元韩霖同受天主教，霖荐学濂于金星。学濂廷谒，金星曰："汝是忠孝之家，必当录用。"引见自成，再拜曰："小臣何能，不过早知天命有归耳。"授户政府司务，学濂献平两浙策。[2]

情节相距甚远，纷纭难定。而《甲乙史》独有一说：

> 甲申四月三十日丁亥，庶常魏学濂自缢。学濂素负志节，一时堕误，知愧而死，亦愈于觍颜求生者矣！[3]

亦即，既非未降，亦非降后洋洋得意，而是在纠结苦痛中自尽。计六奇认为此说较为可信，"实为学濂定论也"。《明史》最终也采纳这一说法，"既而自惭，赋绝命词二章，缢死。去帝殉社稷时四十日矣。"[4]

龚鼎孳，南直合肥人，兵科给事中。文名极高，《清史稿》称他"天才宏肆，千言立就"[5]，与钱谦益、吴伟业

[1] 计六奇《明季北略》，中华书局，1984，第611—612页。
[2] 彭孙贻《平寇志》卷之九，上海古籍出版社，1984，第220页。
[3] 计六奇《明季北略》，中华书局，1984，第612页。
[4] 张廷玉等《明史》卷二百四十四，中华书局，1974，第6337页。
[5] 赵尔巽等《清史稿》卷四百八十四列传二百七十一，中华书局，1977，第13325页。

并为清初诗文“江左三大家”。崇祯末,他以青年才俊亮相北京政坛,姿态激进,挥斥方遒,连劾重臣,虽因此身陷缧绁,却也名声大振。李清《三垣笔记》,对崇祯一段涉笔最多的三四人中就有龚鼎孳,我粗粗统计,不少于九条,可见他的活跃。但对于这个活跃的身影,李清明显不以为然。我们曾讲过,李清反感党争,而龚鼎孳正好是一个党争积极分子。李清笔下的龚鼎孳,基本是一种形象:上蹿下跳,挑拨离间,唯恐天下不乱。李清提到同僚傅振铎一句话:“凡招权纳贿,言清而行浊者,虽日讲门户,日附声气,而亦真小人也。”[1]盖即借指龚鼎孳。这且不表,李自成占领北京后,龚鼎孳降附;由于过往的政治姿态,也由于极高的才名,他成为投降者中必被提及的一个代表。四个月后,马士英在南京奏《请诛从逆疏》,所举第二个例子便是龚鼎孳,而且是仅有的两个被描述了具体情节的例子之一(另一个是周钟)。说到这情节,也确实匪夷所思。马士英写道:

龚鼎孳降贼之后,每见人则曰:“我原要死,小妾不肯。”小妾者,其为科臣时收取秦淮娼妇也。[2]

听起来根本像是借口,因为很难想象,如此大事能为一介小妾所左右。不过,这小妾并非寻常之人。她名叫顾媚,人称“横波夫人”,原是秦淮河畔头等名妓,《青楼小名录》引袁枚语:“明秦淮多名妓,柳如是、顾横波,其尤著者也。”[3]她于癸未年(1643)归于龚鼎孳,从此专宠。阅孟森《横波夫人考》,不觉为其所述讶然:

芝麓(龚鼎孳号)于鼎革时既名节扫地矣,其尤甚者,于他人讽刺之语,恬然与为酬酢,自存稿,自入集,毫无愧耻之心。盖后三年芝麓丁忧南归,有丹阳舟中值顾赤方,是夜复别去,纪赠四首,中有“多难感君期我死”句,自注:“赤方集中有吊余与善持君(顾媚归龚后,龚号

[1]李清《三垣笔记》,中华书局,1997,第53页。
[2]抱阳生《甲申朝事小纪》,书目文献出版社,1987,第39页。徐鼒《小腆纪年附考》,中华书局,2006,第222页。
[3]余怀《板桥杂记》(刘如溪点评),青岛出版社,2002,第45页。

之曰善持)殉难诗”云云。生平以横波为性命,其不死委之小妾,而他人之相讽者,亦以龚与善持君偕殉为言,弥见其放荡之名,流于士大夫之口矣。[1]

原来竟非借口。在龚鼎孳,已然“生平以横波为性命”。顾不让他死,他就因她不死,且毫无愧色,每在诗文中“恬然”论之,对别人的讽刺,轻松答以“多难感君期我死”。难怪他会逢人就说“我原要死,小妾不肯”;这话别人以为无耻,龚鼎孳自己却沉浸在“多情”之中。我们不知道该说他特立独行,还是放荡堕落。总之,他和陈名夏一样,先降闯(“以鼎孳为直指使,巡北城”[2]),复降清;入清后官也做得很高,至刑部尚书。

说到降附,最出名的还是周钟。

周钟,南直金坛人,“金坛名士,复社之长”[3],在复社中地位与杨廷枢相埒,名气大得不得了。周家为本地望族,出过不少人物,“同祖七进士”[4],举家先后七人进士出身,简直是高产。奇怪的是,这些人形形色色、杂然不一,致有“俱以美锦而多染粪秽”[5]之讥。他的伯父周应秋、周维持皆为魏忠贤门下走狗,尤其周应秋,天启末年任吏部尚书,系阉党首要分子。周钟本人与其从兄弟周镳,反而是复社中坚,均以“声气”重于当世。然而北都沦陷,庶吉士周钟却成为最彻底的投降者。马士英《请诛从逆疏》不过六百字,却有一半笔墨花在他身上:

而又有大逆之尤者,如庶吉周钟,劝进未已,上书于贼,劝其早定江南。又差人寄书二封与其子,一封则言殉节死节;一封则称贼为新主,盛夸其英明神武,及恩遇之隆,以摇惑东南。亲友见之,无不愤恨,立毁其家。昨臣病中,东镇刘泽清来见,诵其劝进一联云:“比尧、舜而多武功,迈汤、武而无惭德。”又闻其过先帝梓宫之前,扬扬得意,竟不下马。微臣闻之,不胜发指![6]

[1] 孟森《横波夫人考》,《心史丛刊》二集,大东书局,民国二十五年(1936),第39页。
[2] 赵尔巽等《清史稿》卷四百八十四列传二百七十一,中华书局,1977,第13324页。
[3] 计六奇《明季北略》,中华书局,1984,第605页。
[4] 计六奇《明季南略》,中华书局,1984,第500页。
[5] 计六奇《明季南略》,中华书局,1984,第500页。
[6] 抱阳生《甲申朝事小纪》,书目文献出版社,1987,第39—40页。

马士英虽与阮大铖狼狈为奸,但以上列诸事却非他所捏造,而为多书共载。周钟《劝进表》,有些书如《平寇志》、《丹午笔记》所录,比马士英疏中还多一句:"独夫授首,四海归心。"[1]独夫,当然指的是崇祯皇帝。《劝进表》和《下江南策》,这两个文本肯定存在,惟是否出周钟之手还有异说。我们所见的辩诬,来自周钟伯父周维持和胞弟周铨。他们说那两个东西全是周镳伪造:"镳、钟兄弟成隙,镳……伪撰《劝进表》《下江南策》以诬钟。"[2]由此我们对周家内部的混乱加深了印象,也正因此,对周维持、周铨的辩护也不敢轻易相信。此外,还有人主动与周钟争"著作权",此人就是龚鼎孳。他不平于《劝进表》归于周钟名下,因对人说:"表文皆我手笔,介生想不到此。"[3]又,《甲申朝事小纪》载周钟又为李自成起草过《即位诏》,编者收录书中时改题《闯贼李自成僭位诏》,并在旁边添注"系周介生笔"。中云:

> 兹尔明朝,久席太宁,浸弛纲纪。君非甚暗,孤立而炀蔽恒多;臣尽行私,比党而公忠绝少。[4]

其文真伪不得而知,但上述对明朝政治的评论,却颇中鹄的。周钟降附经过,《平寇志》述说最详:

> 庶吉士周钟,寓王百户家,百户约同死,钟未应。同官史可程、朱积、吴尔壎等并诣钟,邀入朝。百户挽钟带,不听出,绝带而行。[5]

由于周钟名气太大,对于他的归顺,闯军很有喜出望外之感:

> 金星至,见钟呼曰:"此周介生先生乎?"命作《士见危致命论》,即荐之自成。钟欣然自得,每夸牛老

[1] 彭孙贻《平寇志》卷之十,上海古籍出版社,1984,第221页。顾公燮《丹午笔记》遇变纪略,《丹午笔记·吴城日记·五石脂》,江苏古籍出版社,1999,第38页。
[2] 徐鼒《小腆纪年附考》,中华书局,2006,第250—251页。
[3] 彭孙贻《平寇志》卷之十,上海古籍出版社,1984,第221页。
[4] 抱阳生《甲申朝事小纪》,书目文献出版社,1987,第28页。
[5] 彭孙贻《平寇志》卷之九,上海古籍出版社,1984,第215—216页。

师知遇。[1]

牛金星的仰慕,使周钟有特殊优待。降附诸官,一律只准骑驴,独周钟"扬扬然乘马","屡过大行梓宫前,挥鞭不顾,同辈皆腹诽之。"《明季北略》的描述也是如此:

贼中深慕其名,呼为周先生,《劝进表》实出其人,逢人便夸"牛老师极为叹赏"……同馆多含涕忍耻,几幸生还,惟钟扬扬得意,乘马拜客,屡过梓宫,挥鞭不顾,一时辈中犹腹诽之。[2]

闯军西去后,周钟潜回故乡,很快以"从逆案"首恶被捕,乙酉年四月初九处死。[3]

如果说普遍的屈膝投降对明朝是种挫败,那么,众多"声气"明星、"名节"大腕卷入其中,则是更严厉的一击。计六奇就周钟事件评论说:

三十年雄踞文坛,联属声气,一旦名节扫地,书林选刻,刊落名字,文章一道,尚可信乎?[4]

这个评论,不单适用于周钟,也适用于整个明朝的意识形态。明朝,以伦常为标榜,后五十年光阴几乎尽耗于名节比拼,然而却这样收尾。"文章一道,尚可信乎?"的确是这么个问题。那些道德文章,难道竟是废纸不成?

四

倘若以为搞政治运动乃是我们当代专利,明末的人将很难同意。

北京发生的事情南传之后,很多

[1]彭孙贻《平寇志》卷之九,上海古籍出版社,1984,第219页。
[2]计六奇《明季北略》,中华书局,1984,第605页。
[3]计六奇《明季南略》,中华书局,1984,第200页。
[4]计六奇《明季北略》,中华书局,1984,第605页。

地方不约而同掀起批判与声讨的怒潮。其过程,与我们熟知的当代政治运动如出一辙。先是口诛笔伐,发表大字报(当时的名称是"檄"),举行控诉集会;随之出现打砸抢烧,冲击、捣毁被批判对象的府宅或祠堂,甚至演为骚乱;最后,由官方成立专案组,对各涉嫌人员审查其罪行,做出处理,公布决定。在弘光朝,这个过程历时两月,从五月初一直持续到七月方见出眉目。

所以如此,只能到明代意识形态中找原因。投降现象,历代都有,以往却并未就此酿成群众运动。那是因为,各朝从未像明朝这样发起长期的伦理竞赛,政教一体地进行了充分的思想动员;其次,明代知识精英的组织化趋向更是重要基础,砥砺名节不光是个人思想修养的磨练,还通过结社方式发展成"人盯人"的互相提携与监督的集体义务,如复社初立,张溥为之订盟约:"毋非圣书,毋违老成人,毋矜己长,毋形彼短,毋巧言乱政,毋干进辱身。嗣今以往,犯者小用谏,大则摈。既布天下,皆遵而守之。"[1]于是,一人之逆不复只关系其本人,也被视为组织之耻,而群起攻之。

这种情形下,伦理始终置于很高的高度,保持着紧张状态,随时准备战斗与还击;眼下,国难之际居然发生如此严重的道德危机,则势将有干柴烈火的反应。我们从以下反应可窥出这种趋势:"京师陷,江南人士谓学濂必死国难。"[2]出于魏氏"家风",所有人为魏学濂做出的设想与期待都仅为一途,亦即他只许以身殉国。可以想象,"降贼"丑闻一旦传回,家乡该怎样沸腾。无独有偶,周钟也面临同样处境:

> 周夙负才名,尝以忠孝激发之气自任。故里中子弟,初闻京师陷,意钟必死,知己预为《传》以俟之。[3]

亦是期以必死。至有自命知己者,按照这种预期,早早写好表彰的传记,静候他死国的消息传来。细予体会,"群体正义"的后面,已是一派肃杀之气。

[1] 眉史氏《复社纪略》,中国历史研究社编《东林始末》,神州国光社,1947,第181页。

[2] 彭孙贻《平寇志》卷之十一,上海古籍出版社,1984,第246页。

[3] 抱阳生《甲申朝事小纪》,书目文献出版社,1987,第44页。

说起魏学濂降附，还有一离奇情节。据说他热衷象纬图谶，测算结论："谓自成必一统有天下"，以此降。降后，"观贼所为，知必无成，惭恨无极"，终于自杀。所以，彭孙贻说他的投降是"象纬误之"。[1]其事未确，但情理上完全可能。盖自董仲舒以来，"天命观"植入儒家伦理，象纬图谶之学很多人相信。魏学濂受象纬误导，先降，继而被现实所教育，发现李自成并非"真命天子"，悔而自杀，是比较合乎逻辑的。而他先降后死，其中有个时间差，传导到家乡，遂致一波三折：

南归者至家，知学濂汙伪命，怀郤者群起攻之，几毁其家。[2]

嘉兴全府（嘉善隶属嘉兴）"绅衿"联名发表讨魏檄文，大张挞伐。据载，此时，面对魏家门上对联之"家有'忠孝世家'牌坊"语，"乡人怒"，想毁掉牌坊。激动的人群，甚至"欲焚其故庐"。魏学濂之子魏允枚，不惧众怒，只身出门力争，说相信父亲决不投降，一定会殉难而死。魏大中遗孀、其母忠节公夫人，"亲出拜众曰：'吾子必当死难，若等姑待之。'众退。越三日，而京师报至，果于三月廿八日缢死。遂免于燬。"[3]

嘉善魏家因魏学濂"终成正果"而度过一劫，金坛周家则无此幸运。周钟"降贼"消息传来，"合学绅衿遂相与诟詈之"，那篇假定周钟死节、将其作为忠臣表彰的传记被销毁，自命周钟知己的传文作者，也被逐出士绅圈外。朝廷为崇祯皇帝所颁正式讣告（五月初六发布）到达的那天，"诸缙绅哭临三日"，并齐至当地文庙，毁掉周钟祖父的从祀牌位。之后，冲到周家，"碎其门榜"。[4]这不单是诉诸暴力，也是严厉的精神审判。古人以"门楣"为脸面，所有荣光都体现在门上，从形制到装饰（比如匾额），如果荣耀极大，则门不足载而延伸为牌坊；牌坊实质就是门外之门，并完全摆脱日常实用，唯用于旌表。"碎其门榜"，象征着其家族从道德和名誉上遭到唾弃。

[1] 彭孙贻《平寇志》卷之十一，上海古籍出版社，1984，第247页。
[2] 彭孙贻《平寇志》卷之十一，上海古籍出版社，1984，第246页。
[3] 计六奇《明季北略》，中华书局，1984，第612页。
[4] 抱阳生《甲申朝事小纪》，书目文献出版社，1987，第44页。

带头砸周的，是以张燧、史弘谋、段彦史等十一人为首的当地生员。[1]如在今天，此类事件我们称为学潮。相关史料没有提及闹事的具体规模，但估计声势颇壮。因为周钟身份特殊，他与杨廷枢、徐汧同为复社创立者，计六奇在《明季北略》里说他"为复社之长"，在《明季南略》写到杨廷枢时又说"与金坛周钟为复社长"[2]。明末"江右四大家"之一的陈际泰，"海内得其文，怪不敢视，自金坛周钟叹扬，始翕然宗之。"[3]藉此可想其影响力之大。当时，复社首脑不止是精神领袖，往往也是学界宗师，阮大铖曾说："孔门弟子三千，而维斗（杨廷枢）等聚徒至万。"[4]我们不太清楚周钟门徒的数目，但他既与杨廷枢同为复社之长，恐怕也少不了。这就是为什么他的问题反响格外强烈，以致引发学潮——在他屁股后头，有一大群追随者；眼看老师做出这种"表率"，充满失望与痛苦的学生顿觉"造反有理"。

嘉善魏家、金坛周家的遭遇也在别的地方上演，南籍降附诸臣家室在其乡邑普遍受到冲击、围攻：

> 先是北京之变，诸生檄讨其搢绅授伪职者，奸人因之，焚劫以为利，项煜、钱位坤、宋学显、汤有庆四家荡洗无遗，又焚时敏家，三代四棺俱毁。[5]

这样的场景，我们不陌生，但近四百年前它也曾在中国出现，这一点笔者先前倒想象不到。

五

情况如此严重，朝廷若不引导，"打砸抢"或有燎原之势。《小腆纪年附考》记，五月十八日乙巳，"明以大理寺丞祁彪佳为右佥都御史，巡抚苏、松。"[6]"巡抚"之意，一为巡视，二是抚平，使事态

[1] 抱阳生《甲申朝事小纪》，书目文献出版社，1987，第44页。
[2] 计六奇《明季南略》，中华书局，1984，第256页。
[3] 计六奇《明季北略》，中华书局，1984，第164—165页。
[4] 朱希祖《书刘刻贵池本留都防乱揭姓氏后》，《明季史料题跋》，中华书局，1961，第23—24页。
[5] 徐鼒《小腆纪年附考》，中华书局，2006，第177页。
[6] 徐鼒《小腆纪年附考》，中华书局，2006，第177页。

平息、地方稳定。不过,徐鼒所记祁彪佳动身日期并不准确。查《祁忠敏公日记》,清楚地写着:"初九日,早行。"[1]足足要早九天。而祁彪佳使命的讨论,则为五月初一,亦即福王监国当天,由史可法亲自主持议定。[2]徐鼒之误并不奇怪,他不可能见过祁彪佳日记,后者于民国二十六年才被发现。对我们来说,祁彪佳日记留下的时间记录,更足以表现事态的紧迫与朝廷的重视。

整个五月和六月,祁彪佳在苏州、松江两府,各处巡视。所到处几乎必有一项内容:会见当地"诸生"。这些人,正是"闹事"主体。五月十二日,"发文讫,即至文庙,易墨衰行香,与诸生言辨上下定民志之意。"[3]五月十三日,"出会乡绅孝廉于玉华山,讯其地方利病。"[4]五月十五日,"抵丹阳,会有司绅衿,读诏书讫,以君父大义谕之诸生,且言忠孝之心不可无,忠孝之名不可有。"[5]五月二十一日,"少泊马(码)头,江阴诸生具呈。"[6]五月二十二日,"令缙绅俱出迎,赍诏至县开读,下午会诸绅孝廉文学于(无锡)公署。"[7]……之所以在不同地方频繁、重复做同一件事,其原因在五月二十五日和二十八日两天日记中交代最清楚:

> 二十五日,往文庙行香。时吴中当借名从逆士民嚣变之后。予乃对诸生痛哭以告:必守礼恪法;嗣后条陈,必投匣而进,公呈必佥押由学官转申……如不吾从,吾不能一日在。诸生咸踊跃听命。[8]

> 二十八日……延吴门诸生章美、周茂兰、华渚等二十余人来晤。盖前此吴门焚抢从逆之家,多青衿为之倡,而此诸生者,皆表表才品,心甚非之。有纠缪一帖,甚得风俗纪纲之正。予故延其来晤。[9]

[1] 祁彪佳《祁忠敏公日记》,《历代日记丛钞》第八册,学苑出版社,2005,第449页。
[2] 祁彪佳《祁忠敏公日记》,《历代日记丛钞》第八册,学苑出版社,2005,第443页。
[3] 祁彪佳《祁忠敏公日记》,《历代日记丛钞》第八册,学苑出版社,2005,第450页。
[4] 祁彪佳《祁忠敏公日记》,《历代日记丛钞》第八册,学苑出版社,2005,第451页。
[5] 祁彪佳《祁忠敏公日记》,《历代日记丛钞》第八册,学苑出版社,2005,第451页。
[6] 祁彪佳《祁忠敏公日记》,《历代日记丛钞》第八册,学苑出版社,2005,第454页。
[7] 祁彪佳《祁忠敏公日记》,《历代日记丛钞》第八册,学苑出版社,2005,第454页。
[8] 祁彪佳《祁忠敏公日记》,《历代日记丛钞》第八册,学苑出版社,2005,第455—456页。
[9] 祁彪佳《祁忠敏公日记》,《历代日记丛钞》第八册,学苑出版社,2005,第456页。

祁彪佳像。

甲申年五月初一日，福王监国当天，史可法派祁彪佳以右佥都御史，巡抚苏、松，赶去处理因降附问题而引发的严重骚乱。祁彪佳在其告示中指出：“叛逆不可名，忠义不可矜，毋借锄逆报私怨，毋假勤王造祸乱。”

方以智像。

方以智，“四公子”之一，明末的全才人物。甲申之变，他在北京，先是藏匿，后被闯军俘获，由此被马、阮列入“从逆”名单。

看来,当时在朝中主政的史可法为应付这场危机而采取的措施是,果断派出一位威望素著的特使,借重他的正面形象和感召力,化解、消弭骚动。应该说,这是机智简明的一招,祁彪佳也很好地运用了个人魅力。当然,他并不一味只是晓之以理、动之以情,也曾做出严厉处断,例如在常熟:

时宦敏以被焚抢泣诉于沿途。薄暮抵常熟,署印(代理官职)州倅(倅,副职)陈淳来谒,询其焚抢之事,出所访姓名,令连夜拘提。[1]

第二天:

即至公署审抢犯。予昨所行拘者,多不肯吐,而捕官别拘三人,皆有时份家之真赃,乃立枭于门,而抢时宦妻子尼菴者,其犯亦杖毙之。即刻张告示,余者皆不究。人情大安。[2]

这位遭到焚抢的时敏,为北京兵科官员。他在城陷前对人说:"天下将一统矣。"随即投附大顺。及闯军败走,时敏"遁归故里",而在他回来之前,家中已遭焚抢,且"波及族党"。对于这个确切的"从逆者"的投诉,祁彪佳仍予受理,依法处置打砸抢人员。他认为,从逆是从逆,法度是法度;法度不可因某种理由而破坏,不管那理由如何高尚。他这样奏闻朝廷:

民情嚣动,借名义愤,与其振之使惧,不如威之使服。国法诚申,人心自正。宜将从逆诸臣先行处分,使士民无所藉口,则焚掠之徒可加等治。[3]

同时公告地方:

叛逆不可名,忠义不可矜,毋借锄逆报私怨,毋假勤王造祸乱。[4]

[1] 祁彪佳《祁忠敏公日记》,《历代日记丛钞》第八册,学苑出版社,2005,第457页。
[2] 祁彪佳《祁忠敏公日记》,《历代日记丛钞》第八册,学苑出版社,2005,第458页。
[3] 徐鼒《小腆纪年附考》,中华书局,2006,第177页。
[4] 徐鼒《小腆纪年附考》,中华书局,2006,第177页。

既明确“叛逆”应予追究，又指出“正义”不能用以违法，一切都该分清是非，纳入法度解决。他以理性和清明，阻止了乱局蔓延。

六

江南这场骚乱，不止是一时一地的激变事件。事实上，它传递了一种重要的历史信息，在中国伦理意识和文化心理演变中，具有标志性意义。

此前在中国，投降现象虽不正面，却似乎未至千夫所指、切齿憎恶。汉代大儒扬雄就有这种“污点”，曾作《剧秦美新》谀王莽新朝，但当时并不为此改变对他的评价，他死时，桓谭盛赞其学“必传”，说他“文义至深”、“必度越诸子”。[1]三国中，降来降去颇为普通，或自动降，或被劝降，或无奈而降——徐庶因孝降于曹操，即是一例。乃至还有“诈降”，把投降作为军事智慧加以运用。此外，如诸葛亮七擒孟获的故事，降而叛，叛而再降，反反复复，一方略无愧色，另一方也宽宏大量。只要对方比自己高明，就服输愿降；如又心感不甘，却不妨翻悔……直至彻底服帖，整个过程非常坦然，丝毫不存心理负担。

也曾有因投降遭严厉制裁的例子。最著名的，大概是武帝时的汉将李陵。他于天汉二年（前99）以五千兵力，在浚稽山一带（今蒙古境内）迎击匈奴八万骑兵，终于不支，被俘、投降。“闻陵降，上怒甚。”不过，暂时亦未如何。一年多后，武帝派将军公孙敖“深入匈奴迎陵”，无功而返，却从匈奴俘虏口中得知，“李陵教单于为兵以备汉军”。这令武帝大开杀戒，“族陵家，母弟妻子皆伏诛。”细辨之，武帝灭门之惩非因李陵投降，而为他胆敢训练和帮助敌军。只可惜这是错误的情报，帮助单于练兵的并非李陵，而是名叫李绪的另一降将，大概匈奴老外分不清中国人姓名，误以李绪为李陵。后来，“陵痛其家以李绪而诛，使人刺杀绪”。李陵降敌之事，当时舆论并不以为多么可耻。太史令司马迁便公开辩护说，“陵提步卒不满五千”，“转斗千里，矢

[1] 班固《汉书》卷八十七下，中华书局，1962，第3585页。

尽道穷”,“身虽陷败,然其所摧败亦足暴于天下”,认为他虽败犹荣,实为英雄。[1]

甚至宋代,情形亦未至于明代的样子。比如声名赫赫的杨家将之“杨老令公”。他本名杨业。对于这个人物,很多人是从小说戏曲得以了解,在那里面,他被改名“杨继业”。京剧《李陵碑》描写,杨继业于最后的困境中,毅然碰死于李陵碑,所以此戏别名《碰碑》。这其实不是事实。《宋史·杨业传》记载,杨业在一个叫陈家谷的地方遭到围困,“马重伤不能进,遂为契丹所擒。”[2]换言之,他没有“英勇就义”,而是当了俘虏,被俘后第三天绝食而死。明清小说戏曲的改动,说明对杨继业居然当了俘虏这一点已不能接受,而是“白玉微瑕”,于是安排他自尽,且刻意杜撰一个血溅“李陵”之碑的情节。这苦心一笔,悄然透露了道德伦理的极致之变。

这种演进,其大背景不难回答,无非是儒家思想。不过,如此一语带过,未免马虎。为有切实认识,需要旁搜远绍,搞清其观念上的流变。在此,我们的探源工作从一个关键词着手,亦即大家再熟悉不过的“忠”。为什么从它着手?因为投降所以“可恶”,就是因它而起。若非这个字,人们对于投降就不必有那么大的义愤。投降等于背叛;背叛等于不忠,是一套关联话语与逻辑。既如此,就一定要先到源头看一看。

于是,我找来《论语》和《孟子》,以乏味然而可靠的检索方式,对“忠”的每个出处及语义,一一稽考,结果有些意外。

七

在《论语》里,“忠”总共出现十六次,比预计的少。而《孟子》中更少得可怜,只出现了六次,与现在作为中华“四字美德”而居首的地位,太不相称。我又发现,在孔子及其弟子那里,“忠”似乎只是人的一般优良品质,并不专属于“臣之事君”。《论语》固然说过“君使臣以礼,臣事君以忠”[3],却还说过“吾日

[1] 班固《汉书》卷五十四,中华书局,1962,第2454—2457页。

[2] 脱脱等《宋史》卷二百七十二,中华书局,1977,第9305页。

[3] 朱熹《四书章句集注》“论语·八佾第三”,中华书局,1983,第66页。

三省吾身：为人谋而不忠乎？与朋友交而不信乎？传不习乎？”[1]“居处恭，执事敬，与人忠。虽之夷狄，不可弃也。”[2]所指对象，都是“人”而非“君”。另外，“忠”字在孔子口中，基本含义是讲真话，根本没有后世礼教那些沉重内容。他常将“忠“与“信”并提，称为“忠信”；“信”乃心之诚，“忠”是言之诚。所以，“子贡问友。子曰：‘忠告而善道之，不可则止，毋自辱焉。’”[3]又说：“忠焉，能勿诲乎？”[4]意思是，要讲真话，同时善于使人接受；对某人“忠”，就不能不把心里话和盘托出。

至于孟子，他对“忠”的解释，更明确地作为人性善的一种，抑或完善人格的体现。他说：“教人以善谓之忠。”[5]与政治、做官无关：“有天爵者，有人爵者。仁义忠信，乐善不倦，此天爵也；公卿大夫，此人爵也。”[6]“君子居是国也，其君用之，则安富尊荣；其子弟从之，则孝弟忠信。”[7]做官只表示安富尊荣罢了，能以人品吸引很多人相追随，才说明他“孝悌忠信”。对于君主，孟夫子不认为有何“必忠”的道理，“君之视臣如土芥，则臣视君如寇雠”[8]，彼此是讲道理和对等的关系。尤其以下一句，简直振聋发聩：“无罪而杀士，则大夫可以去；无罪而戮民，则士可以徙。”[9]无异乎说，君主无道就该遭到背叛。

这样看来，先秦儒家一则还没有对君主非忠不可的“忠君”思想，二来“忠”之一字亦非唯君主才配享用，而是人与人正直以待的普遍道理。在先秦，假如越出儒家范围之外来看，“忠”字甚至不一定是好的字眼。我曾于《十批判书》见郭沫若引用一段慎到的话：

> 亡国之君非一人之罪也，治国之君非一人之力也。将治乱在乎贤使任职，而不在于忠也。故智盈天下，泽及其君；忠盈天下，害及其国。[10]

[1]朱熹《四书章句集注》“论语·学而第一”，中华书局，1983，第48页。
[2]朱熹《四书章句集注》“论语·子路第十三”，中华书局，1983，第146页。
[3]朱熹《四书章句集注》“论语·颜渊第十二”，中华书局，1983，第140页。
[4]朱熹《四书章句集注》“论语·宪问第十四”，中华书局，1983，第149页。
[5]朱熹《四书章句集注》“孟子·滕文公章句上”，中华书局，1983，第260页。
[6]朱熹《四书章句集注》“孟子·告子章句上”，中华书局，1983，第336页。
[7]朱熹《四书章句集注》“孟子·尽心章句上”，中华书局，1983，第358页。
[8]朱熹《四书章句集注》“孟子·离娄章句下”，中华书局，1983，第290页。
[9]朱熹《四书章句集注》“孟子·离娄章句下”，中华书局，1983，第291页。
[10]郭沫若《十批判书》，《郭沫若全集》历史编第2卷，人民文学出版社，1982，第170页。

然而人人皆知，中华有四德：忠、孝、节、义，而以“忠”居其首。很多人以为这“四德”是自古就有的体系。但通过上述追溯可知，居“四德”之首的“忠”字，在孔子、孟子那里，第一重要性并不怎么突出，第二并不具备后来的含义或主要不是后来的含义。所以，这个“忠”字挂帅的道德体系，不是真古董。那么，它究竟是何时的杰作呢？

我们不妨以明代为终点，一个朝代一个朝代向前寻其踪迹。结果发现，大部分朝代都要排除掉，因为它们并不真正奉儒家伦理为圭臬。这里，附带指出我们知识上一个普遍的误区，即，但凡说到儒家思想和伦理，人们十有八九以为它在二千多年来中国历史和文化中一直居统治地位。其实，那是没有的事。

我们可以明确地说，自帝制以来，中国历史上大大小小约二十个朝代，儒家称得上居统治地位的，前后不超过五个朝代[1]，只占四分之一。秦代仅尊法家，这是大家都知道的。魏晋是一段张扬个性、及时行乐的时光。南北朝佛教最时髦。由隋至唐，儒教总算有些起色，韩愈号称“文起八代之衰”，他是儒家的大人物，对儒家复兴居功至伟，但从另一面看，既然到他这里才“起八代之衰”，可知先前儒家一直颓唐不振，事实上，韩愈也未能使唐代成为儒家一统天下，总的来说，儒、佛、道三家在唐代此消彼长，最多打个平手。至于五代十国和元代，大家知道它们一个是“五胡乱华”，另一个索性“以胡灭华”，都未给儒家多少空间。

到此为止，我们尚未提到的便只有两汉和两宋。确实——尽管说来有点难以相信——到明代以前，大约一千五百年间，只有汉、宋两朝真真正正“独尊儒术”，是儒家的一统天下——这还要除掉武帝之前的西汉初期，那时尊的是黄老之学。那么，忠君观是由汉儒开发出来的吗？否。尽管汉儒开了“独尊儒术”的先河，可他们却不那样暮气沉沉，相反，汉儒的精神很是向上而进取的。限于篇幅，这里长话短说：汉代道德风尚，有“孝”的热诚，对于“忠”字却只淡然；他们并不欣赏“君要臣死，臣不得不死”这种气节。

于是，只有宋了。不错，我们如今

[1] 它们是西汉、东汉、宋、明、清。

以为“自古便有”的以忠、孝、节、义一字排开的美德次序，是晚至宋代才演述和开发出来的价值观，距今也就一千年历史。此前中国不特别地讲究这一套；或虽然有之，却非人人为之匍匐的天条，比如贞节这东西，宋以前妇人改嫁另适者从不稀奇。

关于“忠”字如何经宋儒阐释，脱离古意、被匡定为礼法那种特定伦理关系，笔者从《朱子语类》中恰好见到一条相当直接的凭据。讲学中，朱熹教导说“事君须是忠，不然，则非事君之道”[1]，这引来学生赵用之的提问：

> 用之问：“忠，只是实心，人伦日用皆当用之，何独只于事君上说‘忠’字？”[2]

结合我们先前对“忠”字的考察，显然，赵用之的疑惑正原自先秦时孔孟的本义。其次由这一问，我们也确切知道，直到那时“独只于事君上说‘忠’字”，还是一种新有的界说。对此，朱熹答道：

> 曰：“父子兄弟夫妇，皆是天理自然，人皆莫不自知爱敬。君臣虽亦是天理，然是义合。世之人便自易得苟且，故须于此说‘忠’，却是就不足处说。”[3]

他说，父子兄弟夫妇之情，发自内心，源于天性，君臣却不是这样，虽然合于天理，却更多靠义务维持。既然主要是义务，人便易生“苟且”之心，这是人性的一个弱点，为弥补这弱点，就需要在君臣之间特别地强调“忠”。

这真是一个应该瞩目的重要时刻。由这番问答，我们亲眼目睹“忠”字怎样从“人伦日用皆当用之”的一般道德，变成“独只于事君上”的特殊道德。从此，一代又一代中国人，就再也不能从这种语义逃脱，明末那些愤怒

[1] 黎靖德辑《朱子语类》卷十三学七力行，《朱子全书》第十四册，上海古籍出版社、安徽教育出版社，2002，第394页。

[2] 黎靖德辑《朱子语类》卷十三学七力行，《朱子全书》第十四册，上海古籍出版社、安徽教育出版社，2002，第399页。

[3] 黎靖德辑《朱子语类》卷十三学七力行，《朱子全书》第十四册，上海古籍出版社、安徽教育出版社，2002，第399页。

的焚掠者如此，“文革”中高呼“三忠于四无限”的我们也不例外。《朱子语类》还有一句问答，也让我惊奇不已；一位曾姓弟子谈自己的理解：“如在君旁，则为君死；在父旁，则为父死。”朱熹基本肯定，却又细致地做出纠正：“也是如此。如在君，虽父有罪，不能为父死。”[1]里面的意思让人眼熟，搜索记忆，然后想起“爹亲娘亲不如毛主席亲”。

不过，宋人虽对中国伦理有如此重要的贡献，自己其实却没来得及很好享用。一则理学真正成大气候要等到南宋，有些晚；而我们知道，从北宋初期直到中期，柳永、欧阳修、王安石、苏轼等知识分子，都还没有多少方巾气。二来理学从知识分子意识形态演为一般社会道德范式，需要一个传播过程，尽管二程、周敦颐、朱熹、陆九渊等的讲学已不遗余力，但尚局限在知识阶层，对普众的影响，还不能立竿见影。

这果实被谁收获了呢？那就是经过元代间隔一百年后而“恢复中华”的明人。我不知道若非之前的百年异族统治，明代是否有那么强烈的复兴儒学的使命感。总之，从一开始明代意识形态就抱着重振汉官威仪的志向，对此，既近且好、甚至唯一的选择，自然是以宋为师。明代士子接过宋儒的衣钵，将它好好地发扬光大了，而明代的统治者也从国家层面大力褒奖和推动。所以，道学风气兴于宋而弘于明，终于在社会全面铺开。这就是为什么宋、明两代，晚景相像，而两者的社会心理与反应却并不相同——明末的悲情气质，比宋末强烈许多。虽然南宋末年也出现了古来少有的悲情形象文天祥，但到了明末，文天祥式人物就绝非一个二个，而是难以计数、俯拾即是。明代士子常把“国家三百年养士”一语挂在嘴边，在他们，这话可不空空洞洞，而是沉郁顿挫、掷地有声的。因为，虽然每个王朝都“养士”，但只有明朝以“名节”养士，士子们的道德归属感、使命感特别沉重。所以，历来于改朝换代之际都不免发生的降附现象，偏偏在明末才形成那么大刺激，恰似洁癖者一脚踩在狗屎之上。我们若不能想象明人这种洁癖倾向有多严重，可以打量一番至今林立各地的贞节牌坊。不知大家可曾留意，这些贞节牌坊绝少有建于明代之前。它们是男人给女人立

[1] 黎靖德辑《朱子语类》卷十三学七力行，《朱子全书》第十四册，上海古籍出版社、安徽教育出版社，2002，第401页。

的，或丈夫给妻子立的，而依礼教的观念，臣子之于君主就好比女人之于男人、妻子之于丈夫，道理完全相同；因此，和“好女不事二夫”一样，好的臣子也不该侍奉二君。

八

话说回来，并非只有中国才讲“忠”。其他文化和文明，也主张效忠国家、奉事以忠。可见“忠”在有些方面，也反映了人类“普世价值”。本文讨论的，是一种比较特殊的“忠”，产于中国式君权崇拜的观念及历史。这种“忠”没有“普世性”，只有特殊性和极端性，以致经常闪现不可理喻、出人意表的惊人之见。

比如，通常接受“伪职”、切实为敌工作的人，才算投降者，而在明人眼里，这远远不够。从当时江南各地人士“讨降”檄文中我们发现，那些在京遭受拘禁与拷打的官员，也是指责和清算的对象，也列入“从贼”范围。杨士聪《甲申核真略》突出谈到了这一点：

> 且辱与荣，对者也。冠裳车服，贼之所谓荣者，吾既以为辱；则桎梏桁杨，贼之所谓辱者，吾将以为荣。荣辱有何定哉！自南中欲锢北来诸臣，遂倡为刑辱之说，计将一网打尽。[1]

“刑辱之说”的意思是，那些被闯军抓起来并且用刑的明朝官员，纵使并未加入大顺政权，也个个算有罪之身。这道理，无论怎么看，都古怪极了。遭此大难，悲惨之至，不表同情与慰问已很过分，怎么还要问罪呢？大家不知，那是根据两个理由。一是“刑不上大夫”，身为朝廷命官而被庶民（农民军）拷打，看上去是你受皮肉之苦，折辱的却是朝廷体统，故而有罪。二是“主忧臣辱，主辱臣死”，既然君上已然自尽，臣子就再无活下去的道理，何况这种“偷生”还白白地送给“贼寇”凌辱自己的机会。归根到底，崇祯死

[1] 杨士聪《甲申核真略》，《甲申核真略（外二种）》，浙江古籍出版社，1985，第8—9页。

后，诸臣别说屈膝投降，活着就算有罪，在江南声讨过程中，有位诸生就怒斥道："主辱臣死，岂主死尚可臣生！"[1]

所以，南都有关"附逆"之议，普遍主张除明确投降的外，要增加"徘徊于顺逆之间"[2]这种情况。有人于奏疏中，提至如下高度："变故危亡之际，正臣子致身见节之时。亘古迄今，大义无所逃于天地间也。"[3]这就是"死忠"的奉君之道。从"死忠"角度看，逃生与投降半斤八两，于"大义"都不能容。

好在并非所有人都是这样高调。史可法就能够在一片狂热中，主张宽容。他上了一道《论从逆南还疏》，对那些漂亮辞藻加以驳斥：

> 先帝惨殉社稷，凡属臣子皆有罪，在北始应从死，岂在南独非人臣耶？即臣可法谬典南枢，臣士英叨任凤督，未闻悉东南甲，疾趋北援；镇臣高杰、刘泽清，以兵力不支，折而南走，是首应重论者臣等罪也。乃以圣明继统，不惟斧锧未加，抑且恩荣叠被，独于在北诸臣，毛举而概绳之，岂散秩闲曹，责反重于南枢凤督哉。宜将从逆诸臣择罪状显著者，重处示儆。若伪命未污，身被刑拷者，可置勿问……总之应罪者罪，无为报怨之借题；应宽者宽，无令人心之解体。使天下晓然知君臣大义，不但在北者宜死，即在南者亦宜死，而圣明宥过；不但在南者姑宽，即在北者亦姑宽，必有全身忍诟之人，为雪耻除凶之计，宽以死而报以死，或亦情理之所必至也。[4]

看来古代也好，今天也罢，凡脚踏实地、勇于担当者，一般不在道德上唱高调，用心比较平和；倒是一些沽名钓誉之徒，往往激昂。

研究降附者的资料，发现一种有趣现象，即亲属中倘若一个在南、一个在北，经甲申之变便如隔天渊，在南者依然故我，在北者却一律成为反面人物。例如史可法与史可程，左懋第与左懋泰，周钟与周镳，顾杲与顾棻。史可

[1] 卢泾才《杀贼誓言》，《南明史料（八种）》，江苏古籍出版社，1999，第597页。

[2] 刘宗周《恸哭时艰立伸讨贼之义疏》，《刘子全书》卷之十八奏疏，华文书局股份有限公司影印本，1968，第1258页。

[3] 宗敦一《大彰衮钺事疏》，《南明史料（八种）》，江苏古籍出版社，1999，第657页。

[4] 史可法《论从逆南还疏》，《史忠正公集》卷一，商务印书馆，民国二十五年十二月，第11页。

程投降后仍为庶吉士，闯军曾命他写信招降史可法，只因大顺崩溃过快，其事“不果”。[1]左懋泰任“伪兵政府侍郎，镇守山海关”[2]。周钟事详前。顾棻被委任为“伪四川成都府同知”。[3]他们都是亲兄弟和堂兄弟，或一母同胞，或同受家训，道德品性即有所差，应不至霄壤之别。然而，在北者竟无一例外全部降附而名节不保。如谓巧合，岂不太巧？如系偶然，又何至于这么整齐分明？道德、名节解释得了吗？

《丹午笔记》载有顾杲为哥哥投降事，而写给哥哥的一封信。头一句就提到，早先曾收到顾棻于城危时寄回的家书，里面“以死自誓”。顾杲说当时睹此语，“弟既痛楚，旋复痛快。盖悲兄之死，而幸国家有忠臣、先人有肖子。”然而，“不图今日乃至于斯也！”他批评哥哥：

> 生死之际，虽难顾天地之惨何似，况骂贼求死，不过一启口之易耳。城破苟免，一误也。被执苟免，二误也。入京而又苟免，三误也……至于名丝伪籍，其玷已甚，不可复云误矣。[4]

所论头头是道：先有“三误”，及拜“伪职”，则“其玷已甚”，不再是“误”了。这样一种经过，适用于降附者中的大多数，除开少数削尖脑袋的干进之徒。

其实，很多人在投降前，最初都和顾棻一样有赴死之志，或表现得并不怕死。例如明末百科全书式通才、“四公子”之一的方以智，“闻变，走出……潜走禄米仓后夹衖，见草房侧有大井，意欲下投，适担水者数人至，不果”，第二天一大早，就被四处找寻的家人找到，逼着他去闯军处报到（“家人惧祸，已代为报名矣”），他就这样稀里糊涂归附了闯军。[5]再如庶吉士张家玉，“贼怒，缚柱上欲刳之，颜色不变，异而释之。愈欲其降，不可。遣人往拘其父母，乃降。”[6]他是因孝而降，没有满足朱熹的愿望，将与父母的“天理自然”给忠君的“义务”让道，但我认为他是一个真正能担当的人。几年后，

[1] 计六奇《明季北略》，中华书局，1984，第607页。
[2] 计六奇《明季北略》，中华书局，1984，第621页。
[3] 计六奇《明季北略》，中华书局，1984，第646页。
[4] 顾杲《上兄棻书》，《丹午笔记·吴城日记·五石脂》，江苏古籍出版社，1999，第46—47页。
[5] 计六奇《明季北略》，中华书局，1984，第585页。
[6] 计六奇《明季北略》，中华书局，1984，第618页。

他在东莞抗清,"矢尽炮裂,欲战无具","自投野塘死"。[1]

归结起来,绝大多数投降者或未能一死了之者,无非只因心中"私"字一闪念。我们现在管这种情形叫"人性"。比如眷恋生命,比如懦弱,比如犹疑,比如不忍连累家人……哪怕像龚鼎孳那样,"我原要死,小妾不肯。"这些,本来都属于正常人性,不高大,但也谈不上可耻。照我们今天的观点,每个人作为生命个体,允许而且应该拥有一点自我的空间,在重大的关头可以替自己做些考虑。在美国,哪怕是干了坏事的犯罪嫌疑人,法律也承认他有权首先保护自我而"保持沉默"。而我们的"传统道德",不会给个人这种空间。因为我们要求的"忠",基于人身依附及占有,是个人无条件、无保留地对"所有者"(君主、国家等)的服从和献出。糟糕的是,这种要求还完全以"正义"面目出现。

九

以上,是甲申之变亦即北京城陷后的投降情形。等到翌年乙酉之变亦即南京城陷时,又有一次,文豪钱谦益便是领衔者之一。这先后两次投降高潮,对象不同。北京之降,降于本国暴动者;南京则降于异国入侵军。在今人眼里,后者严重性大概远远超过前者。明人未必这么看,未必认为投降李闯的罪过,比投降满清要轻。这也是古代伦理的独特处。盛传慈禧说过一句话:"宁赠友邦,不予家奴",历来作为她是卖国贼的证据,其实这种思维在旧伦理中极其自然,我们倘若吃透了"忠"的各层面关系与含义,即知必然如此,与爱国或卖国反而没什么联系,比如"样板戏"里有台词:"三爷最恨被共军逮着过的人!"心理与慈禧是相通的。

从洪承畴降清算起,投降问题横穿两朝(崇祯、弘光),令人焦头烂额。对于视"名节"为压箱底之宝的明朝来说,是沉重打击。但杨士聪却有别致的见解:

> 商周之际,仅得首阳两饿夫。北都殉节,几二十人,可谓盛矣。

[1] 抱阳生《甲申朝事小纪》,书目文献出版社,1987,第849页。

自开辟以至于今，兴亡代有，万无举朝尽死之理。[1]

首阳两饿夫，指伯夷、叔齐兄弟，他们都是商末孤竹君之子，武王伐纣后，耻食周粟，饿死首阳山。杨士聪说，较之商亡仅两人殉之，北京之陷有近二十人死节，还有什么不满意呢？兴亡代代有，也并未见过满朝文武全都死光的情形。

他说的乃是实话。跟过往比，乃至包括后世，明代士大夫的“名节”真是最过硬的了。明末殉国者之多，数量或抵得过以前历代总和。弘光政权幻灭后，殉国者成批涌现，仅本文提到的一些人，如史可法、左懋第、祁彪佳、顾杲等，后都自尽而死。虽然我们知道此一现象深受名教影响，但对死难者本人，我还是葆有很大的敬意；因为曾经考察过他们的事迹、思想以及时代背景，从而了解做出那样的举动并不都是出于迂腐。言及于此，也不能不从另一端感到些困惑。例如降清且助其平定中原的洪承畴，当时与吴三桂是一文一武两个头号“大汉奸”，但二百多年后，这种评价消失了，而代以“功在千秋”。孙中山有《赞洪文襄》一诗，称道他“满回中原日，汉戚存多时”；他还这样回答洪氏后人的提问：

余致力唤起民众推翻满清，目的在于推翻其腐败帝制。洪文襄降清，避免了生灵涂炭，力促中华一统，劳苦功高。[2]

政治家思路果然实用。不过“满回中原”、“力促中华一统”或有之，“避免了生灵涂炭”则是没有的事，了解过清兵南下史的读者，心中都有一本账。关键是，历史究竟有无一定之理？是否能以结果论（实利）而朝秦暮楚？何况对洪承畴的这一评价，每一句我看亦很适用于吴三桂，为什么不把他也一道“平反”呢，是因他后来又举兵叛清吗？再有，这样评价洪承畴，置当年快意嘲讽洪承畴、为之杀害的少年英雄夏完淳于何地？这都令人困惑。

世间历来有“英雄”和“普通人”之分。我觉得恰当的态度是，对英雄应

[1] 杨士聪《甲申核真略》，《甲申核真略（外二种）》，浙江古籍出版社，1985，第9页。

[2] 王宏志《洪承畴传》，人民文学出版社，2009，第410页。

有英雄的尊重，对普通人也应有普通人的尊重。这不同的尊重，各自体现了一种社会公正与善意。但在中国，有时两种尊重都不存在。

作为个人行为，投降或不投降，受制于每个人对生命价值的理解与追求，以及气质、个性等等因素，这些方面千差万别，既无一定之道理，也很难一概而论，该褒该贬，要结合每个人具体情况来看。

个人行为之外，还有一个国家伦理层面，我们需要讨论的也就是这个层面。国家伦理，作用在于鼓励、引导、规范社会和人民价值观，告诉他们什么是正确的，以及怎样做符合社会的共同利益。就此而言，投降不论何时何地，都不是国家所愿面对的情形，因为它与失败相联系，是不幸的境地。但在不赞赏的同时，能否基于现实，有所容纳、谅解与接受，对国家伦理而言，却是有关理性、博大和善意的更深刻考验。

姑以“贪生怕死”的美国人为例。朝鲜战争期间，美军士兵随身携有“投降书”，是一个长方形布质印刷品，上端是美国国旗，下面同时用多种文字印了一句话，大意为“我是美国人，请不要杀我……”云云。换言之，美国大兵未曾临阵，政府却先替他们准备好投降书，且附以国旗给予郑重认可。比这略早几年，珍珠港事件后，日军大举进攻菲律宾，美菲联军抵抗。到1942年4月，终于不支。5月3日，美军司令温赖特中将奉罗斯福总统之命，电令菲全境军队停止抵抗，并宣布拒绝投降者将以逃兵论处。

他们显然不以投降为美事，但万一事不可为，也并不以投降为耻。很多非常注重荣誉的民族，都曾经能够投降。例如二战时德国。在西方价值观中，投降虽为可悲结局，同时却也配得上严肃的尊重。为使投降安全而体面，他们甚至聚在一起制订了优待俘虏的国际公约。

中国文化心理不会赞同这一点，我们对于投降从骨子里抱以蔑视，甚至历来有杀降传统。秦将白起曾经坑杀赵国降卒四十万；晚至十九世纪中期，李鸿章也将数万太平天国降军尽行诛灭。当时，李的盟友、英国人“常胜军”统帅戈登异常震惊，觉得只有野蛮人方能至此。他不知道，以中国文化心理，一旦投降即人格丧尽，不复可享“人”的尊重。

之如此，关键在于投降与道德形成了绑定：投降意味着不忠、背叛，而非绝境下对生命的最后一点尊重。这是根源。

当美国大兵掏出投降书、举起双手时，无论他本人抑或其政府、国家与人民，都不认为这一行为代表背叛。他只是无力或不必继续去做某种徒劳的事情。就本来意义而言，投降只是当事不可为时，一种以求自我保护的处置。小至个人，大到国家，都可能采取。它和品格、道德无关。不仅如此，从国家伦理层面上不歧视投降，包含了对个人生命的尊重。它承认，生命面临危险时个人有权将其安危置于首位，只要这对于国家并无实际的损害。如果更进一步，国家应该认为，公民为保护其生命安全所采取的行动，不但不违背，相反恰好符合国家利益。

帝制中国却没有这种观念，它认为个人是皇权的“私有物”，其生命、身体及一切概不属于自己，他们没有任何自我权益需要考虑。基于单方面索取的关系，皇权对其子民提出了终极占有的要求。子民之于君上，不单为之服务、工作，也随时为之献上生命。为保证这种关系，建立了一整套人身依附的伦理秩序，臣为君死、子为父死、妇为夫死，使社会——从家庭到国家——都纳入同样的逻辑，由此建成一个“名节”系统。

观察这个“名节”系统，我们除了从中看到中国特有的经济、社会、文化的形态，也看到了历史的阴影。换言之，这套东西对中国来说，并非自古而然，而是随着历史变化，逐渐走到这一步。在汉唐盛世，还没有这么严苛的“名节”系统；它不是汉文明上升期的产物，却明显随着宋明悲情历史而凸显和强化。十六世纪起，欧洲经历过一次宗教改革；早其四五个世纪，中国实际上也有类似的过程，所不同的是，欧洲从中得到解放，中国得到的反而是束缚。从宋儒到明儒，古典儒学变为新儒学，其结果，中国社会伦理愈益保守。而这一过程，恰逢汉族中国两次亡国。我们无法判断在这种历史结局与国家伦理之间，什么是因什么是果，抑或互为因果；但显然，悲情愈来愈多地投射于民族心理。降附现象在明末唤起的反应，肯定与自信无关，而是十足悲情的流露，某种输不起或自闭的因素已潜入我们的气质。

这过程后来还在继续，还有进一步的发展。作为二十世纪中国人，我们清楚明末的情况其实不算最糟，类似杨士聪那种人当时尚能“善终”，如在当代，难乎其难。五十年代至七十年代，从潘汉年到刘少奇，多少人含冤于“叛徒”名下。“叛徒”、“投降”这类罪名，杀伤力之大无以过之，扣上此帽，连国家主席也无望生还。1975年8月4日，毛泽东又就《水浒》谈话：“《水浒》这部书，好就好在投降，做反面教材，使人民都知道投降派。”[1]江青、姚文元等即以此攻周恩来、邓小平。9月20日，周恩来接受最后一次大手术，推入手术室前，他奋力喊道：“我不是投降派！”[2]其中，有政治的严酷，更有历史的沉重。

[1] 毛泽东《建国以来毛泽东文稿》第十三册，中央文献出版社，1998，第457页。

[2] 中共中央文献研究室编《周恩来年谱(一九四九——一九七六)》下卷，中央文献出版社，1997，第721页。

连环画中的刘宗敏形象，崔君沛绘。

刘宗敏，闯军头号大将，他在北京拷掠百官甚酷，赵士锦脱身后所写《甲申纪事》一书，记述亲身经历与见闻，多涉刘宗敏所为。

钱谷·贪忮

明末财政问题的症结，内在于体制之中。战争消耗多少、一年赋税欠收多少、天灾造成粮食减产多少，这些数字可以统计出来，明明白白摆在那儿。但是，有多少钱因制度之故暗中化于无形，连政权及其官僚系统本身也不清楚。这是最可怕的地方。

一

大学时，偶读袁宏道尺牍一件，喜其文字，随手抄在本子上，中有句云："钱谷多如牛毛，人情茫如风影，过客积如蚊虫，官长尊如阎老。"[1]当时，对"钱谷"两字似懂非懂，却未求甚解，以望文生义的方法囫囵了之。后因屡屡见之，终于去查《辞源》，乃知"钱谷"本指钱币和米粮，引申出来，辄为赋税，也转而代指官府中从事钱粮会计工作的幕属。

"钱谷多如牛毛"，或者解为赋税繁重，或者解为赋税繁重致相关胥吏众多，皆可。联系实际，袁宏道信中有此一句并非偶然。该信写于万历二十三年乙未（1595），那时袁宏道刚中进士不久，头一回做官，在吴县当县令，没多久，就辞职不干了。稔于明史者知道，万历年间，正是明朝赋税走向横征暴敛的开端。我们从袁宏道此信，也可略为推知他迅速辞官的原由；其中之一，大概是不耐向百姓征敛的烦剧。

袁宏道不妨一走了之，明朝赋税加剧的势头却未尝停歇，以后五十年间愈演愈烈。这次做"弘光"系列，追索明朝灭亡的轨迹，笔者于其间感受最强烈的，尚非人们就这段历史通常热议的道德问题、政治问题、文化问题和民族冲突问题，而主要是财政问题。在这一点上，王朝陷入一个大泥塘，一种恶性循环。而其原因，则困惑难解。自然界有些吐丝类动物，除一般熟知的蜘蛛、春蚕，据说希腊有吐丝蛇，南美有吐丝猫、吐丝蛙。以我看来，明朝晚期财政仿佛也有此奇特功能，只不过动物吐丝通常作为捕猎的手段，在明朝，却是自我缠绕，越缠越紧，直到使自己窒息。奇怪的是，既没有人逼它如此，它也尽有其他选择，然而终其最后却一意孤行，未思别策。

关于明朝天下为清人所夺，我一直存有诸多茫然：富国为何输给了穷国？

[1]《袁宏道集笺校》，上海古籍出版社，1981，第219—220页。

强国为何被弱国所亡？落后国家为何战胜先进国家？发达生产力为何斗不过原始生产力？低级文明为何击败了高级文明？其方方面面，均有乖于我们的常识。

这两个对手——如果算得上对手——彼此反差有多大？我们来看万历初年成书的《殊域周咨录》对建州女真生活形态的描述：

> 建州颇类开原，旧俗其脑温江上自海西下至黑龙江谓之生女直，略事耕种，聚会为礼，人持烧酒一鱼胞，席地歌饮，少有忿争，弯弓相射。可汗以下以桦皮为屋。行则驮载，止则张架以居。养马弋猎为生。其阿迷江至撒鲁江颇类河西，乘五板船疾行江中。乞列迷有四种，性柔刻贪狡，捕鱼为食，著直筒衣，暑用鱼皮，寒用狗皮，不识五谷，惟狗至多，耕田供食皆用之。死者刳腹焚之，以灰烬夹于木末植之。乞里迷去奴儿干三千余里，一种曰女直野人，性刚而贪，文面椎髻，帽缀红缨，衣绿綵组，惟袴不裩。妇人帽垂珠珞，衣缀铜铃，射山为食，暑则野居，寒则室处。一种曰北山野人，乘鹿出入。又一种住平土屋，屋脊开孔，以梯出入，卧以草铺，类狗窝。一苦兀，在奴儿干海东，人身多毛，戴熊皮，衣花布，亲死刳肠胃，曝干负之，饮食必祭，三年后弃之。其邻有吉里迭，男少女多，女始生，先定以狗，十岁即娶，食惟腥鲜。[1]

作者严从简，嘉靖间任行人司行人，相当于明朝的职业外交家。他的描述虽不免夹杂着汉族优越感，或受到《山海经》志异述奇风格的影响，以致多少有些过分渲染。但正像书名表示的，《殊域周咨录》的编撰，是备皇帝就涉外事务咨政之用，其基本文献价值是有保障的，一直以来，也确被目为明代重要的涉外史料。将以上描述去粗取精，我们从中可获如下主要信息：晚至嘉靖年间，白山黑水间的女真人仍以渔猎为主，只有极初步的耕种；衣食起居，都还迹近原始状态；社会简单，文化蒙昧。此前，作者还引述了来自《后汉书》《北史》《文献通考》和《元志》等四种旧文献对该地文明状况的记载，如“冬则厚涂豕膏（猪油）御寒，夏则裸袒尺布蔽体”，“臭秽不洁，作厕于中，环之而居”，“以尿洗面。婚嫁男就女家”，“秋冬死，以尸饵貂（将逝者之肉作为

[1] 严从简《殊域周咨录》，二十四卷，女直，中华书局，2000，第743—744页。

捕貂的诱饵)”,“无市井城郭,逐水草为居”等,可见东汉至明代嘉靖这一千多年,该地虽非没有进化,但进化相当缓慢。

按这样的描述,两者在物质和精神文明上落差之大,何啻万里?若置今日,即最发达与最不发达国家之间,也难找到相埒的情形。可历时不足百年,花团锦簇的天朝上国,居然被“暑用鱼皮、寒用狗皮”,不识五谷、以狗耕田、以鱼胞盛酒的野蛮部落所吞。这结果,虽令“天方夜谭”黯然失色,却是千真万确的现实。

其夸张程度,打个比方,犹如当今头号富强之邦美利坚合众国,被加勒比某个小小近邻所灭。这种情形,不要说作为现实,就算我们身边有人当做假设提出,也会被视为痴人梦语。但十六世纪晚期至十七世纪中叶中国历史的那次巨变,实际就是如此,乃至尤有过之。何以见得?我们且借弗兰克名著《白银资本》所绘当时世界经济版图略窥一二:

> 另一个甚至更为“核心”的经济体是中国。它的这种更为核心的地位是基于它在工业、农业、(水路)运输和贸易方面所拥有的绝对与相对的更大的生产力。中国的这种更大的、实际上是世界经济中最大的生产力、竞争力及中心地位表现为,它的贸易保持着最大的顺差。这种贸易顺差主要基于它的丝绸和瓷器出口在世界经济中的主导地位,另外它还出口黄金、银钱以及后来的茶叶。这些出口商品反过来使中国成为世界白银的“终极秘窖”。世界白银流向中国,以平衡中国几乎永远保持着的出口顺差。当然,中国完全有能力满足自身对白银的无厌“需求”,因为对于世界经济中其他地方始终需求的进口商品,中国也有一个永不枯竭的供给来源。[1]

弗兰克说,直到十八世纪中期,中国在世界经济中的独大地位,无人可以撼动。一边是“世界经济中最大的生产力、竞争力及中心地位”,一边是“以桦皮为屋。行则驮载,止则张架以居”。这两者的关系,如形容为泰坦尼克巨轮之于小舢板,大约不为过。

泰坦尼克号因被冰山撞沉,多少不失悲剧的意味。明朝却是在小舢板触

[1] 弗兰克《白银资本》,中央编译出版社,2000,第182页。

碰之下，散架解体，简直叫人哭笑不得。但我们的误区可能在于过分强调了结果。关于结果，笔者认为满清其实是地道的“摘桃者”。姑不论攻破北京、逼死崇祯、将明朝彻底变成“危房”的，乃是李自成大顺军，而且无论此前此后，明朝这个“豆腐渣工程”的晚期症状都暴露无遗，大厦将倾、朽木难支，每个角落发出让人心惊肉跳的喀喀喇喇的声响，满清所要做的，不过是走到近旁跺一跺脚而已。

归根结蒂，明朝的崩坏无自外力，而死于自我溃烂。

这种溃烂，非朝夕可致，而有长期和内在的过程。其次，对它的观察不能停留在表面，停留在那些有形的现象和集中爆发的事态上，比如，党争、玩忽、朝政失控、盗寇横生之类。中国人由于历史认知力的局限与偏差，注意力往往放在现象的层面，而忽视逻辑的层面。非等事情发展和暴露于表面，方能觉察，而实际上，病根早已植下，却迟迟不被认识。所导致的情形，往往头疼医头、脚痛治脚，等真正发现根由所在，仓猝欲加挽回和补救，辄为时已晚，束手无策。

原因是中国的政治观、历史观，形而上学倾向严重，过于看重高蹈虚衍的义理，追求政治词语、道德词语的漂亮与堂皇，以为这就可以感化天下、稳定人心，而不在意社会的切实改善。远的不说，近处我们即曾亲有体验——1957至1977的二十年，当代中国正是在抽象崇高的口号中度过，每年都自认“形势大好，比以往任何时候更好”，实际上，明明有一系列经济数字摆在那里，提示着相反的现实，当权者却吝其青眼。所以，满口仁义道德，往往却与现实真况隔之甚远。有人说，数字亦不足信，因为数字能造假。不错，数字可以造假，甚至很常见，然而，数字终究是相关联的整体，造假者可编造其一部分，却不能将整个数字都做成假的，以致天衣无缝。就此而言，数字即便被造假，到头来它也会以某种方式，为我们指示哪些地方曾遭涂改。

因此有关明末的历史变故，本文将回到数字，从具体的财政环节入手，观察世态、提取细节、梳理问题。最终我们也许发现，在一堆貌似杂乱无章而枯燥的数字中，所见所得更胜于各种叠床架屋的宏论。

二

人类一到了有国家的阶段,就发生财政这个环节。因为,一来国家存在共同利益,二来国家需要管理而管理又需要经费,故而财政的发生是免不了的。那么,国家财政从何而来?当然不会凭空而降,一分一厘都来自劳动者,每个劳动者把自己劳动成果交出一部分,共同形成了国家财政。换言之,国家财政源于税收,古代中国称之为赋税。赋税一词,原本是两个单独的字,以后逐渐并称,但自历史过程言,先有赋后有税,而且含意也不同,略作辨析可了解更多的历史信息。

1920年初,胡适与胡汉民、廖仲恺之间,就井田制问题往还过几通书信,其中有如下的论述:

> 古代赋而不税。赋是地力(书中误印为"地方",我们代为更正)所出,平时的贡赋,同用兵时的"出车徒,给徭役",都是赋。税是地租——纯粹的Land tax。古代但赋地力,不征地租。后来大概因为国用不足,于赋之外另加收地租,这叫做税。[1]

他所讲的"古代",比我们现在一般所称早很多,起码在春秋以前,亦即早期国家时期。"赋而不税"的意思,是当时只有赋还没有税。不过"但赋地力,不征地租"这句话,中间缺少一些环节,乍看不易理解;而胡适随后的解释也不完全恰当——之所以在赋以外又出现了税,原因并非"国用不足",主要是"公田"之外出现一定规模的"私田",对于后者,国家以收取租费的方式加以承认,并使之与前者相区别,这便是起初税的由来。

我们应注意"赋"这个字的古义,与兵、行伍、兵役相通。《论语·公冶长》:"由也,千乘之国,可使治其赋也,不知其仁也。"朱熹注解说:"赋,兵也,古者以田赋出兵,故谓兵为赋,《春秋传》所谓'悉索敝赋'是也。"[2]又,《周礼·地官·

[1]《胡适书信集》上册,北京大学出版社,1996,第226页。

[2]朱熹《四书章句集注》论语集注卷三公冶长第五,中华书局,1983,第77页。

小司徒》:“以任地事而令贡赋。”郑玄注解说:“贡谓九谷山泽之材也,赋谓出车徒给繇役也。”[1]胡适所论就是据这一句。其实,我们留心一下“赋”字的组成——一个“贝”加一个“武”——即略知它的原意。贝壳在文明早期曾用作货币,以“贝”为偏旁的字一般都与财物有关,故而“贝”、“武”为伍,无非是以财助武。由此可见,赋最初产生时,理由也是堂堂正正的:国家乃利益共同体,它向人民提供保护,人民也须一齐出力使国家拥有这种能力。怎样出力呢?一是物力,如粮食、车辆、工具、布帛等各种物资(货币发达后,也包括金钱);一是人力,包括服兵役或被征为劳役。

当时主要以田地的多少来分配和计算所承担赋的大小,所以也称“田赋”,此即胡适所谓“赋是地力所出”。但春秋以前,土地还不曾私有化,土地是以“分茅列土”的方式,封赏给诸侯领主。名义上,“普天之下,莫非王土”,统统属于王者,封国之君只是领有其地,但后者负责组织耕种并享受部分利益。这当中,涉及到古代田制问题,例如“井田”是否存在,由于文献不足,历来争论无定,我们在此不便也不须具体介入。不过应能肯定,在古代土地所有权方面,不是后来的个人私有性质,而是所谓“公田”(“公”在这里,不宜等同或套用现今之“全民所有”概念),其法定拥有者是王室,王室则将土地世袭领属权授予诸侯领主。根据古籍,“公田”产生的赋,为十取其一。阮刻本《十三经注疏·春秋左传正义》说:“公田之法,十取其一。”[2]孔颖达疏引赵岐注曰:“民耕五十亩而贡上五亩,耕七十亩者以七亩助公家,耕百亩彻取十亩以为赋。”[3]不过,这十取其一之赋,是尽归王室,还是诸侯领主亦从中分一杯羹,不得而知。鲁哀公曾对孔子学生有若说:“二,吾犹不足。”田赋从十取其一提高到十取其二,他仍觉不够用。对此有若做出了那个有名的回答:“百姓足,君孰与不足?百姓不足,君孰与足?”[4]从这番问答,似乎田赋并不通通归于王室,诸侯领主也部分据为己有,也许这是春秋时期王室开始衰微以后的情形。

综上所述,古代由“公田”产生的

[1]郑玄注、贾公彦疏《十三经注疏·周礼注疏》上册卷第十一,北京大学出版社,1999,第279页。

[2]《十三经注疏·春秋左传正义》卷第二十四宣公十三年至十八年,北京大学出版社,1999,第664页。

[3]《十三经注疏·春秋左传正义》卷第二十四宣公十三年至十八年,北京大学出版社,1999,第664页。

[4]朱熹《四书章句集注》论语集注卷三公冶长第五,中华书局,1983,第135页。

赋,不是劳动者个人与国家之间发生的关系,而是诸侯领主作为“王土”领属者向国家(王室)履行的义务。借《诗经·小雅·北山之什》中《北山》一诗,我们粗粗知道一点具体情形:

> 陟彼北山,言采其杞。偕偕士子,朝夕从事。王事靡盬(盬:止息,停歇),忧我父母。
>
> 溥天之下,莫非王土。率土之滨,莫非王臣。大夫不均,我从事独贤。
>
> 四牡彭彭,王事傍傍。嘉我未老,鲜我方将。旅力方刚,经营四方。
>
> 或燕燕居息,或尽瘁事国。或息偃在床,或不已于行。
>
> 或不知叫号,或惨惨劬劳。或栖迟偃仰,或王事鞅掌。
>
> 或湛乐饮酒,或惨惨畏咎。或出入风议,或靡事不为。[1]

诗以诸侯领主治下某小吏口吻写成,他终年忙碌、筋疲力尽,以应“王事”,而感叹着“王事靡盬”。头一句所提到的枸杞,便是王室贡赋的内容之一。他还抱怨,虽然“莫非王臣”,但“大夫”(高级官员)却置身事外,“燕燕居息”、“息偃在床”、“不知叫号”,贡赋压力都在“我”这种小吏身上。既然小吏都为此“尽瘁事国”、“惨惨劬劳”,则从事实际生产的劳动者,负担更可想而知;对于他们,作者以“叫号”(呼叫号哭)给予形容。

“赋而不税”的情形,是随王权的兴衰而改变的。孔子于《春秋》宣公十五年(前594)记道:“初税亩。”[2]不多不少,只有这三个字,然而,“微言大义”。这三个字,标志中国历史一大变故,千百年来与每个人息息相关的“税”字,就此立足。

左丘明替孔子这貌似不动声色的三个字,作了是非明确的“传”:

> “初税亩”,非礼也。谷出不过藉,以丰财也。[3]

有关这句话,我们援引一下胡适的看法。他说:“藉字训借,借民力耕田,公

[1] 余冠英注译《诗经选》,人民文学出版社,1985,第238—239页。

[2]《十三经注疏·春秋左传正义》卷第二十四宣公十三年至十八年,北京大学出版社,1999,第664页。

[3]《十三经注疏·春秋左传正义》卷第二十四宣公十三年至十八年,北京大学出版社,1999,第672页。

家分其所收，故叫做藉。”又说：“藉即是赋”。[1]也就是说，左丘明指出，初税亩是不讲“礼”、违反古制的，自古民力所出只有十取其一的赋，如今却超出于此再收一份，这是与民争财、夺财于民。他的用心极好，不过初税亩的提出，却并不只是简单的道德问题。其背后，是私田的大量出现。

首先要排除一种误会，以为私田是刚出现的全新事物。《诗经》中，有一篇据信为西周时的《大田》这样吟道：

> 雨我公田，遂及我私。彼有不获稺，此有不敛穧；彼有遗秉，此有滞穗。[2]

里面那个“私”，便指的是与公田相对的私田。诗人祈祷，下雨的时候，公田旁边的私田也能沾上光；还说，公田收成不佳，自家私田也好不了，公田如果丰收，自家私田也能盈盈有余，颇写出那时私田的弱小，以及拥有者惴惴不安的内心。

关于公田与私田的关系和格局，《孟子》有段著名描述：

> 方里而井，井九百亩，其中为公田。八家皆私百亩，同养公田。公事毕，然后敢治私事，所以别野人也。[3]

它遭到胡适强烈质疑，认为是孟子杜撰的。这怀疑有一定道理，毕竟除了孟子的描绘，再无旁证。所谓中间一百亩公田、四周有八百亩私田围绕之，这图景也太过规正，不近自然，倒很像人脑刻意的想象。不过，孟子可能想象了一幅井田的图画，而公田、私田并存这一点却未必出于他的想象，至少《大田》一诗证明私田是存在的。而且作为合理推论，古代地广人稀，总会有新开垦的土地，统治也远没严密到后世“天网恢恢，疏而不漏”的地步，假如新的耕地开垦以后并未都纳入“公家”账面，有些被悄悄隐瞒下来，完全可能。

如果私田开发愈来愈多，慢慢地，普天之下就不一定“莫非王土”了，这

---

[1]《胡适书信集》上册，北京大学出版社，1996，第226页。

[2] 余冠英注译《诗经选》，人民文学出版社，1985，第242页。

[3] 朱熹《四书章句集注》孟子集注卷五滕文公章句上，中华书局，1983，第256页。

是一个根本性的经济和社会变革迹象，同时与此相伴的，显然还有生产工具的改进与技术的进化。实际上，私田力量渐渐能与公田相颉颃，是财富结构偏离王权中心的开端，势必触发制度上的嬗替。大量逸于王权治外甚至不为其所知的私田，在诸侯领主眼皮子底下涌现着，等发展到相当规模，很难不引起垂涎，令他们打起从中抽利的算盘。对诸侯领主来说，最大诱惑在于私田不在"贡赋"之内，抽取之利不必归诸王室，而可尽入自家囊中。这就是为什么从私田所抽之利，要重新立一个名目，不称"赋"而称"税"——赋乃"王事"，税却是诸侯所为。孔颖达疏曰：

> 又孟子对滕文公云："请野，九一而助。国中，什一使自赋。"郑玄《周礼匠人》注引孟子此言，乃云"是邦国亦异外内之法"。则郑玄以为诸侯郊外、郊内其法不同。郊内，十一使自赋其一。郊外，九而助一。是为二十而税二。[1]

其中提到"国中"、"野"，"郊内"、"郊外"，应该分别对应着编造在册、封国领地既定的公田，以及新开垦且未计入"王土"亩数的私田。公田旧赋十取其一，照收不变；而从"郊外"私田这部分，"九而助一"，另收一份由邦国笑纳——两者相加，"是为二十而税二"。就是说，现在诸侯领主和王室一样，也有一份单独的收入。可以预见，由于私田发展前景远超公田（前者蕃衍不息，后者却保持不变），诸侯领主及其社会基础土地私有者的财富、权力，必将盖过王权。

简单归纳一下，"赋"是王权中心或古代"公"有制的产物，"税"则是王纲解纽并向私有制时代过渡的象征。

三

以上我们用了一点篇幅，将赋、税在古代的由来及演变略事说明。之后历朝各代，有其不同的赋税制度，且随生产经营的扩展增加了课税的品种，如盐税、茶税、酒税、矿税等。不管如何变来

[1]《十三经注疏·春秋左传正义》卷第二十四宣公十三年至十八年，北京大学出版社，1999，第665页。

变去，有个基本规律不变；即每当新朝初建，赋税一般或有蠲免或有减轻，与民休息；然而好景不长，贪欲总是难耐，而政治也历来不免日益溷淆的趋势，所以过不了多久，故态复萌，重新回到横征暴敛。

前面曾说，作为随国家而生的事物，赋税作为国家收入原本是必要和合理的。但在冥顽恶戾的权力体系下，所谓必要性最终都会被利用来巧夺豪取，而原本的合理性则不能剩下一星半点。黄宗羲在《明夷待访录》的《田制》篇中说："魏、晋之民又困于汉，唐、宋之民又困于魏、晋"[1]，他惊讶于历史总是维持着人民处境每况愈下的奇怪趋势，而没有相反的迹象。他指出，症结即在赋税："吾见天下之赋日增，而后之为民者日困于前。"[2]

关于赋税之重如何不堪，他很快联系了明朝现实来说明：

> 今天下之财赋出于江南；江南之赋至钱氏（指五代十国之吴越钱氏王朝）而重，宋未尝改；至张士诚而又重，有明亦未尝改。

> 故一亩之赋，自三斗起科至于七斗，七斗之外，尚有官耗私增。计其一岁之获，不过一石，尽输于官，然且不足。[3]

唐以后，经济重心南移，而重赋随之亦至，不断升级。以至于明代，每亩一年所获粮食不过一石，而承担的赋税，从三斗至七斗不等，再算上其他"法外"侵夺，最终可达"尽输于官，然且不足"的地步。连国中最富庶地区都被压得不能喘息，贫苦之地人民景况更不待言。

我们还记得，初税亩之前的田赋，比例为十分之一，眼下却达到十分之三至十分之七，乃至"尽输于官，然且不足"。黄宗羲提到，汉代文景二帝"三十而税一"，是比较好的时期；光武帝"初行什一之法，后亦三十而税一"。三十则税一，税率相当于3%多一点。他认为这比较合理，主张回到那种样

[1] 黄宗羲《明夷待访录》，《黄宗羲全集》第一册，浙江古籍出版社，1985，第24页。

[2] 黄宗羲《明夷待访录》，《黄宗羲全集》第一册，浙江古籍出版社，1985，第23页。

[3] 黄宗羲《明夷待访录》，《黄宗羲全集》第一册，浙江古籍出版社，1985，第24页。

子,并驳斥担心"三十而税一"可能不够用的观点:

> 或曰:三十而税一,国用不足矣。夫古者千里之内,天子食之,其收之诸侯之贡者,不能十之一。今郡县之赋,郡县食之不能十之一,其解运至于京师者十有九,彼收其十一者尚无不足,收其十九者而反忧之乎![1]

亦即,根本不是够不够用的问题,而是欲壑难填,但凡贪婪便永远没个够。

回到"三十而税一",愿望甚好,却实在只是空想。简单拿古今作对比,这思路本身有问题。且不说社会经济水平与结构已有很大差异,即从制度和权力机器的发展变化论,十七世纪前后较诸纪元之初,早就不可同日而语。

这里讲一个细节:锦衣卫。

明代锦衣卫起初为皇家私人卫队或中央警卫部队,后扩大职权,向秘密警察组织过渡。它由朱元璋创建,却又于洪武六年由他亲手解散,"诏内外狱毋得上锦衣卫,诸大小咸径法曹(还权于国家正式司法机构)。终高皇帝世,锦衣卫不复典狱。"[2]"靖难"后,成祖朱棣为加强侦伺箝制,重新起用了这组织,此后终明之世不再废弃,反而大为膨胀。朱元璋时代,锦衣卫人数不曾逾于二千,到世宗嘉靖皇帝,却达六万以上,翻了三十倍。这数字,我们是从《明史》两条记载分析而来。世宗本纪:十六年三月,"革锦衣卫冒滥军校三万余人"。[3]刑法三:"世宗立,革锦衣传奉官十六(十分之六),汰旗校十五(十分之五)。"[4]既然革去的三万余人为总数之一半,则未革之前锦衣卫规模应为六万人以上。然而,这六万余人仅是其正式在编人员,即所谓"旗校",此外锦衣卫还豢养了眼线、打手等众多临时雇佣人员。王世贞(他就生活在嘉靖年间)提供了这样的数字:"仰度支者(靠锦衣卫开销维持生活者)凡十五六万人"。[5]十五六万人好像也不算很多,殊不知,根据《明史》食

[1]黄宗羲《明夷待访录》,《黄宗羲全集》第一册,浙江古籍出版社,1985,第24页。

[2]王世贞撰、董复表辑《弇州史料》前集卷十七,万历二十五年刻本,广东省立中山图书馆缩微品,1988。

[3]张廷玉等《明史》卷十七,中华书局,1974,第215页。

[4]张廷玉等《明史》卷九十五,中华书局,1974,第2336页。

[5]王世贞撰、董复表辑《弇州史料》前集卷十七,万历二十五年刻本,广东省立中山图书馆缩微品,1988。

货志，当时中国总人口从洪武至万历一直徘徊于五六千万之间。[1]以五六千万人口，而有十五六万锦衣卫，若按比例换算（其间人口增长约二十倍），相当于现在中国十三亿人口，要供应一支三百多万人的秘密警察部队。

这便是制度成本。从秦汉到明代，极权体制生长了小二千年，越来越严密，也越来越臃肿。锦衣卫这地道的皇家鹰犬，用途只是为帝王看家护院，只是令“贤智箝口，小人鼓舌”，然而所耗费用，一分一厘均来自它所荼毒的人民。算算这一类账，就明白何以“天下之赋日增”，以及古代何以什一即够，现在涨到十分之三至十分之七或更多，仍大感不足。

可见，黄宗羲回到古代的愿望极好，可能性却为零。而且以我们现代人看，问题远远不是退回古代、用时间减法方式所能解决。问题不出在时间上，出在制度上。时间只是使制度的弊病益发放大了而已，而弊病早已内在于制度当中。旧时代中国的批判者们，一旦对现实不满，每每想回到古代，原因是他们看不到事情的根源。对此暂点到为止，留待后面再作讨论。

关于人民赋税如何被消耗，还可去了解另一个群体：宗藩。明立国后，就皇室子孙爵位制度做出规定，大的种类有四：亲王、郡王、将军和中尉。具体是，皇子封亲王，亲王诸子年满十岁封郡王（亲王长子为世子，将来袭亲王爵，不在此列）。郡王诸子授镇国将军，孙辅国将军，曾孙奉国将军，四世孙镇国中尉，五世孙辅国中尉，六世以下皆奉国中尉。[2]这是一个庞大群体，连清朝官方所修《明史》都感到不能完全统计，而以“二百余年之间，宗姓实繁，贤愚杂出”一语了之。我们所见着的一个确切数字，出现在《穆宗实录》。隆庆五年六月，河南巡按栗永禄、杨家相以及礼科给事中张国彦奏“于今日当宗支极茂之时，则竭天下之力而难给”。他们说：

国初，亲郡王、将军才四十九位，今则玉牒内见存共两万八千九百二十四位，岁支禄粮八百七十万石有奇；郡县主君及仪宾不与焉。是较国初殆数百倍矣。天下岁供京师者止四百万石，而宗室禄粮则不啻倍之，是每

[1] 原文：“户口之数，增减不一，其可考者，洪武二十六年，天下户一千六十五万二千八百七十，口六千五十四万五千八百十二。弘治四年，户九百十一万三千四百四十六，口五千三百二十八万一千一百五十八。万历六年，户一千六十二万一千四百三十六，口六千六十九万二千八百五十六。”张廷玉等《明史》卷七十七，中华书局，1974，第1880—1881页。

[2] 张廷玉等《明史》卷一百十六，中华书局，1974，第3557页。

年竭国课之数不足以供宗室之半也。[1]

宗支一年消耗的禄粮，超过了输往京师总量的一倍。该数字中包含如下细节：一、这是截止于隆庆年的统计（之后明朝还有七八十年历史），至此，明室宗支从区区四十九人，成长为近三万人的“大部队”；二、皇家女性后代并未计于其内；三、仅为“玉牒”登记在册的名录。

这近三万之众的亲王、郡王、将军、中尉等，是怎样从国家财年中拿走八百七十万石的（约占四分之一以上）？《弇山堂别集》卷六十七“亲王禄赐考、各府禄米、诸王公主岁供之数”，有具体的数目。例如就藩于开封的周王：

周府：周王岁支本色禄米二万石，袭封（第二代）岁支本色禄米一万二千石，郡王初封岁支禄米二千石，袭封一千石，俱米钞中半（半给粮食半折钱币）。兼支：镇国将军岁支禄米一千石，辅国将军岁支禄米八百石，奉国将军岁支禄米六百石，镇国中尉岁支禄米四百石，俱米钞中半。[2]

周王这一脉所得是比较多的，其他亲王基本为每年一万石，低者可至一千石，以下郡王、将军、中尉等类推。

黄仁宇《万历十五年》自序云：“以总额而言，十七世纪末期的英国，人口为五百万，税收每年竟达七百万英镑，折合约银二千余万两，和人口为三十倍的中国大体相埒。”换言之，如分摊到人头上，中国民众赋税负担极轻。我们用具体的史料来展示这一点。《明史》食货志载：

嘉靖二年，御史黎贯言：“国初夏秋二税，麦四百七十余万石，今少九万；米二千四百七十余万石，今少二百五十余万。”[3]

由此可知，嘉靖初岁入为小麦四百七十

[1]《明穆宗实录》卷五八，国立北平图书馆红格钞本影印本，1962，第1424页。

[2]王世贞《弇山堂别集》卷六十七，台湾学生书局影印本，1965，第2853页。

[3]张廷玉等《明史》卷七十八，中华书局，1974，第1897—1898页。

万石或稍差，米二千二百万石稍多，按每石米合零点五八四两、每石小麦为米价百分之八十折以银价[1]，全部约合银一千五百万两。当然，这仅为税收大头粮食的数额，加上其他经济作物和工商收入，估计与黄仁宇所说万历初的二千余万两差不多。而人口数量，万历初年全国六千万出头，四十年前的嘉靖初年只少不多，我们也按六千万计算；这样，摊到每个人头上赋税所出仅约零点三三两。而十七世纪末英国人均纳税四两，较中国多十倍而有余。这样看来，十六世纪初的中国人，比之于十七世纪末的英国人，日子岂不太过轻松？

然而，以上的账算得有点糊涂，或者太书呆子。我们再看一些数字：洪武二十六年(1393)，"核天下土田，总八百五十万七千六百二十三顷"[2]，到弘治十五年(1502)，"天下土田止四百二十二万八千五十八顷"[3]，减少一半有余。什么原因呢？土地当然不会不翼而飞。"嘉靖八年，霍韬奉命修会典，言：'自洪武讫弘治百四十年，天下额田已减强半，而湖广、河南、广东失额尤多。非拨给於王府，则欺隐於猾民。'"[4]原来是被宗藩或豪强吞并，而关键在于，吞并者将田产据为己有，却并不将赋税额度带走。造成国家能收得上税的田亩"已减强半"，比国初少一半还多。此外还有一种情形："屯田多为内监、军官占夺，法尽坏。宪宗之世颇议厘复，而视旧所入，不能什一矣。"[5]亦即屯田这部分，税收损失极大，弘治年间已不及国初的十分之一。民田减少一半，屯田几乎收不上税，按理说国家财政至少也比国初下降一半以上才对，但前面所引《明史》食货志数据显示，嘉靖年间较洪武年间出入很小。这意味着什么呢？必然地，亏空部分有人顶上。能是何人？只有小民百姓。小民百姓田地被人夺走，朝廷不管不问，赋税却一分也不少要，此之谓"虚粮"。嘉靖二年，"令天下官吏考满迁秩，必严核任内租税，征解足数，方许给由交代。"[6]下了死命令，官员必须足额完成税收任务，方可升迁。官员于是盯牢里甲，里甲则盯牢小民，

[1] 明代白银价格本身及与粮食之间的折算率，前后变化极大。这里是以嘉靖间价格为准，来源于秦佩珩《明代米价考》一文，见其《明清社会经济史论稿》第199—210页，中州古籍出版社，1984。

[2] 张廷玉等《明史》卷七十七，中华书局，1974，第1882页。

[3] 张廷玉等《明史》卷七十七，中华书局，1974，第1882页。

[4] 张廷玉等《明史》卷七十七，中华书局，1974，第1882页。

[5] 张廷玉等《明史》卷七十七，中华书局，1974，第1885页。

[6] 张廷玉等《明史》卷七十八，中华书局，1974，第1898页。

已然无田却仍须纳粮的小民，只好“三十六计，走为上”。明后期，离乡逋赋之民极多。人消失了，赋税却不消失，逃走者其税粮又被转嫁，由他人他户包赔：

> 人去而粮犹在，则坐赔于本户，户不堪赔，则坐之本里，或又坐之亲戚。此被坐之家，在富者犹捐橐以偿，贫者则尽弃产而去。[1]

这是天启七年(1627)吴应箕行经河南真阳(今正阳)，遇农夫听闻之后，致书当地父母官反映的情形。以他所睹，“亩之疆界尚在，而禾麦之迹无一存者，计耕作久废矣。”农民逃亡非常严重。

所以，假使只算书呆子账，万历初年中国百姓日子，不知比十七世纪末英国人好过多少，然而到社会现实的实际中看一看，就知道中国的事情从不能以表面数字为凭。人头税赋算下来是零点三三两，可是“额田已减强半”、屯田所入“不能什一”、“人去而粮犹在，则坐赔于本户，户不堪赔，则坐之本里，或又坐之亲戚”，把这些也都考虑在内，则英国以五百万人口而税收“和人口为三十倍的中国大体相埒”，似乎也非单从数字上看起来的那么悬殊。除非英国的数字也和中国一样，不能直截了当算经济账，而要知道经济账后面还隐藏着社会账、政治账。像那个零点三三两，目为真实的人均数字是一种算法，目为国家赋税让拥有土地较少者承担而拥有土地最多者反得逍遥其外，则是另一种算法。两种算法下，明代百姓的日子，会有天壤之别。

又何况十六世纪中期起，国家“多事”，而在原有赋税基础上“加派”不断。这平添的负担，是一笔单独的款项，不在岁入之内，到后来，“加派”的钱粮竟然超过岁入。

《明史》食货志：

> 世宗(嘉靖皇帝)中年，边供费繁，加以土木、祷祀，月无虚日，帑藏匮竭。司农百计生财，甚至变卖寺田，收赎军罪，犹不能给。二十九年，俺答犯京师，增兵设戍，饷额过倍。三十年，京边岁用至五百九十五万，户部尚书孙应奎蒿目无策，乃议於南畿、浙江等州县增赋百二十万，加派于是始。[2]

[1] 吴应箕《真阳驿与汝宁守王乾纯先生书》，《楼山堂集》第十四卷，中华书局，1985，第160页。

[2] 张廷玉等《明史》卷七十八，中华书局，1974，第1901页。

万历末期，女真崛起，边事日紧。“至四十六年(1618)，骤增辽饷三百万。”第二年，再增二百余万两，并且不是临时性的，成为每年固定征收的款项：“明年，以兵工二部请，复加二厘。通前后九厘，增赋五百二十万，遂为岁额。所不加者，畿内八府及贵州而已。”[1]全国仅北京周遭和无油水可揩的贵州幸免。当时，其实国库充实，但是，有史以来最大的守财奴万历皇帝一毛不拔[2]，而宁肯盘剥人民。

崇祯三年(1630)，在五百二十万基础上，辽饷“增赋百六十五万四千有奇”[3]，接近七百万两。崇祯十年，起杨嗣昌为兵部尚书，“因议增兵十二万，增饷二百八十万。”称“剿饷”，以为平寇之用。崇祯皇帝就此发表上谕说：“不集兵无以平寇，不增赋无以饷兵。勉从廷议，暂累吾民一年，除此腹心大患。”[4]

所谓“暂累吾民一年”，实际并非如此。“初，嗣昌增剿饷，期一年而止。后饷尽而贼未平，诏征其半。”[5]一年后未停，仅减半而已。到崇祯十二年，杨嗣昌等又“有练饷之议”，“于是剿饷外复增练饷七百三十万。”[6]

以上，即明末有名的“三大征”。《明史》为之算了一笔总账：

> 神宗末增赋五百二十万，崇祯初再增百四十万，总名辽饷。至是，复增剿饷、练饷，额溢之。先后增赋千六百七十万，民不聊生，益起为盗矣。[7]

而崇祯时的评论家则说：

> 万历末年，合九边饷止二百八十万。今加派辽饷至九百万。剿饷三百三十万，业已停罢，旋加练饷七百三十余万。自古有一年而括二千万以输京师，又括京师二千万以输边者乎？[8]

总之，崇祯十二年以后，每年三饷

[1] 张廷玉等《明史》卷七十八，中华书局，1974，第1903页。
[2] “时内帑充积，帝靳不肯发。”张廷玉等《明史》卷七十八，中华书局，1974，第1903页。
[3] 张廷玉等《明史》卷七十八，中华书局，1974，第1903页。
[4] 张廷玉等《明史》卷二百五十二，中华书局，1974，第6510页。
[5] 张廷玉等《明史》卷二百五十二，中华书局，1974，第6515页。
[6] 张廷玉等《明史》卷二百五十二，中华书局，1974，第6515页。
[7] 张廷玉等《明史》卷二百五十二，中华书局，1974，第6515页。
[8] 御史卫周胤语。张廷玉等《明史》卷七十八，中华书局，1974，第1904页。

明代五十两大银锭。

刻有“衡州府衡山县征”、“万历卅四年十二月”等字样。万历皇帝爱财如命，搜刮最狠，直到临死前三年，每年都“加天下田赋”，余如矿税、织造等项不一而足。明十三陵，以其定陵最阔气，形象说明了他敛财的能力。

弘光通宝。

尽管弘光朝为时不过一年，却还是铸造发行了自己的新钱（年号钱）。如现代印钞一样，铸钱也是财政手段，“钱之轻重不常，轻则敛，重则散”，可以起到敛财作用。

总和已与国家财政年度收入相埒。未有三饷前，人均年纳税银零点三三两，至此人均达七两以上。由此乃知黄宗羲"尽输于官，然且不足"言之不虚。

三饷所征，据说是用来对付外族侵略和内部反叛的。他们一是来自苦寒之地的原始部族，一是饥寒交迫的乌合之众，而堂堂明帝国既以倾国之力欲予摆平，理应轻松使之化为齑粉。然而十几年下来，数亿银两似乎全部打了水漂，"虏"既未却，"寇"亦未平，这是怎么回事？尤不可思议的是，熬尽民脂，加征如此巨款，朝廷竟仍然无钱可用。

四

崇祯元年，亦即朱由检登基第二年，七月，宁远前线明军"以缺饷四月大噪"。[1]骚乱先起自四川、湖广籍士兵，迅速蔓延所有十三座兵营。巡抚毕自肃、总兵官朱梅、通判张世荣、推官苏涵淳被捉、关押，悉遭毒打，毕自肃受伤严重。多方筹贷弄到七万两，士兵方才作罢。毕自肃脱身后，上疏引咎，随即自杀。[2]十月，锦州发生同样事件。袁崇焕紧急请饷，朝中议此，颇为其趋势担心："前宁远哗，朝廷即饷之，又锦州焉。各边尤而效之，未知其极？"[3]

真是奇怪，万历四十八年起，岁增"辽饷"五百二十万，辽东士兵却接连数月饿肚子。后来，类似情形更加常见，各处屡报士兵几个月乃至经年领不到饷。如崇祯十六年五月，河南巡抚秦所式报告"抚镇缺饷五月有余"[4]；该年十月，李自成历史性地破潼关、克西安，吏部尚书李知遇闻讯，两次上疏，说"吃紧尤在发饷"；而"秦中之饷"，"骨髓已枯"，恳请皇帝"赐发天帑"。[5]崇祯十七年三月初一，"昌平兵变，以缺饷故也。"[6]为此，"京城戒严，亟遣官以重饷抚之，乃戢，然居庸已不可守矣。"[7]

[1] 张廷玉等《明史》卷二百五十九，中华书局，1974，第6714页。

[2] 计六奇《明季北略》宁远军哗，中华书局，1984，第94页。

[3] 计六奇《明季北略》锦州军哗，中华书局，1984，第94—95页。

[4] 彭孙贻《平寇志》卷之六，上海古籍出版社，1984，第135页。

[5] 抱阳生《甲申朝事小纪》下册李知遇请发秦督疏请拨饷接济疏，书目文献出版社，1987，第734—735页。

[6] 赵士锦《甲申纪事》，《甲申纪事(外三种)》，中华书局，1959，第6页。

[7] 刘尚友《定思小纪》，《甲申核真略(外二种)》，浙江古籍出版社，1985，第66页。

这次，哗变直接生于肘腋，其距北京城破已不过半月之遥……

近年世界金融危机，欧洲闻有濒临“国家破产”者，例如冰岛。而在十七世纪四十年代，明朝国家财政其实也到了此种地步。刘尚友记述1644年的情形说：“国计实窘极，户部合算海内应解京银两岁二千万，现在到部者仅二百万。”[1]工部营缮司员外郎赵士锦，于三月十五日（城破前第三天）奉命管节慎库，交接时，他为亲眼所见而震惊：

主事缪沅、工科高翔汉、御史熊世懿同交盘……新库中止二千三百余金。老库中止贮籍没史家资，金带犀杯衣服之类，只千余金；沅为予言，此项已准作巩驸马家公主造坟之用，待他具领状来，即应发去。外只有锦衣卫解来加纳校尉银六百两，宝元局易钱银三百两，贮书办处，为守城之用。[2]

库内存银总共不到五千两。他在《北归记》中重复了这一点：

库藏止有二千三百余金。外有加纳校尉银六百两、易钱银三百两，贮吴书办处；同年缪君沅云：“此项应存外，为军兴之用。”予如是言。[3]

崇祯十七年元旦一大早，朝罢，朱由检留阁臣赐茶：

阁臣并云：“库藏久虚，外饷不至，一切边费，刻不可缓，所恃者皇上内帑耳。”上默然良久曰：“今日内帑，难以告先生！”语毕，潸然泪下。[4]

同一事，《平寇志》记曰：

又言：“兵饷缺乏，民穷财尽，惟发内帑，足济燃眉。”帝言：“内帑如洗，一毫无措。”明睿（左中允李明睿）奏：“祖宗三百年畜积，度

[1] 刘尚友《定思小纪》，《甲申核真略（外二种）》，浙江古籍出版社，1985，第67页。

[2] 赵士锦《甲申纪事》，《甲申纪事（外三种）》，中华书局，1959，第7页。

[3] 赵士锦《北归记》，《甲申纪事（外三种）》，中华书局，1959，第21页。

[4] 钱䎖《甲申传信录》，上海书店，1982，第7页。

不至是。"帝曰:"其实无有。"[1]

内帑,即皇家私房钱。李自成破潼关后,吏部尚书李知遇请求"赐发天帑",也指的是这个。大臣与民间普遍以为,皇家还有很多私房钱,现在应该拿些出来。朱由检表示说"没有",旁人都不信,李明睿鼓起勇气表示怀疑,言下之意,请皇上坦言到底有没有。朱由检只得重复一遍:真没有。这段对话,颇有小品《不差钱》中赵本山与小沈阳之间打哑谜的风味。

直到后来,仍盛传朱由检留着大把内帑未用,以致白白落入李自成之手。《樵史》称:"贼入大内,尚有积金十余库。"对此,抱阳生替崇祯鸣屈,质问"不知十余库何名?""安有所谓十余库积金?而纷纷谓怀宗(满清起初给崇祯所上庙号)不轻发内帑,岂不冤哉!"[2]

究竟如何?正如抱阳生所说,倘若真有这笔钱,请指出钱在何库,库为何名?我找到一条内帑贮处的记载,《明史》食货志:

嘉靖中……时修工部旧库,名曰节慎库,以贮矿银。尚书文明以给工价,帝诘责之,令以他银补偿,自是专以给内用焉。[3]

明显地,节慎库为内帑所藏地之一。而前引《甲申纪事》表明,城破前最后清点此库者,是赵士锦;他亲眼得见,"库藏止有二千三百余金"。崇祯没有撒谎。

不过,大臣与民间的猜测本来也并不错。为什么?仍看赵士锦所叙:

库中老卒为予言:万历年时,老库满,另置新库。新库复满,库厅及两廊俱贮足。今不及四千金,国家之贫至此。[4]

这是库房老看守的证词,他描述当年节慎库金银爆棚,另造新库仍不够贮放,

[1] 彭孙贻《平寇志》卷之八,上海古籍出版社,1984,第172页。

[2] 抱阳生《甲申朝事小纪》下册崇祯库藏,书目文献出版社,1987,第512页。

[3] 张廷玉等《明史》卷七十九,中华书局,1974,第1928页。

[4] 赵士锦《甲申纪事》,《甲申纪事(外三种)》,中华书局,1959,第7页。

以致每个角落都填得满满当当,朱翊钧朱扒皮的搜刮功夫确实天下无双。这海量内帑是如何耗尽的? 抱阳生说:"明熹宗在位七年,帑藏悬罄"[1]。此人即朱由检之兄、支持魏忠贤胡搞的天启皇帝。不过,这只是聊备一说。皇家花钱,随心所欲,没有记录、不受监督,来无影去无踪。天启皇帝虽为人惫懒,但若以为唯独他才是败家子,亦未必公允。杨士聪就讲到一件事:

> 神庙(万历皇帝)自辛丑(1601)以后,不选净身男子者二十年。至熹庙时选一次,先帝(崇祯皇帝)十七年乃选三次。宫中增万人,每月米增七万二千石,每年靴料增五万两,此皆可已而不已之费也。[2]

每月米增七万二千石,按崇祯初期每石值银一两计[3],年八十六万四千两,若以崇祯十六年银价换算,则每石值银三点三两,年二百八十五万一千二百两。[4]可见,朱由检败家本领亦自不俗。总之,我们只知道原本满满当当的内库变得空空如也,却无法知道怎样至此。那是秘密,而极权体制下从不缺少此类秘密。

五

不久前下台的穆巴拉克,埃及国内外舆论普遍认为他在瑞士及苏格兰等地银行秘密藏有巨额财产,数十亿至二百亿美元不等。[5]穆氏信誓旦旦,苦口婆心,坚称无有,呼吁舆论静候数字核查,然而没有人信他。这怪不得舆论,他在位三十年,只手遮天,人称"现代法老",这时候怎么狡辩都没用,大家没法相信他。

所以,崇祯表示内帑已空:"这个真

[1] 抱阳生《甲申朝事小纪》下册崇祯库藏,书目文献出版社,1987,第512页。

[2] 杨士聪《甲申核真略》凡论,《甲申核真略(外二种)》,浙江古籍出版社,1985,第7页。

[3] 此处都仅指北京米价,至于别地,崇祯初即可高至每石值银四两。参秦佩珩《明代米价考》,《明清社会经济史论稿》第199—210页,中州古籍出版社,1984。

[4] 顾公燮《丹午笔记》:"前明,京师钱价,纹银一两,买钱六百,其贵贱在另数。至崇祯十六年,竟卖至二千矣。"《丹午笔记·吴城日记·五石脂》,江苏古籍出版社,1999,第64页。

[5]《再见穆巴拉克》,"深度国际",CCTV4,2011年5月27日。

没有”，却没有人信他，大家诡异地相视一笑，扮着鬼脸：“这个可以有。”

十七年元旦那天，崇祯虽一再说没钱，李明睿却似乎忘掉了“君无戏言”，锲而不舍做他思想工作：

> 内帑不可不发，除皇上服御外，一毫俱是长物，当发出犒军，若至中途不足，区处甚难。留之大内，不过朽蠹。先时发出一钱，可当二钱之用，急时与人万钱，不抵一钱之费。[1]

君臣之间，连基本信任都失去了。

岂止是君臣，连关系最近的皇亲国戚，也不信皇帝已经破产。进入三月，崇祯最后那段日子，整天都在设法措饷，各种招数齐出并至。“初六日，会议措饷，凡在狱犯官……皆充饷赎罪。”[2]所有因罪系狱官员，出钱即可释放免罪。恐怕没有什么成效；初十，又想出一个点子，“令勋戚、大珰（大宦官）助饷”[3]。似乎比较靠谱，因为这是最肥的一个人群，且其作为皇家亲倖，同枝连理，当此危急关头，总该施以援手。然而，事实令崇祯连同我等数百年后的旁观者，都大失所望。

我们来看看崇祯的老丈人、嘉定伯周奎的表现。劝捐前，崇祯先将他从伯爵晋为侯爵，给一点甜头，随即派太监徐高前往“宣诏求助”，要他带个头：

> 谓：“休戚相关，无如戚臣，务宜首倡，自五万至十万，协力设处，以备缓急。”奎谢曰：“老臣安得多金？”高泣谕再三，奎坚辞。高拂然起曰：“老皇亲如此鄙吝，大事去矣，广蓄多产何益？”奎不得已，奏捐万金。上少之，勒其二万。奎密书皇后求助，后勉应以五千金，令奎以私蓄足其额。奎匿宫中所畀二千金，仅输三千。[4]

一味耍赖，能赖多少是多少，甚至女儿偷偷给的五千两，也从中尅扣二千两。周奎究竟何种心态？覆巢之下，焉有完卵？朝廷完蛋，“广蓄多产何益”，徐高

[1] 彭孙贻《平寇志》卷之八，上海古籍出版社，1984，第173页。

[2] 钱馹《甲申传信录》，上海书店，1982，第11页。

[3] 计六奇《明季北略》初十征戚珰助饷，中华书局，1984，第445页。

[4] 计六奇《明季北略》初十征戚珰助饷，中华书局，1984，第445—446页。

把道理讲得很清楚，他也不应不懂。比较合理的解释是，老国丈大概和别人一样，认定崇祯藏着大把内帑不用，还到处伸手索取。

助饷令下达后，北京出现奇怪一景：众太监纷纷在其房产门口，贴出大字启事："此房急卖。"[1]其实当然不卖，意在哭穷耳。

捐款最多的，是太康伯张国纪，二万两。周奎捐了一万，考虑到"其余勋戚无有及万者"，他其实不算最抠门。宦官中，东厂太监徐本正和王永祚、曹化淳合捐五万，王之心捐了一万。文官中，首辅魏藻德只捐五百。罪臣、前首辅陈演从狱中放出，被召至御前，"极言清苦"，一文未掏。其余百官，就捐款事宜"相率共议"，或以单位名义或以省份归属凑份子，"如浙江六千，山东四千之类"。全部捐款，总数大约二十万两。[2]请记住这个数字，因为很快我们将面对另一个与之对比的数字。

我查到的捐款记录大致如上。这场在明朝首都最后几天内发生的捐款运动，很有象征性。公共捐款，从来不仅仅关乎钱财，它真正表示的，是认同度和凝聚力，是一个政权是否被发自内心地爱护与支持。崇祯号召的这场捐款，表面上也并不冷清，有个捐，有集体捐，乃至不乏声称"裸捐"者，但在内心，他们非常冷漠，怀抱鬼胎和欺诈，想尽办法逃避责任，虽然他们就是这政权一直以来通过损害人民利益所豢养、呵护和喂肥的那批人。

六

三月十九日凌晨，崇祯煤山殉国。提及这一历史时刻，人们眼前通常晃动着满城烽烟、飞矢如雨的战争景象，笔者却总想起节慎库的空空荡荡、四壁萧然。

这当世第一强国，从百年来全球首富沦至一贫如洗，究竟怎么回事？历来很少有人注目于此，更不曾就这一层刨根问底，我为之不解。

当年，批判"文革"和"四人帮"时，有一句我们耳熟能详的话："国民经济

[1] 抱阳生《甲申朝事小纪》上册征戚助饷，书目文献出版社，1987，第152页。

[2] 钱轵《甲申传信录》，上海书店，1982，第12页。

到了崩溃的边缘”。套用此语，则崇祯自缢时，明朝国民经济不是到了崩溃边缘，而是已经崩溃。三月十九日，不过是帝国从政治上崩溃的日期，而在经济或财政上，它早已崩溃。关于明朝之亡，我们需要更多从这个角度重新认识。

但是，随后却有出人意表的事情发生。

李闯攻入北京后，一度军容颇整，旋即失去耐性，开始大肆“拷比”，勒逼官绅贵戚交出钱财。其间，毒刑用尽，惨不待言，种种情形在《甲申纪事》《北归记》《甲申核真略》《甲申传信录》《定思小纪》《遇变纪略》《李闯小史》《甲申朝事小纪》《明季北略》《流寇长编》《崇祯长编》《爝火录》《丹午笔记》等众多由亲历者或后人编撰史料中，述说极详，可备披览，我们于兹不事渲染，而仅欲指出：这一后续故事的发生，势所必然；农民革命本即起于寒馁，以劫富济贫为理想，一旦成功，必偿夙愿，人人奋勇，个个争先。《明季北略》说，面对军纪弛乱，李自成曾试加制止，而军卒一片哗然，说：“皇帝让汝做，金银妇女不让我辈耶？”[1]在他们而言，道理确实是这个道理。

闯军头号大将刘宗敏，一马当先，堪称表率。进城后，日夜以弄钱、搞女人为能事。赵士锦因被刘宗敏扣押在府，得以亲眼目击：“每日金银酒器紬疋衣服辇载到刘宗敏所，予见其厅内段疋堆积如山。金银两处收贮。大牛车装载衣服，高与屋齐。”[2]四月七日，李自成到刘邸议事，见其三进院落之中几百人在受刑（“追赃”），有的已经奄奄一息，因“不忍听闻，问宗敏得银若干。宗敏以数对。自成曰：‘天象不吉，宋军师（宋献策）言应省刑，此辈宜放之。’宗敏唯唯”。[3]“唯唯”者，口头答应而已，刘宗敏自不会停止“追赃”，李自成实际也无力约束之。但刘宗敏却有一条好处，即数目一次要够，干脆利落，不再啰嗦；别的人，要了一次，还有第二次：

> 在宗敏处者，每人派过数目不增。在李大亮处者，所派虽少，纳完又增。[4]

对不同部门官员，索要亦有差，而原因

[1]计六奇《明季北略》四月三十日自成西奔，中华书局，1984，第491页。

[2]赵士锦《甲申纪事》，《甲申纪事（外三种）》，中华书局，1959，第13页。

[3]赵士锦《甲申纪事》，《甲申纪事（外三种）》，中华书局，1959，第14页。

[4]赵士锦《甲申纪事》，《甲申纪事（外三种）》，中华书局，1959，第12页。

也很是奇特：

> 押予队长姚奇英为予言，兵部官大可痛恨，我辈遣人来买明朝武官做，必要几千金。故今兵部官追饷独多。[1]

彭孙贻提到一份按级别的追款数额分配表：

> 贼勒派各官，毋论用否（不论是否现职），限内阁十万，部院、京堂、锦衣、掌印七万，科道五万，吏部二万，翰林一万，部曹数千，勋戚无限数，人财并没。[2]

这只是最低限度，实则不以此为限。彭孙贻还说，总共有八百名官员遭拷比："缚文武勋戚、大僚津要八百员，送权将军刘宗敏拷讯，五人一锁，二贼露刃押之"[3]；到四月初八（乙丑），仅刘宗敏一人便"拷索银一千万两"，而全部加起来为七千万两，其来源，"大约侯家十之三，宦寺十之三，百官十之二，商贾十之二"。[4]

所谓出人意表的事情，就发生在这个过程中。

先来看周奎，亦即一个月前崇祯发起捐款时，抠抠搜搜只肯掏一万两的那位老国丈：

> 伪制将军李岩据奎第，奎献长公主并银十万助军，希免饷。岩数其为国至戚，鄙吝不忠，夹足箍脑，奎复输银十万，岩笑曰："此贼悭吝，不与杀手不吐也。"烧烙铁熨其肤，一熨承银一万，累四十熨，遍身焦烂，承四十万矣。先后追银六十万两，珍玩币帛不计其数。[5]

[1] 赵士锦《甲申纪事》，《甲申纪事（外三种）》，中华书局，1959，第12页。

[2] 彭孙贻《平寇志》卷之十，上海古籍出版社，1984，第228页。并见《甲申纪事》，《甲申纪事（外三种）》，中华书局，1959，第12页。

[3] 彭孙贻《平寇志》卷之九，上海古籍出版社，1984，第220页。

[4] 彭孙贻《平寇志》卷之十，上海古籍出版社，1984，第237页。

[5] 彭孙贻《平寇志》卷之十，上海古籍出版社，1984，第225页。

再看陈演，亦即被崇祯从狱中放出，希其以捐款赎罪，却坚称自己“清苦”、最后一毛未拔的前首辅：

> 大学士陈演，每自称廉相，刘宗敏收拷演，夹足者再，征其黄金三百六十两，或曰勒银三万两，金三千两，珠三斗，更于平则门外土庵中，发其所瘗白金一万两。[1]

捐款运动中仅捐五百以示廉洁的现首辅魏藻德，这次也神奇地交出一万三千两。退休大太监王之心，人传“家贮见银三十万”，崇祯劝捐，他以“连年家计消乏”，献银一万。等闯军用刑追要，却交出十五万两现银附带诸多珍玩。闯军“以为未合见银三十万之数，夹之至死”，如此看来，现银三十万的传闻，倒确实有些“冤枉”他了。[2]

就这样，闯军从贵族、大僚、太监和富人嘴里，抠出了七千万两白银！而不久前，在崇祯皇帝紧急动员下，众官戚以挥泪如雨、砸锅卖铁状，仅捐二十万两。两者相差，逾三百五十倍之多。

七千万两白花花的银子，迅速“腐蚀”了起自寒馁的农民军。他们何曾见过如此的金山银山，“革命斗志”霎时销磨一空。与吴三桂、满清联军大战一片石的前一周，大顺政权的领袖们全身心扑在骤然所获之巨大财富上：

> 戊辰（四月十一日），自成聚刘宗敏、李过于宫中，拘银铁诸工各数千，盘敛库金及拷讯所得，并金银诸器镕之，千两为一饼，中凿一窍，贯大铁棒，凡数万饼，括骡马数千辆，马骡橐驼数千，装载归陕。[3]

此事，《明季北略》亦有记，惟日期稍后，为四月十六日，金银熔铸形式则为“大砖”而非“饼”。[4]十天后，李自成从山海关败回北京，当夜启程西去，“大驱马

[1] 彭孙贻《平寇志》卷之十，上海古籍出版社，1984，第225页。

[2] 杨士聪《甲申核真略》，《甲申核真略（外二种）》，浙江古籍出版社，1985，第12页。

[3] 彭孙贻《平寇志》卷之十，上海古籍出版社，1984，第239页。

[4] 计六奇《明季北略》十六癸酉载金入秦，中华书局，1984，第488页。

骡三千、橐驼一千载辎重归陕，以伪将军罗戴恩将亲信万骑监之而西”[1]，蔚为壮观。而《丹午笔记》有更生动的情景：“闯贼之焚宫西走也，百万之众，各有所携，仓皇奔走则弃之，狼藉满途……大半委弃山西，后有得此致富者。”[2]俗云“英雄难过美人关”；其实，金钱一关“英雄”们历来也不好过。眼看叱咤风云的起义大军，被阿堵之物弄得狼狈如此，只能悯而叹之。

目送闯军满盆满钵、车载驼驮、逶迤而去的长龙般背影，笔者眼前不禁再度浮现赵士锦笔下一贫如洗的国库。刹那间，越过国家破产、破落的景象，我们重新看到它“富强”的一面。七千万两，闯军一个月在京追款所得，居然达到明朝年财政收入总和三倍有余！它们来自一个大约一千人的群体（以“缚文武勋戚、大僚津要八百员，送权将军刘宗敏拷讯”加以估算）。可惜彼时没有“全球富豪排行榜”，否则，以明帝国首屈一指的发达国家地位，这千把人中当不乏十七世纪“全球富豪榜”的前××强乃至首富。

似乎，我们得修正一下明朝业已一贫如洗的说法——它仍是当世最富之国度。只不过，富得不是地方，泰半财富都跑到一小撮人腰包里去了。这些人，只及当时中国总人口的几万分之一。

算算这样的账，好处显而易见，许多事情都一目了然，不必钩玄摘秘、多费唇舌。数字是枯燥的，却也是简明、直观的，不会跟我们兜圈子、玩弄辞藻、搞形而上学。把一组组数字排列开，严肃、客观的事实就在其中。人类也是渐渐明白数字的重要性。诚实、透明且管理有序的社会及其制度，有很严格的数字意识，不仅尊重它，而且借重它实行管理。相反，也有对数字抱玩忽态度的，指标张口就来，比如“七年赶英，十年超美”之类，后果自然无待多言。

七

以下，明代历史舞台从北京移到南京；此刻，我们的写作难度加大了。在古代，官史中各种统计数字不难寻

[1] 彭孙贻《平寇志》卷之十，上海古籍出版社，1984，第241页。

[2] 顾公燮《丹午笔记》，李闯西走，《丹午笔记·吴城日记·五石脂》，江苏古籍出版社，1999，第43页。

找，所以直到崇祯为止，无论在《明史》《明实录》（包括其中的未完成本《崇祯长编》）中，可征引、利用的材料还算丰富。官史以外，当时私家治史，也不乏讲求实证的力作，例如王世贞的《弇山堂别集》和沈榜的《宛署杂记》。逮至弘光间及弘光后，虽然感激于时代，民间写史涌起高潮，各种亲历记、回忆录和评传目不暇给，以致在我看来构成了中国报告文学或非虚构写作一次罕见爆发。然而，欲从中求取当时财经方面的线索，常常空手而回。这或系私史的一个先天不足，毕竟不能占有官方的各种确切数据。另外，这段历史在清朝早中期的敏感性，可能也在相当程度上造成材料的流失。不过，也不是没有主观上的原因，比如过于看重别的东西。同样是讲述弘光史事，李清《三垣笔记》就难得地有几段财政方面的细说，显出眼光不同。全祖望给此书写跋道："当时多气节之士，虽于清议有功，然亦多激成小人之祸，使皆如映碧先生者，党祸可消矣。"[1]这是从党祸角度看，恐怕跳出气节、清议还有另一功效，亦即着眼点更易放在实务上，故而当大家都不甚关心数字时，李清却能够留意。

不过，即便《三垣笔记》，也没有连贯地关注和勾勒弘光朝的财经脉络，在这方面，我感觉具有一种完整性的，是李天根所著《爝火录》。

这书成稿较晚，在清朝乾隆年间。作者藉藉无名，连生平亦不甚详，平生除了这部《爝火录》，不曾留下别的。但他对此书却颇为自负，说："欲知弘光、永历事者，观此足矣！"所以这么自信，是由于编写完全抱着实证的态度，穷稽究核，以致敢于宣称"无一字出之于己"。点校者做了统计，该书"引用史籍一百一十七种，各省通志、府、县志十七种，文集、年谱二十种"。当中，多稀见亡佚史料，"缪荃孙在当时便已经指出，有不少均为'不可见之书'。时至今日，散失的自然就更多了。我们根据谢国桢先生的《晚明史籍考》增订本作了统计，其中为谢氏列为'未见诸书'的有十四种，为谢氏未著录的有四十种，两者共计五十四种。这就是说，《爝火录》所引用的书，有半数以上在今天已难于见到了。"[2]

按我个人体验，读《幸存录》《甲乙事案》《弘光实录钞》《青燐屑》等，难免跟随作者扼腕悲愤，虽然这也是那段历史的一种内在情绪。读《爝火录》，情绪

[1] 李清《三垣笔记》，中华书局，1997，第251页。
[2] 仓修良、魏得良《点校说明》，《爝火录》，浙江古籍出版社，1986，第1—3页。

化反应几乎没有，因为作者很注重出示材料和数据，大臣们在讨论什么、朝廷做出了什么决定、涉及什么问题、包含什么具体内容和背景……比较一下从两种书得来的印象，我发现前者所带来的淆乱和歧义，都被后者简化。关于弘光朝何以短短一年即告垮台，只须平静面对所有的数据，也就不再为之困惑。

八

1644年6月7日，福王朱由崧在南京监国，同时发布《监国谕》。这个文件，诸多史著如《弘光实录钞》《甲乙事案》《平寇志》《明季南略》，提都未提，《圣安皇帝本纪》《南渡录》《国榷》《南疆逸史》《小腆纪年附考》等，虽提及，却极简。唯一备其全文(或至少接近于全文)者，即《爝火录》。由于诸家的淡漠，我原以为那不过官样文章，但从《爝火录》细读原文才知并非如此，其实是个重要的历史文本，包含许多重要信息。

一般来说，即位诏书之类，确乎都是官样文章，其话语多半不必认真对待。但此番有所不同。这次，是明朝遭受重创、大行皇帝死于非命、国势近于瓦解之际，仓猝间扶立新君、为此而发布的文告。它会如何谈论、认识和总结所发生的一切呢？这是我们颇为好奇的事情。

果然，《监国谕》第一条就说：

> 连年因寇猖獗，急欲荡平，因而加派繁兴，政多苟且，在朝廷原非得已，而民力则已困穷。今寇未平，军兴正棘，尽行蠲派，实所不能，姑先将新加练饷及十二年以后一切杂派，尽行蠲免，其余新旧两饷及十二年以前各项额征，暂且仍旧，俟寇平之日，再行减却。贪官猾胥朦胧混派，使朝廷嘉惠穷民之意不获下究，诏差官会同抚按官即行拿问，一面题知。如抚按官徇私容庇，并行重处。[1]

包含三点内容：一、承认多年以来加派

[1] 李天根《爝火录》，浙江古籍出版社，1986，第122页。

过重，民力竭穷；二、宣布停征“三饷”中的练饷，及崇祯十二年以后其他杂派（练饷之征，即起于崇祯十二年），但此前两项饷额，即辽饷和剿饷暂时不能停收；三、承认历年除由国家明确规定的加派外，地方政府或“贪官猾胥”也有自作主张另行加派者，对此中央将派人会同地方官坚决制止。

虽然“大赦天下，与民更始”，从来是新君即位的一个“习惯动作”，我们不必信以为真。不过，将上面这段话从反面读，又自不同，它等于官方的一个自供状：多年来，国家到底坏到什么程度，又坏在什么地方。关于“三饷”保留两饷，附带补充一个材料；《国榷》载：“又议赦书，史可法曰：‘天下半坏，岁赋不过四百五十余万，将来军饷繁费，则练饷剿饷等项未可除也。’”[1]经过如此，但据《监国诏》，谈迁应该是将“辽饷”误写为了“练饷”。

历数下来，《监国诏》欲“与民更始”的条款多达三十条。每一条，我都从反面看，作为明朝所以走到今天的自供状。本文先前涉及的明朝赋税，不论传统的、历来要收的，或是因为“有事”而额外加派的，有两个特点，即：一、都是大宗的，二、都是“合法”的（即由朝廷经过“合法”程序明文规定）。现在，经《监国诏》我们才获知，除此之外尚有许许多多以各种名义、由地方或权势者擅自收取的费用，这部分钱物也有两个特点，一、极其琐碎、分散，二、没有任何合法性。

例如第二条中说，在漕粮运输环节，“官旗”（官员、旗校）“向有划会使用、酒席饭食、花红（赏金）等项，民间所费不赀”，这些巧立名目的报销入账内容，最后也都“混征”在漕粮之内而由百姓负担，是典型的借饱私囊、挥霍民脂现象，历年由此究竟贪蠹多少，无法统计。着令禁止，“有仍前混征者，官吏、弁旗并行拿究。”[2]

第三条宣布，崇祯十四年以前“南北各项钱粮”，凡是百姓欠而未缴者，从此蠲免（已解在途者除外）。但特别强调，官吏不许将这一旨意向民众瞒而不宣，而继续“混征”；其次，已解在途的部分，不许官吏“通同侵盗”，亦即借朝廷蠲免之机将民已缴纳、已在运往国库的钱粮窃为己有。[3]从所强调的这两点，足可想象各地吏治之坏达于何种地步，诚

[1] 谈迁《国榷》，中华书局，2005，第6083页。

[2] 李天根《爝火录》，浙江古籍出版社，1986，第122页。

[3] 李天根《爝火录》，浙江古籍出版社，1986，第122页。

所谓“硕鼠”满地。

第四条说：“江南、浙西之民，最苦白粮一项，合行改折一半。”[1]所谓“白粮”，是明代一种“特供品”，取自苏州、嘉兴等江南五府，以当地所产优质白熟粳米、白熟糯米，经漕运输往京师，供应宫廷、宗人府(皇亲)或作为百官俸禄之用。转用我们当代语汇，就是“特权阶层”之专用物资。除悉数取自江南，它另有一特点，即“民收民解”，农民不单按期按量缴粮，还要自行组织运输；一句话：一条龙服务，负责到底。此项费用极其浩巨，史称“民一点粮解，未有不赔累、破家、流涕、殒命者”，“江南力役重大莫如粮解”。[2]

第五条：“十库钱粮……不许私派扰民。”[3]需要注意的，是“私派”二字。既申禁止，就可知其存在；并且，不到相当程度，显然也无须上谕特申。

第十三条：“近因饷匮，派报营官富户助饷，甚为骚扰。除曾奉明旨酌减外，其余尽准豁免。但寇乱未靖，军兴不敷，各人亦应捐输助国，以励同仇，即照捐数多寡，分别甄录。”[4]此条虽与普通民众无关，却同样逾于法外，我们不因被“骚扰”者是富人，就觉得可以容纳一种非法行径。重要的是，这个朝廷已完全不讲规矩，以致捐款都成为搞钱、勒索的方式。

第十四条：“关税增加太多，大为商民之害。今止照崇祯三年旧额，征解其正税，之外一切新加、私派、捐助等项，尽行除免。如有额外巧立名色，婪行侵肥，大法不赦。至于柴米二项，原无额税，近年自私设立，甚至借名禁籴，索骗多端，殊为可恨，以后俱行裁免。又各关冗员、冗役为害商民，须抚按官严行清察，务令裁就原额，如徇情虚应，定坐通同之罪。”[5]此条所涉，系商业税及财物流通中产生的收费。明朝的苛捐杂税以及因腐败而来的滥收、乱收，于兹洋洋大观。诏书表明，明末之税，除所谓“正税”亦即依法而收的外，还以新加、私派、捐助等方式增设了许多别

[1] 李天根《爝火录》，浙江古籍出版社，1986，第122页。

[2] 此处参引鲍彦邦《明代白粮解运的方式与危害》，其于“白粮”问题研究深入，文载《暨南学报(哲学社会科学)》1982年第3期。

[3] 李天根《爝火录》，浙江古籍出版社，1986，第122页。

[4] 李天根《爝火录》，浙江古籍出版社，1986，第123页。

[5] 李天根《爝火录》，浙江古籍出版社，1986，第124页。附注：此段引文中“征解其正税，之外一切新加、私派、捐助等项”，点校者断为“征解其正税之外，一切新加、私派、捐助等项”，笔者以为不当而改之，特说明。

的税。这需要特别注意,因为既然是“巧立名色”、乱增乱设,必然不列入财政统计之内,换言之,人民赋税负担实际远远大于官方汇总的数额。这些妄行增设的税收,多少入了国库,多少被地方和官吏“婪行侵肥”,只能是无法确知的谜。这且不论,更有一些费用,连“征收”的名义都没有,而是官吏们假公权直接从事“索骗”。诏书中提到“借名禁籴”,禁籴,是特殊情况(例如灾荒)下实行的粮食贸易管制[1],却被官吏借以索贿、敲诈商贾。至于“各关冗员、冗役”一句,尤其可怕,它描绘出明末税务机关因疯狂敛财之需而膨胀不已,人员大超“原额”,形成一支“为害商民”的收费大军,这种现象因有巨大利益驱动,似乎已成痼疾,致诏书一面厉命“严行清察”、“务令裁就原额”,一面非常担心旨意被“徇情虚应”,根本得不到执行。

十二天后,朱由崧正式即皇帝位,所颁即位诏书又有几条关于减税降赋的内容。如,民间交易(买卖田产、房产等),“先年税契不过每两二分三分,今已加至五分”,现规定“每两止取旧额三分”;如,朝廷鼓励开垦屯种,但官吏往往“新垦未熟而催科迫之”,致使民间全无积极性,现规定凡新垦之地都待“三年成熟后”再征其赋,且“永减一半”。[2]

两份诏书信誓旦旦的承诺,我们不必理会。以弘光朝的情形,且不说它是否真的准备做到,客观讲,也很难或不可能做到。但透过所列举的那些拟予纠正、拗救的现象,我们对明朝末年的赋税有了更多细节性认识。在这些细节面前,我们觉得“赋税沉重”这样一句话,现在是那样不痛不痒、苍白无力;我们甚至觉得那无法再称为“赋税”,而根本就是洗劫和强夺。

为此,引证一个材料。崇祯十六年(1643),有无知生员名蒋臣者,于召对时建议:“钞法可行,岁造三千万贯,一贯直一金,岁可得三千万两。”什么意思?就是大量印钞。身为国家财政高官的户部侍郎王鳌永,也罔顾常识地附议:“初年造三千万贯,可代加派二千余万,以蠲穷民。此后岁造五千万贯,可得五千万金。所入既多,除免加派外,每省发百万贯,以佐各官养廉之需。”因缺饷而抓狂的崇祯皇帝,对这种胡言乱语,居

[1] 参叶向高《论本邑禁粜仓粮书》,陈梦雷等《古今图书集成》经济汇编食货典第一百一卷荒政部,中华书局,民国二十三年影印。

[2] 李天根《爝火录》,浙江古籍出版社,1986,第149页。

然立即采纳施行。“乃设内宝钞局，昼夜督造，募商发卖，而一贯拟鬻一金，无肯应者，京商骚然，卷箧而去。”[1]

这样的国家，倘若还能维持下去，才是咄咄怪事。

九

所以，南京政权所幻想的延其国祚，根本是个无法完成的任务。我们不谈贤愚正邪，也不谈君是否明君、臣是否能吏，在弘光朝，这些其实是伪命题。都说“事在人为”，诚有是言，然而当国家信誉彻底透支的时候，这句话只能改作“事不可为”。《明季北略》记：

> 崇祯末年，在京者有“只图今日，不过明朝”之意，贫富贵贱，各自为心，每云：“鞑子、流贼到门，我即开城请进。”不独私有其意，而且公有其言，已成崩解之势矣。[2]

并评论道：“当时政敝民玩如此，申酉之变，不察可烛。”“玩民”在先，于是“民玩”随后。国家对人民极尽刻薄，人民对国家也就毫无眷恋。所谓“鞑子、流贼到门，我即开城请进”，不是因为相信未来更好，只是知道没法比现实更坏。

“万历末年，合九边饷止二百八十万。”“至四十六年，骤增辽饷三百万。”仅“辽饷”一项即在原来整个边防费用基础上暴增一倍有余。然而，“时内帑充积，帝靳不肯发。”明明有钱，却捂住不用，非转嫁于百姓，盘剥民间，且不断加码，横征暴敛数十年之久。百姓就像取之不尽的提款机，皇帝及其就食者似乎“爽”得不行，居然不知道何谓寅吃卯粮，等真需要钱时，却发现提款机已不能工作。

这便是弘光朝的终极困境。跟二三十年前不同，此番朝廷真正缺钱，真正窘于财政。它最不可能就赋税减这免那，却偏偏在《监国诏》《即位诏》中

[1] 徐鼒《小腆纪年附考》，中华书局，2006，第35页。
[2] 计六奇《明季北略》北都崩解情景，中华书局，1984，第350页。

做出许多保证和承诺。我们与其视为谎言，不如视为笑话。事到如今，明朝已明了其所以落到这田地，根因即在榨民过度，为生存计，它必须停止压榨。

然而事情的荒谬性在于，也是为了生存，它恰恰又必须继续压榨。一开始，弘光朝就处于这种二律悖反的焦虑。讨论《监国诏》条款时，向百姓让步的幅度本来更大，提出“三饷”并废，却遭到史可法反对，要求仅废“练饷”，而将“辽饷”和“剿饷”均予保留。这自非别人比史可法更“爱民”，而是史可法比别人更务实，知道实难尽免。

后来，李清《三垣笔记》的一笔叙述，等于为我们具体解释了原因：

> 上(朱由崧)即位后，楚镇及四镇频以匮告……楚镇兵五万余，需银一百八万，四镇兵各三万，需饷二百四十万，本色一百万。……京营六万，需饷一百二十万……复有江督、安抚、芜抚、文武操江，郑鸿逵、郑彩、黄斌卿、黄蜚、卜从等八镇，共兵十二万，计饷二百四十万，合之七百余万。而大司农综计所入(一年全部财政收入)，止六百万。而七百万之外有俸禄国用之增，六百万内有水旱灾伤之减，太仓(国库)既无宿储，内帑涸无可发，漕粮改折，此盈彼诎。[1]

收支悬殊，根本为负数；一年所入，不谈全部国用，仅供应军队都还差一百万两以上，而六百万收入本身实际却并不能保证，会因灾害等减少。所以说“七百万之外有俸禄国用之增，六百万内有水旱灾伤之减”，里外出入，岂止是捉襟见肘？

况且李清所列账单，只是“固定支出”，除此之外，还有大量随机发生的用款。读书中，笔者随手记下一些：甲申五月二十八日，晋平西伯吴三桂为蓟国公，“给诰券禄米，发银五万两、漕米十万石，差官赍送。”[2]七月初四，组建以左懋第为首的北使团，“给银三万两，为山陵道里费。”[3]七月初九，命户兵二部发银十万两，以及与一千匹骡马等值的银两，“接济山东抚镇军前急需”[4]，

[1] 李清《三垣笔记》，中华书局，1997，第108—109页。
[2] 李清《南渡录》，《南明史料(八种)》，江苏古籍出版社，1999，第147页。
[3] 温睿临《南疆逸史》，中华书局，1959，第4页。
[4] 李天根《爝火录》，浙江古籍出版社，1986，第271页。

同日，御史陈荩奉命募兵云南，给予饷银三万两。[1]八月，太后(弘光之母)由河南迎至，"十四日，谕户、兵、工三部：'太后光临，限三日内搜刮万金，以备赏赐。'"十六日，有关内监为安置太后请求给予工科钱粮、宫中陈设用具等"约数十万两"，工部等"苦点金无术，恳祈崇俭"，朱由崧"不听"，结果不详(料不能完全应命)。十七日，工部侍郎高倬报告，为迎迓太后，光禄寺已"费银六千八百六十余两，厨役衣帽工料银九百四十余两"。[2]九月二十日，"给河南巡抚越其杰十五万两，令募兵屯田。"[3]乙酉年春，筹备弘光皇帝大婚，仅采办礼冠一项，"需猫睛、祖母碌，又重二钱珠及重一钱五分者数百粒，又一钱及五分珠千粒，监臣商人估价数十万"，户、工二部和京兆三方，百般努力，措得二万余两，"内府执言不足"，后经圣旨"定为三万"。[4]而据《爝火录》，除礼冠外，还有"常冠一万两"[5]。余如，宫中银作局雇用工匠一千人，"人日给工食银一钱二分，每月支银三千六百两"，全年四万三千二百两[6]……凡此种种，不一而足，它们都不在《三垣笔记》七百余万两兵饷之内。

十

我们曾一再说，南京弘光政权坐拥东南"天下财赋所出之地"，物力充裕。那是相对而言。跟满清或大顺、大西比，它的条件算最好的。不过，此时江南今非昔比，一来战乱年代，生产较承平时大降，二来多年重赋，民力早剥光抽尽，三来上天示儆，《爝火录》载："大旱，自五月至是(甲申十一月)不雨。"[7]也就是说，从朱由崧登基起，江南春、夏、秋三季无雨，旱情十分罕见。祁彪佳日记也屡次提到大旱，并记下自己作为地方官率民众祈雨的情形。八月二十八日，户科吴适奏言："旧都草创，一事未举，万孔千疮，忧危丛集。又况畿南各

[1]李天根《爝火录》，浙江古籍出版社，1986，第367页。
[2]计六奇《明季南略》，中华书局，1984，第83—84页。
[3]温睿临《南疆逸史》，中华书局，1959，第4页。
[4]李清《三垣笔记》，中华书局，1997，第110页。
[5]李天根《爝火录》，浙江古籍出版社，1986，第444页。
[6]李清《三垣笔记》，中华书局，1997，第109页。
[7]李天根《爝火录》，浙江古籍出版社，1986，第367页。

省是处旱灾……”[1]这场大旱对弘光朝确如“屋漏偏遭连夜雨”，历来富甲之江南，在这一年其实是老牛喘汗，力所不支，民生倍艰。吴江诗人潘柽章描述说：“升斗竭所余，满腹辄废卮。”[2]靠乞食和别人周济弄点饭吃，所谓诗酒风雅，全然谈不上的。

即便朱由崧本人，我们也不能说他铺张奢侈。例如前面引述过乙酉年春他为自己办婚事，花了三四万两银子做礼冠，似乎相当破费，然而跟他父亲、老福王朱常洵当年相比，却只能称为寒酸。朱常洵的身份不过是亲王，连皇太子都不是，可万历皇帝为了给他办婚事，单单盖房子就花了二十八万两银子，婚礼上再用掉三十万两[3]，真是挥金如土。后来，为朱常洵“之国”，万历皇帝又赏田四万顷为他送行[4]，派出“舟千一百七十二艘、从卒千一百人”[5]的吓人船队，满载而往。所以，朱由崧以堂堂帝尊，结婚有几万两可用，草民虽不免咋舌，在他却已算是克奉节俭、委屈之至了。

当臣工们屡以国用不支提请凡事从简，压低甚至回绝他的某项开销时，朱由崧也不耐烦、也曾甩脸色，不过他的生活确实谈不上花天酒地，那倒不是因为其品质较父亲、祖父为佳，而是实在没有条件供给他那样的生活。他这个皇帝，当得比较憋屈。从登基之日起，财政问题就像绳索一样，始终缠绕着他。《监国诏》《即位诏》里那样的漂亮话，若在过去各朝，都是说说而已，对朱由崧却可不是什么漂亮话，而是必须面对的现实。

按李清开出的账单，弘光朝即便紧紧巴巴过日子，一年起码也有一百五十万两左右的窟窿。到处都在伸手要钱。史可法督师扬州启程前，上《请颁敕印给军需疏》，详细开列了大炮、鸟铳、刀枪等“各项军器”造买费用，要求授权他支配“贮淮扬之银”、“泊河湖之米”、“解北之银”，外加“二三十万金，携带前行”。[6]五月二十九日，时任巡抚应天安徽等处御史的左懋第，上疏索要长江战船，“即以水兵六千计之，亦须少舡三

[1] 李天根《爝火录》，浙江古籍出版社，1986，第309页。
[2] 潘柽章《和陶乞食诗赠乞食诸君》，钱仲联主编《清诗纪事·明遗民卷》二，江苏古籍出版社，1987，第779页。
[3] 张廷玉等《明史》卷一百二十，中华书局，1974，第3649—3650页。
[4] 张廷玉等《明史》卷一百二十，中华书局，1974，第3650页。
[5] 谈迁《国榷》，中华书局，2005，第5072页。
[6] 史可法《请颁敕印给军需疏》，《史忠正公集》卷一，商务印书馆，民国二十五年，第4页。

百余只,或募或造”,战船之外,如“水陆士卒、火药器械之类”所费,也应“次第计算,请命施行”。他没有提出具体数额,但想必该是一大笔钱。[1]乙酉年二月十三日,督饷侍郎申绍芳报告,两淮运使所押解的白银一万两,居然被总兵郑彩擅自“截留”。[2]同年三月二十一日,汝宁总兵刘洪起,“以缺饷撤兵还楚”[3]……

说是要“与民休息”,实际容不得“休息”。朝廷第一要务便是搞钱,我们不清楚承诺蠲免的各项是否果行,却看见了不少“开源”、“创收”的新办法、新品种。例如,增设酒税。“马士英奏沽酒,每斤定税一文。”[4]一旦增设,即遭争抢,插手部门多达十一个,户部尚书张有誉反映:“京城糟坊不满百,酒每斤税钱一文,既委府佐,又责五城,凡十一衙门,岂成政体!”[5]又如,增设洋税即出海税,“马士英疏请设洋税,开洋舡每只或三百两,或二百两,设太监给批放行,于崇明等县起税,如临清关例。”[6]又如,“纳银充贡”,“廪生纳银三百两,增生六百两,附生七百两。”[7]几个名词代表明代府州县官学学生的不同种类,廪生相当于正牌公费生,增生是扩招生,此外又额外增取、附于诸生之末者,称“附生”。古代学而优则仕,诸生将来前途是拔贡(进入国子监),然后有做官资格。所以“纳银充贡”实即变相卖官鬻爵。又“免童生应试”,“上户纳银六两,中户四两,下户三两”,溧阳知县李思谟因拒不执行这项政策,竟遭“特降五级”处分。[8]不久,变相卖官变成明码标价:

> 武英殿中书纳银九百两,文华中书一千五百两,内阁中书二千两,待诏三千两,拔贡一千两,推知衔二千两,监纪、职方万千不等……至乙酉二月,输纳富人授翰林、待诏等官,故更云“翰林满街走”也。[9]

计六奇回忆说,这桩买卖还颇为兴隆:“予在书斋,今日闻某挟赀赴京做官矣,明日又闻某鬻产买官矣,一时卖菜

[1]李天根《爝火录》,浙江古籍出版社,1986,第202页。
[2]李天根《爝火录》,浙江古籍出版社,1986,第400页。
[3]李天根《爝火录》,浙江古籍出版社,1986,第419页。
[4]李天根《爝火录》,浙江古籍出版社,1986,第345页。
[5]李天根《爝火录》,浙江古籍出版社,1986,第375页。
[6]李天根《爝火录》,浙江古籍出版社,1986,第346页。
[7]李天根《爝火录》,浙江古籍出版社,1986,第361页。
[8]计六奇《明季南略》,中华书局,1984,第98页。
[9]计六奇《明季南略》,中华书局,1984,第98—99页。

北京南新仓。

因永乐迁都北京，致每年大量皇粮、俸米及其他物资，经漕运由江南运京，为此建京师十三仓，以为廒贮。今仅存南新仓。

明代“盐税课银”十两银锭。

课银，即税金。盐税，是朝廷就盐的产制运销所派之税。古代因盐产地所限以及运输不便，导致盐成为重要物资，往往伴随暴利，故历代均由国家专卖，为税收一大来源。

儿莫不腰缠走白下(南京别称)。”[1]中国人普遍有做官梦,朝廷既然肯卖,想过一过官瘾的人也很踊跃。

此外,尚有许罪官输银自赎、命官员佐工(捐款)等着数,不一而足。过去,把“拜金主义”安在资本主义头上,好像只有资本家才掉在钱眼儿里。其实“封建主义”何尝不爱钱?眼下,明朝便毫不掩饰“金钱至上”的嘴脸,为了钱,礼义廉耻全顾不上了。

说来亦属无奈,该收的钱很多收不上来,例如,“两浙巡盐李挺欠课二十六万两”[2],苏州、松江两府三年欠征三百十一万八千五百两,已征而未上缴九十五万六千多[3]。朱由崧急眼了,和朱家诸先帝一样,他开始疑心大臣办事不利,而派所信任放心的阉奴到地方催要。五月十五日,登基当天,即命太监王肇基前往浙江督催金花银,被高弘图劝阻,朱由崧毕竟刚从监国“转正”,不便坚持,乃“责成抚按严催,不许怠玩”。[4]过了几个月,他不再客气,“遣司礼监太监孙元德往浙闽,督催内库及户工二部一应钱粮”,“凡年额关税、两浙盐漕、备练商价、给引行盐,一概随解。”[5]

事情周而复始。仅数月,曾经以“与民更始”面目出现的弘光政权,便打回原形。有御史名彭遇飑,在《爝火录》中是个反面人物。他对马士英说:“岳武穆言大误,文臣若不爱钱,高爵厚禄何以劝人?武臣必惜死,方养其身以有待。”他主动请缨“募兵十万”,别人问他“饷从何出”,答:“搜刮可办也。”[6]我观其言,倒不失坦率。“文官不爱钱,武将不怕死”是岳飞名言,彭遇飑敢于驳斥,道德上可鄙,证之以现实反而不错。至于“搜刮可办”,更是不折不扣的大实话。不搜刮怎么办?敢问有谁能够不搜刮而搞到银子?果不其然,我们看到后来户部正式奏请,在徽、宁等府“预征来年条银”[7],朝廷又回到寅吃卯粮的老路上了。

八月,与弘光帝和太后她老人家母子团聚的同时,在内臣亲自坐镇督催钱粮的浙江,“东阳民变”复起。先是,“县令姚孙棐(《爝火录》作“姚孙棐”)借名备乱,横派各户输金”,当地一名叫许都的富户,被坐“万金”,却只拿

[1]计六奇《明季南略》,中华书局,1984,第99页。
[2]李天根《爝火录》,浙江古籍出版社,1986,第395页。
[3]李天根《爝火录》,浙江古籍出版社,1986,第396页。
[4]李天根《爝火录》,浙江古籍出版社,1986,第243页。
[5]李天根《爝火录》,浙江古籍出版社,1986,第344页。
[6]李天根《爝火录》,浙江古籍出版社,1986,第345页。
[7]李天根《爝火录》,浙江古籍出版社,1986,第443页。

出来几百两，姚孙棐大怒，“指为结党造反，执而桎梏之，时输金者盈廷，哄然沸乱”，在县衙当场把姚孙棐拖到堂下痛打，后陈子龙与许都友善，以免死说其自首而已，不料浙江巡抚左光先背信，诛杀许都等，复激事变，左光先调兵镇压，致东阳、义乌、汤溪数地民众“各保乡寨拒敌”，而官兵大败。[1]

此事后虽平息，却像一道丑陋的伤疤，刻在弘光朝面黄肌瘦的脸上。

十一

关于明末财政，历来谈得最多的是拮据。无论在当时臣工奏章，还是后人史论中，缺饷、逋欠、灾减之类字眼，随处可见。这些，都突出了一个“无”，令人们注意力容易放在所谓“困难”上，进而把原因归之于动乱、战争、天灾等“客观因素”或“不可抗力”。

其实，明末财政问题的症结并不在此，比所谓“困难”更严重的，是“乱”。它比较隐蔽，内在于体制之中，缺乏透明性，极易被所谓“困难”所掩盖。战争消耗多少、一年赋税欠收多少、天灾造成粮食减产多少，这些数字可以统计出来，明明白白摆在那儿。但是，有多少钱因制度之故暗中化于无形，不单普通民众不知道，甚至连政权及其官僚系统本身往往也不清楚。这是最可怕的地方。

甲申五月二十六日，御史米寿图疏论“清核钱粮”。他说：

> 军兴以来，民间搜括已尽，库藏空虚已极，今加派已荷新谕蠲免，而朝廷之有仍还之朝廷。如先帝发造舡银两，果否造舡若干？费银若干？余银若干？如发兴屯银两，今屯未兴而原银化为乌有。若置之不问，亦可惜矣。诸如此类者，当察明清理，为兵饷之用……今后不论是何衙门，有一官便有一官职掌，不得坐耗储糈，见害则避，见利则趋，须改弦易辙，实心为国雪耻复仇，以尽臣职。[2]

[1] 文秉《甲乙事案》，《南明史料（八种）》，江苏古籍出版社，1999，第463—464页。
[2] 李天根《爝火录》，浙江古籍出版社，1986，第190页。

他提出的问题非常值得注意:许多钱下落不明且不被追究,成为无头账。从他的叙述,我们发现两点:第一,不是贪污造成(虽然可能存在贪污),而是制度混乱所致,疏漏百出,支取、投放之后并不随以严格的审计;第二,这里只举了军队造船、屯田用银两个例子,但推而可知必不限于此——制度相同,既然此处稀松,他处也绝无严谨周到的道理。

还有一种情形。例如乙酉年二月二十二日,御史郑瑜纠朱大典先前任漕抚时"侵赃百万"。圣旨批答:"朱大典创立军营,所养士马岂容枵腹?岁饷几何?不必妄计。"[1]郑瑜所纠固然有不属实的可能(不负责任或出于派系的纠弹并不少见),但圣旨的批答也实在糊涂得紧。糊涂之一,仅凭推测、未经核实,即假定那笔钱用于军饷开支;糊涂之二,就算用于军饷,漕银是漕银,军饷是军饷,两笔款子应按规程各自收发,岂能随意混淆、处置?这都显示制度本身太过苟且。

现象显现于财政,但根子在别处。如果朝廷能够认识到手中钱一毫一厘都来自百姓——像本文开始所说——国家的作用不过是汇聚民力、代为管理并使之用于国家共同利益,它还会这样玩忽人民钱物吗?问题就在于朝廷把人民的钱,看成了自己的钱,怎么用都是它的自由,糟蹋掉也可以不负任何责任。

所以,不足是一回事,浊乱是另一回事;不足虽然堪忧,浊乱却能致命。在浊乱的制度下,钱再多也毫无意义,它们也许花得全不是地方,也许相当一部分被挥霍、浪费和私吞。相反,即便不足但管理有序、使用恰当,却仍可切实办成一些事。

既然浊乱带来巨大弊端,为何不采取健全、严谨的制度加以克服?答案也简单:浊乱,其实是被喜欢和需要的。世上立权为私的制度,往往有意留下一些不周密、潦草、含混之处,给"特权"以回旋空间。专制政体喜欢人治、回避法治,归根到底即因法治会剥夺某种特殊的"自由",人治则有利于保存这种"自由",使一小部分人最大限度享受权力带来的利益。因此从经济上讲,专制政体就是通过掌控权力,确保少数人利益集团在社会分配秩序中的优先地位不被动摇。这种循权力大小搭建起来的分配秩序,完全比照着弱肉强食的动物法则。首先,在自己和人民之间,划出一道界限,形

[1] 李天根《爝火录》,浙江古籍出版社,1986,第403页。

成单独的圈子，来分享比人民大得多的利益。其次，在他们内部，也有一些默认的规则。比如，君权强固时由皇帝及其亲眷攫取最大好处；君权羸弱时，主要利益份额向权臣转移，后者因此得到一个属于自己的疯狂捞取的黄金时间——历史上，这种时间通常出现在王朝末年。

我们看明朝中期到晚期，便一直保持着两个势头。一是贪欲本身在提速，二是贪欲的主体逐渐交接。

王世贞《弇山堂别集》卷六十七“亲王禄赐考”、“各府禄米”、“诸子公主岁供之数”，载有自国初至嘉靖之间，皇族岁贡、赏赐等钱物额度的变化和比对。《明史》食货志也记载着“仁、宣以来，乞请渐广”，至宪宗“皇庄之名由此始”，大量田亩被皇室、宗藩侵夺的具体数据。[1]对里面的数据略事研究，就可清楚看见贪欲提速的轨迹：大致，中期以前虽一直也在上升，但趋势尚缓，中期起突然加速，历正德、嘉靖、万历三朝，逐浪而高，万历末年登峰造极。万历皇帝一生的聚敛事业，斩获惊人，殊为尽兴。然而达此成就的同时，他也使朱姓皇朝千疮百孔，遍体溃烂，很多史家同意这样的结论：明朝之亡，亡于万历。

崇祯有句名言：“朕非亡国之君，诸臣尽亡国之臣耳。”[2]貌似警人耳目，却从根子上便错了。他光顾给自己打分，觉得算不上亡国之君，却忘掉之前几位皇帝都很有亡国天分，早把亡国之事办得差不多。到崇祯这儿，猛然发觉祖宗基业完蛋在即，试图不当亡国之君，却为时已晚。所谓“臣尽亡国之臣”，想把责任一古脑儿推到臣属身上，实在并不厚道。

和自然界道理相同，狮子垂垂老矣或力所不支时，次一等的掠食者也就开始大显身手。他们一直垂涎欲滴地等着，眼下岂容坐失良机？这个次级贪忮系统接替皇族贪忮系统开始疯狂运转的标志，是魏忠贤集团出现。魏忠贤有如一团酵母，汇集了官僚阶层的各种腐败菌群，以最快的速度生长。

明朝从此进入君弱臣强、臣贪甚于君贪的格局，从天启、崇祯到弘光，都是如此。喜欢当木匠的天启皇帝，完全被魏忠贤玩于股掌。崇祯皇帝似乎强势，不断砍大臣脑袋，但这仅为表象而已。别的不说，那位两次入阁拜相的

[1] 张廷玉等《明史》卷七十七，中华书局，1974，第1886—1889页。
[2] 彭孙贻《平寇志》，卷之八，上海古籍出版社，1984，第189页。

周延儒,“贿来不逆,贿歉不责。故门人亲故,自贿及为人行贿,不拒也。”[1]不光本人受贿,兄弟受贿,连兄弟的亲家翁也大肆招贿:“路礼曹迈,与正仪(周延儒之弟)为儿女姻,复为招摇,候选候考者多趋焉。于是有以七千求词林,五千求科,三千求道者。迈寻改吏部。”[2]索性直接从礼科调到吏部,专司干部人事任用。又如皇家特务机关东厂,其办案人员的方式是“择肥而攀,俟罄掳既饱,然后呈厂”。[3]亦如皇帝心腹锦衣卫,《三垣笔记》记其金吾吴孟明,“缓于害人,而急于得贿”,下面报来某案,并不直接捕人,“必故泄其名,沿门索赂,赂饱乃止。”[4]甚至相互配合,形成“索贿一条龙”。当时一个很有名的言官吴昌时(后被处决),就和东厂达成默契,凡因行贿受贿受到侦缉的,先通报吴,由吴前去索数千金“方免”。更有甚者,吴昌时对此不但不隐讳,反而洋洋得意,屡对人言,李清说他就亲眼曾见。[5]

及至弘光,君弱臣强格局益发明显。此时,权力集团作为一个饕餮团伙,权臣已据主席,君上反而叨陪末座,只是从中取一杯羹而已。朱由崧并非不欲多得,问题是得不到。天下之坏,令他处处须仰仗权臣;皇位得之于此,苟安复得之于此,哪里能讨价还价?九月二十八日,当淮扬巡抚田仰受大帅刘泽清怂恿,额外替后者“请饷”时,朱由崧答:

> 东南饷额不满五百万,江北已给三百六十万,岂能以有限之财,供无已之求?田仰着与刘泽清从常措办。[6]

语气不掩怏怏,显出心理的不平衡。这种不平衡,看看朱由崧迎接母后及为自己办婚事时,在花钱上如何不能畅怀,即不难了解。从头到尾,朱由崧没有当过一天“像样”的皇帝,不论在权力上,还是金钱和享乐上。他留下了不好的名声,然而加以核实,无非是看看戏以及太后莅临前派人到民间“征女”。坊间传说他在宫中如何纵淫腐化,据李清讲皆为不实之词。当然,并非他不想那

[1]李清《三垣笔记》,中华书局,1997,第188页。
[2]李清《三垣笔记》,中华书局,1997,第183页。
[3]李清《三垣笔记》,中华书局,1997,第4页。
[4]李清《三垣笔记》,中华书局,1997,第4页。
[5]李清《三垣笔记》,中华书局,1997,第5页。
[6]李天根《爝火录》,浙江古籍出版社,1986,第332页。

样。他也曾派人到各省直接搞钱，但实际搞到多少又是另一回事。他最后作为俘虏从芜湖押回南京时，“以无幔小轿入城，首蒙包头，身衣蓝布衣，以油扇掩面”[1]，这寒酸的形象，仿佛又回到一年前作为福王被迎至南京的光景。

反观众权臣，却风光无限。其中，武臣大帅俨然一方诸侯，享受独立王国待遇，赋税独吞，过着帝王般生活。“时武臣各占分地，赋入不以上供，恣其所用”[2]。有人对此提出批评，然而设四镇时却明确宣布，那是强势的将军们“理应”得到的。他们中较好者如高杰，心中还有职责，愿以所积用于军务、积极北进。但这仅为个例，其余武臣，全都只顾穷奢极欲，而且没有止境。最肆无忌惮的是刘泽清，他在淮安“大兴土木，深邃壮丽，日费千金”[3]，“四时之室具备，僭拟皇居”[4]，规制比照皇宫。甲申年秋收后，各镇臣立即展开疯狂掠夺，御史郝锦奏：“各镇分队于村落打粮，刘泽清尤狠，扫掠民间几尽。”[5]但恰恰此人，偏偏还要哭穷，唆使地方官为他额外“请饷”。

对四镇所拥特权，别的武臣不免妒嫉而加攀比。七月十四日，操江（长江防务及水师统帅）刘孔昭上疏要求增加经费，特意详细援引四镇军饷额度，及“田土听其开垦，山泽听其开采，仍许于境内招商收税”等优厚政策，加以对照，大谈自己的困难，如何“水师与陆师不同”，又如何“今日防江甚于防边”，总之，担子既比四镇重，兵饷亦应比四镇优；并抱怨此前两次致函有关方面，而“旬日以来，未见议复”。[6]实际上，操江大人并无意于江防，而只是借题捞一把。后来，弘光从南京出奔，想投靠他，他闭关不纳，随即自己逃走，“自太平掠舟顺流而东”，“满载白粮入海”[7]。

文职要员，无军饷可侵吞，亦无收税、“打粮”之特权，却有官爵可卖。关于阮大铖如何“贿足而用”，我们已在别处备说颇详，这里再举一例。有一次，他对人这样说：

考选某某，以二千金相送，推之不去。往我居省垣时，两人各

[1] 计六奇《明季南略》，中华书局，1984，第224页。
[2] 李天根《爝火录》，浙江古籍出版社，1986，第236页。
[3] 李天根《爝火录》，浙江古籍出版社，1986，第332页。
[4] 计六奇《明季南略》，中华书局，1984，第31页。
[5] 李天根《爝火录》，浙江古籍出版社，1986，第418页。
[6] 李天根《爝火录》，浙江古籍出版社，1986，第279页。
[7] 徐鼒《小腆纪年附考》，中华书局，2006，第369页。

送一卮，皆白物（银质）耳，今则黄（金质）爵，不纳不已。[1]

“推之不去”和“不纳不已”，既画尽阮氏之厚颜，亦极写朝中贿风之炽。阮大铖有一个帮手，亦即赖彼之力当上吏部尚书的张捷：“是时张捷秉铨，部务皆阮大铖一手握定，而选郎以贪黩济之，吏道庞杂已甚。”[2]

不过，阮大铖虽称巨贪，却并非弘光朝官风的典型。因为他一面贪忮，一面还搞党争，卷在意识形态当中。典型的弘光官僚，应是马士英一类。官场争斗，一般意在政治，而马士英积极争权，却纯为夺利。他政治野心的脚本上，只写着一个字：“钱”；所谓“争权夺利”，到他这儿才真正归于一体。他奋勇出头拥立福王、以重兵胁迫朝廷撵走史可法、与阮大铖结盟等，都没有多少意识形态色彩，并非要搞“路线斗争”，只是抢下权柄以便搞钱。他对政治立场并不关心，祁彪佳被阮大铖排挤辞职时，他托人带口信，清楚表明了这一点；一切人和事，只要不有碍他搞钱就好。他任首辅后，呼朋引类，资源共享，周围迅速形成一个贪贿集团。六月十三日，吕大器下台前告了马士英一状，历数“其子铜臭为都督，女弟夫未履行阵为总戎，婣娅（即姻娅，婣同姻，泛指姻亲）越其杰、田仰、杨文骢先朝罪人，尽登膴仕（即高官厚禄。这里连同前半句，用《诗·小雅·节南山》典：‘琐琐姻亚，则无膴仕。’）乱名器。”[3]只要沾亲带故，俱委肥缺，而此时距他得位才不过一个来月。有个小故事：

马士英黩货无厌，贿赂千名百品，日令僧利根次其高下。总宪李沾进带，士英不之重也，嘱利根誉为至宝，士英转以献帝，亦嘱中官赞其非常，帝每束以视朝。[4]

故事说，马士英因贿物实在过多，就专门聘用一位利根和尚，每天替他鉴定诸物品质。这利根和尚，大概是当时的“鉴宝”权威。左都御史李沾进呈一条玉带，马士英瞧不上，却让利根和尚吹

[1] 李清《三垣笔记》，中华书局，1997，第108页。
[2] 李天根《爝火录》，浙江古籍出版社，1986，第372页。
[3] 李天根《爝火录》，浙江古籍出版社，1986，第237页。
[4] 李天根《爝火录》，浙江古籍出版社，1986，第366页。

嘘为至宝,转送给朱由崧,让左右太监把利根和尚的鉴定意见转告朱由崧。可怜朱由崧无知受骗,信以为真,经常束着这条带子临朝视事。此事似令人想到"指鹿为马"之类典故,细辨辄不同。赵高戏君出于权奸的骄横,马士英耍弄朱由崧却只关乎钱财,把后者作为次等受贿品的去处。

任何人稍具理智,都无法理解以朝不保夕的国势,弘光文武大员为何如此疯狂聚敛?而敛来巨额财富又置之何地?但转而一想,身在那种利益集团,权力和制度对他们做出的强烈暗示,原本在此。正像艺术家"为艺术而艺术",他们是"为捞而捞",这种身不由己、飞蛾赴火般的冲动,必欲一逞而后快。

乙酉五月十一日,马士英从南京仓皇出逃,率卫卒三百从通济门出,"门者不放,欲兵之。乃出私衙元宝三厅,立刻抢尽。"[1]他逃走后第三天,兴奋不已的南京市民,冲入其在西华门的府宅,及其子马锡位于北门桥的都督公署,大肆抢掠。"次掠及阮大铖、杨维垣、陈盟家,惟大铖家最富,歌姬甚盛,一时星散。"[2]其中,马士英家"有一围屏,玛瑙石及诸宝所成,其价无算,乃西洋贡入者。百姓击碎之,各取一小块即值百余金"。[3]

清兵入城,未及逃走或留下迎降的官员们,纷纷解囊讨好新的统治者,"致礼币有至万金者"[4]。礼部尚书钱谦益,刻意不拿钱,只献出一些物品,"盖表己之廉洁也"。然瞧瞧这份礼单,亦知所谓"廉洁"若何:

> 太子太保礼部尚书兼翰林学士臣钱谦益百叩首谨启。上贡计开:鎏金银壶一具,法琅银壶一具,蟠桃玉杯一进,宋制玉杯一进,天鹿犀杯一进,夔龙犀杯一进,芙蓉犀杯一进,法琅鼎杯一进,文王鼎杯一进,法琅鹤杯一进,银镶鹤杯一进,宣德宫扇十柄,真金川扇十柄,弋阳金扇十柄,戈奇金扇十柄,百子宫扇十柄,真金杭扇十柄,真金苏扇四十柄,银镶象箸十双,右启上贡。[5]

此件是当时为豫王多铎做登记工作的王佐亲眼所见,抄录后带出,应属可

[1]计六奇《明季南略》,中华书局,1984,第214页。
[2]计六奇《明季南略》,中华书局,1984,第216页。
[3]计六奇《明季南略》,中华书局,1984,第214页。
[4]李天根《爝火录》,浙江古籍出版社,1986,第476页。
[5]李天根《爝火录》,浙江古籍出版社,1986,第366—367页。

靠。至于这些东西占钱氏家财几何,我们是无从估计的。

十二

乙酉年五月十四日忻城伯、京营戎政总督赵之龙缒城而出,递降表于豫王多铎;次日,大开洪武门恭请多铎入南京。以此为标志,弘光政权结束。同时意味着,明朝作为全国性政权从"国家"意义上消失。

这也是南京首次以汉族中国首都的地位,为外族军队所占领。

在这背景下,发生了既令人震惊又耐人寻味的场景:五月二十五日,弘光皇帝朱由崧被押回,当他所乘小轿穿行于南京街道时,"夹路百姓唾骂,有投瓦砾者"。[1]这是在外族占领军的注视下,百姓对自己的前国家元首做出的举动。南京人民不欢迎满清占领,但是,他们仍然明确表达了对明朝的唾弃。这是两个单独的问题,它们并不矛盾。

我们也记得,崇祯末年,北京市民有"只图今日,不过明朝"的民谚,用一语双关方式,曲折道出对"明朝"的厌倦。

明朝百姓没有感觉到幸福。他们认为在这样一个社会里,自己受到了过于严重的剥夺。我们耗数万言,细针密缕,罗列和爬梳种种数字,都是为此提供一些实证。

约翰·罗尔斯说:

> 一个正义制度必须形成自我支持的力量。这意味着它必须这样被安排:使它的社会成员产生相应的正义感,以及为了正义的理由而按照它的规范行动的有效欲望。[2]

> 一个组织良好的社会是一个被设计来发展它的成员们的善并由一个公开的正义观念有效地调

[1]计六奇《明季南略》,中华书局,1984,第224页。

[2]约翰·罗尔斯《正义论》,中国社会科学出版社,1988,第252页。

节着的社会。因而，它是一个这样的社会，其中每一个人都接受并了解其他人也接受同样的正义原则，同时，基本的社会制度满足着并且也被看做是满足着这些正义原则。[1]

他强调制度设计问题，认为制度是否形成支撑，并非从外部征集和寻求而来，而在于要让正义原则预置于制度内部；只要做到这一点，无须号召和鼓动，社会成员自然能够主动和由衷地拥戴、热爱这一制度。

他还探讨了制度间的竞争：

一个正义观念，假如它倾向于产生的正义感较之另一个正义观念更强烈，更能制服破坏性倾向，并且它所容许的制度产生着更弱的不公正行动的冲动和诱惑，它就比后者具有更大的稳定性。[2]

中国古代社会，不缺乏正义的理念，只是缺乏将理念转化为制度设计的能力。儒家思想体系，虽然尊崇君权，但并不一味充当君权的驯服工具，它的“民本”原则，在古代世界各政治、伦理思想体系中，具相当的先进性。正因此，每当朝代更迭之际，新的统治者都不得不推出若干惠民政策，作为与民更始的表示。

但是，儒家思想体系终究不能前进一步，从理念拓展到制度建设。重“道”轻“器”，止于明道、论道而不辅之以形而下制度层面的精确设计，是吾国文明一大弱项。以为有好的理念，就会有好的现实。这使得儒家伦理最后往往陷于空谈，那些正派、正统的儒家官僚，能够在言论上发表极好的见解，却无法转化、落实于有效的政治实践。

二千多年，中国所以在王朝周期性震荡中徘徊，根子就是不能突破制度瓶颈。由于未从制度上解决问题，便只好通过旧朝烂透、再换新朝的办

[1] 约翰·罗尔斯《正义论》，中国社会科学出版社，1988，第440—441页。
[2] 约翰·罗尔斯《正义论》，中国社会科学出版社，1988，第441页。

法加以缓解，如此循环往复、故伎重演。人民所能指望的，无非是“多行不义必自毙，子姑待之”，苦苦等待当朝贪饱吸足、自取灭亡，然后借着新朝新气象，过上几天好日子。这种节奏从未改变。1644—1645年之间，中国也是如此。

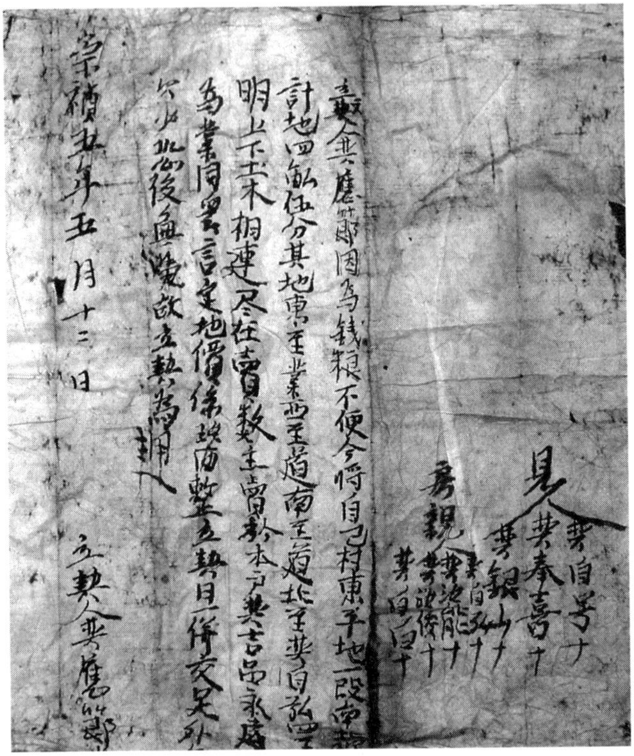

崇祯年间卖地地契。

晚明赋税益重，拥有土地往往成为很大负担，而时有卖地以求摆脱者。这份崇祯五年五月十二日所立地契，即写明卖地人“因为钱粮不便”将名下四亩五分地卖与同族者。

民心·头发

我们不把满清在北方进展顺利，视为北方民众怯懦的结果；也不认为南人在抗清中的奋不顾身表现，可以将历来的南人柔弱、北人剽悍这种看法加以颠倒。一般来讲，北人勇鸷，南方民风偏软，是客观特点。明清代际南北民众的表现，所以各反其常态，并非民风有变，而是别有原委。

一

峰峦如聚，波涛如怒，
山河表里潼关路。
望西都，意踌躕。
伤心秦汉经行处，宫阙万间都做了土。
兴，百姓苦；亡，百姓苦！[1]

这支题为《潼关怀古》的《山坡羊》，乃元人张养浩所作。天历二年(1329)，“关中大旱，饥民相食，特拜陕西行台中丞。既闻命，即散其家之所有与乡里贫乏者，登车就道，遇饿者则赈之，死者则葬之。”[2]想来，此曲或即张养浩途经潼关，感念交集而就。到任后，他未尝家居，止宿公署，昼出赈饥，晚归祈祷，“终日无少怠。每一念至，即抚膺痛哭”[3]。积劳过度加上无尽忧伤，这六旬老者终致不起，短短四个月殉职于任上。就此言，《潼关怀古》或是张养浩一生所作散曲的绝笔。其间，“宫阙万间都做了土”，书尽历史之可悲与不公；紧跟其后那句“兴，百姓苦；亡，百姓苦！”涌自肺腑，撕帛裂云，一吐为千古叹。

但恐怕张养浩亦不能料，时隔三百年，令他感慨万端的潼关，将再次如火如荼演绎“兴亡”一幕。崇祯十六年(1643)十月初六，“李自成陷潼关，督师尚书孙传庭死之。”[4]西安门户为之洞开，仅六天，西安告破。翌年正月初一亦即甲申年(1644)元旦，李自成建大顺国，次日发兵，出潼关进军北京。四个月后，从原路败回，再过潼关。当

[1] 萧善因选注《元散曲一百首》，上海古籍出版社，1982，第48页。
[2] 宋濂等《元史》卷一百七十五列传第六十二，中华书局，1976，第4092页。
[3] 宋濂等《元史》卷一百七十五列传第六十二，中华书局，1976，第4092页。
[4] 张廷玉等《明史》卷二十四，中华书局，1974，第333页。

年十二月下旬至翌年(1645)一月中旬,顺清两国集结大军在潼关决战。一月十二日潼关陷落,李自成率部从西安南逃,从此流窜。

一年多内,潼关迭面世变。李自成四过潼关,两番得意,两度失意。他先以“寇”入、以“帝”出,数月后相反,以“帝”入而以“寇”离。在他,此可谓成王败寇、一线之间。但三百年前,为救济饥民而来的张养浩,置身历尽兴亡的潼关,心中只想到三个字:百姓苦。

二

一部二十五史,所述无非兴亡。然而,这字眼之于庶民却可以说没什么关系。兴也好,亡也罢,旧符换新桃,无非你方唱罢我登场。那些忧君之伤、亡国之痛,写满史册,其实都是士夫臣子的情怀,与真正的庶民多半无关。问题在于,修史的能力及权力,握于后者之手,庶民何感何想,后人其实概无所知。而这往往成为盲点,使人不知不觉中以为正史野史的主题和感情,能够反映时世、代表民心。

那是没有的事。真实的时世、民心怎样?崇祯末,北京流传民谚:“只图今日,不过明朝。”一语双关。又说:“鞑子、流贼到门,我即开城请进。”[1]对于明亡,不悲痛,不眷恋,一言以蔽之,痛痒无关。这朝廷、这国家,不以人民愿望而建,亦不曾就任何事情听取人民意见,人民没有认同感,亡与不亡,干我何事?所以赵士锦才目睹了北京居民如下表现:三月十九日晨,北京全城告破,“至午后,百姓粘‘顺民’二字于帽上,往来奔走如故。”[2]城破前,北京人确实感到恐慌,因为他们不知道是否会大祸临头,等到传来消息“好了好了,不杀人了”,马上恢复平静。“奔走如故”几个字,尽现民众的无动于衷;占领军要求帽上粘“顺民”二字,无非一是表示顺服,二来寓有“大顺子民”之意,对此,大家也毫无心理障碍地接受。一代王朝轰然倒地,这场巨变,我们在将近四百年后说起,每每还有惊天动地之感,可当时京城民间,竟如此平淡或冷淡,简直像什么也没发生。

[1] 计六奇《明季北略》北都崩解情景,中华书局,1984,第350页。

[2] 赵士锦《甲申纪事》,赵士锦等《甲申纪事(外三种)》,中华书局,1959,第9页。

无独有偶，清末民初鼎革，人民又有类似表情。当时的启蒙者倍感痛心，叹为“麻木”，从中抽取出国民性。这固然不错，然而想一想二千多年代代兴亡，从来是权力者游戏，无论怎样，百姓所得不过是个“苦”字，那么，怎能不“麻木”，又为何不“麻木”？作为经历甲申之变的人，计六奇把明朝崩解原因归于“各自为心”[1]。这个总结，或者更在点子上。大家心腹不一，成王败寇是你们之间的事，小民操什么心！

三

不单不操心，在北方，朝廷崩解之后的乱世，还被当做短暂的机会加以利用。

虽然同样压榨严重，但因土地瘠薄，气候较差，物产不足，北方百姓生存普遍比南方更难。这也就是为什么暴乱会在北方发展壮大。在中国，加入暴民行列，几乎都是走投无路、万不得已，但凡尚存一点余地，就不致有此决断。换言之，李自成百万之众，仅为最不堪生活的一小部分赤贫之民，这以外，介于一贫如洗与尚可挣扎、能忍与忍无可忍之间，人数更多。他们只须很小的理由，就会回避直接变身为“草寇”。骨子里中国民众都不愿而且惧怕惹事，但这不表示心中不藏着不满与怨恨。所谓“良民”，只产生于幸福、合理的社会；在严重不公平的社会中，本质上没有“良民”。之所以很多人保持着“良民”表象，没有一变而为“暴民”，不过是他们在忍气吞声与铤而走险之间进行着换算，如果得不偿失，大多数人就都选择忍耐。显而易见，忍耐虽苦，却至少性命无虞。

不过，这以某种平衡未曾失去或被打破为前提，比如说统治秩序的存在。在好社会中，绝大多数人有自觉遵守法度的意愿，他们认为，制度不仅对自己形成直接保障，即便其中某些限制，其实也是从反方向体现了自己的利益。相反在劣坏的社会，如果人们尽力不触碰法度，通常不是出于拥戴和主动遵守，而是因为惧怕；一旦不必惧怕，法度便立刻显出可笑和空洞的样子，成为众人亟欲突围的对象。

甲申国变后就出现了这一幕。崇

[1] 计六奇《明季北略》北都崩解情景，中华书局，1984，第350页。

祯死亡消息传开，一夜之间，京畿周遭立即“盗贼横生”。闯军占领北京的后期，军纪失控，抢淫频发，史家多有述载。但实际上，京城并非最乱的地域，真正乱得无法收拾的，是河北、山西、山东、河南四省的广大乡村。这些地方，一时成为真空，法度荡然；无数介于一贫如洗与尚可挣扎、能忍与忍无可忍之间的民众，有如挣开束缚，趁机大行劫掠。如果说北京城内大顺军队将卒所为，尚属有组织的报复，则广邈乡间的情形，完全是无组织的混乱。平时隐忍压抑的乡民，此时一无所忌，纷纷变身为不曾加入起义军的自发乱民。可以说，在这一刻，没有庶民为崇祯之死如丧考妣，相反，倒被证明根本是一件大快人心之事。

乱民劫掠的对象，主要不是本地富户。后者一般蓄有家丁，庄园也筑有围堡，足以抵挡无组织的自发乱民。同时，中国乡村庞大严密的宗族关系，也发挥了令乱民“兔子不吃窝边草”的作用。因此，受害者多是因战乱而生的大量逃亡者。这些人中，有不少官吏、儒生和商人甚至王族，想象中往往携有浮财，是很好的洗劫对象——之所以说“想象中”，是因很多人仓皇而逃，实际已不名一文。

例如边大绶。他最有名的事迹，是崇祯十五年在米脂县令任上，毁李自成祖父、父亲之墓，将骸骨“尽数伐掘”“聚火烧化”。甲申时，他已回到河北任丘老家，与人“密谋欲兴义师”。四月底，闯军自北京溃退，一股部队出现在任丘，将边大绶捉住，五月初一启程押往太原。在途凡七日，清兵追击迫近，边大绶乘隙逃出。后来他将这段经历记为一文，题《虎口余生纪》[1]。后半部分，记从闯军逃脱后，孤身还家，一路亲睹亲历“土贼”遍地的情形：

> 遇二乡民持梃，盖抢营者，询余何来。余诡云：“亦搜物者。”舍之而南。余北走不百步许，闻后面喊声，意追者至，停步伺之，则四五伧父（村夫），各执枪棒，围余曰：“汝从贼来耶？”余应曰：“我逃难耳。”索财物，余曰：“赤身财与何藏！”尽上下与之，换破衣二件，仅蔽体。[2]

之后昼伏夜出，白天藏身废弃窑洞，

[1] 收于抱阳生《甲申朝事小纪》。另有中国历史研究社编、神州国光社出版之“中国历史研究资料丛书”本，题《虎口余生记》，脱误较多，兹依《甲申朝事小纪》所载。

[2] 边大绶《虎口余生纪》，抱阳生《甲申朝事小纪》，书目文献出版社，1987，第400页。

"月出甚高,余始敢出穴,不辨东西,视月所向,攀缘上下。经墟墓涧泽中,磷光萤焰,殊非人境"。沿途讨饭果腹,"凡经由土寇之丛薮处,余已作乞丐形,无阻挠者"。二十天后,终于接近故乡,在肃宁县西柳村遇见一位亲戚,这才换掉乞丐装,并留宿。睡了一夜,"黎明,闻炮声震天,乃土贼为乱,阖乡戒严,傍午始息。"俟其回到家中,已五月二十九日,"计被执时,正满一月。"[1]

边大绶所经历的,在当时北方四省极为普遍。《明季南略》称"遍地皆白棒手与官兵抢夺,实甚于贼"。[2]所谓白棒手,是徒执一棍、到处行劫者。赵士锦四月十四日从东便门逃出北京,与人结伴南还。"至天津十里许,过一村,其居民遥望予同行辈有七十余骑,遂远避高阜上。予等为言,予辈实南下者,非不良人也。"[3]可见情形纷乱如麻,到处有强人出没。这种乱象,过了黄河始有缓减,但整个长江以北,气氛仍极紧张,各乡由士绅出面组织民团,护村巡寨。这些民兵神经紧绷,常有过激反应;赵士锦写道:"泰州城外,乡兵防御甚严。舟至即刀棘相向,奸与良弗辨也。"[4]同行者居然有两人因此命丧黄泉,赵士锦本人腰部受重伤,强撑回到常熟家中,养伤百日始愈。

每当王朝终末,中国总有一段涣乱时光。其间,除严重的兵燹之厄,也有大量的民众滋扰现象。为什么?并非中国的人性较别处为劣,实在是役抑既深且久,平时无任何管道与途径,二三百年才等来一点点放纵的机会。换言之,王朝解体,便是小民集中宣泄之时。眼下大明的倒掉,遗老孤臣心如刀绞,而在刍荛之夫,却兴高采烈,因为秩序终于不在,天下终于大乱。这样的时刻,可谓千年一梦,古今所共;直到现代,毛泽东《湖南农民运动考察报告》"'糟得很'和'好得很'"一节,所谈仍是这样的问题:"农民在乡里选择,搅动了绅士们的酣梦。乡里消息传到城里来,城里的绅士立刻大哗。我初到长沙时,会到各方面的人,听到许多的街谈巷议。从中层以上社会至国民党右派,无不一言以蔽之曰:'糟得很'。"[5]他说:"你若是一个确定了革命观点的人,而且是跑到乡村

[1]边大绶《虎口余生纪》,抱阳生《甲申朝事小纪》,书目文献出版社,1987,第400—401页。

[2]计六奇《明季南略》,中华书局,1984,第188页。

[3]赵士锦《北归记》,赵士锦等《甲申纪事(外三种)》,中华书局,1959,第23页。

[4]赵士锦《北归记》,赵士锦等《甲申纪事(外三种)》,中华书局,1959,第24页。

[5]毛泽东《湖南农民运动考察报告》,《毛泽东选集》第一卷,人民出版社,1991,第15页。

里去看过一遍的，你必定觉到一种从来未有的痛快。”[1]

四

然而，论证明王朝不得民心，并非本文的题旨。倘若那样，此文几乎可以说纯属多余，因为历来在明末农民暴乱问题上，以此为题旨的文章早就不可胜数。

本文之作，首先与另一个问题有关，亦即我曾经讲过的，明朝之亡，非以甲申年为准——当然，你愿意说它亡过两次，亦无不可：甲申年三月十九日晨，崇祯自缢、北京城破，某种意义上，明朝崩溃了；但是，事后证明这是一次假死，五月初三，随着朱由崧在南京监国，它又活了过来，以完整的政权体系，继续统治国中最大一片区域，直到整整一年后；乙酉年五月二十二日，朱由崧作为俘虏被押回清军占领下的南京，这象征着中国的统治权正式易手，之后在福建、广东、云南以至缅甸，虽仍有明朝残余存在，却已是流亡政府，因此明朝之亡的合理界限，应位于1645年6月。

本文之论，即从明王朝在北京、南京先后两次解体引出，或许，每个明史爱好者都曾注意到它，并和笔者一样深为困惑：这两次解体所唤起的反应，不论在士大夫阶层，还是民间，差异极其悬殊。士大夫的表现，笔者已在《降附·名节》中加以描述，本文所谈着重于民间方面。

北京之崩，一般民众的态度大致如前所述。从北京市民“奔走如故”到晋冀鲁豫乡村的“土贼”蜂起，都说明百姓即便不是兴高采烈，至少也与己无关、漠然以对。这还不包括民众如何对待所谓“贼寇”。虽然我读过的史料，几无例外都对闯军采取谩骂、诋毁，其中很多作者的学问、人品，笔者颇存敬意，但他们亦不能改变一个事实，即“贼寇”们在许多地方为民间所欢迎与追随。虽然很多知识分子的著述避谈这种情形，却仍有踪迹可察。在此，举个比较生动的例子。闯军节节胜利的甲申年三月，路振飞致信张国维：

[1] 毛泽东《湖南农民运动考察报告》，《毛泽东选集》第一卷，人民出版社，1991，第16页。

承问敝乡事，言之愤郁。敝乡愚民疾视长上，编歌捏谣，伫望贼来，若谓其实行假仁假义也者。三月九日，伪官孙某到，诱士民飏去，温言抚谕，共信为真。士民但求赊死，不顾孔孟道义，不顾祖宗德泽，并不顾一身节义，相率迎贼。[1]

他所谓“敝乡”，是河北曲周县。从所述中，我们见该地人民盼闯军之切，从“编歌捏谣，伫望贼来”，到“相率迎贼”，宛然如绘。相反的，亦能想见明王朝怎样尽失民心。言及此，路振飞用了“愤郁”一词，既生气又郁闷，有羞于提及之感。在他看来，一是因为民“愚”，二是闯军“实行假仁假义”。然而，如果假仁假义都能博民欢心，岂不说明朝廷连假仁假义也没有么？

曲周民众的表现，在北方应该很有代表性。我迄今所阅史料，未见北方诸省民众主动抵抗闯军的记录。无论《保定城守纪略》、《榆林城守纪略》，都没有民众的身影。《守汴日志》中有，但要么为官府胁迫：“二十五日丙寅，下令民间有男子一人不上城者斩。”[2]要么以利诱之：“临时雇募壮丁，每次人给钱百文、饼四个。百姓蜂拥愿雇，虽日用数十人，不缺。”[3]此番开封围困，自崇祯十四年二月十二日起，至翌年九月十八日止，“城中白骨山积，断发满地，路绝行人”[4]，最后靠掘黄河解围。

以上是北方的情形。然而，到了南方，或者说长江中下游一带，却有明显区别。

《甲申朝事小纪》有篇《桐城事纪》，叙述从崇祯八年到弘光元年这十年间，安徽桐城及其左近一些战乱的经过。到这一带横虐的，是张献忠。他从河南杀至淮北的凤、泗，之后继续南下。然而，一开始就不顺利。以往在北方，“所至皆用土著为向导，以故道路曲折，及虚实坚瑕，莫不尽知之，由此势如破竹。”这一贯的经验，在桐城一带居然不灵，当地百姓“无与贼通，城以故获全”。张献忠攻城不下，在城外劫掠一番，引兵

[1]《漕抚路振飞上总督张国维书》，赵士锦等《甲申纪事(外三种)》，中华书局，1959，第25页。

[2]李光壂《守汴日志》，中州古籍出版社，1987，第5页。

[3]李光壂《守汴日志》，中州古籍出版社，1987，第7页。

[4]李光壂《守汴日志》，中州古籍出版社，1987，第31页。

西去。西山有位老太太，大概很能干，有些妇女事先齐集她家暂避。渐渐，“流贼”消息迫近，“诸妇女皆惧，啼泣不知所为”：

> 妪曰：“以吾一人死，而易若等速走，毋啼泣为也！”因扶杖出，曰：“旦日当于某地觅我。”妪遂至路口。贼寻至，曰：“妪亦知此间有马牛女子乎？”妪曰：“知之。”贼曰：“导我往，不然，且杀。”妪乃前行，群贼随之。妪故纡回，引贼他往。凡数里，不前。贼趣之，妪骂曰：“死贼！吾晌者诳若，此间荒僻，非有马牛女子也。”贼怒，拔刀刺妪而去。当妪之诱贼去也，妪家妇女尽奔入深谷林薄，皆免。

转日，人们按老太太预先所说地点，果然找到她，初尚能言语，抬到家，就死了。在龙山，居民拆毁河桥，以阻农民军。张部捉得一男子，命其修桥，说：“修好免死。”男子回答：“我倒能活命，可大家却活不成了。”拒绝，被杀。在潜山，官军与张献忠大战，旷日持久，“军中食尽”，派人到集市上求援：

> “官兵围贼，贼且败矣。军中不暇作食，县人当速济之。”于是人家各炊熟米麦数百余车，募壮士强弓劲弩护入军中。军中既得饱食，而县人夜持火炬，鸣金鼓，出西门，取山径噪而前。贼疑救兵且至，遂解围去。[1]

张献忠在皖鄂之间东游西荡，来了走，走了又来，折腾七八年，始终得不到民众支持。上面几个故事，民众对张献忠是排拒的，斗智斗勇，对官军却搞“支前”活动，还用“麻雀战”骚扰张献忠——较诸李自成在北方所得民众的对待，真可谓天悬地殊。

南北民众立场形同冰炭，什么原因？不妨思考一番，我们俟后讨论。作为背景材料，这里先交代一下：桐城居深山，方百余里，在明清两代有“文献名邦”[2]之称。明季左光斗、方以智、光时亨，清初张廷玉（《明史》总裁）、戴名

[1] 抱阳生《甲申朝事小纪》，书目文献出版社，1987，第477—493页。

[2] 毛庆蕃《题辞》，马其昶《桐城耆旧传》，黄山书社，1990，卷首。

世（著名文字狱“南山集案”事主）等名臣硕学，俱出该地；康、雍、乾间，桐城更以“三杰”方苞、刘大櫆、姚鼐，被尊一代文薮。

五

是否意味着，南方民众拥护与爱戴朝廷呢？非也。朝政陋劣、官奸吏猾、师如虎狼，这些都是不分南北的。王朝种种弊窳，北方有的，南方一点也不少。如果北方民众满怀厌憎，南方民众也没任何理由感到喜欢。

我们借桐城一支官军，略觇其情，其为罗九武所部。由它的表现，我们可以知道所谓官军在残虐居民上，是怎样不让“流贼”。戊寅年（1638）十月，张献忠再围桐城，城内守军即罗九武部。到十二月，城中食匮，“多饿死，或割死人肉以为食”。纵当此时，城内官军仍不中断“入人家劫掠”，“十百为群，横县中”。这时，典史张士节出面召集“少年数百”，说：“贼乱于外，兵乱于内，一县中如困汤火。今吾与若等溃围力战，或以是激励三军之士，而少纾贼祸。”他要率这几百青年，组成敢死队，出城杀敌，冀能以此激励官军士气，转变“贼乱于外，兵乱于内”态势。“少年皆从之，于是歃血祭纛，每夜出袭贼，断贼头，夺其马牛及其粮食”，颇为成功。不料，战罢回城，“皖兵辄要劫之于路，而谓所杀者皆官兵，于是少年皆逃散，不敢复杀贼。”[1]后来，张献忠又引兵他去，桐城因解围，而这居然被罗九武引为己功，“自以城守功高，骄悍不可法度治，时时劫掠居民”。人民不堪，诉于地方官张亮。张亮是正派人，是非分明，“右民而左兵”，于是“兵皆怨，相谋作乱”。桐城的灯会很有传统，癸未年（1643）元宵节，罗九武假装好意，以“逆贼远遁”、“以示休息”，提议准许民众放灯，“固请之”，县官也就同意了。“居数日，军民皆送灯公堂，兵忽乱，驱民尽击之”。显然这是策划好的恶作剧，向县官当面示威，以报复后者胆敢向着百姓。这样，“桐人苦兵之扰也，纷纷渡江而南，张亮恐邑空虚难守，禁之不能止。”[2]罗九武并不因此稍敛，“自谓城守功高，桐之子女

[1] 抱阳生《甲申朝事小纪》，书目文献出版社，1987，第487页。

[2] 抱阳生《甲申朝事小纪》，书目文献出版社，1987，第492页。

玉帛相随入两营者，不可胜计”。福王立于南京后，罗九武升了官，“乘中外危疑，益肆剽掠无忌。”乙酉年（1645）四月，左良玉东犯，“安庆戒严，罗九武等乘间遂掠仓库”；四月八日夜，罗九武在桐城“命其兵作乱，大掠三日乃止。十七日，分兵入西乡焚掠。又数日，分兵入东乡、南乡、北乡焚掠。少妇幼女男子，被掳者凡五六千人，相号于道”。[1]直到清兵打下桐城，此害方除：“散其所部兵。凡所掠子女，俱令释去”，“斩九武等于市”。[2]

说起来，明季动乱，最大受益者便是挟武自重的军人。他们由人民所纳赋税供养，所为却未必是护卫人民，相反往往借乱滋事，剥夺抢拿，无所不至。所以很多稗史中，记述者都慨叹兵贼等同。

李自成进军北京引发的大溃退，四月间达到高潮。其中最具震动性的，是总兵高杰南逃。之所以震动极大，有两个原因：第一，这支军队规模庞大，据说达四十万之众，且作风剽悍，破坏性非寻常可比；第二，它逃至南方后，意欲占据扬州，由此以及一些阴差阳错的缘故，导致军民激烈冲突，酿成严重流血事件。

因时局极乱，高杰军抵南方的具体时间，诸史不甚了了，惟《爝火录》明确记为四月初六：

> 初六日癸亥……总兵高杰，率其部下李成栋、杨绳武等十三总兵、四十万众渡河，大掠晋中，鼓行南下，邳、泗之间惊曰：“高兵至矣！”居人夺魄。颍守将张上仪发巨炮遮击之，始却。[3]

随后行止未详，据《国榷》，四月二十七日马士英为扶立福王，“征总兵黄得功、刘良佐、高杰等联舟南下”[4]，则高杰当于此时军次扬州附近。五月九日，朱由崧在南京以监国身份入居大内，第二天，高杰即动手取扬州：

> 总兵高杰兵欲入扬州，士民不纳，遂恣攻掠，城外庐舍俱空，江南北大震。[5]

[1] 抱阳生《甲申朝事小纪》，书目文献出版社，1987，第494—495页。
[2] 抱阳生《甲申朝事小纪》，书目文献出版社，1987，第495页。
[3] 李天根《爝火录》，浙江古籍出版社，1986，第77页。
[4] 谈迁《国榷》，中华书局，2005，第6078页。
[5] 谈迁《国榷》，中华书局，2005，第6088页。

高杰横暴,固因本人及所部起自草莽,漫无军纪,然而也明显与定策、迎立过程中朱由崧的借重有关,刘宗周《再陈谢悃疏》就直言不讳:“陛下又挟镇臣以为藩,宁负百姓,而不敢失诸镇之心。”[1]皇上既有此心态,高杰等自然感到无论如何,都不在话下。

高杰欲取扬州,与抗敌无关,与剿寇无关,跟任何军事原因通通无关,而与两点有关:一、安顿家小。对此,高杰本意是过江,而非占据扬州:“总兵高杰大掠江北,声言欲送家眷安顿江南,约刘泽清刻日渡江。”朝廷闻讯,“勉以大义,而江南辇毂重地,不便安插家口。”[2]于是转以扬州为目标,“以繁富争之”[3]。二、军阀间负气。此由著名的“设四藩”而起,五月十三日,史可法上《议设四藩疏》,提出“其一淮徐,其一扬滁,其一凤泗,其一庐六”[4]的规划,但几天后,十七日史可法又上《四不可无疏》,“四藩”规划变了,变成“淮海”(刘泽清)、“徐泗”(高杰)、“凤寿”(刘良佐)、“滁和”(黄得功),原方案内的扬州消失,变成“督师应屯驻扬州,居中遣调”。[5]这个变动的秘密在于,五月十三日规划里“黄得功分地扬州”[6],高杰、刘泽清都不满,内哄一触即发,“时得功兵至天长,高、刘整师应敌”[7],此外还有李栖凤、张文昌两支部队,也摩拳擦掌。职是之故,扬州被从“四藩”范围抹掉,改为史可法的督师驻地。

“扬州居天下膏腴”,“子女瑰宝累万万”[8],繁华程度,当世罕匹,这仅格局上即可看出。它很特别地有新、旧两城。新城之辟,纯因商贸、娱乐业极盛,规模巨大,旧城容不下,犹如市场经济高速发展后今天许多大城市所创建的各种新区。《甲申朝事小纪》称新城为“肆卖区”,亦即以经营为主的非居住性质的专门商业区。这种只为商业而形成的城区,不像古代城市一般兼具军事功能,城防设施应该较弱抑或未设防。所以高杰兵至,才能够畅通无碍地

[1] 刘宗周《刘子全书》卷之十七奏疏,华文书局股份有限公司影印本,1968,第1292页。

[2] 李天根《爝火录》,浙江古籍出版社,1986,第131页。

[3] 计六奇《明季南略》,中华书局,1984,第33页。

[4] 史可法《史忠正公集》卷一,商务印书馆,民国二十五年十二月,第3页。

[5] 计六奇《明季南略》,中华书局,1984,第26页。

[6] 计六奇《明季南略》,中华书局,1984,第33页。

[7] 李天根《爝火录》,浙江古籍出版社,1986,第132页。

[8] 抱阳生《甲申朝事小纪》,书目文献出版社,1987,第215页。

大行抢掠,“庐舍焚掠殆尽”。起初扬州人“厚犒之”,希能令彼退兵,但“不去”,由此扬人关闭市场、退入旧城、登城死守。[1]高杰兵于是被激怒,暴行滔天,有说其“得城内百姓则杀之,若居城外者,截其右手,杀人甚众”[2];有说“杀人则积尸盈野,淫污则辱及幼女”[3]。五月二十二日,发生最严重的事态,进士、新授兵部职方司主事郑元勋出城至高杰军营充当调解,返回时,被守城民众疑为高杰奸细,“猝碎其首,脔割之殆尽”[4],“仅存遗骨数寸”[5]。二十六日,已至扬州的史可法与高杰达成协议,“将杰兵移驻瓜州”[6](瓜洲,今扬州邗江区,时辖于江都县),事件遂以此解决。

以上简述其经过,实际上,事件内容颇为复杂。

第一,高杰欲入扬州,出于个人小算盘不假,但名正言顺、手续完备——是“奉旨”而来。五月二十三日他在给朝廷的奏疏中称:“奉旨分防扬、仪,人人登陴罢市,抚道(地方官)不出。”[7]此亦获证于史可法:“镇臣高杰之兵奉旨驻扬,扬人坚不肯纳。”[8]我们前面曾说,五月十三日提出了“四藩”方案,五月十七日又加以修正,最终决定史可法开府扬州;现在看来,这当中似乎还有一次调整,即曾决定将扬州拨与高杰为驻地。如此,则高杰欲入扬州非但不是狗私擅行,倒属于执行命令和公务。自高杰方面言,阻其入城,类同叛乱;予以攻打,师出有名。

第二,关于高杰部在扬州的焚杀,据史可法就郑元勋被害所上之《悍民惨杀乡绅疏》[9]云:“初到之时不无骚扰”,系其先头部队所为,高杰本人时尚未至,“及镇臣既至,取犯兵而斩以狗,日不下十数人”,整治颇严。此亦证于《甲申朝事小纪》郑元勋传:“入杰营,晓以大义,且责其剽掠状。杰为心折,好慰元勋曰:‘前事特副将杨成为之耳。’出禁令退舍(退还民居),且诛杨成。”[10]郑元勋返回城里之为乱民所杀,即因其转告高杰话语时,人们将“诛杨成”误为“诛扬城”,一时激愤而哗。

[1]计六奇《明季南略》,中华书局,1984,第32页。
[2]计六奇《明季南略》,中华书局,1984,第36页。
[3]计六奇《明季南略》,中华书局,1984,第33页。
[4]抱阳生《甲申朝事小纪》,书目文献出版社,1987,第216页。
[5]李天根《爝火录》,浙江古籍出版社,1986,第132页。
[6]史可法《报高兵移瓜州疏》,《史忠正公集》卷一,商务印书馆,民国二十五年十二月,第6页。
[7]计六奇《明季南略》,中华书局,1984,第34页。
[8]史可法《报高兵移瓜州疏》,《史忠正公集》卷一,商务印书馆,民国二十五年十二月,第6页。
[9]该疏《史忠正公集》未录,兹据《明季南略》所载片断。
[10]抱阳生《甲申朝事小纪》,书目文献出版社,1987,第233页。

第三，此事与罗九武之在桐城有所不同。高杰部犯有众多暴行无疑，而扬州民众亦非单纯受害者。万元吉从南京前往扬州路上，“兵民构祸，寸步皆阻。扬州民尤甚”，“兵与民相杀，民又与兵相杀”。[1]史可法也提到，扬州百姓“日于河边草际取零兵而杀之，因是结衅愈深，竟不可解”。[2]

第四，郑元勋被害，凸显事件中民众并非“绝对无辜”。郑氏乃徽州歙县人，客居扬州，急公好义，勇于担当。他因与高杰曾有一面之交，此时挺身而出：“事急矣！吾不惜此身以排乡人之难。”而单骑造杰。其时，情实不可测，家僮阻之，郑氏叱而坚往。至则果然说动高杰，高杰“敛兵五里外”，表示：扬州四周还有很多其他部队（“七大将士”），均因缺饷而挨饿，“岂独蒙恶声乎？遣骑询之，果吾兵，当尽诛以谢。他人非吾责也。”保证管好自己部下。郑元勋拿到高杰的保证书，“急走城上，集公府讼言之。或扣马止之，勿听。”人们先入为主，认定他是高杰同党，根本不听他说些什么，“露刃围之数重，顷刻刃起，遂及于难。”[3]事后，扬人亦悔郑氏之冤，而将其神化：“自后，扬人常夜见公于城上，峨冠绯袍，指挥而过，若天神然。”[4]

第五，高杰部先前在淮北的劣迹，经传闻而放大，扬州民众多少有耳食之嫌。彼此尚未谋面，成见已铸，势不两立。例如，五月初七扬州士绅王傅龙奏道：“东省（山东）附逆，河北悉为贼有，淮、扬自为守。不意贼警未至，而高兵先乱。自杰渡河掠徐，至泗、至扬，四厢之民，何啻百万，杀人则积尸盈野，淫污则辱及幼女。”[5]这里面有事实，但未必尽属事实。所以，史可法关于扬州冲突总结了三条：“扬人惟利兵去，各兵惟愿驻扬，好事者遂造为不根之言。”扬州人坚决不肯驻军，各军偏偏又都愿驻于扬州——针尖麦芒，遂成胶着，而各种恐怖传闻则在当中起着催化发酵作用。

这一事件，粗看是非分明（官军荼毒民众），细看又有些含混。暴行仅出于高杰手下一部分将士，其统帅可能并不知情，有些暴行可能来自其他部队但账却都算在高杰部的头上，民众也有暴力表现且反应过激、拒绝调解，同时从高杰乃“奉旨”驻防角度言，扬人所为反而“不合法”。然而，是非在此其实不

[1] 计六奇《明季南略》，中华书局，1984，第33页。
[2] 计六奇《明季南略》，中华书局，1984，第34页。
[3] 抱阳生《甲申朝事小纪》，书目文献出版社，1987，第233—234页。
[4] 计六奇《明季南略》，中华书局，1984，第36页。
[5] 计六奇《明季南略》，中华书局，1984，第33页。

重要，重要的是扬州冲突表明，人民对朝廷不信任、拒绝和抵制。实际上，这就是一次民间自发抵制朝廷的事件。

扬州人民明明知道高杰入扬州系有旨意，是朝廷正式决定，这一点，高杰本人应曾向城内明示，首辅史可法也一再加以证实。由此可见，民众所拒绝的不单是高杰，实际矛头最终针对朝廷。朝廷派高杰驻军，冠冕堂皇的说法当然是抵御虏寇、守护扬城，而民众的坚拒，无异乎否认这种可能性，无异乎公开指出朝廷及其军队根本不会保护民众。他们宁愿相信和依靠自己，自行担负守卫任务，也不愿引狼入室、开门揖盗——在他们眼里，如今朝廷之于虏寇实无分别。朝廷派去调查的兵部员外郎万元吉发回报告，称：

> 扬州、临淮、六合，所在兵民相角。兵素少纪律，民更近乖张。一城之隔，民以兵为贼，兵以民为叛，环攻弗释。[1]

他的描述比较客观，双方各有责任。在军队一方，“素少纪律”是事实，是事态导火索；在民众一方，有旨不奉，亦属“乖张”。“一城之隔”四字，特别生动地揭示了彼此认识上的睽隔：城墙之内，“民以兵为贼”；城墙以外，“兵以民为叛”。中间只一道墙，立场竟如隔天渊，根本无解（“弗释”）。关于兵民敌对情绪，万元吉在另一奏疏中，分析荆襄（左良玉防地）、江北（“四镇”防地）两地前景时，指出：

> 两处兵民积怒深怨，民必争迎贼以报兵，兵更退疑民而进畏贼，恐将士之在上游者却而趋下，在北岸者急而渡南，金陵武备单弱，何以当此。[2]

一年后，当左良玉起事时，这两点几乎全被言中。

“一墙之隔”而其心各异的情形，表现为兵民嫌怨，内里则是民间社会与朝廷已经脱节。不难认定，扬州冲突实质在民众对朝廷信任全失，乃至欲与现政权相切割，而萌发出类乎自治的意识。

[1] 文秉《甲乙事案》，《南明史料（八种）》，江苏古籍出版社，1999，第433页。
[2] 徐鼒《小腆纪年附考》，中华书局，2006，第184页。

六

南方民众的离心离德，扬州冲突是一次集中表现，小于此规模的，尚有许多事例。

我们且据文秉《甲乙事案》，以甲申国变至弘光被执为时间段，从中摘录一些例子。

甲申四月二十八日，凤阳总督马士英部将庄朝阳，"行劫单县，为民所杀"。[1]马士英标兵在淮安西门外焚劫，当地"义师"（民众自发武装）逮其三十多人。[2]同日，苏州士民焚掠在北降臣项煜、汤有庆、钱位坤、宋学显等四家，常熟焚掠时敏家，海盐焚掠陈之遴家。[3]六月初十，广昌伯、四镇之一刘良佐，报告朝廷："臣开镇临淮，士民张羽民等不服。"临淮民众则反诉："叛镇环攻，生灵涂炭。"[4]情形与扬州一样，惟事态较小。八月中旬，浙江东阳民变，波及义乌、汤溪等地；起因系官府不公，至"哄然沸乱"，浙江巡抚左光先派兵镇压，"诸民各保乡寨拒敌"。[5]八月下旬，芜湖民抢税银，主事陈道晖上奏："抄关税银，被贼入署掠尽。"[6]乙酉年二月，浙江巡按"纵奴强掠市钱，民为罢市"。[7]此人曾当马士英问"饷从何出"时，答以"搜刮可办"，至此践其所言，致杭州罢市。四月，贵州籍明军在徽州"肆行劫掠"，"土人汪爵率众御之，杀其首恶数人"，朝廷"命擒爵抵罪"。[8]五月十二日，弘光皇帝、马士英、阮大铖先后逃离南京后，"百姓乱，拥入内宫，抢掠御用物件，遗落街衢"；又，"百姓千余人"擒辅臣王铎，"群殴之"，"须发皆尽"；将马士英与其子宅邸"焚毁一空"，"次掠阮大铖、杨维垣家"。[9]五月二十五日，朱由崧押回南

[1] 文秉《甲乙事案》，《南明史料（八种）》，江苏古籍出版社，1999，第431页。

[2] 文秉《甲乙事案》，《南明史料（八种）》，江苏古籍出版社，1999，第435页。

[3] 文秉《甲乙事案》，《南明史料（八种）》，江苏古籍出版社，1999，第436页。

[4] 文秉《甲乙事案》，《南明史料（八种）》，江苏古籍出版社，1999，第446页。

[5] 文秉《甲乙事案》，《南明史料（八种）》，江苏古籍出版社，1999，第464页。

[6] 文秉《甲乙事案》，《南明史料（八种）》，江苏古籍出版社，1999，第468页。

[7] 文秉《甲乙事案》，《南明史料（八种）》，江苏古籍出版社，1999，第520页。

[8] 文秉《甲乙事案》，《南明史料（八种）》，江苏古籍出版社，1999，第539页。

[9] 文秉《甲乙事案》，《南明史料（八种）》，江苏古籍出版社，1999，第552—554页。

京，“帝坐小轿入城”，“夹路百姓唾骂”，“有投瓦砾者”，[1]不得民心至此。

他著亦各有记载。如《爝火录》卷二记，甲申年五月，“苏州枫桥一带，米牙斛脚千群，推官倪长玗部署之，练充乡兵，防守浒墅，驯其骄悍，消丛聚。”米牙，即米行；斛脚，乃米行脚伕，在最底层，迹近所谓“流氓无产者”，且群体特征突出，极易“丛聚”。至今苏州倪家弄口猛将堂东墙，存有《奉宪禁斛脚多勒陋弊碑记》，康熙三十一年八月立，文字多剥蚀，然自碑名中“多勒陋弊”四字，可略知其意而领略“斛脚”之“骄悍”。倪长玗用组成乡兵的办法，来消除为乱的潜忧。不久倪长玗他任，接替者另搞一套，致“斛脚”们“遂相聚思乱，民皆逃徙，势甚岌岌”，上级只好仍让倪长玗管事，后者“晓以大义散解之，一境始安”。[2]又如《平寇志》记，乙酉年二月，福建汀州民变，由诨名“阎王猪婆”的人领头，“盘踞芜子湖，劫掠横行”。巡抚张肯堂派宁化知县于华玉招抚，“既往，贼横，几不免”。不过，于华玉仍设法予以说服，带着几百人回来。张肯堂将其改编，“命华玉率之勤王”，但走到浙东就“各散去”。[3]

七

考诸以上，我们发现南北民心应无不同。说来，南北百姓皆苦，且各有所苦。曩者多以为南方自然条件好，物产丰盈，日子较北方好过。客观而言，确有此差别。然而却有些只知其一，不知其二。北方贫瘠，生存倍艰，不过要看到，北方民众的经济负担较南方轻很多。黄宗羲说“今天下之财赋出于江南”[4]，这是强调的语气，不能理解为北方百姓不出赋税徭役。不过，明朝财赋泰半落在东南人民肩上，大概是不错的。那条大运河为何是明朝生命线？即因赖此东南钱粮才源源北上，为朝廷输血。如谓北京乃明朝心脏，大运河便是使它维持搏动的血管。自朱棣迁都

[1] 文秉《甲乙事案》，《南明史料（八种）》，江苏古籍出版社，1999，第558页。
[2] 李天根《爝火录》，浙江古籍出版社，1986，第110页。
[3] 彭孙贻《平寇志》卷之十二，上海古籍出版社，1984，第270页。
[4] 黄宗羲《明夷待访录》，《黄宗羲全集》第一册，浙江古籍出版社，1985，第24页。

北京以来，大运河从东南疯狂吸血二百余年，“今郡县之赋，郡县食之不能十之一，其解运至于京师者十有九”[1]。东南人民除了贡献粮食、盐、棉花、丝织和库银，甚至要从收到运一条龙负责到底。例如贯穿整个明朝，苏松常嘉湖五府承担的“白粮”，不仅“全征本色”，且“民收民解”，费用惊人，沿途要受各关津闸坝官吏的勒索，支付纤夫费用，支付特殊情况下的临时转运、赁屋等费，经常遭到各地流氓地头蛇劫夺与敲榨，赶上恶劣气候也会造成额外损失……不一而足。最终加以核算，我们来看一位学者的研究：

> 史称万历年间吴江县“大率费米六石有余，始完正米一石”。及至崇祯年间的官方报告，亦指出每船自起解至制销需“费至一千五百两”，平均每石费用为三两，按当时法定的一般粮价折算约为六石左右。如果再把解户因途中漂损而赔纳的部分计算在内，那么总的费用当然就更加浩大了。例如万历年间松江府有一位名叫宋宪的解户，因粮解“半遭沉溺，半为歇家侵渔”，一般之使费竟“负官税几二千金”，亦即共亏欠二千两，平均每石耗费高达四两，约折算为八石左右。[2]

可见南方条件虽较北方为佳，而若将沉重负担考虑在内，一般人民的景况也并不宽裕。

对明末北方多处爆发农民起义，史家往往提及极端化年景。如：“岁俭，无所得食，遂群聚为寇。”[3]“崇祯二年，秦大旱，粟腾贵。”[4]“草根木皮尽，人相食。”[5]北方自然条件差，较易遭遇极端化年景，南方一般较少。不过战乱背景下，这种事情也同样在南方出现，辛巳年(1641)，张献忠围困下的桐城，便“城中食亦匮，多饿死，或割死人肉以为食”。[6]

但很奇怪地，大动乱却只从北方涌

[1] 黄宗羲《明夷待访录》，《黄宗羲全集》第一册，浙江古籍出版社，1985，第24页。

[2] 鲍彦邦《明代白粮解运的方式与危害》，《暨南学报(哲学社会科学)》1982年第3期。

[3] 彭孙贻《平寇志》卷之一，上海古籍出版社，1984，第1页。

[4] 彭孙贻《平寇志》卷之一，上海古籍出版社，1984，第3页。

[5] 彭孙贻《平寇志》卷之一，上海古籍出版社，1984，第7页。

[6] 抱阳生《甲申朝事小纪》，书目文献出版社，1987，第487页。

起。《平寇志》载,短短一二年内,发生在陕西的起义,“其有名目者”(已闯出名头的),即有紫金梁、满天星、蝎子块、老回回……“凡二十四家”,晋、豫两省则有英王、王镇虎、朱温、赵令君……“凡三十八家”;又说“贼尽响河北”[1]亦即影响遍及河北全境,非以“蜂起”则不足以形容。而南方虽有零星事件,却始终未显燎原之势;相反,以我们前面举到的几例,倒有些虎头蛇尾,草草了事,官府轻易即予摆平。更有甚者,南方民众对于南下的北方造反者,一般不表支持,反而排斥、抵制,乃至与官府、官军联手打击。在北方,造反者所到之处迎附蜂起,常常里应外合。甲申国变后,赵士锦一行逃离北京南还,北方沿途多是乘乱而起态势,一过淮河,情形立变,由此以迄东海,州县居民纷纷组建乡兵,严防死守,欲将“贼寇”坚拒门外。前述桐城民众对张献忠,也持敌意。众多史述显示,李自成、张献忠在南方各地(荆楚至江浙,以及四川),难以聚集在北方的那种“人气”;南方民众与他们的关系即便不是排斥的,也在心理上表现疏离状态。

这岂不有乖“逻辑”?既然南方民众生存也很逼仄,所受压榨或且过之,一样苦大仇深,为何不与北方民众同仇敌忾呢?“凡是敌人反对的,我们就要拥护;凡是敌人拥护的,我们就要反对。”[2]依照阶级斗争学说,解释不通。

除了阶级斗争,有别的解释。民风大概就是一种可能的解释。一般认为,北人剽悍,南人柔弱。南人缺少北人那种孤注一掷、好勇斗狠的气质,比较懦弱,比较胆小,容易息事宁人。以此性格,不光慎于“举事”,连“从乱”也不大敢。这种地域之见,通俗易懂,又似乎总能验之于日常见闻,因而弹此调者历来不少。

事情如截止于乙酉年五月,我们或许只能将原因归结于南人心态及秉性。到那时止,东南民众看上去只是一副忍气吞声、得过且过的样子,面对横征暴敛、侵夺搜刮乃至洗劫焚掠,敢怒不敢言。北方造反者明明已经创造了浓厚的反抗气氛,他们居然也不顺势而动,加入暴动洪流。这不是民风柔弱、胆小怕事,是什么?

然而,我们需要等候历史翻到下一页。

当清兵攻下南京,进而向东南腹地拓展时,出现了令人震撼的情形。

[1] 彭孙贻《平寇志》卷之一,上海古籍出版社,1984,第14页。

[2] 毛泽东《和中央社、扫荡报、新民报三记者的谈话》,《毛泽东选集》第二卷,人民出版社,1991,第590页。

这支关外铁骑，从占领北京到向冀、晋、陕、豫、鲁，亦即整个黄河中下游北中国的推进，很少面临抵抗。抵抗在此，主要看民间行为，而非正规武装力量。因为明朝官军势力已在“大顺”扫荡下，或逃或降，基本绝迹，如果发生抵抗，只能靠当地民众。然而，很少看到这种记录。素来认为剽悍、尚勇的北中国人，比较安静地接受了异族占领和统治，连推行种族歧视的“薙发”政策时，北方亦是波澜不惊。反而在南方，尤其普遍认为民风软弱的江浙一带，满清却遭遇殊死抵抗，其惨烈、壮阔，二千年来无匹。

读这段历史，让人困惑。同是中国人，为何南北两地对满清占领，反应悬殊？又为何身材孔武、性格亦更刚猛的北方民众帖然以从，而从体力到性格都偏弱的南人，反倒爆发了巨大抵抗能量？倘执着于民风论，对此或许永远想不通。我后来体会到，事情当在别的层面，与民风无关。换言之，我们不把满清在北方进展顺利，视为北方民众怯懦的结果；也不认为南人在抗清中的奋不顾身表现，可以将历来的南人柔弱、北人剽悍这种看法加以颠倒。一般来讲，北人勇鸷，南方民风偏软，是客观特点。明清代际南北民众的表现，所以各反其常态，并非民风有变，而是别有原委。

拆解答案之前，我们先对东南抗清情形，取得直观的了解。

八

南方的抵抗，不限于少数人或个别群体，而有上下一体、不分阶层的全民性。且极具恒心与韧性，前仆后继，几年内，江、浙、皖、闽四地均可称“野火烧不尽，春风吹又生”。为便于观察，我们挑选两个比较完整、集中的事件，了解其情形。

扬州陷落，是一大标志，就此宣告清兵南侵事态不可改变，当时人们对此已非常清楚。乙酉年五月十三日，扬州消息传至嘉定——同日，赵之龙、钱谦益等在南京议定向满清投降，而朱由崧、马士英等已逃离，嘉定人尚不知也——他们仅从扬州陷落消息，即预测到前景，而有组织乡兵之议。从一开始，这就是民众的自发行为。知县钱默想溜之大吉,“百姓遮道止之,乃听士民议,按籍抽丁,以备他变。”[1]他们拦住县官,迫使他行使应有的职责。按籍抽丁,就是家家户户出人,全民皆兵。之后暂时平静,三十日,钱默还是逃走,乡兵一度散去。六月初四,清兵到嘉定,明朝吴淞总兵吴志葵每有骚扰,群众则尚未采取明显行动。闰六月十二日,满清下达薙发令,“至县,远近大哗,始谋举事矣。”[2]十三日,“人心愈愤”:

> 市上大呼曰:“安得官军来,为我保此发肤!”苟有倡义者,即揭竿相向矣。于是诸乡义兵,不约而起……六里内一呼响应,动以数万计,无不地自为守,人自为战者。[3]

昆山也同日起义,杀掉满清委派的县令。起义民众还主动攻打太仓,所以如此,因为那里在一些士大夫表率下,“城中无不薙发者。四境之民怨之。”[4]

嘉定抗清,确实是典型的民间自发现象。这体现于两点:一、有极大广泛性,“动以数万计”。二、明显带着民间自发现象的特征或局限性——缺乏组织,效率较差,又不计代价、不问后果,只靠一腔热血,激情使然。以下描述,便显现了这一点:

> 七月初一日庚戌,追击李成栋于娄塘,乡兵会者十余万人。成栋分骑力战,乡兵皆溃,遂屠娄塘,与太仓合。时,会兵砖桥东,不下十余万人,奈诸乡兵本村农乌合,推排挤塞,纷呶如聚蚊,多适为累。北兵每战必分左右翼,乡兵不识阵势,名为蟹螯阵。[5]

情形可悲,乃至可笑。不过,这种“村农乌合”、杂乱无章、“多适为累”的面貌,这种以刍荛之辈而敢然与野战

[1] 朱子素《嘉定县乙酉纪事》,《中国野史集成》第三十三册,巴蜀书社,1992,第183页。
[2] 朱子素《嘉定县乙酉纪事》,《中国野史集成》第三十三册,巴蜀书社,1992,第184页。
[3] 朱子素《嘉定县乙酉纪事》,《中国野史集成》第三十三册,巴蜀书社,1992,第184页。
[4] 朱子素《嘉定县乙酉纪事》,《中国野史集成》第三十三册,巴蜀书社,1992,第184页。
[5] 朱子素《嘉定县乙酉纪事》,《中国野史集成》第三十三册,巴蜀书社,1992,第187页。

侯峒曾像。

侯纳言即侯峒曾，天启进士，与其弟岐曾共同领导嘉定抗清起义。失败后，嘉定遭清兵屠城。侯氏兄弟及所生诸子，或自尽或遭杀害。

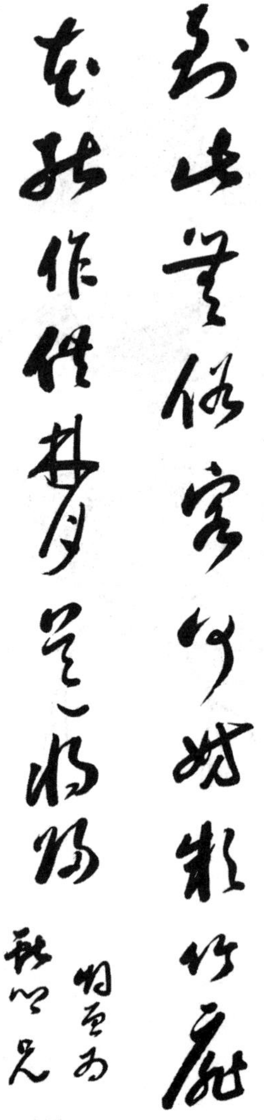

侯峒曾墨迹。

军接杀、螳螂奋臂般的反抗,正好凸显了东南抗清的民众自发性。

再看两个单独的镜头。

闰六月十八日,清兵李成栋部进攻罗店,在一条河边,与当地乡兵遭遇:

与乡兵隔水语曰:“栋等不过奉命守吴淞,与罗店初无仇衅。今假道归娄东,幸诸君宽其一面。”乡兵支某、陆某等戟手骂曰:“汝曹槛羊牢豕耳。莫作此想。”[1]

罗店距吴淞不远。过去笔者母校在此办有农场,某年深秋,我曾随全班前来务农两周。其野渡舟横、衰草萋萋的水乡景象,至今在目。今睹此文,罗店记忆油然唤起。两相对照,颇讶于那样柔静的地方,也曾有性情如此刚烈的农夫。“槛羊牢豕”,不仅骂对方为牲畜,而且是被关起来、因而死定的牲畜。

不过,支、陆二农夫虽然豪气干云,却尚不能与一个名叫朱六的同乡相比:

有清将一人,失其姓名,身长八尺余,面色如铁,乘马押阵,偶失队。乡兵朱六,于道傍登溷边,北将单骑过其前,不意中突出抱之,同堕河中。北将仓卒拔刀,未及出鞘,朱六用两手紧束之,疾呼求救。乡兵闻呼声甚迫,亟返视,见朱六正与北将相搏,溅水如涛山浪屋,大笑。争下水擒之,立刻枭斩,首级奇大,几如五升碗。[2]

从名字一望便知,这是最普通的农民。明代这种阶层的人,一般有姓无名,所谓名字,不过以排行代之。注目以上场景,我们不免要想一个问题:这位很可能大字不识的农民,究竟哪里得来一种精神,使他迸出惊人勇气和力量,敢于扑向如此健硕的劲敌?

真正大出意外的当数清兵。他们入关以来,所向披靡,一帆风顺,或许已习惯于受降。偏偏来到江南,这些吴侬软语、身形苗条、传说中胆小如豆的

[1]朱子素《嘉定县乙酉纪事》,《中国野史集成》第三十三册,巴蜀书社,1992,第185页。

[2]朱子素《嘉定县乙酉纪事》,《中国野史集成》第三十三册,巴蜀书社,1992,第189页。

“蛮子”，反而誓死不从。从闰六月中旬到八月中旬，清兵用了两个月，反反复复，才算敉平。

一旦得手，就开始屠城。

屠城之事，入关前他们常干。努尔哈赤时期，对于所攻之城素事烧杀。不降杀，降亦杀；或洗掳一空，焚城而去。所以如此盖因当时女真形态未脱原始，征伐目的惟在财帛子女。这种情况到皇太极时，随着满清萌生入主中国之念而发生改变。1631年，围攻大凌河城，守将祖大寿抵抗极顽强，后送养子祖可法至清营为人质，一见面，诸贝勒即大为不解问道：“尔等死守空城何意？”祖可法回答，是因有辽东永平等处降民遭屠戮的前车之鉴。对此，岳托贝勒当即表示：“辽东之事我等不胜追悔”[1]。过了二个月，岳托向皇太极建言：“先年克辽东、广宁诛汉人拒命者，后复屠永平、滦州，以是人怀疑惧，纵极力晓谕，人亦不信。”建议为使“人心归附”“大业可成”，抛弃屠戮旧习。皇太极“嘉纳之”。[2]之后，满清确实一洗陋习，其下北京、南京后的表现，可圈可点，在冀、晋、鲁、豫、陕等北方各地，亦罕有劣迹。在它，自然想努力扮演仁义之师，客观上却亦因所到之处未遭抵抗。一旦胆敢抗拒，就绝不手软，而故伎重施。四月在扬州，发生了入关后第一次屠城惨案。眼下，则轮到嘉定。

扬州之屠，主要是洗劫，在这自古繁华之地一逞兽性，恣意淫抢。嘉定之屠，更多出于报复、泄愤，以惩其士民之不降不顺，非杀尽而后快：“肆其杀掠，家至户到，虽小街僻巷，无不穷搜，甚至乱苇丛棘中，必用枪乱搅，知无人，然后已。”尸体遍野的同时，还有个怪现象，每具尸体“皆伤痕遍体”。何以如此？“此屡斫使然，非一人所致也。”原来，人虽已被杀死，却还会有兵卒随时在已经“寂然不动”的尸体上再砍几刀。这显然超越了杀戮本身，成为非理性的宣泄。满城之中，“刀声砉砉然，达于远迩。乞命之声，嘈杂如市。”“断肢者，血面者，被砍未死、手足犹动者，狼藉路旁，弥望皆是。”最后，河道里尸首水泄不通，船篙竟无可下之处，白花花的人体脂肪浮满河面[3]……这样的屠城（之前城外乡间的杀戮不计在内），七

[1] 王先谦《东华录》此句写为：“杀辽东民乃太祖时事，我等亦不胜追悔。”多出“太祖时事”等字样。见该书天聪六，《续修四库全书》三六九史部编年类，上海古籍出版社，2000，第88页。

[2] 蒋良骐《东华录》卷二，中华书局，1980，第32页。

[3] 朱子素《嘉定县乙酉纪事》，《中国野史集成》第三十三册，巴蜀书社，1992，第188页。

阎立本《职贡图》。

此图表现了唐代夷人进贡情形，所出现的一切器用、物种，包括装束、习俗等，均为中国所无，如象牙、犄角如弯钩而花皮之山羊、孔雀翎扇、顶在头上的瓦罐、西域良马等，尤其是人物一律髡发，充分显示中国人“夷夏之辨”的概念与视角。

月初四、二十六日、二十七日一共进行了三次，史称“嘉定三屠”。

九

略早，常州府江阴县已发生更加可歌可泣的抵抗。

较之嘉定，江阴的不同在于，抵抗得到一定的组织。两位明朝低级别官员(典史)陈明遇、阎应元，先后担任领导者。一般民众，也较有秩序意识，许多问题事先有商议，议后能遵行。大家决定，“其老弱妇孺与不能同志者，宜速去”；转移老弱妇幼后，“城门尽闭”，逐一讨论守、战、不同队伍的服色与旗帜、联络外援等事项。决定启发官府库藏封条，将钱物用于抵抗运动；发现不够，有个叫程壁的徽商立刻捐出三万五千两。这样，江阴得以比较迅速地进入军事状态，“分队伍，树旗帜，鸣金进止”，“集教场”、“填塞道路”、“分途出入”；加强警戒，防范奸细，“灯火彻夜，互为盘诘”，事实上也果然盘获了间谍，“命拘之狱”。[1]

江阴全民抗战的气氛，不特堪比嘉定，且尤有过之。“四乡居民不约而至者数十万计。三尺童子，皆以蹈白刃无憾。有不至此，共讦之。”[2]“咸以效死勿去为念。”[3]“各乡保乡兵距城五六十里者，日入城打仗，荷戈负粮，弃农不顾。不用命者互相攻讦，虽死无悔。”[4]“乡兵阵伍散乱，进退无节。然清兵所至，尽力攻杀，多有斩获；即不胜，亦未尝俯首效顺也。”[5]

自闰六月初一起事，这座仅由庄稼汉守卫的城池，清兵久不能下。

(守卫者)合乡兵二十余万人与在城民兵，分保而守。城门用大木塞断，派十人守一垛。卯时，喊“杀”一声；午时再派十人，喊“杀”一声；酉时，仍换前十人，随宿。夜半，再换后十人更番，周而复始。城下设十堞厂，日夕轮换，

[1] 韩菼《江阴城守纪》，《中国野史集成》第三十三册，巴蜀书社，1992，第125页。
[2] 韩菼《江阴城守纪》，《中国野史集成》第三十三册，巴蜀书社，1992，第124页。
[3] 韩菼《江阴城守纪》，《中国野史集成》第三十三册，巴蜀书社，1992，第127页。
[4] 韩菼《江阴城守纪》，《中国野史集成》第三十三册，巴蜀书社，1992，第130页。
[5] 韩菼《江阴城守纪》，《中国野史集成》第三十三册，巴蜀书社，1992，第130页。

> 安息烧煮。公屋无用者，毁拆砖瓦，使瞽目人传递不停……井井有条，丝毫不乱。[1]

清将二都督大怒："我得北京、得镇江、得南京，未尝惧怯，未尝费力；不要说江阴拳大的地方，就如此费力。""二都督恃勇，衣三层甲，腰悬两刀，肩插两刃，手执只刀，独登云梯"，却被城上守民"群刺其面"，一汤姓童子，"持钩镰枪，用刀钩断其喉管"。[2]

僵持一个半月，七月中旬，满清以精锐王牌博洛贝勒(他也就是后在福建劝降郑成功之父郑芝龙的人)，"悉统所部共几二十万来江阴"[3]。同时抵达的，还有大炮百门。杀鸡真正用上了牛刀。七月十九日，博洛发起攻击，炮轰整整一周，"炮声震天，闻二百里。一昼夜用火药万五千斤"[4]。城墙或裂或陷，几不能保，阎应元亦伤右臂。然每次进攻，却总被击退，城墙则迅速修复。守民极英勇，"一人立城上，头随弹去，而身僵立不仆；一人胸背俱穿，直立如故。"[5]"大雨；民立雨中受炮，毫无降意。"[6]

其间，恰逢八月十五中秋日。这惨烈的战场，居然出现辽远浪漫的一幕：

> 百姓携壶觞登陴，分曹快饮。许用(一诸生)仿楚歌，作五更转曲，令善讴者登高传唱，和以笙笛箫鼓。时天无纤翳，皓月当空，清露薄野，剑戟无声。黄弩师鼓胡琴于西城之敌楼，歌声悲壮，响彻云霄。外兵争前窃听，或怒骂、或悲叹，甚有泣下者。[7]

此情此景，堪为华族自古抗敌史上大美之图，留载史册。

不屈，直至八月二十日。这天，清军又从南京调来重炮二十四门，"较前

[1]韩菼《江阴城守纪》，《中国野史集成》第三十三册，巴蜀书社，1992，第134—135页。
[2]韩菼《江阴城守纪》，《中国野史集成》第三十三册，巴蜀书社，1992，第136页。
[3]韩菼《江阴城守纪》，《中国野史集成》第三十三册，巴蜀书社，1992，第140页。
[4]韩菼《江阴城守纪》，《中国野史集成》第三十三册，巴蜀书社，1992，第143页。
[5]韩菼《江阴城守纪》，《中国野史集成》第三十三册，巴蜀书社，1992，第141页。
[6]韩菼《江阴城守纪》，《中国野史集成》第三十三册，巴蜀书社，1992，第145页。
[7]韩菼《江阴城守纪》，《中国野史集成》第三十三册，巴蜀书社，1992，第146页。

（143）在犧牲以前，他蘸了身上的血，在牆壁上寫下了遺言。江陰守城八十一日，消滅清兵十萬人。全城軍民壯烈戰死，沒有一個投降的。

连环画《阎应元抗清》，张鹿山绘。

阎应元，江阴抗清起义领导者之一，时为江阴典史。在他与陈明遇领导下，江阴以一弹丸小城，抵抗满清王牌军二十四万，坚持八十一天，致清军丧三王十八将。

揚州十日記　江都　王秀楚　記
揚州　陳恆和書林刻
乙酉夏四月十四日督鎭史可法從白洋河失守踉
蹌奔揚州閉城禦敵至廿四日未破城前禁門之內
各有兵守予住宅新城東楊姓將守焉吏卒碁置予
宅寓有二卒左右鄰舍亦然踐踏無所不至供給日
費錢千餘將不能繼不得已共謀爲主者餽予更謬
爲恭敬酬好漸洽主者喜諸卒稍遠去主者喜音律
善琵琶思得名妓以娛軍暇是夕邀予飲滿擬纔欲
忽督鎭以寸紙至主者覽之色變遽登城予衆亦散

揚州陳恆和書林
民國二十一年
藏板

《扬州十日记》。

作者王秀楚，清兵扬州大屠杀见证者，以不逊于后世报告文学的纪实笔触，将亲身经历细录成文。

更大，每舟止载一位”[1]，一发炮弹重达二十斤。二十一日，雨势甚急，清军发炮猛攻，城上守民见炮火闪亮，即避伏垣内，俟炮声停顿，复登城守御。不料，清军发现这种情况，加以利用，转放空炮，“烟漫障天，咫尺莫辨，守城者谓炮声霹雳，兵难遽入”，实际清兵却潜渡城河，从烟雾中蜂拥突上……江阴终于告陷！[2]

“阎应元坐东城敌楼，索笔题门曰：‘八十日带发效忠，表太祖十七朝人物；十万人同心死义，留大明三百里江山。’题讫，引千人上马格斗，杀无算。夺门西走，不得出，勒马巷战者八，背被箭者三。顾谓从者曰：‘为我谢百姓，吾报国事毕矣。’自拔短刀，刺胸血出。”[3]未死，次日被俘，杀于博洛贝勒前。

“陈明遇令闭衙举火，焚死男女大小共四十三人，自持刀至兵备道前下骑搏战，身负重创，握刀僵立倚壁上，不仆。”[4]

城陷，百姓“犹巷战不已，清兵用火攻败之。四民（即士、农、工、商）骈首就死，咸以先死为幸，无一人顺从者”。清兵“下令从东门出者不禁，又下令十三岁以下童子不杀”，然合城百姓拒为所诱，“男女老少赴水、蹈火、自刎、投环者不能悉记。内外城河、泮河、孙郎中池、玉带河、涌塔庵河、里教场河处处填满，叠尸数重”。[5]

八十天来，为对付这仅由老百姓守卫的弹丸小城，清军调集兵力二十多万，丧失三位王爷、十八位大将[6]；所折兵士，据许重熙《江阴城守记》：“清兵围城者二十四万，死者六万七千，巷战死者又七千，凡损卒七万五千有奇。”[7]以上仅为战死数，负伤者还未计于内。而他们的对手，不过是田间陌阡的农夫。这样一场城守奇迹，古往今来，未之闻也。

八月二十二日、二十三日，清兵大开杀戒，屠城两天（《明季南略》则说“清兵屠城凡三日，晨出杀人，暮则归营。”），“满城杀尽，然后封刀。”幸免者，仅躲在寺观塔上隐蔽处的五十三人而

[1]韩菼《江阴城守纪》，《中国野史集成》第三十三册，巴蜀书社，1992，第147页。
[2]韩菼《江阴城守纪》，《中国野史集成》第三十三册，巴蜀书社，1992，第147页。
[3]韩菼《江阴城守纪》，《中国野史集成》第三十三册，巴蜀书社，1992，第147—148页。
[4]韩菼《江阴城守纪》，《中国野史集成》第三十三册，巴蜀书社，1992，第148页。
[5]韩菼《江阴城守纪》，《中国野史集成》第三十三册，巴蜀书社，1992，第148页。
[6]韩菼《江阴城守纪》，《中国野史集成》第三十三册，巴蜀书社，1992，第144页。
[7]许重熙《江阴城守记》，《中国野史集成》第三十三册，巴蜀书社，1992，第152页。

已。至此,前后八十一天,江阴人以“城内死者计九万七千余人,城外死者七万五千余人”[1]的代价,替明朝国人表示,中国“不至拱手献人”[2]。

十

日寇南京大屠杀无人不知,而1645年清兵在扬州、嘉定、江阴连续三次大屠杀,知道的人大概已不多。从当时人口比例讲,后者比南京大屠杀有过之无不及。时过境迁,这类记忆却往往被历史冲淡。我们重新提及,如果只为翻翻旧账,没有必要;重要的是,从中收取一些新的发现和认识。

重新认识首先从一点讲起:扬、嘉、江三次屠城,本都可以“避免”。此话怎讲?前面提到皇太极时满清调整政治战略,放弃了屠戮旧俗,公道地说,入关后直至扬州事件前,清兵比明军、李自成纪律都好,更遑论张献忠。扬、嘉、江之屠,直接原因都是遭遇抵抗。

反过来,三地遭屠也为我们做了强烈的标记:到1645年夏天为止,满清入侵的过程,只在东南引发抗战,在别的地方都望风顺从、波澜不兴。这个要点,我们且将它记下。

次而还有两个要点:第一,南京投降后,清兵沿镇江、无锡东进过程中,在很多地方绝无扰民,更不必说屠戮。第二,发生大惨案的江阴、嘉定两地,亦非一开始即呈恶性对抗态势,而是因为当中发生一个重要关节。

且看亲历者计六奇的所见:

> 初三日甲寅,下午,清兵三百余骑自北而南,穿无锡城中而走,秋毫无犯,观者如市。
>
> 初四日乙卯,五更时分,穿无锡城中走,至傍晚止,约万人,马三万余匹,奔放纵横,见者面面相

[1]韩菼《江阴城守纪》,《中国野史集成》第三十三册,巴蜀书社,1992,第149页。

[2]许重熙《江阴城守记》,《中国野史集成》第三十三册,巴蜀书社,1992,第152页。

觑,寂无人声。

初七日戊午,下午,清兵到无锡,穿城而过,一夜不息。月夜张买货物,清将杀四人,悬其首于南、北门禁,城中颇称秋毫无犯。水陆俱进,水多于陆。

初八日己未,清兵又过无锡一日,舟中俱有妇人,自扬州掠来者,装饰俱罗绮珠翠,粉白黛绿,亦一奇也。[1]

这几笔记述,均取自计六奇乙酉年五月日记,非同于传闻。两次用了"秋毫无犯"一词。初七所记"清将杀四人",味其上下文,被杀者应系清兵中个别扰民者。唯一负面场景,是初八来自扬州的清兵载艳妇以过。之后,闰六月、七月间,日记也有两笔关于清兵经过无锡的记叙,皆无劣行,且又一次提到"城中秋毫无犯"[2]。

另外,苏南抗清虽炽,却并不仅此一种情形,也有立即投顺的。如"常州竖顺民旗,至丹徒迎清兵"。[3]"无锡选贡士王玉汝等具肉一百担、面一百担、羊三头以迎清兵。传闻清兵恶门神,城中各家洗去,皆粘'大清万岁'于门上。"[4]前亦曾提及,太仓城内一律归顺。关于无锡的归顺,计六奇还交代了以下原由。据说刘光斗(前明朝御史、大理寺右丞,已降清)致信王玉汝,告以:"师至而抗者屠,弃城而乏供应者火,公有心人,当为桑梓图万全。"[5]王玉汝接受了这看法,出面与清军沟通。当然,无锡也有不降的一派,他们在顾杲带领下,入太湖打游击。凡已归顺的地方,满清并未加害,这个事实应予承认。

就连反抗最烈的嘉定、江阴两地,起初其实也已归顺清朝。这一点,后来有所留意的人不多,抑或为了突出清兵两次暴行的残酷,而有意掩盖。但实事求是起见,我们在此专门强调:起义之前,嘉定、江阴均已归顺。

请看《江阴城守纪》的记述。六月

[1]计六奇《明季南略》,中华书局,1984,第232页。
[2]计六奇《明季南略》,中华书局,1984,第233页。
[3]计六奇《明季南略》,中华书局,1984,第231页。
[4]计六奇《明季南略》,中华书局,1984,第231页。
[5]计六奇《明季南略》,中华书局,1984,第232页。

二十四日，清朝委任的知县方亨到达江阴，当即提出一个问题：

亨曰：各县已献册，江阴何以独无？耆老出，遂谕各图造册，献于府，转送于南京，已归顺矣。[1]

所谓图册，即包括黄册（户籍）、鱼鳞册（土地登记）、税簿等在内的重要政府档案，其移交，象征政权交替，而江阴由“耆老”为代表，向新政权交出了这些图册，所以说“已归顺矣”。嘉定情况也一样：

（六月）十四日乙丑，北安抚周荃至县，取邑篆（大印）册籍而去。[2]

从手续上说，两地都已接受和承认新朝统治。其次，从时间来看，江阴起义为闰六月初一，嘉定为闰六月十三日，而一个月前清兵即已出现和经过该地，均未受到反抗。不单如此，满清向江阴、嘉定都委派了县令，他们也各自露面、到任（清朝嘉定县令张维熙和江阴方亨一样，六月二十四日到达，因躲避明朝总兵吴志葵抓捕遁去，于闰六月初六复来），到此为止，两县人民均未宣布起义。

事态急转直下，是因一个十分特殊的导火索：薙发令。

薙发令完全是灾难性、摧毁性的，其所造成的轩然大波，怎么形容都不过分。它在东南一带触发的决绝抗争，仅《明季南略》一书之中，即有形形色色、不可胜数的实例。无锡五牧镇，一位养鱼鹰的薛姓老者“以薙发自缢死”。[3]武进诸生许某，为逃避薙发，整整一年“昼则闭户，夜半始出”[4]，顺治三年才被发现。天启进士、无锡人华允诚，誓不薙发，为此“杜门者三年”，直到被告发，清抚土国宝劝其薙发，“不从”，解至南京，遭毒打，“拔公发几尽”，仍不从，称“吾不爱身易中国之冠裳也”，卒见害。[5]无锡泰伯乡诸生邹来甫，创下

[1]韩菼《江阴城守纪》，《中国野史集成》第三十三册，巴蜀书社，1992，第122页。
[2]朱子素《嘉定县乙酉纪事》，《中国野史集成》第三十三册，巴蜀书社，1992，第182页。
[3]计六奇《明季南略》，中华书局，1984，第235页。
[4]计六奇《明季南略》，中华书局，1984，第236页。
[5]计六奇《明季南略》，中华书局，1984，第237页。

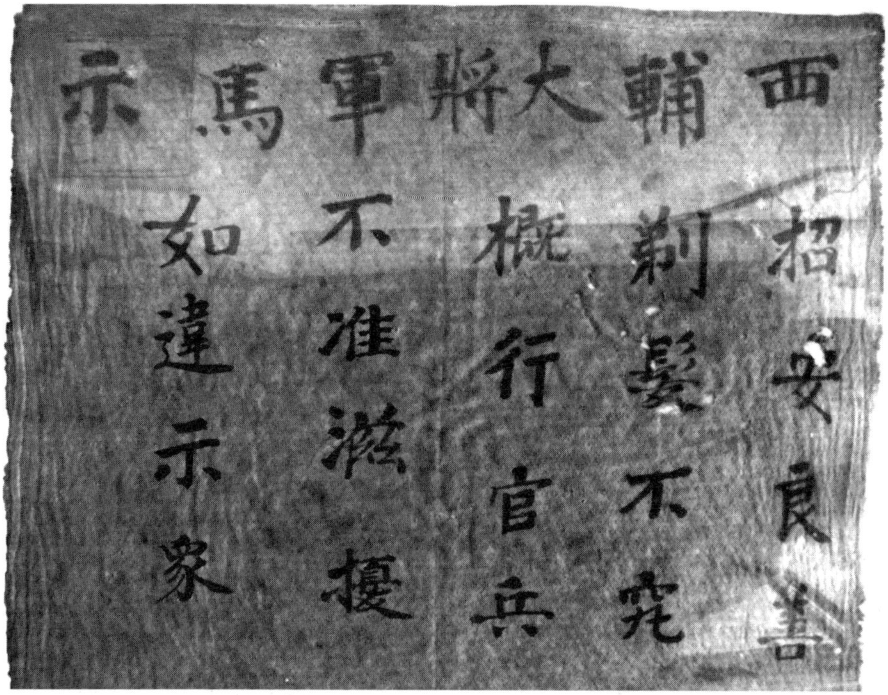

西輔大將軍馬示

招安良善
剃髮不究
概行官兵
不准滋擾
如違示衆

清初薙发告示。

清武职设有“西路副大将军”，品秩从一品。此告示之“西辅大将军”或即此（辅犹副）。从用语看文化水平不高，当系下级军官所书。

（26） 各城門口，就有清兵帶了剃頭擔子強逼百姓剃髮。擔子上豎立一根木竿子，不願剃髮的就要被割下頭來掛在竿子上。

连环画《阎应元抗清》，张鹿山绘。

更久的记录，“不剃发，隐居教授，至康熙初年”。[1]宜兴卢象晋为不薙发，不惜装疯，还是被识破，“捕置狱中”。[2]名臣徐汧闻知薙发令下，“誓不屈辱，曰：‘以此不屈膝、不被发之身，见先帝于地下。’遂自沉于虎邱后溪死。”[3]复社领袖杨廷枢，“清至不剃发。丁亥四月，时隐山中被执，大骂不屈。”[4]然后被杀……

江阴、嘉定起义，纯因满清强制推行薙发令。就两个事件本身而言，我们明确给出结论：没有薙发令，则没有起义。前面说过，薙发令下达前，政权已经移交，民众虽不满，却并未拒绝新统治者——尤其是，并不曾出现将抛却性命以示抗争的苗头。薙发令一下，这才民怨沸腾，而至生不如死、忍无可忍。

我们且借江阴起事经过，还原一下过程：在交出地方图册后，民众普遍认为历史一页就此翻过——

> 闰六月朔（每月初一称朔），方（亨）行香，诸生耆老等从至文庙。众问曰：“今江阴已顺，想无事矣。”方曰：“止有薙发耳，前所差四兵为押薙发故也。”众曰：“发何可薙耶？”方曰：“此清律，不可违。”

回到衙中，常州府诏文正好送到，当众开读，同时命书吏抄成布告，其中有“留头不留发，留发不留头”一语。这不知是何人得意之笔，大概以为编成这种顺口溜有助于“政策宣传”。可惜效果太强烈，读至此，抄布告的书吏投笔于地，说：“就死也罢！”方亨正欲鞭惩该吏，现场已当即哗变，宣布“反了”。二十多天后，对峙中，清兵从城外射来劝降书，所谈同样着重于薙发，称：“南北两直、山、陕、河南、山东等处俱已薙发，惟尔江阴一处敢抗违国令，何不顾身家性命耶？”又称：“尔等系清朝赤子，钱粮事小，薙发为大。”意谓，答应薙发，朝廷即可免除钱粮，“不动尔一丝一粒”。如此劝降，简直本末倒置，以小人之心度君子之腹。第二天，“江阴通邑公议回书”，人们这样回答：

> 江阴礼乐之邦，忠义素著。止以变革大故，随时从俗，方谓虽经易代，尚不改衣冠文物之旧。岂

[1] 计六奇《明季南略》，中华书局，1984，第239页。
[2] 计六奇《明季南略》，中华书局，1984，第240页。
[3] 计六奇《明季南略》，中华书局，1984，第255页。
[4] 计六奇《明季南略》，中华书局，1984，第256页。

> 意薙发一令，大拂人心，是以城乡老幼誓死不从，坚持不二。[1]

斩钉截铁。“公议回书”的表述非常清楚：江阴人民承认“变革”，不反对“易代”，本已接受清朝统治；一切因薙发而起，此令不除，江阴全体百姓誓死不从。

十一

拨草寻蛇，辨迹追踪。末了，锁定目标，却发现根源竟是微末的头发。正是为这微细纤缈之物，一方宁愿罔顾性命，另一方则死死咬定，万事皆有商量，唯独头非剃不可！

我们来看顺治二年(1645)十月的一件事：

> 陕西河西道孔文谟上奏：臣家宗子衍圣公孔允植，已率四世子孙，告之祖庙，俱遵薙发讫。但念先圣为典礼之宗，颜、曾、孟三大贤并起而羽翼之。其定礼之大者，莫要于冠服。先圣之章甫缝掖(指冠服)，子孙世守之。是以自汉暨明制度，虽各有损益，独臣家服制三千年来未之有改。今一旦变更，恐于皇上崇儒重道之典，有未备也。应否蓄发，以复先世衣冠统，惟圣裁。得旨：薙发严旨，违者无赦。孔文谟奏求蓄发，已犯不赦之条。姑念圣裔，免死。[2]

那时，曲阜孔府虽已薙发，却深受愧对祖宗的折磨。显然在所有商议之后，由孔文谟出面，请求清廷给予孔府特恩，保留其“三千年来未之有改”的服制。注意：仅是特例，无涉旁人。然而旨意下来，绝不开恩，重申“违者无赦”；对胆敢以此上奏的孔文谟，仅看孔夫子薄面，才饶其不死，“着革职永不叙用”。

可见在薙发问题上，清廷断然不容讨价还价；哪怕历三千年未改的孔

[1] 计六奇《明季南略》，中华书局，1984，第245—246页。

[2] 王先谦《东华录》顺治五，《续修四库全书》三六九史部编年类，上海古籍出版社，2000，第248页。

府,现在也非改不可。

至此我们应该补充说明,薙发并非满清铁腕政策的全部。薙发成为焦点,是因由此触发惨剧太多。实际上,满清要推行的是一个整体褫夺华夏衣冠的计划。所以,继闰六月强推薙发令后,七月初九(戊午)又追发通知:

> 谕礼部:官民既已薙发,衣冠皆宜遵本朝之制。从前原欲即令改易,恐物价腾贵,一时措置维艰,故缓至今日。近今,京城内外军民衣冠遵满式者甚少,仍着旧时巾帽者甚多,甚非一道同风之义。尔部即行文顺天府五城御史,晓示禁止。官吏纵容者,访出并坐。仍通行各该抚按,转行所属,一体遵行。[1]

从这个计划,我们发觉满清是很不相同的征服者。历史上,北中国多次被异族占领,到元代更是全境陷落。然而,他们却没有哪个想到迫使华族易服,否则曲阜孔家何能"三千年未之有改"。之如此,是因那些"狄夷"均未越出武力征服者层次,只顾夺取中国疆土和人民,拥而有之,便称心如意。满清之不同,正在于觉悟到不能只做武力征服者。入关以前,它即着手认识中国文化,招纳、任用汉人文士,完全是知己知彼,有备而来。它懂得,在中国,衣冠服制绝非穿衣戴帽,而连结着华族的民族认同、文化差异与等级。中国人实际上不怕国土沦失,只要冠服未改,就并不觉得已被征服,甚至反而藏在冠服的优越感下,对征服者投去蔑视的目光。

那是大有根据的:

> 端委搢绅,诸华之容;剪发旷衣,群夷之服……棺殡椁葬,中夏之风;火焚水沉,西戎之俗。全形守礼,继善之教;毁貌易性,绝恶之学。[2]

以上几句,出自南齐顾欢的《夷夏论》。其写作早在满清入关之前约一

[1]王先谦《东华录》顺治五,《续修四库全书》三六九史部编年类,上海古籍出版社,2000,第244页。

[2]李延寿《南史》卷七十五,中华书局,1975,第1876页。

千二百年。比它更早，有《汉书》对匈奴的描述："夷狄之人贪而好利，被发左衽，人面兽心，其与中国殊章服，异习俗，饮食不同……是故圣王禽兽畜之，不与约誓"。[1]还有东晋江统《徙戎论》的名句："非我族类，其心必异；戎狄志态，不与华同。"[2]

何谓文化？从赤身裸体到以兽皮遮羞，即是文化；从以兽皮遮羞再到峨冠博带，更是文化。人体修饰的每一种变化，都是文化使然，也无不表征了文化差异。这样一想，我们也就明白冠服发式之不同，并非无关痛痒，的确标识着文化上的高卑美恶。故而，正如顾欢所说："舍华效夷，义将安取"[3]，作为当时自居"天下"最高等文化的华族来说，变易服制，何啻奇耻大辱。幸好过往"诸夷"不大懂得中国人这种心思，对自身文化上的"卑微"亦浑然不觉；这样，中国总算没有提前发生为了头发而血流成河的惨剧，曲阜孔家也才得以"三千年未之有改"。此时不然，越过山海关的这支"胡虏"，明了其文化上的"卑微"，也知道中国人的"骄傲"以什么为根基，如欲摧毁之必须从哪里下手……对于中国来说，如果征服者不独擅长武力，还对文化有意识有想法，麻烦就格外之大了。

十二

还剩下最后一个问题，那也是笔者最想探究的：明亡之际，同是中国人，南北两地的情形为什么那样不同？先是对"贼寇"的态度，北人支持，南人抵触；然后是对"胡虏"的态度，北人顺服，南人反抗。两个反差彰彰明甚，十分惹眼，凡对这段历史有一定涉猎者，都应能注意到。然而，究竟怎么解释呢？

关于"贼寇"，我们已用不少材料，说明不是民心向背问题。并不存在北方民众厌倦明朝统治，南方民众却怀着美好感情的区别。后者确实不太欢迎北方的造反者，试图把他们拒于门外。但这并不意味着爱朝廷，两者并

[1] 班固《汉书》卷九十四下，中华书局，2002，第3834页。

[2] 房玄龄等《晋书》卷五十六，中华书局，1974，第1531—1532页。

[3] 李延寿《南史》卷七十五，中华书局，1975，第1876页。

非可以直接划上等号那样简单的关系。相反,在南方许多地方民众眼中,“贼”与“官”倒不妨划上等号。

关于“胡虏”,南北两地遭遇的问题是一模一样的。满清并未区别对待,在北方执行一套政策,在南方另搞一套。过去蒙元倒曾有所区别,它将全体居民定为四等,蒙古人自己以及随之而来的西域色目人为第一、二等,略早而且不太费力就征服的北中国人列为第三等,而把进行了激烈抵抗的南中国人置最末一等。满清除对“自己人”(满蒙两族)搞优惠政策,对汉人倒可以说不分南北、一碗水端平。既如此,为什么看上去南方汉人要比北方汉人更痛苦、更不满、更难忍受,就好像受到了格外不好的对待呢?

思索这种奇怪情形,我首先想到鲁迅先生《北人与南人》的一段话:

> 北人的卑视南人,已经是一种传统。这也并非因为风俗习惯的不同,我想,那大原因,是在历来的侵入者多从北方来,先征服中国之北部,又携了北人南征,所以南人在北人的眼中,也是被征服者。[1]

这应该不失为一条解释。中国历史上的外族征服者,好像从来没有来自南方的。而北方,从汉代起,就不断有入侵者,而且一再成功,大体晋以后都维持着一代华族、一代异族交替统治的历史,抑或以长江为界,华族、异族分治中国南北。换言之,北中国早已习惯于沦亡(从汉族角度看)或投降,故而鲁迅后面谈到南人所以在元朝列四等,又有一段话:

> 因为他是最后投降的一伙。最后投降,从这边说,是矢尽援绝,这才罢战的南方之强,从那边说,却是不识顺逆、久梗王师的贼。孑遗自然还是投降的,然而为奴隶的资格因此就最浅,因为浅,班次就最下,谁都不妨加以卑视了。[2]

又换言之,我们好像可以因此说,北中国的华族文化传统不如南中国牢

[1] 鲁迅《北人与南人》,《鲁迅全集》第5卷,人民文学出版社,1957,第354页。

[2] 鲁迅《北人与南人》,《鲁迅全集》,第5卷,人民文学出版社,1957,第354页。

靠,质地也渐渐不那么纯正了。这恐怕是一个历史事实。隔上二三百年左右,就被“蛮夷”冲垮一次,统治上百年,混居乃至混血,这种情况下,传统没法不断断续续,质地也没法不羼杂。当然,这里只是就事论事,探讨客观历史,不含狭隘民族主义的价值判断。既有这层原因,北中国人与异族之间的文化价值冲突,不如南中国人那么激烈、那么有悲剧感,也很正常。像前面引述的江统、顾欢,都是长江以南汉族王朝人士,就并非偶然。

以上算摸到一些头脑,但明显还是比较外围的东西。

我们想要的,是来自明朝本身的线索;或者说,最后的解释,应能显现明朝所特有的社会现实。这当中,我注意到有个最特别、最突出的现象,亦即,明末东南一带发生的种种,都不局限于知识分子、士大夫阶层,而有着相当广泛的民众普遍性。

无论在与李自成、张献忠周旋中,还是如火如荼的抗清斗争,我们都看得见民众的活跃身影。尤其后一事,像之前叙述所展现的,民众完全成为主体。这种情形,实所未有。尽管戎华之别、夷夏之论源远流长,过去却几乎仅系士阶层话题,是所谓文化精英的意识形态。不用说两汉、东晋和六朝,即便民族意识更强的南宋,普通百姓也谈不上充分卷入其中。乙酉年夏季,两个罗店农民隔河手指清兵破口大骂“槛羊牢豕”,这个镜头是带着典型的明朝特征的。

如要加以概括,笔者愿意这样表述:在明代——起码是晚明——士夫阶层与一般民众之间,已达成某种“意识形态一致性”。

这是一个相当有实质意义的演进。从先秦时“民可使由之,不可使知之”、“惟上智与下愚不移”,强调士—民之间注定有不可逾越的鸿沟,到晚明士—民一体、趋同、互为表里,中国社会基层在道义和基本价值观方面,已经形成了新的精神纽带,或新型文化领导权。以往,儒生集团虽也在中国行使文化领导权,却基本作为皇权附庸,在专制政体与民众之间扮演中介角色,工具意味浓厚,缺乏独立性,民众对之没有单独的认同感。而在明代,历来的两极——统治者与被统治者、专制政体与民间社会,被打破了。知识分子士夫作为单独一极而出现的趋势,正在形成和明朗。他们作为乡村社区的主要影响来源,越来越突出,重要性与日俱增。他们自己也有意识与专制政体拉开距离,运用独立的思想价值资源,发挥独立的伦理作用，努力发出与专制政体不同的声音，悄然进行权力话语再分割。这样的变化，民间社会很快就感受到了，意识到已经出现一种有别于专制政体、与民间立场和利益较为贴近而且朝气蓬勃的精神力量。较明显的标志，就是万历末年生成的东林党。但作为整体现象，这既不自东林始，也不局限于朝臣这样小的范围。实际上，它非常广泛，遍及中国社会的最小细胞——村落，此即“乡绅现象”。乡绅是明代社会的全新元素。以往，比如宋唐，虽亦有大量士夫居留乡间，却很难称之为乡绅，他们与乡间是游离的、悬隔的。唯至明代，才存在那种从精神到事务真正融入或介入乡间社会的士夫，构成“乡绅现象”。明季，乡绅在地方的作用愈益关键，甚而超过官府乃至朝廷。天启四年(1624)，苏州著名的“五人义”事件，充分演示了立于乡绅—民间互动基础上的社会再组织情形。有民望的士夫周顺昌、周起元、杨姜等，与五大民间领袖颜佩韦、马杰、杨念如、沈扬、周文元，携手对抗皇帝佞倖、把持朝政的魏忠贤及其党羽毛一鹭等，阖城响应、支持，形成非传统非“江湖式”造反、具近代民运色彩的群体事件。万历末年，松江民众焚烧董其昌宅邸一事，则作为日常生活当中的例子，显示了乡绅对地方的影响以及如何影响。吴建华的一篇专论，就此做了细腻的分析，读者愿知其详，可径读之，兹只引其结论性的一语：“在乡士大夫与士人是支配明代城乡共同体的主流势力。这个社会精英群体的一言一行都将影响政府管辖的措施和效果，影响普通民众的行为和心态。”[1]我想说，这样的评论，明代以前大概并不成立。

从东南情形看，士夫—民间的新型互动，或者说“意识形态一致性”，在明末达到了相当充分的程度。平时的重大地方事务及日常矛盾处置，已对此形成很大依赖，而官府乃至朝廷中央的影响反而靠后，甚至有边缘化迹象，有它没它均可。换言之，即便官府不存在，当地社会与民众仍能组织起来，甚至组织得更好。乙酉年五月，南京投降后的东南现实，有力证明了这一点。江阴、嘉定两地大型抗清行动，以及无锡、常熟、休宁、徽州、贵池等多处游击性质的抗清活动，都是在政府缺失的背景下，得力于乡绅—民间这条纽带。这种现象的后面，便是士夫、民间基于共识和互信，形

[1] 吴建华《“民抄”董宦事件与晚明江南社区的大众心态》，《中国社会经济史研究》，2000年第1期。

成合力(往往是反抗的合力),去贯彻共同意志、追求共同利益。就历来的中国社会关系而论,这是极重大的、堪称带突破性的动向,假以时日,中国社会基本结构与模型因此有所变革,绝非不可期待之事。可惜,满清以外族入主所势必伴随的高压统治,大大削弱、抑制了乡绅—民间新型关系的变革性潜质。虽然有清一代,乡绅—民间关系也继续存在下去(太平天国时即曾发挥作用),但其反抗性明显流失,更多地仅仅作为一种地方稳定杠杆而已。

以上分析,大致可以从意识形态及社会组织两个层面,解释明末东南民众"拒寇抗虏"这种表现的由来。但是,它仍不能解释为什么东南民众有此表现,而北方民众却没有或甚少有。

回答后一问题的方式,相当简明,只须实证。

我们从一组数字谈起。明代二百多年历史,科举考试所产生的殿试头三名即状元、榜眼、探花,和乡试第一名会元,总数共244人。其各省分布及排名如下:第一,南直隶(含今苏皖两省)66人;第二,浙江48人;第三,江西48人;第四,福建31人;第五,陕西(包括甘肃)9人;第六,湖广8人;第七,北直隶7人;第八,山东7人;第九,四川6人;第十,广东6人;第十一,山西4人;第十二,广西2人;第十三,河南2人。[1]

对这些数字略作分类,得到以下结果:一、东南一带(苏、皖、浙、赣、闽)人数达193人,几为其余地方四倍(后者全部相加为51人)。二、南直一省人数,便超东南以外各地总和。三、浙、赣、闽三省,各自人数都接近于他处总和。四、以南北分片看,南部诸省即南直、浙、赣、闽、湖广、川、粤、桂共215人,北部诸省即陕甘、北直、鲁、晋、豫仅29人。

至此,答案可谓一目了然:明清鼎革之际,南北方颇相悬殊的表现,是长期以来文化重心随经济重心不断南移的结果。这个过程,远自东晋始;以后,北方蛮族每侵入一次,华族的经济、文化重心就为之南移一步。中间当然还有反复,但南移趋势不断且逐步深化,及至明代,正统华族文化的中心,已处长江中下游一带,北方则失却纯正、转为杂芜,"混血"特征突出。

这个过程,实际上同时发生了两

[1] 数据取自陈正祥《中国文化地理》,三联书店,1983,第22页。

件事。一是中原文化的华族正统性不断流失,二是长江中下游的化外性不断减弱、消失,取代中原成为华族文化的正统地。我们只须回看春秋时的情形,就知道南北方是如何悄然发生这文化上的流转。在那时,长江中下游与西北的狄戎一样,本属化外之地。但经过代代南移,中原文化正统及精英大举转移过来,东晋、南宋两次最大的迁徙,都向东南输送了大批豪族和文化精英,江浙许多大姓望族,祖籍原在黄河流域,而福建客家人多来自河南,则人所共知。

北方则随着战乱和自然条件恶化,从经济到文化不断衰落。东晋以后,大致上保持胡华混居的状态。即以今天北京论,其居住、饮食、风俗、地名乃至相貌、体形,其元素、来源均较杂芜,留下种族融合的深刻痕迹。

文化的流转,随着时间推移,以悄无声息的浸润方式,一点点地改变和影响社会现实、社会发展,令文化质地、成分、积累和人才生产的差异逐渐加大。其结果,最终则凸显于科举的榜单。到明代,文化分布、人才分布呈现明显的南重北轻格局。东南一带,讲学、出版、藏书、艺文等文化事业,全面领先。尤为关键的是,由于思想和人才积累雄厚,东南一带在政治变革和社会再组织上,明显处在有利地位。刚才讲到乡绅—民间的新型关系,北方基本无觅其踪,东南却已十分活跃、强劲崛起。也许还记得我们在谈桐城情况时,先卖了个关子,按下未表,至此则不言自明:以其方圆百里的弹丸之地,而持续百年、源源不断产生名臣硕学,居然成为天下文薮;这不止是简单的人文荟萃,更表现了一种社会脉络。一个地方,有此脉络或无此脉络,相差岂能以道里计。故而,明清鼎革之际,南北判然有别的情形,既揭示了两边文化传统在各自历史情境下的走向,也是不同社会状态、发展趋势的一种鲜明对比。认识到这两点,恐怕比仅仅从中谈论民心向背、民族气节一类话题,更切中于当时历史的紧要。

真假·谣言

凡属公开、权威的信息，都不真实；凡出于街谈巷议、不明来历或被宣布为“谣言”的，都值得信赖。公众不认为他们在“谣言”的口口相传中所迷失的真相，多于由权力编织的谎言，社会于是变成“谣言”泛滥的空间。

一

偶尔，笔者也对历史抱不可知态度，为之感觉神秘和诡异。例如明末前后两桩“三案”。

第一桩，发生于万历末年，依次为梃击、红丸、移宫。梃击案，时在万历四十三年(1615)；后两案，则连出于万历四十八年(1620)短短三十天之中。那段时间，少有地热闹。先后死掉两位皇帝(神宗和光宗，他们分别创下在位最长和最短的记录)，换了三位皇帝。热闹后面，是一连串扑朔迷离的宫庭秘闻，以及激烈的政治对抗。牵扯了几大集团；不单朝堂与内廷颉颃，朝臣之间、皇族内部也都各自分裂、罅隙难掩。不久，从“三案”引出《三朝要典》(三朝者，万历、泰昌、天启)，顿时血雨腥风。幸好天启短命，登基七载而夭。他的弟弟朱由检，一践祚，即刻将《三朝要典》来个彻底否定。可事情却并不到此为止，余音袅袅，余波难平，以致明朝最后一段时光，始终为“三案”阴影笼罩，几无宁日。有人说：明之亡，亡于“三案”；虽有偏至之嫌，然仅自政治层面言，也八九不离十。

岂知，弘光尾声，竟然又有新“三案”：大悲、太子、童妃。先前“三案”，终使王朝在北都崩解。及在南京复活，偏偏又闹了另一桩，而且也一闹而亡。一前一后，明朝南北两都，各被一桩“三案”次第击垮，岂不太巧?

这且不说，更诡异的是，两桩“三案”的情节直接看毫无关联，可是稍稍挖掘一下，却见它们之间有一根隐形的线索，遥相呼应、暗通款曲，教人不禁想起“冤有头，债有主”那句话。

此话怎讲？盖北京“三案”之起，都因朱翊钧偏私郑贵妃之所出皇三子。这位皇子叫朱常洵，后来封了福王，就藩洛阳。他非别人，恰便是眼下在南京当皇帝的朱由崧的亲爹。这对父子，一个是昔年北京“三案”的导火索，另一个则跑到南京惹出新“三案”。明代福王，前后仅此二人，却不约而同扮演相似的历史角色，形式雷同，效果一致，让人错愕不已。

本篇单表南京“三案”。以往史家，对北京“三案”所含政治、伦理内容，有深刻认识。推原本根，阐究精微。但对南京“三案”，却有些掉以轻心，似乎觉得不过是朱由崧的几段“花边新闻”。对此我们不得不说，前人视野终有其局限性。诚然，单论事情本身，南京“三案”不很曲折隐秘，然而其真正特色不在于此，而在于所引起的解读及反应。在这一层面，南京“三案”极其活跃，交织其间的声音丰富多彩，整个过程有如一面明镜，将社会心理表现得纤毫毕呈，所体现的强烈参与性、互动性在古代条件下堪称罕有。假如我们欲取活体组织，对弘光朝做显微式的病理检视，便没有比这更适合的样本。

二

依次而言，弘光“三案”，首先发生的是大悲案。

眼看甲申年将尽，十二月十五日（乙巳）深夜，有男人在洪武门外闹事。有关记载描述为“夜叩洪武门”[1]，单看这五个字，好像没多大动静；然而，根据叩门者完全疯掉来推想，声势应该不小。

再者，被“叩”之门，可不是什么等闲之地。

洪武门系何所在，一般恐怕都无概念。在如今南京，它不但久已不存，简直连痕迹也找不到。不过，我们却可以从明初《洪武京城图志》里得到一点知识和形象。简单说，它是南京紫禁城最南端第一道大门，亦即皇城前门，与作为后门的玄武门遥遥呼应。进了此门，便是皇家宫阙；以外，则为庶民生活居住区。什么人可得入内呢？除皇帝一家和侍候他们的一大堆太监宫女，只有官员——进门后，首先是一条称为“千步廊”的宽广御道，两侧分布着国家文武机构——总之，平民百姓“到此止步”。

那“夜叩洪武门”的不速之客，虽然疯癫，对洪武门乃是“大内”之门禁，意识倒并不糊涂。当被问及来者何人

[1] 夏完淳《续幸存录》，《明季稗史初编》卷二十四，上海书店，1988，第327页。

时,他的回答堪称惊天动地:“自称烈皇帝。”[1]谁是“烈皇帝”?就是习惯上称为“崇祯皇帝”而由满清谥为“思宗”的朱由检。他明明已在半年之前,自缢于北京煤山,普天之下,哪个不知、谁个不晓?不意于此隆冬寒夜,阒寂无人之际,一位和尚从天而降,在洪武门外大呼小叫,自称崇祯,意欲“回宫”。守门卫士岂有二话?当即“擒之”,把他交与上峰。

上峰则报告了兵部尚书张国维。张国维但闻其事,立即说:“此等妄男子,但当速毙之,若一经穷究,国体不无少损。”[2]听上去颇为冷血,实则张国维是个好官。他这么讲,是因这种事必属死罪,毋须多问,而更重要的或他所以急于“毙之”,在于后半句:“一经穷究,国体不无少损。”他敏锐之至,已在第一时间意识到其中将有大麻烦。

——以上是《续幸存录》的说法。《明季南略》所载完全不同,也很完整:

> 甲申十二月,南京水西门外小民王二至西城兵马司报:一和尚自言当今之亲王,速往报,使彼前迎。兵马司申文巡城御史入奏,弘光批:“著中军都督蔡忠去拿。”忠率营兵四十、家丁二十驰往。和尚坐草厅,忠入问,曰:“汝何人,敢称亲王?恐得罪。”和尚曰:“汝何人,敢问我?”左右曰:“都督蔡爷。”和尚曰:“既是官儿,亦宜行礼,我亦不较。且问汝来何故?得毋拿我否?”忠曰:“奉圣旨请汝进去。”和尚即行,忠授马乘之入城。[3]

两样情节,差得不是一星半点。《续幸存录》里,大悲出现在洪武门前,而且半夜砸门,动静对比极其强烈。眼下他出现时,却远在“水西门外”,连南京城都还没进,坐在草厅之上,对着一帮小民吹牛。还有,前者说他被当场捆翻在地,“擒之”;后者却说很风光地被请进城来,骑着蔡都督的大马。还有第三个区别:洪武门前,他自报为“烈皇帝”,而水西门外的夸口,只是“当今之亲王”。

以上两种情节之外,尚有他说。如黄宗羲《弘光实录钞》:

[1]夏完淳《续幸存录》,《明季稗史初编》卷二十四,上海书店,1988,第327页。

[2]夏完淳《续幸存录》,《明季稗史初编》卷二十四,上海书店,1988,第327页。

[3]计六奇《明季南略》,中华书局,1984,第150—151页。

十二月十二日，有僧在汉西门外，自冒先帝。[1]

时间提前了三天，变成十二日，地点比水西门更远（相对紫禁城而言），是其西边的汉西门。但“自冒先帝”这一点，与《续幸存录》同。

文秉《甲乙事案》（此书亦广泛讹传为顾炎武《圣安本纪》而流行，《台湾文献丛刊》所收录即是）则说：

大悲系故齐藩宗人，狂言受先帝命，已复王爵。又狂言先帝实未宴驾，指斥上（指朱由崧）云云。[2]

相较前面各家，文秉说法算是兼而有之：大悲自称齐王，但也带来崇祯未死的消息，且以崇祯代言人自居，指责弘光皇帝朱由崧不当窃位。

究竟大悲因何被抓，当时具体情景到底怎样，显然是无法凿实了。计六奇在引述情节后，注明“此野史也”[3]——道听途说，闾巷所传。而夏完淳、黄宗羲、文秉等人对其所著，虽都表示保证其真实性，但他们当时远在别处，无一置身事发地，算不上可靠的证人。

相比之下，笔者喜欢《续幸存录》的叙事，它那个场景较有声色，所以姑以之为本，引为故事开头。至于大悲和尚“自称烈皇帝”，应该并无此事，可能是守门卫士误听之后误传所致。当时，吵吵嚷嚷之中，误听颇为难免。但大悲确实激烈提到崇祯皇帝，一口一个“先帝”——他之所以来，就是以崇祯名义兴师问罪的。

三

审讯得知，大悲本姓朱，三十五岁，徽州休宁永乐村人。父亲朱世妙[4]是风水先生，母亲在他出生后很快亡

[1] 黄宗羲《弘光实录钞》，《南明史料（八种）》，江苏古籍出版社，1999，第67页。

[2] 文秉《甲乙事案》，《南明史料（八种）》，江苏古籍出版社，1999，第498页。

[3] 计六奇《明季南略》，中华书局，1984，第151页。

[4] 此据《甲乙事案》。《鹿樵纪闻》为“朱世杰”。

故。三岁时,父亲也死掉。十五岁时,至苏州枫桥永明庵拜师为僧。

他谈到自己一系列“高层”交往经历。崇祯十二年也即五年前,崇祯皇帝亲封他为齐王;二年前曾到镇江与桂王相会;今年四月又到镇江去看潞王,起初,他未与潞王见面,只是一旁仔细观察,“跟随王船,由丹阳至无锡。一路上见潞王好施舍斋僧”。[1]跟着跟着,照他的意思,倒是潞王自己注意到他:

> 跟至海会庵,有承奉李公先来,与悲叩头,悲直受。后来潞王来拜,悲自思潞王是悲长辈,当尊他一步,悲下位迎接。潞王见悲下来,随说悲无道学,转身回去。[2]

这一段,好玩之极。潞王近侍来见,与他叩头,他毫不客气地接受;等潞王亲自来,他认为应该谦让一下,起身去迎,结果潞王却不乐意了,“说悲无道学”,意思是,他就该大摇大摆地坐着,接受拜见。

十足的痴人梦语。他一口气提到三位亲王,除涉及潞王一段,虽甚荒诞却还有点依据,其余都根本不可能。齐王封号,已消失两百年,原属朱元璋第七子朱榑,封于青州,朱棣“靖难”后废之,削爵,封国随撤。而桂王不是别人,正是后来在粤滇称帝、年号永历的朱由榔之父朱常瀛,他远居湖南衡阳,如何在镇江见到?所以,御史高允兹见了大悲口供,有此评论:“其状似癫似狂,其言如梦如呓。先帝必无十二年封齐王之文,桂王岂有十五年过镇江之事?”都是众所周知、有案可查的事情,一点含混之处也没有。又说,口供所谓“‘潞王下位迎接,与李承奉之叩首陪坐’,政(正)不知有风影与否?”[3]这样的事,有影子吗?

从口供我们读出两点:一、大悲和尚是对政治很抱兴趣的人。他患严重精神病不假,但这不意味着他盘旋于脑际的,尽属无妄之事,相反,他很认真地关心着政治。从哪里可以看出?就是他曾被崇祯封为齐王这一幻想。齐王之事,已经过去两百多年,寻常度日的百姓,不要说有所了解,听都无从听

[1] 文秉《甲乙事案》,《南明史料(八种)》,江苏古籍出版社,1999,第508页。

[2] 文秉《甲乙事案》,《南明史料(八种)》,江苏古籍出版社,1999,第508页。

[3] 李清《南渡录》,《南明史料(八种)》,江苏古籍出版社,1999,第366页。

说。大悲却显然知道此事来龙去脉，我们由此推想在疯掉之前，他是个爱读史书或关心各种政治传闻的人。齐王这件事与“靖难”相连，而有关“靖难”一段历史，朱棣在军事政变成功后，严密封锁，不惜重修《太祖实录》以掩除，直到嘉靖、万历两朝，才文禁渐弛，私史颇以发掘求真为重，出现一批成果。大悲应该是接触了这类书籍后，对齐王之事有所萦怀，以致幻想崇祯以他继承齐王爵号。二、潞王屈驾来访、他下位相迎一类情节，必属想象；而他专程赶到镇江，观睹潞王以至沿途追跟的情节，则未必不真。这是由他强烈关心政治推导而来。潞王身上体现的政治意义，我们在《国变·定策》中曾备其详。拥戴潞王，是东林—复社集团鲜明的主张。而以东林—复社影响之大，政治爱好者大悲多半是它的一位民间粉丝。当潞王从淮安到镇江，经无锡、苏州等太湖沿线迁往浙江时，大悲一路追随，这情节不仅合理，如从崇拜者角度言更属必然，类似举止在今天各种超级粉丝那里亦屡见不鲜。盖所谓粉丝，无非是爱至癫狂抑或癫狂以爱。对政治走火入魔的大悲，大抵是先粉东林，再因粉东林进而粉上东林拥戴的潞王。他从镇江到无锡一路尾随潞王，应确有其事；但潞王发现他的尾随而与之会见，却只是想象了。

基于这些分析，我们可以私自断一断这个案子：大悲认真地讨厌并反对福王或弘光皇帝朱由崧。虽然是疯子，这一政治立场仍属确实，并非别人“栽陷”、强加于他。在现代，精神病患者状态或能使他免于起诉（倘若再合理些，无论有无精神病，对个人政治主张根本就该置之不论），然而，他处于反君必死的时代。于是，这个不赞成“今上”的精神病患者，被砍了脑壳。

他的疯掉，看来有源可寻。父亲操业看风水，那种神秘主义气息，对他幼小心灵总会有所影响，虽然三岁时父亲即已死掉，但种种孑余多少留下些，比如遗物或村人口碑之类。大悲抚此遗物，或听人讲谈往事，难免情由境生，在其中缅怀、感触父亲，受到熏陶。再者，过早无母失父，相较常人，确更容易陷于精神世界的残缺和偏执。

他疯得厉害，此毋庸置疑。只是有个问题存在些许疑云——笔者一直不敢确定齐王之事，纯属他“妄想狂症”的表现。二百年来，齐王血胤是如何分散的？会不会有一支流落到休宁？毕竟大悲俗姓朱，这应视为线索呢，抑或仅为巧合？他总不至于一生下来就疯掉，那么未疯之前，有无机缘（经文字或传说）获得“齐王后人”的意识，从而埋下崇祯接见并亲口宣布他继承齐王爵位的“白日梦”的种子？他如此热衷政治，觉得有资格参与国家大事，这种焦虑是否全无实际起源？从逻辑角度无法排除疑问，但我的确没有一丁点材料来支持它。

四

负责侦缉的忻城伯赵之龙所辖京营戎政衙门，起获大悲自造文簿九件。其中有“圣僧大悲和尚，为天下第一，至三十岁即成活佛”及受封齐王等语，还列有欺佛、泄露天机等十五款大罪。[1]俨若一方教主，无稽之至；略微靠谱的，可能是“三十岁即成活佛”一句，只是“活佛”两个字需要换成“疯癫”。

这些胡涂乱抹、一无足信的文字，便是本案全部物证。北镇抚司掌刑指挥佥事许世蕃以其上奏，得旨：

> 大悲妖言无忌。被擒之日，即有匿名文帖与相熠应。岂是风(疯)癫野僧？这审供未尽奸情，着拿送镇抚司，严刑密审具奏。钦此。[2]

一句话：不满意，发回重审。不满意的原因，一是我们已知的，大悲就擒前有公开谋反言论，现在以此为理由，驳回仅以其为疯癫的狱词。另一原因先前我们没有讲到，那是一个很奇怪的情节：大悲刚刚被捕，外面就有人给他投了一张匿名字条，而字条又恰恰落于官方之手。内容秘而不宣，各书无一有载，但推测必与“谋反”有关。换言之，审讯只得出“疯癫”的结论，这张字条却恰好可以推翻这个结论。

唯一的问题：不知真假。大悲是否真有同志与其串联？抑或根本没有这样的人，帖子纯属假造？

疑问也涉及那道圣旨。圣旨虽然假不了，但它与皇帝本人的关系却并非不可成疑。明朝自有内阁后，后者拟

[1] 文秉《甲乙事案》，《南明史料(八种)》，江苏古籍出版社，1999，第509页。

[2] 文秉《甲乙事案》，《南明史料(八种)》，江苏古籍出版社，1999，第508页。

旨，然后经皇帝过目、批准，这最终的权力叫“批硃”。而随着越来越多皇帝“倦勤”，“批硃权”也早已旁落，常操近倖之手。这是明朝一个有名的顽症。眼下，朱由崧除了恰好是一个声色皇帝，同时还是一位弱势君主。所谓“圣旨”而不出自于他，这种情况根本不稀奇。

这道圣旨下来，案审被具体和明确了方向，即所谓掏出“奸情”。《鹿樵纪闻》记述，镇抚司提交的报告称：“臣等续奉旨严刑复讯，大悲复供云：‘潞王斋僧好道，施恩百姓，该与他坐正位。故六月中有户部申绍芳议保潞王，近又闻钱谦益在圣庙议保潞王。’”[1]复讯、复供字样，显示案情已被刻意操控和改写，并得到了期待的口供。潞王该“坐正位”，以及大臣中有人“议”此事，都是突破性收获。

《鹿樵纪闻》所述，是简化版。《甲乙事案》援叙较详，可以对照：

> 又奉有严刑密审具奏之旨，事关重大，臣等敢不细加研审。又将大悲、月光提出夹审。即问大悲：“拿你之日有匿名文帖，是谁写的。”悲云：“此帖我实不知。”臣又行敲审，彼说：“潞王施恩于百姓，人人服他，又斋僧好道，该与他做正位，封我为潞王。故悲于六月间有‘户部申（苏州人）议保潞王’等语。”臣问悲：“议保者都系何人？”悲云：“止将我知道的说出，其余不知是何名姓。”臣再三拶审，又说：“昨十一月二十日，闻有钱（亦苏州人）在圣庙内议保潞王等情。”臣又问同议者何人？悲云：“止知申、钱两家名字，余不知是谁。”臣又问：“议保如何行事？”悲云：“总之，在京各官，与潞府相为者少，都是马阁部的人。权柄在他手里，众人都怕他，不敢行。”臣又问：“与潞府相为各官是谁？”悲云：“止闻说有人，不知姓名，难以指实，不敢妄招。”臣再四刑审，全然不言，再无别情吐出。[2]

镇抚司官员的报告，其实写得很诚实。我们只须注意“敲审”、“再三拶审”、“再四刑审”三个关键词，就可复原“掏”出那些口供的过程。一言以蔽之，全部是毒刑的收获。上一次刑，得

[1] 梅村野史《鹿樵纪闻》，台湾文献丛刊第五辑《东山国语·鹿樵纪闻》（合订本），台湾大通书局，1995，第29页。

[2] 文秉《甲乙事案》，《南明史料（八种）》，江苏古籍出版社，1999，第509—510页。附注：本段引文，原句逗未尽妥帖，笔者有所改动。

到一点口供；上得更重，口供就越发令人满意。一开始，拿出那个匿名文帖，大悲根本不知何物；末了，竟然引出了很具体的人名。那个姓申的，是户部右侍郎申绍芳；姓钱的，就是钱谦益。

笔者一度怀疑大悲吐出申、钱二人，系刑讯者授意。再推敲，又觉不像。负责拷问的官员，只是如狼似虎，尚无迹象显示他们预先知道什么阴谋。他们所写的报告，甚至有意抹去申绍芳、钱谦益的名讳，而注以“苏州人”、“亦苏州人”，态度谨慎，不想得罪什么人。

既然如此，为何大悲说得那么具体，而且申、钱两人恰好都是东林一派？这并不难解释。大悲和东林一个政治立场，自然留心或听说过东林有哪些人物，此时毒刑难耐，人名随口而出。不过，他属于略知一二而又所知有限，可以说出个把人名，再多，实亦不能。故而，此后刑讯者虽然“再四刑审”，用刑较前益狠，他却“全然不言，再无别情吐出”。

这种情况，有人事先已经料到；或者说，和他们期待的一样。

是的，可以断定，大悲刚刚被捕，有人已经设了圈套，利用此事达到某种目的。匿名文帖就是他们的手脚，大悲压根儿没有什么“同志”，字条也不出自任何他认识的人；其作者，必为阮大铖、张孙振、李沾一伙——由于对匿名文帖的由来未予追查，在此我们本不该使用那个“必”字；但我们虽无直接证据，却有不可动摇的旁证。且看身处南京上层且立场中立的李清如何说：

> 僧大悲屡经会讯，语言颠谬……几构大祸。上召阁臣于内殿，皆请包荒以安反侧。独张侍御孙振审词有：“大悲本是神棍（无赖），故作疯僧，若有主持线索（像是背后有人）。”又云：“岂是黎邱之鬼？或为专诸之雄。”语多挑激。时孙振与阮戎政大铖欲阱诸异己，有十八罗汉、五十三参、七十二菩萨之说。[1]

“黎邱之鬼”典出《吕氏春秋·慎行论第二》，这里是说大悲的疯真假难辨，大家别被他骗了。专诸则是有名的“鱼

[1] 李清《三垣笔记》，中华书局，1997，第123页。

藏剑”故事中那位为吴公子光刺杀王僚的刺客；这里不必说是影射大悲或系潞王之“专诸”，难怪李清说张孙振“语多挑激”。实际上，阮大铖一伙真正目标并非潞王，而是借以勾起弘光怒火，允许他们放手打击东林。他们已备好一份大规模逮捕名单，即所谓“十八罗汉”之类。对于自己的愿望，他们并不藏头露尾，之前已展开为《三朝要典》翻案的行动，朱由崧的态度是支持的(毕竟该案涉及乃父老福王)，却仅限于考虑从文字上采取一些不同表述，而非实际地治东林之罪(他也实在没有能力这么做)。就在阮氏等一计不成之际，平白冒出个口口声声代表崇祯兴师问罪、要弘光“让位”于潞王的疯和尚，可谓来得正好。大悲甫入狱，神秘的匿名文帖随之出现；而当最初审讯结果出来，那道勃然大怒的圣旨，果以匿名文帖为据，斥责“审供未尽奸情”，下令“严刑密审具奏”。匿名文帖、圣旨，加上开列停当的“十八罗汉”名单，环环相套，丝丝入扣，阮氏等必以为此番大事可成，“眼观得胜旗，耳听好消息”。

然而，这么漂亮的连环计、组合拳，终于还是扑空。李清说：“非上宽仁，大狱兴矣。”[1]朱由崧对于搞“运动”不感兴趣。对此，李清解释为“宽仁”，这是拣好听的说。实际原因一是搞不起来，满朝东林，还有一个手握重兵的同情者左良玉，怎么搞得起来？二是朱由崧的心思很简单，就是得过且过，及时行乐，明年今日还不知怎样哩。

较诸朱由崧，马士英的态度也许更具实质意义。他是政坛老大，可以影响天平倒向哪边。这回，他没有倒向阮大铖，“闻马辅士英亦不欲”[2]。马士英此人，我们曾讲过特点就是以权谋私，“贿足乃饱”，没有意识形态斗争的爱好。搞东林，又不能为他创收，搞之何益？再有，近来阮大铖愈趋强势，与朱由崧身边内侍勾结串通，大肆受贿卖官，“侵扰铨政，门如市”[3]，分走许多杯羹，马阮关系已不复“定策”时那样，而有了利益冲突。相反，与钱谦益倒早就“化敌为友”。“王既立，谦益惧得罪，更疏颂士英功，士英乃引谦益为礼部尚书。”[4]以钱氏惯常为人推想，既受大悲狱词牵连，他必闻风而动，做了不少幕后“工作”。“马辅士英亦不欲”，抑且与此不无关系。另

[1]李清《三垣笔记》，中华书局，1997，第123页。
[2]李清《三垣笔记》，中华书局，1997，第123页。
[3]李清《南渡录》，《南明史料(八种)》，江苏古籍出版社，1999，第341页。
[4]徐鼒《小腆纪年附考》，中华书局，2006，第202页。

《南都繁会图》局部。

图中情景似乎给人这种启示:“大内”与“市井”虽然两隔，但毕竟中间只有一道宫墙，很多事情并非想象的那样密不透风。

仁孝文皇后像。

仁孝文皇后，即成祖徐皇后。她死后，朱棣将她葬于北京，是决心迁都的明显信号。藉此画像，可以了解明代皇后服饰细节。对于童妃来说，想必她原本以为自己亦可如此装束。

南京街市景象。

取自《南都繁会图》。商铺连片，人流如织。有闲坐者，有围观者，有说书者，有占卜者。一队踩高跷艺人，正在通过。在这高度繁华城市的摩肩接踵之间，流言可以惊人的速度广为散播。

狂僧。

此为清代一位名叫竹禅的和尚所绘狂僧形象。或许是有不少愤世疾俗之人托禅逃世，明清每每出现疯僧、癞僧、狂僧人物，比如《红楼梦》第一回“疯狂落拓”的一僧一道。

据《南渡录》，钱谦益之授礼部尚书，在大悲案发生后，而非《小腆纪年附考》所称定策后不久："丙戌，改詹事府尚书钱谦益礼部尚书，兼翰林院学士。"[1]这里"丙戌"，是乙酉年三月初三日，大悲弃市即两天之前，可见该案丝毫未影响钱氏宦途，原因显然就是有马士英这位奥援。李清身为当时朝中要人，其所忆应更可靠。又，文秉也以其叔父事证实：

从父文震亨时官中书，张孙振已具疏特纠，直欲以从父为汪文言矣。缮写竟，请正马士英。士英谪居时与从父曾以诗文往来，遂力止之。从父即休致归里，士英意亦不欲为已甚，乃止。就大悲定狱焉。[2]

如非马士英"止之"，文震亨就做了汪文言第二。汪文言是天启间一个东林小人物，被阉党逮于狱，活活打死。

"就大悲定狱焉"，亦即"止诛大悲"[3]，仅以大悲个人事定谳，旁无牵连。乙酉年(1645)三月初二，大悲被明正典刑。通过让一个疯子消失，弘光朝结束一场危机。近三个月来，他搅得南京风声鹤唳，张国维当初的"一经穷究，国体不无少损"，所言不虚。然而，这仅为开端，大戏还在后头。应该交代一下，当年北京"三案"，也是疯子开的头——那个执棍闯入万历皇帝太子朱常洛宫中的小民张差，被认定为疯癫者。

"黑漆漆的，不知是日是夜。赵家的狗又叫起来了。"[4]历史的一页，为何每每由疯子翻开呢？

五

大悲"弃市"不数日，三月十三日，一位河南妇人被关进锦衣卫监狱。妇人姓童，自述为福王"旧妃"，所以诸书以"童妃"相称。

[1] 李清《南渡录》，《南明史料(八种)》，江苏古籍出版社，1999，第366页。

[2] 文秉《甲乙事案》，《南明史料(八种)》，江苏古籍出版社，1999，第511页。

[3] 李清《三垣笔记》，中华书局，1997，第123页。

[4] 鲁迅《狂人日记》，《鲁迅全集》第1卷，人民文学出版社，1980，第427页。

她来得不算突然。之前在河南，就曾找巡按陈潜夫上访，反映自己的情况。还见过在史可法手下当参谋的庶吉士吴尔壎(后者或因其间曾到河南公干，而遇)。陈、吴二人都把她的事情上奏朱由崧，而朱由崧“弗召”，拒不承认有这回事。童妃不肯罢休，又“自诣越其杰所”。越其杰是河南巡抚，同时是马士英妹夫。越其杰似乎没有请示朱由崧，或者在接到批准之前，就径直派人将童妃送往南京。[1]

据此，童妃南来，有马士英的背景。《三垣笔记》说，也与藩镇刘良佐有关：

> 童氏自河南至，谬云帝元妃，刘良佐令妻往迎，叩其颠末，云年三十六岁，十七岁入宫册封，为曹内监。时有东宫黄氏，西宫李氏。李生子玉哥，寇乱不知所在。氏于崇祯十四年生一子，曰金哥，啮臂为记，今在宁家庄。语甚凿凿，妻信之，跽拜如见后。良佐素惮妻，闻之亦信。[2]

看样子，越其杰送童妃南来，途经临淮关(属凤阳，刘良佐驻地)，事先给刘良佐打过招呼。刘派其妻试以真假，而刘妻“信之”。由此，刘良佐在童妃问题上态度一直比较明朗，主张朱由崧将她认下。

总之，马士英、刘良佐这两位军政大员，都是“挺童派”。他们也许不无奇货可居的动机，如果童氏得正其位，不光立上一功，手里又添筹码。这都易于想见。不过，事情未必那样复杂，也可能很简单：就事论事，他们感到童氏所述可信，不是骗子。毕竟，越其杰也罢，刘良佐之妻也罢，都见过世面，岂能轻易上当？何况兹事体大，弄不好是要担风险的。

然而，朱由崧的反应既强烈又蹊跷。童氏送到，他见也不见，二话不说就把她关进监狱，而且是作为社会监狱的锦衣卫大牢。他的态度，可有截然不同的解释。一种，朱由崧知道童氏百分之百属于招摇撞骗，根本不必面见以验真假；也正因此，才把她交给锦衣卫，而非“讯之禁内”。另一种恰好相反，童氏真有其人、真有其事，朱由崧惧怕当面对质引出各种不利，遂慌忙将其拘禁、用刑，以箝其口。

[1] 以上据《甲乙事案》和《明季南略》。

[2] 李清《三垣笔记》，中华书局，1997，第127页。

事情就这么奇怪:已知是假,不必验;明知其真,也不必验——总之,朱由崧对童氏固执地缘悭一面。而对于他的固执,朝野普遍解读为后者,即明知其真,故而不验。理由主要有二:第一,朱由崧不够坦荡,如是假货,见一见何妨,见面有利于戳穿,回避见面则说明心中有鬼。第二,童氏假冒王妃的可能性极低,正如马士英所讲:"人非至情所关,谁敢与陛下称敌体?"[1]这种造假,成本太高,成功率却极低。所以徐鼒的分析与归纳,很难辩驳:

> 童氏之事可疑乎?无可疑矣!天下至顽劣之妇,未闻有冒为人妻者,况以天子之尊,宫禁之严乎!无已,则或其疯颠也。而潜夫、越杰、尔壎、良佐诸人非有心疾,奈何以疯颠妇人奏闻之,仪卫送之,伏道谒之乎?且即伪也,亦必入宫面见而后知之;即不然,亦必召入太后宫,集从行阉人实验而知之。岂有未见而逆知其伪,乍闻而遽怒其人者![2]

还有一个背景。当时,朱由崧正张罗给自己办婚事。数月前即已着手,《三垣笔记》记载户工二部接到筹措"婚礼钱粮"的明确指示,其中仅礼冠一项起初就索取"数十万",后经奏请,"得旨,定为三万"。[3]而《甲乙事案》《明季南略》都记载,二月以来"命礼部广选淑女"[4],杭州、嘉兴、绍兴、仁和、钱塘、南京等地,都派出特使。四月十一日,太监屈尚忠"奏催大礼措办银两",朱由崧批示礼部:"着该部火速挪借。"[5]显示大婚即在近日。假如广选淑女,只是一般地"充实后宫",可以另当别论,但朱由崧是想正式立后。本来虚位以待,童氏不合此时出现,坏其好事,他无法不怀恼恨。

六

据说朱由崧癖好幼女,"正月十二丙申……上醉后淫死童女二人……嗣后屡有此事。"[6]很多稗史都有这种情

[1]徐鼒《小腆纪年附考》,中华书局,2006,第334页。
[2]徐鼒《小腆纪年附考》,中华书局,2006,第335页。
[3]李清《三垣笔记》,中华书局,1997,第110页。
[4]计六奇《明季南略》,中华书局,1984,第163页。
[5]文秉《甲乙事案》,《南明史料(八种)》,江苏古籍出版社,1999,第546页。
[6]计六奇《明季南略》,中华书局,1984,第156页。

节。假使如此，三十多岁的童氏对他来说实在就是不堪忍受的“黄脸婆”。不过，这类笔触可靠性往往成问题，大家如果想说皇帝德行欠佳，通常在这些方面展开想象，因为他有这样的特权。实际上，接收一个“黄脸婆”与癖好幼女之间并不矛盾，朱由崧尽可认下童氏，再给她来个“皇帝的老婆基本不用”。他坚决不认童氏，应该不是嫌童氏太“老”，而是因为其他更深的、不足与外人道的心理隐秘。

他总共曾有三次婚史：

> 初，上为郡王，娶妃黄氏，早逝。既为世子，又娶李氏，洛阳遭变又亡。嗣王之岁，即封童氏为妃，曾生一子，不育。[1]

亦即，做郡王、立为福世子、继福王位时，各结过一婚；前两位黄、李二妃均已亡故，童氏是他第三任妻子。上面说，封童氏为妃，为“嗣王之岁”，而他嗣福王位的时间是崇祯十六年(1643)[2]，只是一年多以前的事；不过，封童氏为妃的时间，并非他们相遇的时间，后者或许还要提前两年。

崇祯十四年春，李自成攻克洛阳，老福王朱常洵被杀，朱由崧只身逃走，四处流浪，形如乞丐。不久，有人把他的近况报告崇祯皇帝：“问：世子若何。曰：世子衣不蔽体。”崇祯闻言为之“泣下”。[3]

朱、童相遇，或即此时。童氏对审讯官、锦衣卫都督冯可宗讲述了经过：

> 在尉氏遇王，叩首，王携置怀中，曰：“我伴无人，李妃不知所在，汝貌好，事我。”[4]

还说八个月后，产下一子，满月而夭。冯可宗以审讯记录上奏朱由崧，“王见书，面赤，掷地不视。可宗不敢再言”。[5]朱由崧这脸一红，显出被击中的样子，刹那间，勾起很多回忆——

童氏所遇见的朱由崧，有王子之名，而无王子之实。他已经不是洛阳

[1]计六奇《明季南略》，中华书局，1984，第185页。
[2]谈迁《国榷》，中华书局，2005，第5977页。
[3]谈迁《国榷》，中华书局，2005，第5889页。
[4]徐鼒《小腆纪年附考》，中华书局，2006，第334页。
[5]徐鼒《小腆纪年附考》，中华书局，2006，第334页。

福亲王府内锦衣玉食的世子，却是丢魂落魄、无处存身的难民。除了福世子的名分，他与任何普通逃难者毫无分别。是童氏一家收留了他；由此，朱由崧不仅有饭吃、有了栖身之所，还额外得到一个女人。那时俩人年龄均逾三十，童氏为何久拖未嫁，史无明文，我们不得而知，反正现在她找到了郎君。如果朱由崧确有幼女之嗜，这对他可能算是“屈就”。但此时轮不着他挑三拣四，考虑到彼此的现实，甚至应说他福运不浅——童氏虽然大龄，但“貌好”，更难得的是“知书”[1]，有文化(可见非贫寒出身)。刘良佐也是据此断言她可信:“童氏知(智，聪慧)，非假冒。”[2]

在朱由崧而言，他嫌弃童氏亦非全无理由。这妇人既果敢又泼辣，市井气息浓厚，悍气十足，有点类乎《金瓶梅》里的角色。一个小女子，独自寻夫；碧落黄泉，拔树搜根，走州过县；见巡按、诣巡抚，硬是说动官府以仪驾送至京城，能量实在惊人。一旦被奉为准王妃，她的表现除了飞扬跋扈，也有些陋鄙：

> 凡所经郡邑，或供馈稍略，辄诟詈，掀桌于地。间有望尘道左者(不敢站在路的右边，以示崇敬)，辄揭帘露半面，大言曰:“免。”闻者骇笑。[3]

就连在狱中，“泼妇”性情也未收敛，“呼天大哭”，“且咒且詈”，口称“这短命人少不得死我眼前”。[4]可以想见，朱由崧关于童氏的记忆不会特别愉快。

不妨点破，童氏之于朱由崧，是落难那段时光他如何穷酸、卑微的见证人，是他贵为天子之后想彻底翻过、不再面对的一页。明代戏文盛行公子落难、金榜题名的故事，这个也是；无非公子换成王子，中状元换成当皇帝。《金玉奴棒打薄情郎》中，负心莫稽最后被打了板子；眼下，挨打的不是莫稽，是金玉奴，原因是眼前这位莫稽第二已是天下最大的官儿，挨板子的只能是别人。

朱由崧被冯可宗搞得“面赤”之后，“令太监屈尚忠会同严审”[5]，派身边亲信介入，冯可宗则知趣地“辞审童

[1]计六奇《明季南略》，中华书局，1984，第186页。
[2]计六奇《明季南略》，中华书局，1984，第186页。
[3]李清《南渡录》，《南明史料(八种)》，江苏古籍出版社，1999，第374页。
[4]计六奇《明季南略》，中华书局，1984，第186—187页。
[5]文秉《甲乙事案》，《南明史料(八种)》，江苏古籍出版社，1999，第532页。

氏”。屈尚忠一旦接手，即开始“严刑酷拷”[1]，童氏噩梦降临。

《爝火录》有件材料，别家未载。那是童氏狱中写给朱由崧的一封信；根据信中陈述，之前还写过一封，这是第二封。前一封“具有别离情由事”，回忆与朱由崧离别的经过，而朱由崧答复：“童氏系假冒”，“一并严究”。童氏不得不再写一封，进一步细说，作为反驳。信中，她对关键过程的回忆，具体到某日某时某分，包括朱由崧逃走时“止携金三两，别无他物。身穿青布小袄，酱色主腰，戴黑绒帽，上加一顶乌绫首帕。临行，尚穿白布袜细脚带，匆忙中始易白布脚带，是臣亲为裁折，皇上宁失记否？”读了这些，我们乃知刘良佐妻为何会见童氏之后，有“语甚凿凿”的感受。还出现一个重大情节：

> 臣赖祖宗之福，皇上之恩，诞生一子，厥名金哥，掌上之珠，咬痕在腋，患难携持，手口卒瘏，万死一生不忍弃，无非为皇上三十无子。而现在皇子混处民间，终同草木枯朽，臣得罪于祖宗不浅矣。此时不敢望皇上收认，止金哥原系皇上骨血，祈念父子至情，遣官察取，臣即髡发自尽，亦所甘心。[2]

与他著不同。他著多说此子“弥月而死”，此处则说活着，失散民间。

这封信，笔者颇疑系好事者之所为。先前我们是曾说过童氏“知书”，然而信中文字的生动，似非“知书”即能达到，况且情辞之宛转，与童氏粗豪性格也有不符。不过，某些内容与语气，又不像伪撰者所能，如她自称：“性过梗直，不合于众，今日艰苦备尝，岂复有不体人情，故性复萌者？”是夫妻间才有的隐情密意，倘系出伪撰，作者显然也对案情有过透彻的研究。

童妃之结局，有说活活气死（“童氏号呼诅骂，寻瘐死狱中。”[3]），有说“久之饿死”[4]，最惨的则说“榜掠宛转以死”[5]。

[1] 计六奇《明季南略》，中华书局，1984，第186—187页。
[2] 李天根《爝火录》，浙江古籍出版社，1986，第415页。
[3] 计六奇《明季南略》，中华书局，1984，第186页。
[4] 徐鼒《小腆纪年附考》，中华书局，2006，第334页。
[5] 雪川温氏原本、古高阳氏勘定《南疆绎史》（勘本），《中国野史集成》第三十五册，巴蜀书社，2000，第166页。

七

关于童妃真伪，朱由崧坚称“假冒”，跟他一道流浪的奴仆也全都替他作证：“从龙诸臣皆云诈伪”。但除此以外的人，看法却截然相反，都认童妃为真。朱由崧及其身边人，愈矢口否认，“外疑愈甚”，“人终不信也”。[1]连马士英此番也不站在朱由崧一边，在奏疏中援引吕雉和刘邦失散的例子加以劝导，又曾与阮大铖等有如下讨论：

> 马士英语阮大铖曰：“童氏系旧妃，上不肯认，如何？”大铖曰：“吾辈只观上意，上既不认，应置之死。”张捷曰：“太重。”大铖曰：“真则真，假则假，恻隐之心，岂今日作用乎？”士英曰：“真假未辨，从容再处。”[2]

三副心肠，跃然纸上。阮大铖最毒。不过，关于真假问题，不单马士英倾向于真，即阮大铖实亦不认为假；他强调的是，勿存恻隐之心，要以朱由崧所真为真，所假为假。

人们坚信童氏非假，不单因她讲述具体，充满细节，更重要的原因，是朱由崧态度过于忮刻，必欲赶尽杀绝，因而激起普遍的逆反心理。就像秦香莲故事，陈世美的真面目，不暴露于不认，而暴露于非置其母子于死地。文秉评论童氏的悲惨道：“妇人无刑，虽有刑不在朝市。”[3]如此对待一个女人，委实过分得可疑。《南疆绎史》更说：

> 糟糠故配，亦曾患难相依，有何大过，而必欲置诸死地。且弃其母并弃其子，妃则榜掠宛转以死，已而六岁孩提杳无下落，曾无一语及之焉。有自己骨血而忍残至此？[4]

[1] 李清《南渡录》，《南明史料（八种）》，江苏古籍出版社，1999，第396—397页。

[2] 计六奇《明季南略》，中华书局，1984，第186页。

[3] 文秉《甲乙事案》，《南明史料（八种）》，江苏古籍出版社，1999，第532页。

[4] 雪川温氏原本、古高阳氏勘定《南疆绎史》（勘本），《中国野史集成》第三十五册，巴蜀书社，2000，第165—166页。

这是来自基本人性、人情的推理：如无大忌大恨，何至于此？

确信童氏之冤“彰彰可信”的同时，朱由崧倒成为严重的怀疑对象：“犹有异论谓福王亦伪。”这是最始料不及而极富戏剧性的一个结果：

后之人因妃之死而更议赧王（这是后来鲁监国给朱由崧的谥号，谓其丢脸）为不道、为伪托矣。佚史氏颇信王之为伪。

东林一派借机大造舆论，分析朱由崧所以坚拒童氏南来，以及既至而不见，是因他自己根本就是冒牌货，“假福王”怕见“真童妃”——“殆恐故妃入宫识破机关，因而必不与面，急灭其口也”。又进而推断，那个已迎至南京的太妃，亦属伪货；直到后来清军兵临南京，马士英奉太后逃往浙江，人们仍说那太后是个假的。最后，东林给出了耸人听闻的结论——所有一切，乃是马士英一手策划：

此（指弘光皇帝）马瑶草诡谋迎立，本非明室宗支也。

东林造此舆论，为其政治目的服务，亦有失厚道。朱由崧应该还是“原装正品”。他虐害童氏，无非是耻于往事，加上恨之坏其迎娶娇嫩新娘的好事。至于马士英，假如他所扶立的乃是赝品，绝不会积极迎接童氏南来，否则岂非搬起石头砸自己脚？

问题其实不在孰真孰假，而在于整个弘光朝的诚信，经童妃一案完全陷于风雨飘摇，时人谓之：

半壁荒朝，传闻滋谬。又有率臆凭胸者以好恶为增损事迹，真赝相参，是非混淆莫辨。[1]

[1] 以上均见雪川温氏原本、古高阳氏勘定《南疆绎史》（勘本），《中国野史集成》第三十五册，巴蜀书社，2000，第165—166页。

八

压轴好戏是“太子案”。

依时间顺序，此案尚在童妃案之前几日。然而它持续久，尾声一直拖到多铎进入南京城后。所以我们稍微颠倒一下时序，让它最后出场，好比戏班子排戏码，重头戏、大名角总是被安排在最后。

先讲一点前史。崇祯所生之子，长大成人的共三个：朱慈烺、朱慈炯、朱慈炤。朱慈烺太子，朱慈炯定王，朱慈炤永王。国变后，三皇子分散，下落不一。太子朱慈烺被李自成俘获，山海关大战时，挟至永平。不是云南大理的那个永平，而是在河北滦县附近，离山海关不远，如今叫卢龙县。李自成在那里为吴三桂大败。混乱中，朱慈烺失踪。当时很多人以为他落在吴三桂手里，后来多尔衮入北京，就打着送太子还都的幌子；将近一年后，南方还盛传吴三桂派人护送太子南来，把他交给史可法。人们如此想象挺自然，吴三桂打了大胜仗，太子能不在他手里？可事实确实不是这样。吴三桂以及满清无疑很愿意握有崇祯太子，然而他却失踪了，没人知道他的下落。这一点，稍后我们会明白。

总之，崇祯太子的确切线索，在永平中断，戛然而止。但有一点，没有他的死讯传出；最后被人看到时，他还活着。

寂寥了几个月，忽然又有消息。其中一种说，曾在督师卢象升那里做过监军的大太监高起潜，国变后潜至北京西山，朱慈烺自己找到了他，两人遂同去天津，从那里“浮海而南”，大概当年八月从淮安府一带沿海上岸，先悄悄潜居下来，打听情况。这段潜居时光，《爝火录》只有简单三字：“依淮上”。清代“琉璃厂半松居士排字本”《明季南略》则相对具体：

> 十一月乙酉朔，太子潜居兴教寺。高起潜私问于马士英，遣人杀之，及至而太子已先一日渡江南遁矣。[1]

[1] 计六奇《明季南略》（琉璃厂半松居士排字本）卷之六太子杂志，《中国野史集成》第三十六册，巴蜀书社，2000，第531页。

这段文字，为今所通行之中华书局《明季南略》缺，明指潜居处为兴教寺，唯未提地名。中国许多地方有兴教寺，西安的最出名，宁夏吴忠、云南大理有，南京附近的苏州等地也有；这些都不可能是太子潜居处，它必在江淮之间。后从《扬州晚报》偶知该地曾有“北兴教寺”，遂推定太子潜居处应即此寺——高起潜本就带太子奔南京而来，故必先到扬州。然而高起潜老奸巨猾，不会冒冒失失径赴南京，而要先刺探一下情况。果然，打听来的消息是“江南无善意”，他浮海携至的少年乃是不受欢迎人士。高起潜心思陡变。不必说，他原想以太子捞一票，如今反成累赘以至定时炸弹，于是“欲加害”。但中间究竟有无马士英的关系？综合所有情况，基本不可能。这说法仅见《明季南略》。杀太子，恐怕就是高起潜单干。不过他似乎与其亲戚、南京鸿胪寺少卿高梦箕商量了此事，或露出什么马脚，后者魂飞魄散，一不做二不休，禀于太子，“挟之渡江，辗转苏杭间”。[1]

另一版本稍显荒诞，高起潜换成了高梦箕家仆穆虎（或作木虎）：

> 甲申冬，自北都还南，过山东，遇少年求寄载，许之；暮解内衣，灿然龙也。（穆）虎惊询，自言即故太子；吴三桂夺还，逸之民间。[2]

之后情节，与他本少有差异，惟不知故事开头何以如此不经，如志怪小说。然而，穆虎确有其人，后来案审他也作为要犯解到南京。就此论，导太子南来者，究竟是高起潜还是穆虎，尚属悬疑；尽管大多数史著的相关记述，都说是高起潜。

高梦箕既救太子于危难，就知道自己在做什么，所以东躲西藏，以防被人发现。而太子益感郁闷，不能忍受。居杭州期间，“每醉饮，则狂呼，间大言阔步。梦箕侄不能禁也。”[3]乙酉年元旦日，“观灯浩叹，为路人所窃指”[4]，行迹已露。有说高梦箕胆怯，将太子转移金华，但朝廷已得情报，

[1] 以上，除另注明的外，均自《爝火录》卷九，浙江古籍出版社，1986，第407页。

[2] 梅村野史《鹿樵纪闻》，台湾文献丛刊第五辑《东山国语·鹿樵纪闻》（合订本），台湾大通书局，1995，第26页。并见李清《南渡录》，《南明史料（八种）》，江苏古籍出版社，1999，第366页。

[3] 李清《南渡录》，《南明史料（八种）》，江苏古籍出版社，1999，第366页。

[4] 徐鼒《小腆纪年附考》，中华书局，2006，第328页。

“上亟遣内臣冯进朝追回，至绍兴，方及。”[1]有说高梦箕“惧祸及己，乃赴京密奏”。[2]总之，事情公开化了，太子被安排暂居金华观音寺。然后，朱由崧重新派出级别更高的太监李继周为特使，以正式礼节“持御札召之”[3]。三月初一甲申日，太子送抵南京。就此，太子案正式拉开帷幕。

九

似乎古人还没有什么政治保密意识；抑或事涉太子，朱由崧轻易不敢造次。总之，我们不知该说他不乏诚意，还是缺心眼儿，反正很不注意封锁消息，以致满城皆知：“都人初闻太子来京，踊跃请谒，文武官投职名者络绎。”[4]情形一旦如此，朱由崧又后悔当初措施失当，临时传旨，“谕文武官流行私谒，自此众不得见。”[5]

进城之初，把太子安排在南京兴善寺，但当天即“中夜移太子入大内”。[6]大内，便是洪武门以内。为何移往大内？显然与禁止私谒的命令配套；如不变换住址，只怕禁令也不能尽阻设法与太子相见的人。而且是连夜更换，更透出紧张与诡秘；白天，由于可以随便拜见太子，惹出了一些事。比如曾在北京旧宫当差、前去探望的张姓和王姓两位太监：

> 一见太子，即抱定大恸，见天寒衣薄，各解衣以进。上闻之大怒，曰：“真假未辨，何得便尔！太子即真，让位与否，尚须吾意，这厮敢如此！”遂掠二竖俱死。[7]

提到洪武门，又想起大悲。这疯和尚许久未提，我们似乎把他忘了，现在却应交代一下——与太子到南京同日，三月初一甲申，“僧大悲伏

[1] 李清《南渡录》，《南明史料(八种)》，江苏古籍出版社，1999，第367页。
[2] 徐鼒《小腆纪年附考》，中华书局，2006，第328页。
[3] 计六奇《明季南略》，中华书局，1984，第174页。
[4] 李天根《爝火录》，浙江古籍出版社，1986，第407页。
[5] 计六奇《明季南略》，中华书局，1984，第175页。
[6] 计六奇《明季南略》，中华书局，1984，第175页。
[7] 计六奇《明季南略》，中华书局，1984，第175页。

诛”。[1]你说巧不巧，热闹不热闹，紧凑不紧凑？天下承平，人可以闲得发慌；而终末之世，往往葫芦满缸，摁下一个浮起一个，到处出事，接踵而至，顾头不顾腚。

第二天，朱由崧组织大臣“面试”太子，地点是武英殿。其中有曾在北京东宫担任讲官的刘正宗、李景濂，还特地从狱中调出因“从逆案”在押、也曾为太子授读的前少詹事方拱乾。能够采取这种姿态，应该说已算较为透明、公开，起码不是掩人耳目。但诸史却都透露背后有些内幕。朱由崧预先召见过刘正宗和李景濂，讲了一句话：“太子若真，将何以处朕？卿等旧讲官，宜细认的确。”刘正宗这样回答：“恐太子未能来此，臣当以事穷之，使无遁词。”[2]言语都很含蓄，效果却是心照不宣。朱由崧作此想，充分可能；远的不论，本朝即有“夺门之变”的殷鉴。至于方拱乾的工作，据说是阮大铖死党、吏部尚书张捷出面来做：“方至，捷曰：‘先生恭喜，此番不惟释罪，且可以不次超擢。’”[3]

面试结果，是个假太子。由于事先有部署，面试结果于太子不利是可以预计的。但我们得说，还偏偏并非周密安排所致。太子本身漏洞太多，一些基本事实，比如，“讲书何地？讲何书？习何字？答多不符。”[4]所答完全不对。也有答对的，比如太子在紫禁城所居之宫，坤宁宫乃皇后宫室，以及一见到方拱乾即将其认出等。但我们发现，凡答对的，皆可事先做功课。各宫位置，可通过图纸默识于心；轻易认出方拱乾，是因为他有突出的形象——茂密的须髯，而刘正宗、李景濂缺乏明显相貌特征，就完全不认得。

情势急转直下。三月初三深夜，太子被请出大内，再次换了居所，目的地是兵马司监狱。这意味着，他从座上宾沦为嫌犯：

> 初三夜更余，肩舆送太子入狱。时已醉，狱中有大圈椅，坐其上即睡去。黎明，副兵马侍侧，太子问：“何人？”以官对。太子曰：“汝去，我睡未足。”良久，问兵马曰：“汝何以不去？”兵马应曰：“应在此伺候。”又问：“此何地？”曰：“公所。”又问：“纷纷去来何人？”曰：“道

[1] 李清《南渡录》，《南明史料（八种）》，江苏古籍出版社，1999，第365页。
[2] 李天根《爝火录》，浙江古籍出版社，1986，第409页。
[3] 李天根《爝火录》，浙江古籍出版社，1986，第413页。
[4] 徐鼒《小腆纪年附考》，中华书局，2006，第330页。

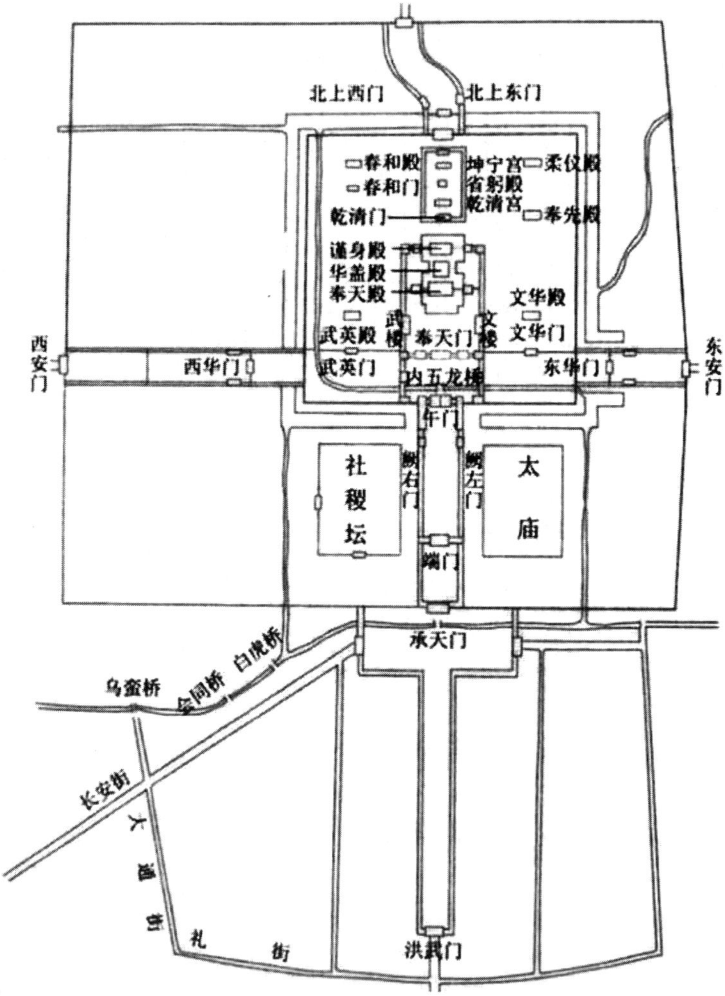

南京紫禁城布局。

最下方，就是洪武门，亦即《续幸存录》所称大悲和尚“夜叩”之门。

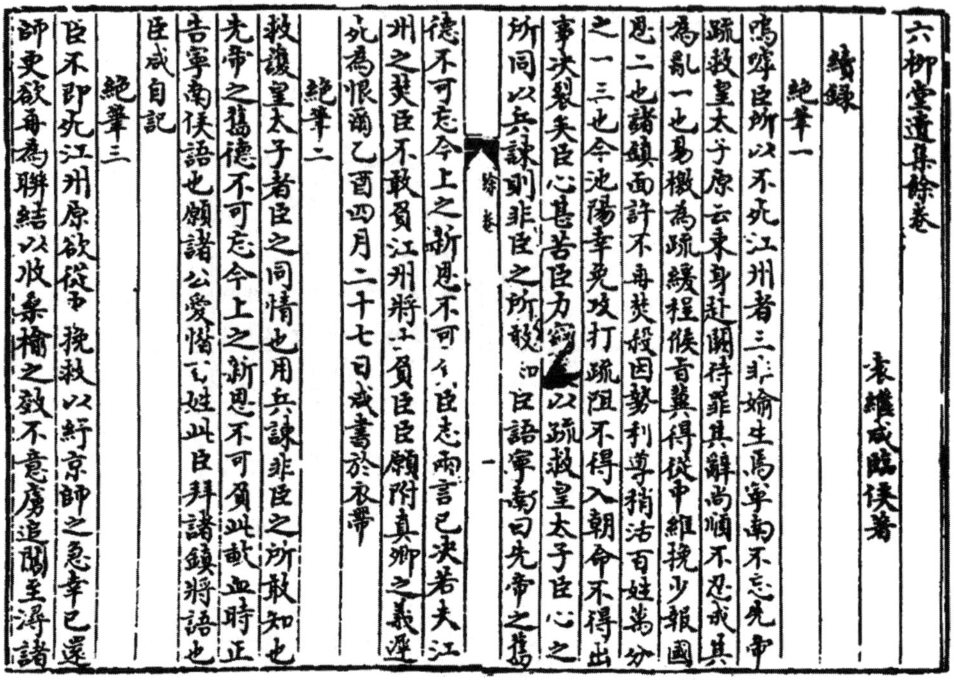

六柳堂遺集餘卷

袁繼咸臨侯著

續錄

絕筆一

嗚呼臣所以不死江州者三非偷生焉寧南不忘先帝疏救皇太子原云束身赴闕待罪其辭尚順不忍戒其為亂一也易檄為疏緩程候旨冀得從中維挽少報國恩二也諸鎮面許不再焚殺因勢利導稍活百姓萬分之一三也今池陽幸免攻打疏阻不得入朝命不得出事决裂矣臣心甚苦臣力窮[illegible]以疏救皇太子臣心之所同以兵諫則非臣之所敢知臣語寧南曰先帝之舊

德不可忘今上之新恩不可負臣志兩言已決若夫江州之焚臣不敢負江州將士負臣臣願附真卿之義烈死為恨爾乙酉四月二十七日咸書於衣帶

絕筆二

救護皇太子者臣之同情也用兵諫非臣之所敢知也先帝之舊德不可忘今上之新恩不可負此歃血時正告寧南侯語也願諸公愛惜百姓此臣拜諸鎮將語也

臣咸自記

絕筆三

臣不即死江州原欲從中挽救以紓京師之急幸已還師更欲再為聯結以收桑榆之效不意旁追闖至潯諸

袁继咸密奏。

左良玉以“太子案”起兵，江督袁继咸斡旋之际，将情形连连书于衣带，奏报朝廷。袁继咸同时表明态度：“宁南以疏救皇太子，臣心之所同。以兵谏，则非臣之所敢知。”他也完全相信王之明是真的。

路。”又问:“何故皆蓝缕?”兵马未及答,太子曰:“我知之。”[1]

相当精彩的场景刻画,单纯以对话,传摹环境、气氛、心理、各人姿态,丝丝入扣,海明威之能不过如此。

这时,出现了一个说法。“杨维垣扬言于众曰:‘驸马王昺侄王之明,貌甚类太子。’给事中戴英即袭其语,入奏言:‘王之明假冒太子,请敕多官会审。’”[2]杨维垣和阮大铖一样,崇祯初名列逆案,如今复职通政司,为《三朝要典》翻案甚力;又恰在三月初二当天,升都察院左副都御史[3]。特于此时委以重任,由他提出太子乃王之明假冒之说,恐怕不是偶然的。但他有何依据,比如,自己认识或曾见过王之明,还是别的什么理由,却一点也不清楚。总之,目前得出两个结论:一、太子是假的;二、假冒太子的人,名叫王之明。

以下,我们不再称太子,姑且也称王之明。

十

换言之,我们认可了被高起潜带到南方,又由高梦箕辗转苏杭、藏了一个来月的这个人,并非崇祯太子的结论。但我们接受这一结论,不是根据杨维垣的那句话,而因另一个可靠证据:当王之明在金华暴露的前一个月,北京也出现了崇祯太子。

其经过撮述如下:

甲申年(1644)十二月廿七日辛巳,有男子找到崇祯周皇后之父、嘉定伯周奎家,“自称明崇祯帝太子”[4]。不久,周奎出首告发,来人遂被锁拿刑部。刑部马上抓来周府家奴审问,得知一些基本情况:男子初到周府,就由周奎之侄周绎领去见长平公主。长平公主是崇祯皇帝的小女儿,三月十九日,崇祯

[1] 李天根《爝火录》,浙江古籍出版社,1986,第409页。
[2] 文秉《甲乙事案》,《南明史料(八种)》,江苏古籍出版社,1999,第530页。
[3] 徐鼒《小腆纪年附考》,中华书局,2006,第331页。
[4] 《清实录》第三册《世祖实录》,中华书局影印本,1985,第117页。

自尽前曾执刀亲手砍杀之，断其一臂，因心痛难再下手，公主以此活命，被送至外祖父家。周府家奴说，公主一见来人，“兄妹相向大哭”。周奎也留来人吃饭，在家中以君臣礼待之，“至晚别去，公主赠以棉袍，戒勿再至。”没几天，又来了。这次，周绎将其留宿，但提出要求：休提“太子”两字，只“自称姓刘”，对别人说是书生，可以免祸。“男子坚执不从，乃逐之门外，随为逻卒执去。”[1]

很清楚，长平公主一眼认出了哥哥，而外祖父与表舅同样确认来人就是太子。不过，周奎与周绎更担心惹祸；长平公主赠以棉袍“戒勿再至”，显然出自他们的压力。太子第二次又来，周绎与之谈话，以隐埋太子身份为接纳的前提，遭到太子拒绝，发生冲突，太子被撵出周府。“随为逻卒执去”，应该是他被逐出府后，周奎立即报案的结果。这样做，在周奎不足为奇。他对其皇上女婿，从未视为家人，此前我们讲过他不少这种事迹。

来人是真实的崇祯太子，朱由检年仅十六岁的长子朱慈烺（崇祯二年出生[2]）。大半年来，他始终未能离北京左近，流浪为生，寒冬腊月身上连件棉袍都没有，万般无奈找到外祖父家，本寄望于亲情，看来还是错了。

家奴交代到这儿，台上参审的刑部主事钱凤览气不过，走下来对周绎挥以老拳。钱凤览虽已供职清朝，但对先帝仍抱深情。周绎竟将可怜太子逐出周府，令他愤恨难捺，冲动地当场给以教训。但这一拳，也决定了钱凤览之后的下场。

在场的两位明朝太监王化澄和常进节证实，来人确实是太子朱慈烺，“皆言非伪”。其中，常进节因为朱慈烺曾找上门，过去几个月中周济过他。

刑部尚书是满人，他完全无从判断。第二天，召来更多的人鉴识。有当初被李自成掳至北京的明朝晋王，以及曾任太子卫士的十位原锦衣卫人员。“十人一见齐跪曰：‘此真太子！’”晋王却加以否认。昨天指认为真的王化澄，现在也改了口。朱慈烺则说：“我别无所图，只因思念妹妹，来看她。可恨为周家所卖！真或假都是死，我不想多说。”

耐人寻味的是，凡是作证太子不假的人，太监常进节和十名前贴身卫士，都被收监。

之后又搞了一次指认。“再召晋王

[1] 梅村野史《鹿樵纪闻》，台湾文献丛刊第五辑《东山国语·鹿樵纪闻》（合订本），台湾大通书局，1995，第25页。

[2] 张廷玉等《明史》卷一百二十，中华书局，1974，第3657页。

及旧侍讲谢陞(此时任清朝吏部尚书)廷质。晋王终不言是,陞亦力证其非。”太子一旁突然发问:“谢先生!前时某日,先生在殿前言某事,犹忆之乎?”谢陞“一揖而退,默不复语”。南京面试王之明,由诸侍讲提问,王之明答不上来。这里,是太子主动以某事问谢陞,而谢陞回避。其所不同,一目了然。钱凤览再次看不下去,上前指责谢陞,“斥其不臣”,同时“语侵晋王”。[1]

为进一步证明太子为假,满清当局“随令内院传故明贵妃袁氏,及东宫官属内监等辨视,皆不识”。[2]貌似铁证如山,然而其中有大欺诈。孟森以专文详论其事,做出惊人披露:

> 清之处分故太子,谓之假冒。其假冒之证,则得之故明贵妃袁氏。
>
> 盖证太子之假冒者袁妃,其实袁妃乃假冒也。[3]

他依据《清实录》及《清史稿》,考出袁妃已经死于国变,并未入清:甲申年(顺治元年)五月,清廷为崇祯帝后及袁妃等,一并举行了葬礼。而《明史》(由清官方修成于乾隆四年)中,所谓袁妃自缢未成,被救活,随后入清等情节,尽属造假,与作为宫庭原始档案的《实录》及据此写成的《清史稿》,根本不符。所以造假,起因即是朱慈烺现身后,清廷为掩盖真相,临时伪造了一个所谓“袁妃”及一班“东宫官属内监”,以这些假冒者的证词,实现除掉朱慈烺的阴谋。而那个假袁妃,居然从此豢养宫中至终,以维持完整的假相。为杀死朱慈烺,清廷之不惜工本,可谓无以复加。有关此事诸种关节,《明烈皇殉国后纪》之第一篇《清世祖杀明太子》,举证有力,辨析细微,澄清了明清鼎革之际一大谜案。

入关以来,清廷大行假仁假义。太子若真,于理即不可杀;如欲杀之,则必证其假。故而清廷不遗余力,以致专门

[1] 梅村野史《鹿樵纪闻》,台湾文献丛刊第五辑《东山国语·鹿樵纪闻》(合订本),台湾大通书局,1995,第25—26页。

[2]《清实录》第三册《世祖实录》,中华书局影印本,1985,第117页。孟森《明烈皇殉国后纪》引此段时,标为《东华录》;包括后面对袁妃事的引证,均标《东华录》。盖《东华录》,史料上与《实录》同源,以国史馆在东华门内,故题《东华录》。现在习惯上视《东华录》《实录》为两种史料,孟森当时则未区分,特予说明。

[3] 孟森《明烈皇殉国后纪》,《明清史论著集刊》,中华书局,1959,第30页。

造出一个假袁妃，以坐实朱慈烺为假冒。在整个过程中，凡不知清廷假仁假义真面目(以为他们将善待崇祯诸子)而出面指认太子真实者，全都下狱；凡狡黠识相、参透玄机、咬定或改口太子不真的人，全都平安。由此，清廷之于太子一案的固有导向，彰彰明甚。

消息走漏民间。谢陞指太子为假激起众怒，"都人围其第宅而詈之"[1]；"正阳门商民数人具疏救"[2]；甚至有习武之人组成敢死队，欲救太子出狱。摄政王很快下令，将朱慈烺处死狱中(勒死[3])；钱凤览判了绞刑；另有"十五人皆弃市"[4]。谢陞则不明不白地暴毙，民间谬称为钱凤览鬼魂逼死，"或言摄政王杀陞以谢众口"[5]。后一说法虽难确证，但从逻辑上推，可能性却非常高。此后至康熙间"朱三太子案"(定王)，满清尽屠崇祯诸子，以绝明嗣。不特如此，雍正二年，继假袁妃后，清廷故伎再施，"于旗员中比附一人"，指为"太祖(朱元璋)十三子代王之孙"，封"延恩侯"，混充朱姓后人，"以饰观听"，继续假仁假义之表演。[6]

十一

"行货正品"现身北京，王之明必不可能为真。恰于此时，史可法接到左懋第就北京太子案发来的密报，于是奏闻朝廷，支持将南太子判为假冒："是太子不死于贼，诚死于虏矣。北方之太子方杀，而南方之太子又来，此理与事之必无者也。"[7]

至此，南来太子一事可谓昭然若揭，虽有一二疑点，也都不难解释。如少数北京旧阉一见王之明"抱足大恸"，在此辈而言，与其说发乎理性和明辨，不如说多半是奴性使然。尤其

[1] 孟森《明烈皇殉国后纪》，《明清史论著集刊》，中华书局，1959，第42页。
[2] 徐鼒《小腆纪年附考》，中华书局，2006，第333页。
[3] 黄宗羲《弘光实录钞》，《南明史料(八种)》，江苏古籍出版社，1999，第71页。
[4] 《清实录》第三册《世祖实录》，中华书局影印本，1985，第117页。
[5] 孟森《明烈皇殉国后纪》，《明清史论著集刊》，中华书局，1959，第42页。
[6] 孟森《明烈皇殉国后纪》，《明清史论著集刊》，中华书局，1959，第70页。
[7] 黄宗羲《弘光实录钞》，《南明史料(八种)》，江苏古籍出版社，1999，第71页。

低级别太监，主奴意识根深蒂固，但闻是主子，就不问青红皂白扑倒在脚下，这种表现，殊不足凭。再有，围绕王之明南来，是否存在政治阴谋？不大像。高起潜是出于奇货可居，一旦探得不利，即起杀心，反而可证其除一点私心，之外并无深图。至于高梦箕，他一是对王之明乃真太子盲目不疑，二是怀抱愚忠，以保护先帝血胤自任，归案后虽经酷刑，仍对“假冒欺隐至死不认”[1]，且仰天叹息：“我为无赖子（指王之明）所误。然一念痴忠，天地可鉴也。”[2]

至于王之明，普通的解释，是个“神棍”（无赖）、骗子。明末，这种人与事层出不穷。时逢乱世，企望一步登天者，每每以骗牟利。不久前，朱国弼就有一道本章，专请“核勋臣世系，无容冒袭”。[3]吴希哲亦奏“都城五方杂处，假宗、冒戚、伪勋、奸弁横行不道”。[4]可见问题的严重。

不过，王之明何许人也，最终也未搞清。连他是否即“驸马王昺侄王之明”，都仅出杨维垣之口。所以，我们确实不知道此人究竟是谁。最刺激的说法，认为“王之明”其实是满清间谍：

> 时谓之明之南，乃北廷所遣，以此搅惑臣民也。[5]

真假姑不论，从效果看，王之明完全起到了那种作用。联想他在杭州高府、元旦观灯时的造作，大呼大叫，惟恐不引起注意，以及狱中的伤恸、受审时的从容和机智……皆有可疑或表演成分。果如此，这位所谓的“王之明”理应跻身史上顶尖间谍的行列。

南京三案，大悲案以疯癫始而以糊涂了，童妃案朱由崧坚说假冒而旁人一概不服，唯一明了的其实就是王之明一案。但偏偏此案，反倒悬而不决。其纠结处，盖即黄宗羲如下概括：“天下之疑，终不可解。而中朝亦有所忌惮，不敢加害。”[6]在当局看来真相已然大白，可舆论却不以为然；有些人，

[1] 计六奇《明季南略》，中华书局，1984，第179页。

[2] 李天根《爝火录》，浙江古籍出版社，1986，第419页。

[3] 计六奇《明季南略》，中华书局，1984，第164页。

[4] 文秉《甲乙事案》，《南明史料（八种）》，江苏古籍出版社，1999，第527页。

[5] 李清《南渡录》，《南明史料（八种）》，江苏古籍出版社，1999，第365页。

[6] 黄宗羲《弘光实录钞》，《南明史料（八种）》，江苏古籍出版社，1999，第71页。

一开始就想杀王之明，现在他们已有充分根据这么做，结果反而不敢下手。

确切地说，王之明案骗过了所有人。不光是普通民众坚信他便是崇祯太子，连朱由崧也落入圈套，认真地担心皇位难保，事先对几位讲官打招呼，暗示他们作伪证。及至王之明招承，朱由崧于如释重负之际，又做令人作呕的夸张表演：

> 上曰："朕念先帝身殉社稷"，言出泪落，连拭，不成语，继乃曰："朕尚无子，今日侧耳宫中，惟望卿等奏至。若果真，即迎入大内，仍为皇太子。谁知又不是。"慨伤久之。[1]

另一面，所有的人对此案又都不无利用目的，致其成为尖锐矛盾的交集物。民众藉此表达对朱由崧、奸鄙官员及国家政治的不满；阮大铖为首一伙想借刀杀人；东林—复社集团觉得这是质疑朱由崧合法性的好材料；拥兵自重的军阀则从中找到起事的口实……各种诉求在此汇聚、缠斗和冲撞，谁都不放过此事，同时谁也无法单独胜出、获利。如果再加上满清可能是幕后黑手，王之明案的复杂性简直无以复加。在这种张力十足的结构中，王之明反倒极为安全，毫无大悲、童妃之忧。事实上，案子一直拖到多铎占领南京，由多铎在公开场合亲自以太子相待，然后随之北去。神秘王之明就此消失，无人知其下落。

十二

王之明案是压垮弘光朝的最后一根稻草。

直接导致弘光政权垮台的左良玉兵变，完全借"太子"事为由。乙酉年三月以来，左良玉连疏交章，谓"此事未可决于二三左右，应决于国人天下，使太子不失王封，皇上不失至德，群臣不失忠荩"，"及再疏至，乃云'束身赴阙，代太子受罪'"。[2]时值李自成军向东南运动，左军诸将急于躲避，逼主帅以替太

[1] 李清《南渡录》，《南明史料（八种）》，江苏古籍出版社，1999，第367页。

[2] 李清《南渡录》，《南明史料（八种）》，江苏古籍出版社，1999，第386页。

子请命之名，移师下游：

> 北来太子事起，中外皆讙哗。又李自成兵日逼，良玉心动。澍（黄澍，马士英死对头）乃召三十六营大将，与之盟。良玉方沉吟未决，中一将拂衣奋起曰："疑事毋成！若主帅必不动者，某等请自行之。"良玉不得已，乃称奉太子密诏，入诛奸臣马士英。[1]

奇怪的是，这竟也是造假。没有什么"太子密诏"；左军东来，真正原因也并非伸张正义。这个朝廷，上上下下、里里外外，全部习惯于造假，不单奸鄙者如此，以正义姿态出现的人，也要造假。

说至此，想到曾从某杂志见一文，开头这样写道：

> 数千年中国封建史，相当程度上是一部谎言史。"谎言"作为封建专制文化一个重要组成部分，既是维持专制的制度性手段，也是不断促使王朝更替的政治性因素。也许整个中国历史就是一部谎言不断战胜真话的历史。[2]

作者是就鸦片战争一些事，发表以上看法。对那段历史，笔者欠缺研究，不知其论是否切中，但以本文所谈明末情形看，颇能符验。

南京"三案"的共同特点是：一、全都涉及真假；二、全都涉及信任。前者能借《红楼梦》名句"假作真时真亦假"来概括，后者则恰好可由其下半句"无为有时有还无"去代表。

大悲和尚是假齐王，童妃则被皇帝本人以全部名誉保证绝不是真的；至于王之明，从头到尾，实际没有一个人知道他真实身份。而顶顶幽默的是，三案连环演绎的结果，竟是皇帝本人大有沦为天下头号假货的趋势：

> 余姚黄宗羲、桐城钱秉镫皆以福王为李伴读，非朱氏子也，而童氏乃真妃。故当时讽刺诗有：

[1] 徐鼒《小腆纪年附考》，中华书局，2006，第342—343页。

[2] 赵健伟《谎言下的鸦片战争》，《同舟共进》，2009年第12期。

“隆准几曾生大耳，可哀犹自唱无愁；白门半载迷朱李，青史千年纪马牛。”[1]

前已述及，有此类议论者颇多，远不止黄、钱。我们也曾表示，欲使朱由崧变成假冒者的努力，没有道理，某种意义上也是造假。这就非常耐人寻味，为何正邪二途、对立双方一致想到的，都是就诚信问题做文章？略作思索，也不难回答：根因就在社会现实本身，权力者靠隐瞒事实来操控社会（从朱棣掩除“靖难”真相始），久之，引起适得其反的回馈：愈说某事为真，愈无人信；一言某事为假，却一呼百应、趋之若鹜。这是由长期现实雕刻而成的一种心理。

真相匮乏与流失，意味着对谣言的主动培育。权力崇拜极易导致错觉，以为权力无所不能，包括垄断事实、主宰视听；表面看，屡试不爽，实际则是个信用严重透支过程。人们无法与权力对抗，便以报复性方式来规避各种撒谎对自己的损害——凡由权力担保的信息，人们一概作相反的解读；哪怕原本真实、准确的信息，也一股脑儿地首先疑为欺诈。王之明案便很典型。最后，一切都将变成非理性的：凡属公开、权威的信息，都不真实；凡出于街谈巷议、不明来历或被宣布为“谣言”的，都值得信赖。公众不认为他们在“谣言”的口口相传中所迷失的真相，多于由权力编织的谎言，社会于是变成“谣言”泛滥的空间。这种情形，其实无人受益；权力的公信力瓦解，民众一方则深陷混乱乃至恐慌。然而它又极为合理；人们所以如此，说到底是对环境的适应，所谓“适者生存”，在无尽的漶漫消息淹没下，生存已不取决于“信”，而取决于“不信”。

于是恶性循环。真相愈匮乏，谣言愈有市场。弘光朝在其尾声，南京空气已为谣言所充斥，时有记载：“命五城等衙门缉讹言”[2]，“命五城等衙门缅缉讹言”[3]，“缉奸严密，下役四出扰害”[4]，然而毫无效果，《南疆绎史》称之“伪益言伪，疑更传疑”。[5]

[1]梅村野史《鹿樵纪闻》，台湾文献丛刊第五辑《东山国语·鹿樵纪闻》（合订本），台湾大通书局，1995，第30页。

[2]李清《南渡录》，《南明史料（八种）》，江苏古籍出版社，1999，第370页。

[3]李清《南渡录》，《南明史料（八种）》，江苏古籍出版社，1999，第372页。

[4]文秉《甲乙事案》，《南明史料（八种）》，江苏古籍出版社，1999，第547页。

[5]雪川温氏原本、古高阳氏勘定《南疆绎史》（勘本），《中国野史集成》第三十五册，巴蜀书社，2000，第166页。

最终来看，南京“三案”，非为大悲、童妃、太子而争，所争者“真”、“假”二字而已。如李清所言：“百官皆知伪，然民间犹啧啧真也。”[1]抑或文秉的概括：“朝廷之上皆曰伪，草野之间皆曰非伪。在内诸臣皆曰伪，在外诸臣皆曰非伪。”[2]社会纽带完全断裂，基本维系无处可寻。

乙酉年五月十一日，朱由崧、马士英出逃后，南京市民从狱中救出王之明，拥上帝位，并抓住未及逃走的大学士王铎：

> “若赝太子，辜先帝恩。”群捶之。须发尽秃。挟至之龙（忻城伯赵之龙）处，汹汹欲扑杀。[3]

读此，又感觉到别样的悲哀。群众的眼睛未必雪亮，专制之下，群众确实很容易成为“不明真相的群众”。弘光朝在真相匮乏和谣言肆行中垮掉，而这并未变成人民的机会。他们仍被谎言笼罩，不能走出。他们所做的，仅仅是满怀一贯受欺骗和愚弄的愤怒，将一个骗子扶上帝位。乙酉年五月十一日这一幕，对中国人来说很值得深思。

[1] 李清《南渡录》，《南明史料（八种）》，江苏古籍出版社，1999，第409页。

[2] 文秉《甲乙事案》，《南明史料（八种）》，江苏古籍出版社，1999，第533页。

[3] 李清《南渡录》，《南明史料（八种）》，江苏古籍出版社，1999，第409页。

曲终·筵散

由崇祯皇帝壮烈殉国画上句号，并不符合明朝最后一个多世纪的气质。历史老人目光如炬，思维缜密，不允许自己的书写出现这种败笔。南京浮现，朱由崧登场，表面看明祚再续一年，实则是历史老人要为它重新安排结尾——一种与其神韵更加迹近的结尾。

扬州史可法墓。

史可法尸骨无存，义子史德威以其衣冠葬梅花岭。他的意义，以其幕僚张璵若下述评论最恰切：“公居无如何之时，值不可为之地，而极不得已之心。当夫天崩地坼、日月摧冥，不死于城头，而死于乱军。无骨可葬，无墓可封，天也人也？亦公自审于天人之际而为之也！”

一

有关清之代明，我们一直强调要纠正一个知识错误。崇祯死国、北京易手，并非明、清两朝交割的时刻。亦即，我国史上明朝段的结束和清朝段的开始，时间点不是1644年。满清立国，以努尔哈赤创建后金为标志在1616年，1636年皇太极改国号为“清”。它作为国家，非自1644年始，之前已存在近三十年，唯相对于中国乃是另外一国，并未取得对中国的统治权——即便甲申年李自成败走以后明都北京已落彼手，这一点亦不宜认为已有改变。

抠一抠字眼，1644年的满清，仍只是“清国”，不可称“清朝”。后者是中国朝代史以内的概念，关系到中国奉何“正朔”。我们若以1644年为“清朝”之始，即是认为应该放弃明朝年号，转而承认满清已为中国之“正朔”，考诸当时实际，这恐怕既不正确，也不合适。

满清强势入关，其锋固锐，但到此为止的事态，视为其领土有所扩张可也，视为已经入主中国、取明朝而代之，则不可。北京旁落以后，明朝于两都之一的南京，重启系统，尚称及时地恢复运行，继续统治荆楚以东、黄河以南。当时中国版图，黄河以南占了大部，黄河以北相较于今，面积要少许多。就此言，南京明朝葆有之地，仍占中国本部（除朵甘思、乌思藏两宣慰司外）疆域之泰半（参看谭其骧主编《中国历史地图集》之《明时期全图（二）》）。

姑不论中国泰半仍归明朝所领，即以黄河之北论，满清也仅为争夺者之一。顺政权虽溃退如潮，却未至于将地盘拱手让出，在晋陕两省，顺、清之间仍有一番角逐。以上态势，取如下表述当更简明：甲申之变后，中国实际有个短暂的“三国期”。三国者，明、清、顺也，后二者相敌于黄河以北，而以南——具体说，就是豫鲁南部、荆楚、苏、浙、皖、赣、闽、湘以至粤、桂、滇——则由明朝独享。

不过，三国之中蒸蒸日上的确系满清。大顺明显为强弩之末；明朝虽诸多条件占优，却从五脏六腑自己烂透，眼下怀着莫名其妙的心态，在那里枯坐等死。按事情本来的难易程度，满清取南明性命应最不费力，然而它偏偏不立即挥师南来，而是首先西进，解决顺政权。

这有两个道理。一个有关名誉或伦理，满清打着替明朝以及崇祯皇帝复仇的旗号入关，以此塑造恩主形象，捞取入继中国大统的合法性，现在它对李自成的追歼，继续贯彻这一意图。另一个道理则颇为实际，亦即在入主中国的道路上，满清真正需要扫清的障碍是李自成，后者已在和明朝的战争中证明自己是强者。满清当然清楚，两个对手中哪个比较货真价实。既然它已经在山海关取得对大顺军队的大捷，现在正该"宜将剩勇追穷寇"，一鼓作气。至于明朝，却是死而不僵的百足虫，即使给它再多时间，也不会变成农夫怀里重新苏醒的蛇。

这样，从甲申年五月到乙酉年五月，明朝得以在南部中国额外安享了一年的时光。

二

满清究竟何时决定对明朝正式动手？我们有很确切的时间。

乙酉年二月初八辛酉（换作公历，则为1645年3月5日）。这天，满清顺治皇帝福临对定国大将军、豫亲王多铎下达了征明的谕旨。不过，命令的实际下达人应该是摄政王多尔衮。福临本人此时年方八岁，没有能力履其皇帝职责。说起这个日子，还有颇具象征性的巧合——这天，刚好是惊蛰。在农历中，它表示生命甦醒、万物更始。

相关记载见王先谦《东华录》。《东华录》据清国史馆原始材料蒐编而成，其较做过手脚的《清实录》，可信度更高。下为原文：

> 辛酉，谕定国大将军、豫亲王多铎曰："闻尔等破流贼于潼关，遂得西安，不胜嘉悦。初曾密谕尔等往取南京，今既攻破流寇，大业已成，可将彼处事宜交与靖远大将军、和硕英亲王等。尔等相机即导前命，趋往南京。大丈夫

为国建功,正在此时,汝其勉之。其随英亲王、豫亲王之汉军,自固山额真梅勒章京以下兵丁、绵甲、红衣炮,均分为二,着英亲王、豫亲王各行提督,若相去已远,可仍如旧。"[1]

一月十二日,清军于潼关大败闯军。翌日,李自成率部南逃,西安遂为清军所得。因通讯不便,捷音用了二十余天方抵北京。对李自成来说,失去西安远为致命。西安是其故土巢穴,北京相对而言不过是外乡。失去北京虽足痛心,却未必伤之筋骨。大顺将士主体来自西北,西安在,则后方犹存。现在弃西安仓皇南奔,顺政权不啻于老本全无,重新成为流寇。破潼关、占西安,意味着满清对顺政权取得决定性胜利。故而一闻捷音,清廷即有此判断:"攻破流寇,大业已成。"

由这句话,也看得更清楚:南京之能于国变后苟存一年,确拜李闯所赐。"初曾密谕尔等往取南京",说明满清对灭明早有所图,只因事分先后,花开两朵、先表一枝。目今,顺政权已逐出西安,南京前头再也没有挡箭牌。先啃下比较难的骨头的清军,满意地舔着嘴唇,转而收拾它相当不屑的第二对手。

满清对明朝所抱的轻蔑态度,从仅将攻打大顺之师分一半前来,表露无遗。上谕说:所有人员、装备"均分为二",分由英、豫二王提督。多铎南征,英王阿济格追剿"流寇"。

三

除开完胜大顺,满清决定此时征明,还与另一件事有关。这就是明兴平伯高杰被刺身亡。

甲申年十月十四日,高杰率部北上。这是弘光朝维持一年中,唯一显示了"收复失地"意愿的行动。行动开展颇迟缓,第二年一月,部队才抵达黄河南岸的河南睢州。此处乃总兵许定国的地盘,而许、高之间原有很深的旧嫌。高杰到来,令许定国既恨且怕。一以有仇

[1]王先谦《东华录》,《续修四库全书》三六九·史部·编年类,上海古籍出版社,2001,第233页。

要报，二来担心坐以待毙，许定国决心下手。至于高杰，却是比较典型的武夫，勇猛有余、心计不足。他膂力惊人，自视甚高，从不认为有人可以奈何得了自己。这严重的轻视，刚好成就了许定国的伪装。他设计赚下高杰，使其死于非命。也有说法称，这套计谋出自女流之辈——许定国之妻侯氏。《桃花扇》作者孔尚任说，康熙年间他为剧本积累素材时，访问了仍然健在的侯氏，当面听她摆此龙门阵："康熙癸酉，见侯夫人于京郊，年八十余，犹健也，历历言此事。"[1]成功杀高之后，许定国立即渡河，投降清军。

高杰被害，在乙酉年一月十二日。这个日子，刚好是清军占领潼关的当天。一些重大历史事件，总有这样奇异的巧合。

高杰部队对明朝独具两大意义。第一，是明军主力中的主力，实力居四镇之首。兵力达四十万，仅次于四镇之外的左良玉，实际战斗力或尤在左部之上(左良玉兵多将广，却有乌合之众之嫌)。第二，尤比实力难得，高兵乃明军中尚能以大局为念、愿意报效国家的一支，其余都严重军阀化，心腹各抱。去年刚到南方时，它与别的部队没什么区别，甚至名声最坏，但经史可法争取与感化，主帅高杰有周处之变，一觉扬州之梦，毅然率部北进，"欲乘机复开、归(开封、归德)，伺便入秦，夺其巢穴。"[2]

高杰既死，本不堪一击的明朝益失所恃，连纸糊的灯笼都算不上。另外一个不利的方面是，许定国不光拆毁明朝仅有的柱石，自己还成为"南方吴三桂"，在满清南下过程中充当导引者。早在甲申十二月，许定国即对驻鲁豫的清军统帅肃亲王豪格送其秋波，"请我师渡河援之"，乙酉一月，再次派人联络，豪格均因"未奉上命，不敢渡河"而按兵未动。[3]二月上旬，许定国的敦请终于得到回音：

投诚睢州总兵许定国奏："孽寇高杰(高杰原系闯军部将，故称其"寇")已用计擒斩，其余党尚未剿除，请发大军克日渡河，以靖残寇。"得旨："许定国计杀高杰，归顺有功，知道了。征南大军不日即至河南。兵部知道。"[4]

[1]王季思《前言》，《桃花扇》，人民文学出版社，1982，第11页。

[2]李清《南渡录》，《南明史料(八种)》，江苏古籍出版社，1999，第221页。

[3]王先谦《东华录》，《续修四库全书》三六九·史部·编年类，上海古籍出版社，2001，第231页。

[4]王先谦《东华录》，《续修四库全书》三六九·史部·编年类，上海古籍出版社，2001，第233页。

就是说,许定国叛变对清军决策构成了直接影响。他作为先前明朝的河防大将,能对满清提供多方帮助,从情报到实际的军事行动。事实上,占领归德时清军先头部队正是许定国。

四

《明季南略》:三月二十一日“许定国前哨抵归德”,二十二日“清豫王入归德”。[1]单看这笔记述,似乎清军是于三月下旬突然采取行动。实则,行动始于三月上旬。《东华录》:

> 定国大将军、豫亲王多铎等奏:“三月初七日,臣统兵出虎牢关口,固山额真拜尹图等出龙门关口,兵部尚书、宗室韩岱梅勒章京伊尔德,侍郎尼堪等统外藩蒙古兵由南阳路,三路兵同趋归德,所过州县尽皆投顺。”[2]

虎牢关在荥阳,龙门关在洛阳。多铎报告表明,三月七日这天,清军从荥阳、洛阳、南阳三地同时进发,半个月后抵达归德(今商丘),并由本在左近的许定国部打头阵,一举拿下明朝在河南的这一桥头堡。

此时距二月初八清廷下达进军令,已历一个半月。明朝直到归德陷落,方知清军已经行动。假如足够警惕,及时侦知动向,一个半月可做许多事。然而,没有记录显示明朝对相关工作有所布置与开展,以致原本谈不上突然的事态有了急转直下的闪电战效果。二十二日归德沦陷后,短短几天,警闻频至。二十七日,清兵出现在徐州,“总兵李成栋登舟南遁”;二十九日,“清陷颍州、太和,刘良佐檄各路兵防寿州”[3]……

河防总督王永吉四月一日的上奏,大概是南京收到的最早报告。报告称:“清已过河,自归德以达象山,七八

[1] 计六奇《明季南略》,中华书局,2008,第172页。
[2] 王先谦《东华录》,《续修四库全书》三六九·史部·编年类,上海古籍出版社,2001,第235页。
[3] 计六奇《明季南略》,中华书局,2008,第172页。

百里，无一兵防守。扬、泗、邳、徐，势同鼎沸。”[1]参以多铎对北京的奏闻，这情报本身也有问题。“清已渡河”，给人印象似乎清军是来自归德对岸的山东曹县、单县；实际上，清军主要从西边来，是其陕西作战部队的东调。

四月十七日，多尔衮对明朝公布正式的“哀的美敦书”，敦促投降。指出，甲申之变“崇祯皇帝有难，天阙焚毁，国破家亡”，而从头到尾，明朝“不遣一兵，不发一矢，不识流寇一面，如鼠藏穴”。[2]非常尖刻，揆乎实际，却无一字不是事实。

五

明朝并非没有目明耳聪之人。早在一月十二日，史可法呈上一道重要奏章，内言：“北使之旋，和议已无成矣。向以全力御寇而不足，今复分以御北矣。”结论是“和不成惟有战”。[3]

去年八月，明朝派出以左懋第为正使、马绍愉、陈洪范为副使的使团，前往北京议和。十二月中旬，陈洪范只身南还，左懋第等人被扣押，和谈宣告失败。从这事态，史可法解读出满清必将南下的含义，因而向朝廷发出警告，必须立即备战。我们知道，满清当局此时还没有做出南侵决定，假如史可法警告得到重视，从时间上说明朝并非没有机会。

可是石沉大海，全无回音。之如此，并不足奇。看看南京的决策层还剩下些什么人，即知寂寂不闻乃是必然。定策后不久，史可法就被排挤出京。之后，高弘图、姜曰广、刘宗周、张慎言、徐石麒等，或退或罢。战而胜之的是自马士英以下，阮大铖、张捷、张孙振、刘孔昭等一干人。在我们历史中，有一种奇怪不可解的趋向，凡于国家有利者，不论人与事，皆难立足，而祸害国家或损公利己者则每每胜出。“正人尽斥，小人盈朝”，素爱奖劣惩优，而与优胜劣汰的普遍道理背道而驰。究其原因，中国人对社会共同利益，既难以认识，亦从内心不抱信任，觉得唯有个人利益颠扑不破。所以一生以此为鹄的，戮力攘夺，唯恐不足。

[1]计六奇《明季南略》，中华书局，2008，第190页。
[2]计六奇《明季南略》，中华书局，2008，第201页。
[3]计六奇《明季南略》，中华书局，2008，第155页。

清代水乡观剧图。

此图为清人所绘，故人群已是清人装束，不过，清代戏剧完全承自明代，这就是为什么一直到京剧，戏服都是明代样式。戏剧对明代的影响深入骨髓，明代文化有很强的戏剧成分。明人之溺戏剧，往往到内外不分的地步。人生如戏，戏即人生。阮大铖、钱谦益都曾着戏装外出。朱由崧逃跑前，也过足最后一把戏瘾，跨马离宫。

镇江金山寺，汪观清绘。

镇江因扼守长江而得名，自古为南京门户，亦有“京口”之称。前此五百年，韩世忠、梁红玉曾在此阻击金兵，令金兀术不得遂其到临安赏“三秋桂子，十里荷花”之愿。眼下，重新崛起的金人后裔（后金、满清）驱兵复至，鼓帆一举而渡，终于登上长江南岸。

梅兰芳藏明代戏剧脸谱。

脸谱，是中国独特戏剧文化。它以装饰性手法，将人物品性固定为面部符号。这是中国式的人性思考。图中脸谱，为京剧泰斗梅兰芳所珍藏之明代脸谱，风格较后世京剧淡朴，我们已不知它们分别属于哪些人物，但资深的戏迷朱由崧想必很熟悉。

马士英墨迹。

如今，马士英留下的痕迹很少了，就连墨迹也是稀见的，但此人尽撤北防以应左良玉兵变的决策，却被认为对南下清军敞开大门。其实此事对明朝结局影响究竟多大，也很难说。可以肯定，明朝肯定不是坏在某一个人手上。

社会不能以共同福祉为诉求，个人分求自我利益之最大化，造成极端利己意念的盛行和顽强。表现于行为，愈知利己或利己能力愈强，愈能立于不败之地。相反，以国家、社会为念者，往往沦为弱者和败者，除非遇特殊时刻与条件，利己之辈畏缩不前，承其所让后者才可有所成就。在明朝，上述情形便极突出，社会依其奇怪的竞争法则，使唯知利己之人揽入各种权柄，把握诸多要津，以致国有大患甚而将亡亦乏人关心，关心的只是一己欲利。“皮之不存，毛将焉附”，这极简单的道理他们并非理解不了，只是不予考虑，捞不够的焦灼和恐惧填满心胸，哪怕只比别人少捞一丁点，亦必龃龉计较。

高杰之死引起的反应，就很典型。从国家利益角度看，这是影响全局的严重事件，史可法至以“睢州大变”[1]相称。然而，消息南来，那些与高杰素有龃龉的大帅，非但不以为忧患，反倒额手相庆，以为“上天默除大患”。刘泽清、黄得功、刘良佐等三镇，联名合疏：“高杰从无寸功，骄横淫杀……”[2]他们想到的，全是私人恩怨。史可法奏请高杰之子嗣帅位，以稳军心，结果一片哗然。盖因高杰一死，诸帅全都暗打算盘，亟待瓜分其旧部、争抢扬州这片肥肉。当初，高杰恃强，得以扬州为驻地，他这一死，曾与之争扬州而失利的黄得功，立刻乘虚而入：

> 得功复争扬州，欲尽杀杰妻子以复前仇，可法急遣曲从直解之。[3]

黄不嫌途远，引兵趋扬，谋夺城池外，还想袭击留在扬州未随军北进的“杰家并将士妻子”，“城中大惧”。史可法闻讯，派同知曲从直速往制止，朝廷也急遣内监卢九德“谕止”。为平息事态，朝廷连发二旨：“谕史可法：卿已归扬，解谕黄得功等各归汛地，何必与寡妇孤儿争构。”“大臣先国而后私恨。得功若向扬州，致高营兵将弃汛地东顾，设敌乘隙渡河，罪将谁任？着诸藩各恪守臣节，不得任意。”[4]

一边，是“睢州大变”的沉重判断；一边，却是几位大帅联手欺负孤儿寡

[1] 李天根《爝火录》，浙江古籍出版社，1986，第427页。

[2] 文秉《甲乙事案》，《南明史料（八种）》，江苏古籍出版社，1999，第523页。

[3] 李天根《爝火录》，浙江古籍出版社，1986，第401页。

[4] 李天根《爝火录》，浙江古籍出版社，1986，第401页。

母。第二道谕旨指出的"致高营兵将弃汛地东顾",尤能显示各镇的自私。诸军唯高杰北上,而当重挫之际,却要被人背后捅刀,忧虑后方妻、子的安危。诸镇为夺利而擅离汛地,已属可鄙,更何况极可能致高杰所部将士因后顾之忧丢弃阵地南回,其所作所为完全是亲者痛、仇者快,史可法"有甚于戕我君父,覆我家邦者"[1]的批评毫不为过。

六

然而,对高杰殒命的欢呼庆贺、落井下石和偷鸡摸狗,尚非最荒唐的一幕。

福不双至,祸不单行。

三月二十五日,左良玉举兵反自武昌。左兵之反,头绪甚多,历数之起码有这几条:一、为"北来太子"(王之明)打抱不平;二、党争,或曰对近几个月南京阮大铖等人紧锣密鼓报复、迫害东林—复社人士的反弹;三、躲避被清军赶至南方的李自成军;四、严重缺饷,找个理由就食下游;五、部队失去控制,左帅一定程度为部将挟持(其部下多出身绿林),身不由己;六、有人居间煽动和利用,这主要指黄澍所起的作用,他与马士英誓不两立……

黑白交错,似清还浊。其中,左良玉同情东林、马阮搞政治迫害、左军在军饷上受到克扣,都是事实,就此,起事未为无理,乃至有一定"正义性",《桃花扇》便持这看法。同时,的确不能排除假借仁义、暗行褊私的因素,至少从实际效果看,是主观上不顾大局、客观上为虎(满清)作伥,左良玉对此实难辞咎。

我曾以为,清军是看见左良玉兵变,视为天赐良机而大举南侵。两件事咬合很紧,易让人误为有因果关系。但细辨时间顺序,发现仅为巧合。清廷征明的决策先此一个月,实际行动也略早于左良玉举兵日期。豫王入归德为三月二十二日,三天之后,左良玉方举兵武昌。

不过,尽管事件各自发生,清军并非因钻空子采取行动,可实际产生作用仍是对明朝构成夹击。北面连失重

[1]计六奇《明季南略》,中华书局,2008,第155页。

镇,西边狼烟弥漫,南京顾此失彼。何况叛军又非等闲,其为明军之巨无霸,规模差不多可顶四镇总和。高杰所部刚刚瘫痪,左兵又闹分裂,两月之内明朝次第失其排名一、二的劲旅,且又与满清南下同时。

这也是我国史上另一屡见情形:恰当外遇强敌之时,内部纷争如火,几乎就像主动配合。所以,每每要以"攘外"、"安内"为题做文章,从中抉择。这当中,汉奸、卖国都非骂不可,诸如"宁赠友邦,不予家奴"、"攘外必先安内"一类奇谈怪论,一定要唾弃。然而,骂与唾弃并不能消除现象,尤其是现象的原因。对中国来说,最好是不再发生这种情形,像很多国家一样,一旦有事,上下内外立即团结,一切嫌怨涣然冰释,齐心御侮。从这层看,骂不解决问题,问题要在骂之前解决,从而做到不必骂。

中国的事情都不简单,你中有我、千绕百缠,抑或就是一潭浑水。你以为里面有原则,其实连原则本身都已成为手中一张牌。故而在我国,讲原则、用原则性眼光看问题往往行不通,也是条基本经验。职是之故,我们的术策意识便格外发达,什么离坚白、知雄守雌、合纵连横,其中的教训都是说,原则既不可信更不能执。无有不可利用的,什么也都应该利用,切不能拘泥、认死理,比如,要善于从坏事中看见好事,从敌人中发现朋友。《爝火录》载:"太监高起潜奏左兵东下,闯贼尾其后,我兵击其前,自当指日授首,不须过虑。"[1]正是说,因左良玉的缘故,李自成现在已是可以借重的友军。

所以,左良玉叛乱,其本身对错是一码事,所引起的反应与对待,是另一码事。叛乱为虎作伥不假,然而,既不等于左氏此举只有挨骂的份儿,更不等于有关处置不藏猫腻。这是读这段史料时,笔者自感无法排解的烦扰。简言之,左良玉固然有错,可制裁他的人未必比他更好,也许反而更坏。中国的历史,陷阱实在是多,心思单纯真的极易误读误判而不自知。

——左兵举事后,马士英在明知清兵迅猛南下的情况下,尽撤江北防线,强令各部向西集结。我们不便断言,如果清军南下同时没有左良玉兵变,马士英是否会组织对外敌的有效抵抗。我们只是知道,当兵变发生而同时面临外敌时,马士英作为国家领导人所下达的命

[1]李天根《爝火录》,浙江古籍出版社,1986,第439页。

令，是将外敌置予勿论，全力粉碎内部的叛乱。

他所认定的敌人是左良玉，不是满清。这好像也没太大问题。其一，左良玉确实是叛乱者，说他有“危我君父”的企图并不牵强，而那是头等罪名；其二，左兵和清兵之间，马士英认为前者较后者威胁更大、更急；这是判断问题，你可另有判断，但不可以禁止他这么判断。因此，从冠冕堂皇角度，马士英没有什么太可指责的。然而谁都知道里面有猫腻，干脆说，谁都知道马士英是公报私仇，但这话却没法摆到桌面上，因为马士英用“公”的外衣把“私”包裹得极好。

对中国古代，人们存在一个误解，以为君主制下无公权，权力是皇帝私有。肯定地说，并非那样。如果去过一些古代衙门遗址，往往能在门外见到一块石碑，上面刻着“尔俸尔禄，民脂民膏”几个字。它无疑体现了一种公权概念。包括皇帝本人在内，权力也受各种限制，不能随心所欲。中国的问题，不在缺乏公权概念，甚至不在缺少防止公权私有的制度设计（当然，那时的设计达不到现代水平，但跟相同历史时期世界好多地方比，中国的设计已算出众），而在于中国人通常不能信守。他从小受教育曾经接受过公权的意识，也从文章和语言上反复表示要忠于这意识，但一旦权力到手，却完全背弃所诺。这就是心口不一。这现象的根因说来就很虚渺了，有人说是因为中国文化缺一个宗教本源，在此无暇深究。总之，中国人骨子里普遍不接受公权真正被限制与私利隔绝，并非已经当上官的人这样，一般民众如果展开对权力的幻想，多半也以“一朝权在手，便把令来行”为兴奋点。在这意义上，马士英谈不上“中国的败类”，甚至也谈不上特别坏的中国人，实际倒不如说，他是很正常、很常见的中国人。

他并不是满清的“潜伏者”。我曾大胆设想，倘若起事的不是左良玉，或者里面没有一个他恨之切齿的黄澍，马士英态度也许能颠倒一下，变成北兵急、叛兵不急。不幸，历史“刚好”不是这样。这么看历史，似乎有些玩世不恭。但列位有所不知，假如历史总是被各种私欲拨弄来拨弄去，它的内涵往往还真的并非想象的那样严肃。

不妨就具体看看，在马士英的拨弄下，历史变得怎样地轻浮。《鹿樵纪闻》：

陈洪范还，言王师（清军）必至；士英恶之曰：“贼犹未灭，北兵不无后虑，岂能投鞭问渡？且赤壁三万，淝水八千，一战而安江左。有四镇在，何用多言！”[1]

他很早就了解到动态，而给予的回答，则前半可耻、后半可笑。照他的意思，李自成存在一天，明朝就一日无事，清、顺双方互掐，明朝即可安卧。这跟高起潜认为左良玉将同时受官军和“闯贼”夹击而不足为虑如出一辙。马士英还说，姑不论清兵无法脱身南顾，就算来了，亦非大难临头，摆平之，举手之劳。他凭什么底气这样足？原来有两个典故，即“赤壁三万，淝水八千”，前为三国赤壁之战，后系东晋淝水之战。它们有两个共同特点：第一，都是以少胜多、以弱胜强；第二，胜方（东吴、东晋）国都恰好都在南京。马士英觉得，这足够说明问题了！其实类似道理，我们当代曾经也很爱讲：别人能做的，我们为什么做不到？以及“我们有着光荣的革命传统”之类。马士英也无非是这意思。历史既有先例，现实便有可能。在南京这个“有着光荣革命传统”的地方，东吴、东晋做到的，大明为何做不到呢？你看，他也蛮有道理。但他的道理，都只在想象中成立，在实际中不成立。赤壁、淝水两战固为奇迹，分析起来却都事出有因，如北人不服水土、长江之天时地利、敌人骄兵心理……如欲历史重演，须这些因素原封不动也在现实发生作用。从那时到现在，时间跨越了一千多年，所谓物是人非，甚至人非物亦不是。即以长江天险论，公元十七世纪与公元二三百年的条件比，此天险是否还是彼天险？而马士英显然以为这无关宏旨。于是，东吴、东晋“一战而安江左”，明朝亦不难照样再来一次。当然他内心亦未必真的相信这一点，关键是借两个典故发表很好的说辞，达到抽调江北部队以应左兵的目的。

民众往往爱听政治家的漂亮话，政治家擅长漂亮话往往也最得民众爱戴。其实，凡是政治家讲漂亮话的地方，都因那件事不足其介怀。比如马士英提及满清，一副“何足挂齿”的睥睨之色，很豪迈很有大无畏气概。可谈起左良玉，截然不同：

已知左兵破安庆，黄澍在军中，张亮（安庆巡抚）被执，士英正

[1] 梅村野史《鹿樵纪闻》，台湾文献丛刊第五辑《东山国语·鹿樵纪闻》（合订本），台湾大通书局，1995，第16页。

在擎觞,忽闻报,卮酒堕地。[1]

和《三国演义》“青梅煮酒论英雄”中刘备被曹操说破心事的表现,一模一样。马士英的心事,是左良玉不是满清,清军非冲他而来,左良玉的旗帜可是“清君侧”。对他来说,清军是纸虎,左良玉是真虎。“马士英闻左兵东下,大惧,专理部事,不入直。”[2]为了左兵之事,马士英竟将内阁丢下不管,一头扎在兵部。两者之间,他自然有所惧,也有所不惧。

史可法三报边警,命上游急,则赴上游,北兵急,则御北兵,自是长策。可法又奏:“上游左良玉,不过清君侧之奸,原不敢与君父为难。若北兵一至,宗社可虞,不审辅臣何意朦蔽若此。”[3]

圣旨所答,显然出马士英之手。所谓“上游急,则赴上游,北兵急,则御北兵”,真正含意并非字面上那么含糊,而是实际认定上游急、北兵不急。对此,史可法明确指出上游与北兵根本不能相提并论,一个危及宗社(国家),一个仅为朝廷内部分歧,岂能同日而语?“辅臣”一语,更是径指马士英。

同时,在朱由崧召开的会议上,也爆发了争论:

时塘报汹汹。十九辛未(四月十九日),弘光召对,士英力请亟御良玉。大理寺卿姚思孝、尚宝司卿李之椿等,合词请备淮、扬。工科吴希哲等亦言淮、扬最急,应亟防御。弘光谕士英曰:“左良玉虽不该兴兵以逼南京,然看他本上意思原不曾反叛,如今还该守淮、扬,不可撤江防兵。”士英厉声指诸臣对曰:“此皆良玉死党为游说,其言不可听,臣已调得功、良佐等渡江矣。宁可君臣皆死于清,不可死于良玉之手!”瞋目大呼:“有异议者当斩!”弘光默然,诸臣咸为咋舌,于是北守愈疏矣。[4]

由此我们知道,弘光皇帝本人的意愿,

[1]李天根《爝火录》,浙江古籍出版社,1986,第436页。
[2]李天根《爝火录》,浙江古籍出版社,1986,第444页。
[3]李天根《爝火录》,浙江古籍出版社,1986,第442页。
[4]计六奇《明季南略》,中华书局,2008,第202页。

确非“上游急，则赴上游，北兵急，则御北兵”，而是要求守淮、扬，毋撤江防。计六奇还补充了第一手资料，那是其舅亲眼所见。后者供职南京屯田署，当时就在召对现场：

> 弘光召对时，群臣俱请御北兵，弘光然之。独马士英大声面斥上曰：“不是这样讲，宁可失国于清。”云云。弘光不敢言。[1]

散会时，主张“御北”的吴希哲边走边说：“贾似道弃淮、扬矣。”这应该是所有人的感受。大家心知肚明：明朝命运就此决定。奇怪的是，明知如此，而且“请御北兵”意见明明占上风，决策却仍由马士英一手握定，连弘光也“不敢言”。权力这东西，说抽象很抽象，说具体极具体；马士英的主张如此孤立，包括皇帝都站在另一边，但胜利仍属于他，这样的结果就既具体又抽象。

之后，一如马士英所愿，黄得功、刘良佐过江，连史可法也被迫率部离开防地。“帝手书召可法入援，可法乃命侯方俨赴泗州，而亲率师趋江宁。”可能马士英担心史可法不来，而让朱由崧以亲笔信召之，结果史可法只是劳师空返一趟，“奉诏入援，抵燕子矶，左兵已为得功所败，复令速还防。”[2]

七

书写以上段落，很难控制对马士英的憎厌。坦白讲，这是一种很传统的情绪，中国的读书人大多不免为之左右，此即我们历史观上深入骨髓的“骂奸臣”义愤，用这种义愤写成的小说戏剧，数不胜数。我曾就此以严嵩为题，专门写文章指出其偏颇与狭隘。饶是如此，一遇具体人和事，这种习惯情绪还是止不住往外冒。

因而现在特意强调，不论把马士英批倒批臭何其大快人心，都只是理论上有意义，实际没意义。假如我们将明

[1] 计六奇《明季南略》，中华书局，2008，第202页。
[2] 李天根《爝火录》，浙江古籍出版社，1986，第448页。

之亡，归咎于马士英；抑或假设：若非老马，明朝不至于亡，要亡也不至亡得这么快——我们的见地，就相当肤浅幼稚以至于可笑了。明朝之败，非败于马士英一人；明朝之亡，即使没有马士英也照亡无疑，包括灭亡速度都丝毫不受影响。

因为明朝的朽烂，是整体的、通体的。就像癌症晚期，癌细胞全身扩散，四处游走，摘掉一个病变器官，又从别处再长出肿瘤，医生见了，只得缝上伤口，对病人说：回家去，能吃尽管吃，想玩抓紧玩——意即等死。

马士英是明朝烂透躯体上的一个大病灶，比较显眼，比较触目惊心，仅此而已。其他病灶，或不那么昭彰，不那么著名、路人皆知，可是严重性和危害性一点不逊色。如曰不然，我们再来看看马士英等文官之外明朝国家机器的另一系统——武人集团。

我们都还记得，南都定策后，史可法为南京设计了互为表里的有内外两道防线的防御圈，明军四大主力分布其间，联手呼应。此即著名的“设四藩”。眼下，四藩中原驻扬州的高杰已死，还有驻于庐、六的黄得功，驻于凤、泗的刘良佐，驻于淮安的刘泽清。其中，黄得功位置靠后，暂未与清军接触；另外二位，刘良佐和刘泽清，防地均和清军正面相向，算是首当其冲，那么他们作何表现呢？

> 大清入淮安，总兵刘泽清遁。泽清闻北兵至，遂大掠淮安，席卷辎重西奔，沿河竟无一人守御。北兵从容渡河，至淮安少休，即拔营南下。[1]

彼时淮安位置极重要，为由北而南之捷径，于此渡淮，可直抵扬州，径面南京。甲申国变后，淮安即成几乎所有南来者必经之路，显贵云集。别的不说，周、潞、崇、福四王，刘泽清、高杰等帅，都是先逃至淮安。马士英的密使杨文骢正是在淮安觅得朱由崧，然后送往南京登了大宝。此时，清军主力也走的这条路，由淮安而扬州，然后渡江。刘泽清镇淮安前，此地由漕督、淮扬巡抚路振飞把守，正规军之外，尚有乡兵劲卒数万，一度是沿

[1] 李天根《爝火录》，浙江古籍出版社，1986，第443页。

淮防卫最严、组织最佳之区域，以至于对马士英本人，路振飞也毫不稍贷。定策后，马士英为给朝廷施压、取代史可法，从凤阳率兵耀武扬威经淮安赴南京，路振飞照样惩其违纪兵士。为此马士英衔恨在心，掌权后罢路振飞，以姻亲田仰代之，而田仰在淮安，与刘泽清根本沆瀣一气，不到一年，路振飞任内井然有序的局面，荡然一空。作为江淮门户，淮安虽驻重兵却形同虚设，刘泽清与清军照面也不曾打，望风而逃，“沿河竟无一人守御，北兵从容渡河”。《明季南略》叙至此，不禁切齿：

> 廿一甲戌，清师渡淮。泽清真可斩也！然使路、王（王永吉）二公若在，当必死守，苟延时日。清师虽盛，岂能飞渡耶！[1]

另一位刘姓大帅，坐镇凤阳的刘良佐，也与刘泽清半斤八两，唯一区别只是好像没有留下“大掠”的记录。两位肩负屏藩首都重任的大帅，前后脚，断跟着拔腿向南而逃，在还没见着清军人影儿的情况下逃到南京附近的长江对岸。“刘泽清、刘良佐退兵近郊，百姓王诏奏：‘镇兵避清南迁，占夺民房民物。’”[2]“王永吉疏：‘弃徐万分可惜，乞敕刘泽清固守淮安，勿托勤王移镇。’刘洪起报：‘北兵乘势南下，诸将逃窜，无人敢遏，恐为南京之忧。’给事中钱增疏：‘警报日至，刘泽清、刘良佐退兵近郊，平日养兵何用！’”[3]

当然，二刘并不认为自己逃跑，他们找了一个借口，亦即上列奏疏中提到的“勤王”、“入卫”。“十四丙寅，刘泽清、刘良佐各请将兵入卫，谕以防边为急。”[4]看，他们多么忠君忧国，为了扈驾、击退叛军，不辞辛劳，长途奔援……一时间，左良玉兵变成了绝佳题目，大家拿它做各式的文章。公平起见，我们得说并不只是二刘采取这种策略，那些略次要的将领也与他们“所见略同”。“方国安、牟文绶名曰御左，实避北兵而西。”[5]只是这一番忠心，连朱由崧、马士英都不领情，朝廷做出了异

[1] 计六奇《明季南略》，中华书局，2008，第192页。
[2] 计六奇《明季南略》，中华书局，2008，第191页。
[3] 文秉《甲乙事案》，《南明史料（八种）》，江苏古籍出版社，1999，第542页。
[4] 计六奇《明季南略》，中华书局，2008，第202页。
[5] 李天根《爝火录》，浙江古籍出版社，1986，第446页。

常强硬的决定：

杨文骢专监镇军，凡逃军南渡，用炮打回，不许过江一步。[1]

二刘命运有所不同。四月十九日召对后，马士英调刘良佐过江，而命刘泽清“援扬州”。刘泽清岂肯奉命？“廿一日癸酉，刘泽清大掠淮安，席卷辎重西奔。”返回淮安再次抢掠，然后西逃——北、南、东俱无出路，只有西边可窜了。然据《爝火录》，其此去并非逃窜，而是降清，降后不久即为清军所杀：“福王命刘泽清援扬州，而泽清已潜输款于大清，大清恶其反覆，磔诛之。”[2]查《东华录》，亦未见刘投降的具体时间与地点，但有他“反复”的记载：

丁卯，镇守庐凤淮扬等处固山额真准塔等奏：“五月间，臣自徐州水陆并进，值刘泽清下副将高佑统战舰攻宿迁，官兵大败之。师次清河，泽清所部总兵马化豹、副将张思义等率兵四万，船千余艘，据淮黄三河口，连营十里。梅勒章京康喀赖同游击范炳、吉天相等，率兵渡清河，列营相距(拒)，以炮击败敌舰……”[3]

丁卯，系六月丁卯日，即六月十六日，距明亡已一月。据《甲申朝事小纪》，“泽清迎降，归于京师。以叛案有连，至卢沟桥伏法。”[4]则其被杀，应该也在六月中旬左右。

第一支投降的明军主力，大概正是刘泽清部。而后，左良玉部(其时良玉已死，其子左梦庚率降)、高杰余部和刘良佐。当初以“四镇”为主体构筑起来的防御体系，不必说彻底破产了。

不过，事之至此，未必是“四镇”

[1]计六奇《明季南略》，中华书局，2008，第191—192页。

[2]李天根《爝火录》，浙江古籍出版社，1986，第448页。

[3]王先谦《东华录》，《续修四库全书》三六九·史部·编年类，上海古籍出版社，2001，第240页。

[4]抱阳生《甲申朝事小纪》，书目文献出版社，1987，第474页。

构想和体系有问题，而在于它实际始终只是理论上的构想和体系，并未真正实施。这是败坏到骨头缝里的明朝固有特征。再合理的方案、措施，投入明朝的现实，实际都成泡影。说起来谁都知道南都定策后明朝搞了“四镇”，然而看看实际，何尝真有什么“四镇”？徒有其名，虚有其表，南京一切皆可如是观，从皇帝到制度，悉属摆设。

八

《鹿樵纪闻》说，自刘泽清逃走，“江北遂无一旅”[1]，整个长江以北，都对清军敞开怀抱。这是极而言之，从明军主力尤其是尚有战斗力的明军主力而言，可以这么讲。而在此之外，也还并非“遂无一旅”，例如高杰的旧部。高杰死后，这支部队的主体李成栋部驻于徐州。明清鼎革之际，李成栋可以算个名将，后来他替满清卖命时，很能打仗，从长江三角洲打到珠江三角洲，所向披靡。然而，他在徐州的表现，却十足窝囊，和明军绝大多数将领一样，毫无抵抗，唯知狂奔。然而稍有不同的是，他的狂奔较之别人还算事出有因——前面说过，高杰一死，其余三镇便在后方捅刀子，不但图谋瓜分其地，至有杀害高部诸将妻、子之意，虽然在史可法和朝廷阻止下未逞，但高杰部下之心寒可想而知。于是，清兵一到徐州，李成栋二话不说，率部弃城南逃。他们逃到扬州，那里还有高杰之子和夫人，以及众将家眷。不久闻讯清军将至扬州，再次逃跑，这回目标是过江：

> 癸未（五月初二），高营兵南奔至京口，郑鸿逵截杀，不得渡。李成栋等奉高杰妻子北降，阮（大铖）、郑以大捷闻；士英率百官上表称贺，欲以遇众。或书于长安门曰：“弘主沉醉未醒，全凭马上胡诌；羽公凯

[1] 梅村野史《鹿樵纪闻》，台湾文献丛刊第五辑《东山国语·鹿樵纪闻》（合订本），台湾大通书局，1995，第13页。

歌以休，且听阮中曲变。”[1]

“马”，影射马士英；“羽公”，郑鸿逵字；“阮”，影射阮大铖。顺便交代一下，郑鸿逵即郑芝龙之弟，郑成功亲叔父，封爵南安伯，时为京口总兵，扼守镇江，清军便是由他防区突破，登上长江南岸。投降可耻，然而，这字眼有时不免将各种情形一锅端，如果上面的记述不够清晰，我们再引一段：

高杰溃卒渡江，鸿逵掩而杀之，不下万人。余卒北走，降于大清。[2]

这有可能是明朝灭亡前所获最大战果，只可惜，杀的不是敌人。设身处地，在高杰余部而言，当此绝境只怕不降也难。后来，李成栋在广东“反正”，我曾诧其何以反复若此，及见以上记载，多少有了头绪——他当初的降，原来竟是那样一番情形！

刘、高两军，逃者逃、降者降，江北所剩只有扬州一座孤城和史可法一位孤零零的督师。督师易为今语，略近于前敌总司令。可这位总司令，基本光杆一个：“城内兵能战者少，可法乃闭门坚守。”[3]

本来，高杰兵自徐州败还，投在史可法帐下，“惟阁部是听”[4]（史可法在该部威望甚高），情形不算太糟。不久，“城中哄传，许定国领大兵至，欲尽歼高氏以绝冤怼”。四月十四日，“五鼓，高兵斩关夺门而出，悉奔泰州，牲畜舟楫为之一空。”[5]扬州已无战斗力可言。

过几天，忽然来了一支“援兵”，乃甘肃镇李栖凤、监军道高岐凤所率四千人。然而当天就搞清楚，根本不是援兵。李、高此来，是以史可法奇货可居，“欲劫公（史可法）以应北兵”，向清军邀功。史可法正色曰：尔等欲富贵，我不阻拦；至于我，扬州就是死地。以当时情势，史可法无力制止其投降，对

[1] 梅村野史《鹿樵纪闻》，台湾文献丛刊第五辑《东山国语·鹿樵纪闻》（合订本），台湾大通书局，1995，第14页。

[2] 李天根《爝火录》，浙江古籍出版社，1986，第449页。

[3] 徐鼒《小腆纪年附考》，中华书局，2006，第358页。

[4] 应廷吉《青燐屑》，《明季稗史初编》，上海书店，1988，第437页。

[5] 应廷吉《青燐屑》，《明季稗史初编》，上海书店，1988，第439页。

方同样不可能将史可法绑架而去。第二天，“李、高见公志不可夺，遂于二鼓拔营而出。”不但原班人马走掉，一支四川部队(胡尚友、韩尚良部)也随之而去。“自此备御单弱，饷不可继，城不可守矣。”[1]即便是守，也不可能了。

史可法向南京求援，“血疏告急，不报。”[2]以血修书，无人理睬。扬州，这明军的大本营，有如赤身裸体，无遮无拦暴露在那里，只差清军前来插上自己的旗帜。以下是综合应廷吉和史德威所述，最后十天的经过；他们一为史可法高级参谋，一为副将并于城破前由史可法收为义子。

十五日，清军“环薄城下”，近距离包围了扬州。多铎开始做史可法的劝降工作。

十七日，双方有小规模接触，清军一股骑兵突然出现，射死数人。多铎书凡五至，史可法“皆不启封，置之火中”。

十八日，“城守毖严。公檄各镇援兵，无一至者。”史可法收史德威为义子，以五封遗书相托，并告以遗愿：“我既死，当收葬太祖高皇帝之侧，万一不能，即葬于梅花岭。”

十九日，总算有一点好消息，兵部职方司主事何刚、提督总镇刘肇基各率数百人赶到。当然，他们的加入更多仅具气节的意义。几天后，刘肇基巷战死，何刚“以弓弦自经死”。

二十日，清军仍在等待他们的红衣大炮，同时继续劝降。“豫王又持书来说”，算来这已是多铎送来的第七封劝降书。

二十一日，李栖凤、高岐凤率部至。

二十二日，李、高未能得逞，离城；川军胡尚友、韩尚良部随之而去。

二十三日，清军红衣大炮运至。明军一支运粮队在城外为清军所劫，“焚毁略尽”。

二十四日，“北兵试炮，飞至郡堂，弹重十斤四两，满城惶悚。”夜，清军正式攻城，“炮落雉堞二堵。二小卒缘墙而上，城上鼎沸，遂不支。”

二十五日，“攻打愈急”，炮火强劲，“铅弹大者如罍，堞堕不能修，以大袋沉

[1] 应廷吉《青燐屑》，《明季稗史初编》，上海书店，1988，第441页。

[2] 李天根《爝火录》，浙江古籍出版社，1986，第450页。

泥填之”。“巨炮摧西北隅,崩声如雷,城遂陷。”随即巷战,刘肇基率四百人战至最后一刻;史可法被执,被带到新城南门楼见多铎,再次拒降。多铎说:“既为忠臣,当杀之以全其名。”遂遇害。[1]

扬州的抵抗是象征性的,实力过于悬殊,使抵抗没有实质内容。但这是清军南侵之后,脚步唯一的停顿,也是它被迫拉开架势实施的唯一攻城战。对于明朝,扬州则是第一座被攻破而非主动投降的城市。

在这里,满清终于见识中国并非只有丑类、败类,也有品质高贵之人。自入关以来,他们似乎一直没有机会了解到这一点。当丑恶和败类一个个逃之夭夭后,扬州突然变得无比纯粹,短暂几天中,它有幸成为一座正人君子的城池。而这样的城池,多少可为污浊的中国挽回一些颜面。

史可法以必死之念,在无望中等候敌人,纯然只为证明点什么。其实,将近一年他都是如此:在局势,事不可为;在个人,绝不放弃。好在他不算完全孤立,所谓“德不孤,必有邻”,最后与之为伍、共同挺立于扬州的,还有数十人。孟森《任民育》写:

> 危城官属,明知肝脑不日涂地,而一息尚存,誓不远引规避,若扬州知府任民育以下数十人。[2]

他们中,有扬州知府任民育,他在城破后,郑重换上明朝官服,端坐大堂、恭候敌人,说:“此吾土也,当死此。”有吴尔壎,去年他在北京经不住闯军拷打而屈降,引为奇耻,“南归谒可法,请从军赎罪,断一指,畀友人祝渊寄其家曰:‘我他日不归,以指葬可也。’”[3]城破,投井而亡。有副总兵马应魁,“每战披白甲,书‘尽忠报国’四字于背,巷战死。”当然,还有何刚、刘肇基……

此数十人可证中国非无人,而是人非所用、用非所人,亦即前面所陈偏爱奖劣惩优、与优胜劣汰的自然道理背道而驰那种奇怪趋势。很意外地,

[1] 应廷吉《青燐屑》,《明季稗史初编》,上海书店,1988,第440—442页。史德威《史可法维扬殉节纪》,抱阳生《甲申朝事小纪》,书目文献出版社,1987,第12—14页。

[2] 孟森《明清史论著集刊》,中华书局,1959,第78页。

[3] 徐鼒《小腆纪年附考》,中华书局,2006,第360页。

连弘光帝也晓得这一点。一次，钱谦益论及当用某人，朱由崧这样说："国家何尝不收人，只是收来不得其用。"[1]

这样的扬州，也迫使满清露出真面目。之前，它一直努力克制和隐匿本相，现在这苦心尽付东流，一夜之间回到关外，回到素喜屠城的努尔哈赤时代。扬州屠城之种种，王秀楚《扬州十日记》备述极详，笔者不再添足。我只想说，扬州一案除了惨绝人寰，也是另一鉴证；即十七世纪中国在被征服过程中，并不只有一味顺服的形象。

九

四月二十六日，扬州失陷第二天。"上视朝毕，对群臣问迁都计。"[2]扬州消息何时为南京所知，不详。有迹象表明，马士英开始严密封锁消息。"二十七日己卯，龙潭驿探马至，报云：'敌编木为筏，乘风而下。'又一报云：'江中一炮，京口城去四垛。'最后，杨文骢令箭至云：'江中有数筏，疑是敌人，因架炮城下，火从后发，震倒颓城半垛。早发三炮，江筏粉碎矣。'士英将前报二人捆打，而重赏杨使。自是，报警寂然。"如实报告有罪，颠倒事实受赏。士英大抓舆论导向，清军几只木筏都不让提，扬州那样的重创，更不容泄露。不过，这种防范只对人民有效，从朱由崧动迁都之念，我们相信高层早早得知扬州发生了什么。

情形跟一年前的北京一模一样。崇祯皇帝试探迁都，遭大臣反对；眼下，朱由崧的试探也当即被否定。"礼部尚书钱谦益力言不可。"[3]朱由崧不死心，二十八日，再次试探：

> 召对。上下寂无一言。良久，上云："外人皆言朕欲出去。"王铎云："此语从何得来？"上指一小奄。（王铎）正色语奄曰："外间话不可传的。"铎因请讲期，上曰："且过端午。"[4]

[1] 计六奇《明季南略》，中华书局，2008，第202页。
[2] 计六奇《明季南略》，中华书局，2008，第208页。
[3] 计六奇《明季南略》，中华书局，2008，第208页。
[4] 计六奇《明季南略》，中华书局，2008，第209页。

平头百姓以为,皇帝都是说一不二,其实没那事。以明朝为例,做得了自己主的皇帝,拢共两个半——太祖、太宗外,世宗嘉靖皇帝可算半个。盖因礼法拘限甚紧,所谓"至高无上",于大多数皇帝来说仅为虚名,他们真实的景况,用"动辄得咎"形容都不过分。武宗之荒唐、神宗之财迷、熹宗之沉湎木匠活计,都是"苦闷的象征"。甲、乙两年,先后两个皇帝的迁都之想,于情于理说得过去。只有一点,首都为祖陵社稷之所寄,弃之不顾有伦理瑕疵。因此,商于大臣,竟无人敢担当支持,像钱谦益那样端出卫道架势"力言不可"的,倒层出不穷。典型的道学误国。又如王铎,皇帝试以迁都,他却答以"讲期",请示何时重开经筵。难怪计六奇叙至此,兜头臭骂:

> 是时,清兵渡江甚急,王铎身为大臣,而无一言死守京城以待援兵至计,乃第请讲期,岂欲赋诗退敌耶?抑效戎服讲老子耶?这都是不知死活人,国家用若辈为辅臣,不亡何待![1]

朱由崧就此知道,命运注定。计六奇说:"弘光云'且过端午',此语颇冷。"[2]说的是,正是心已冷。之后,他完全变成了局外人。五月初五,百官进贺,"上不视朝,以串戏无暇也。"朝事、国家,什么都已与他无关。

冷淡,是明朝首都最后时光的基本色调。与通常想象的不同,末日将至,南京既不悲愤激昂,也不恐惧绝望,甚至没有骚动不宁。事后,计六奇表弟胡鸿仪回忆彼时的南京,用一句话描摹其气氛:"人情意兴,极为冷淡无聊。"[3]马士英手下每天拿些假捷报"进贺","欲愚都人耳目",其实这种动作已属多余——无人关心或在乎局势,无论是好是坏,从朱由崧到普通市民都不关心。大家只静静等着,等待那个众所周知的日子到来。

这天,终于来了。

《东华录》载多铎给清廷之报告称:

[1]计六奇《明季南略》,中华书局,2008,第209页。
[2]计六奇《明季南略》,中华书局,2008,第209页。
[3]计六奇《明季南略》,中华书局,2008,第211页。

初八日晚，令拜音图图赖阿山率舟师由运河潜至南岸，列于江之西，距瓜州十五里。初九日，复令梅勒章京李率泰率舟师五鼓登岸，黎明渡江，官兵陆续引渡。[1]

作为清军统帅的正式汇报，其叙述一定是可靠的，我们据此可将清军过江时间、地点确定下来。

然报告过简，无以尽显三百多年前这场改变中国命运的“渡江战役”的气象。《明季南略》综合诸家记载，辨订异同，过程最全，兹据以重现。

清军行动从五月初八夜间开始。当晚，正好有西风大风。之前多铎传令军中每个人必须准备桌子两张，火把十个，不能完成任务，打四十军棍。此令既下，周遭民间桌几及扫帚抢掠一空。夜半，清军将扫帚浸裹油脂，缚于桌腿，点燃放入江中，乘风顺流飘向南岸。火光彻天，南岸守军见之，以为清军渡江，大炮齐发。久之，炮弹几尽。此情此景，可谓“草船借箭”的翻版。

结果，一是明军炮弹被大量消耗，二是转移明军视线——以为烛火漂流线路就是清军渡江线路。实际上，多铎选择的渡江地点在别处，名叫七里港(也有作“老鹳河”或“坎壜桥”)。初九黎明，真正的渡江行动开始。清兵开闸放舟，蔽江而南。南岸守将郑鸿逵、郑彩一见，立即扬帆东遁，余下的全线溃乱，军人纷纷卸甲鼠窜。清军登岸，兵不血刃，镇江遂成江南首座沦失之城。

第二天，乙酉年五月初十，公历1645年6月3日。南京城有一些传闻，然“窃窃语乱，各官犹未知确信”[2]。朱由崧肯定知道全部事实，可他不动声色，以致后来的事情相当突然，谁也没看出苗头。午后，传旨梨园入大内演戏，像平常一样，朱由崧优哉游哉，与众太监、近倖“杂坐酣饮”：

漏二鼓，与内官数十人跨马出通济门，(韩)赞周从之，文武百官无知者，宫娥女优杂沓西华门外。[3]

——文武百官无知者，并非事起仓猝，没有时间打招呼，而是不屑于、不相

[1] 王先谦《东华录》，《续修四库全书》三六九·史部·编年类，上海古籍出版社，2001，第239页。

[2] 计六奇《明季南略》，中华书局，2008，第213页。

[3] 徐鼒《小腆纪年附考》，中华书局，2006，第364页。

干。“冷淡”是其注脚。

从朱元璋定鼎金陵，到朱由崧悄然出南京，凡二百七十七年。大幕落下时，如此冷清，真是草草收场，哪怕零落稀疏的几声锣鼓，亦无所闻。君臣如路人，官民冷眼向。“跨马出通济门”的朱由崧，那背影怎么看都像匆匆离开的房客。

十

鲁迅说：“悲剧将人生的有价值的东西毁灭给人看，喜剧将那无价值的撕破给人看。”[1]我曾不解，为何崇祯殉国之后明朝不即亡，却非在南京再来上这么一出？直到某日忽念及鲁迅这句话，才仿佛得了满意的答案。

起码从在土木堡被蒙古人可笑地捉去的英宗朱祁镇开始，明朝历史已开始喜剧化历程，且这趋向再不曾改变过。它配不上悲剧式的结束；由崇祯皇帝壮烈殉国画上句号，并不符合明朝最后一个多世纪的气质。历史老人目光如炬，思维缜密，不允许自己的书写出现这种败笔。南京浮现，朱由崧登场，表面看明祚再续一年，实则是历史老人要为它重新安排结尾——一种与其神韵更加迹近的结尾。

提笔之前，我默默咀嚼和消化纷纭史料的诸般细节及意味，两个字眼油然而生：“曲终”、“筵散”。

曲者，戏剧在中国古代的别名。元代的剧作集称《元曲选》，明代雅正剧种称“昆曲”，唱戏称“拍曲”。筵，本为席地之坐垫（中古以前中国无椅），后多与纵娱、宴飨诸义连。曹植《斗鸡》：“长筵坐戏客，斗鸡观闲房。”[2]《红楼梦》：“千里搭长棚，没有个不散的筵席。”[3]一个筵字，在我们这里，可为戏台下的看席，可为宴饮销醉之所。

读史时，曾有三句话让我印象深刻，而摘入笔记。

一句出自朱由崧。乙酉年正月初一，元旦，这天发生了日食：

[1]鲁迅《再论雷峰塔的倒掉》，《鲁迅全集》第1卷，人民文学出版社，1980，第197—198页。
[2]孙明君选注《三曹诗选》，中华书局，2005，第95页。
[3]曹雪芹《红楼梦》第二十六回，人民文学出版社，1981，第302页。

明代市井皮影演出。

繁华街区皮影演出现场，场所是固定的，观众棚里挤满了四五排人，还有不少在棚外伸头探脑。戏剧，以其摹仿性再现，将原本在时间中流逝的生活，重新推到眼前。这种迷人特质，足以颠倒众生，无论闾巷小民，还是士夫文人，乃至皇帝本人，都会在其中寻求安慰，把它作为现实的替代品。

南京通济门。

此门在南京诸城门中，以整体如巨轮之首的造型而称独特。乙酉年五月初十，公历 1645 年 6 月 3 日，夜半，明朝末代皇帝朱由崧由此“弃船”而逃，沿西南方奔马鞍山，十余天后被清军押回，也是从通济门入城。

明福王罢朝，设宴内殿；值天阴晦，意颇不怿，诸内臣竟下殿除窗槅（使殿内亮堂些）。福王曰：“不必，朕在此坐不久。”闻者皆骇其不祥。[1]

诸内竖惊骇于此语的不吉利，笔者则独于那个“坐”字回味不已。盖因朱由崧到了南京后，一切都离不开“坐”字。他每日的生活，大抵不出三件事：坐龙床为君；坐在台下看戏；与近侍辈“杂坐酣饮”。

一句是乙酉四月十九日，就拒北兵还是御左兵举行召对，马士英强行决定放弃江北之防、全力阻止左良玉，朱大典当场所言：

朱大典含怒入朝堂，曰：“少不得大家要做一个大散场了！”[2]

“大散场”！还有比这更生动的字眼么？其于明朝的收束，由形到神，丝丝入扣，至矣尽矣。

第三句见于孟森文《书樵史通俗演义》，他评论有关南京的一条史料说：

南都儿戏之局，形容尽致，要是作者身在事中，其言如此。[3]

“儿戏之局”，画出弘光朝一年之魂。能味此四字，即知这段历史真谛。

说起明代文化，戏剧既为一大成就，亦是它的一项代表。明代戏剧秉承元曲之盛，而又有更大发展。元时，戏剧虽巨匠如云，吸纳诸多一流才子，然而却有其不得已，是“九儒十丐”所致。明代不然。戏剧在明代，不单登了大雅之堂，擅长此道乃至是第一等的才藻，受到推许和钦羡。故而明代士大夫中，戏剧已是十足风雅的表征，大名士如康海、王世贞、汤显祖等都因戏文享誉士林。我们也曾提到，弘光朝关键人物之一阮大铖，便是戏剧方面的大家。他不但能创

[1] 梅村野史《鹿樵纪闻》，台湾文献丛刊第五辑《东山国语·鹿樵纪闻》（合订本），台湾大通书局，1995，第9页。

[2] 计六奇《明季南略》，中华书局，2008，第202页。

[3] 孟森《明清史论著集刊》，中华书局，1959，第154页。

作，还建了最好的私人剧团，从演员、乐队、道具到导演，样样皆精，专供他演绎个人剧作。撇开政治不论，阮大铖确为明末剧坛顶尖人物，能将戏剧玩到他那程度的，后来只有李渔李笠翁。

再说一个现象。大家如对较具传统的戏曲（晚近剧种不算）感兴趣，可留意它们的服装。首先是京、昆两剧，余如秦腔、豫剧、汉剧、川剧等，其装束全部为明代式样，剧情可变，着装却一律不变，即便所演乃汉唐宋抑或清代故事、人物，所饰冠服却通通为明式。原因何在？就在于明代对中国戏剧史有着规范和定型的意义，至今，可追溯的舞台实践和表演范式，由明代所确立，之前元人如何演戏都已失其孑遗，如今只能在壁画上知道些静态的情形。

还要看见，戏剧在明代不只是艺术而已，它对明代文化、生活以及人的意识，渗入肌肤，堪比网络之于当下社会。李自成入北京之初，百官惧冠带惹祸，尽弃毁之；两天后，命众官投职名，必须着官服以见，怎么办呢？许多官员不约而同想到用戏服代替，纷至戏班争购，致一顶戏冠价陡至三四两银子。[1]虽说当时戏服款式取自本朝，算“现代装”，然而戏服究竟是戏服，跟现实着装还是有明显区别，可众官并不感觉有何心理障碍。体会这个细节，明人对戏剧浸淫之深，竟至不分戏内戏外，在生活与戏剧间，轻松跨越。

如上面例子不足以说明，再看发生在南京的两件事：

> 阮圆海誓师江上，衣素蟒，围碧玉，见者叱为梨园装束。钱谦益家妓为妻者柳隐，冠插雉羽，戎服骑入国门，如《明妃出塞》状，大兵大礼，皆娼优排演之场。欲国不亡，安可得哉！[2]

阮圆海即阮大铖，柳隐即柳如是。他们两个，都是在生活以至公务中，以近乎粉墨登场方式于大庭广众露面。

我们必须说，不但明代文化有很强的戏剧成分，明代的心理和政治也是充分戏剧化的。如果换换说法，通俗一些，则是：明代的不少事，不少人，

[1] 彭孙贻《平寇志》卷之十，上海古籍出版社，1984，第224页。

[2] 夏完淳《续幸存录》，《明季稗史初编》，上海书店，1988，第326页。

往往有如演戏,扮演的意味很浓厚,完全是一种仿真存在。这在明武宗正德皇帝朱厚照那里,有最显著的表现。自打继位为君,朱厚照直到死,短短三十年的生涯都在设法逃离皇帝角色,抑或使自己与皇帝角色之间产生间离。他在宫中使自己变身为小商小贩,在宫外打造豹房那种淫邪空间来释放道德压力,以"大将军"身份历险和周游各地并严禁大臣指认、说破其真实身份……此人一生,是戏仿的一生,谐谑的一生,或干脆说是一部大型角色扮演类游戏。尽管他并非职业演员,可所作所为,比百老汇的表演家更加彻底;演员尚能区分自己的舞台和生活形象,朱厚照却不论何时何地都在从事演艺活动。他用表演对抗现实,用虚拟消解真实。整个明朝,不以皇帝为"角色"者稀。大多数皇帝,要么主动使"皇帝"变成一种角色,以便从中脱壳(如武宗、熹宗),要么在礼法和群臣约束下被迫角色化——岂止皇帝被角色化,群臣同样以扮演或假面方式出入朝堂,君臣间,每每心照不宣像串戏那样互动和周旋。嘉靖年间"大礼议"、万历年间"国本之争"以及崇祯皇帝的大结局,都有极强的表演性,以至演着演着"下不来台"。

梳理一番戏剧与明代的关系,就可以谈谈明朝紫禁城的末代皇帝了。

朱由崧,明代伟大戏剧文化熏陶出来的一位狂热戏迷,他对戏剧艺术的爱好,超过所有事情。明末祸乱,他痛失"锦衣纨裤之时,饫甘餍肥之日",流浪飘零,遍尝辛酸,意外辗转南京、当了皇帝。回忆这一切,他所感到的最大收获,我以为是有缘纵情观赏中国最高水平的戏剧。专言声伎的《板桥杂记》一书,曾给晚明南京这样的形容:"金陵都会之地,南曲靡丽之乡。"[1]如许风尚,不必说福王的藩地洛阳,就是燕京古城,也远远望尘莫及。秦淮河畔,吹弹之盛、笙歌之精,比之现代百老汇、好莱坞未遑稍让。时人王阮亭《秦淮杂诗》有句:"旧院风流数顿杨,梨园往事泪沾裳"[2],朱由崧的南京一年,大抵都在此句之中。孔尚任《桃花扇》,特以一折《选优》写朱由崧戏剧之癖,乃至他在剧中,与其说以皇帝身份毋如说实际仅以"戏迷"形象示人。虽然李香君被强迫入宫扮戏、朱由崧"寡人善于打鼓"[3]等情节,从史实

[1] 余怀《板桥杂记》,大东书局,民国二十年,第31页。
[2] 余怀《板桥杂记》,大东书局,民国二十年,第7页。顿、杨,系当时曲苑名家顿老、杨彬。
[3] 孔尚任《桃花扇》,人民文学出版社,1982,第163页。

角度未必果有，但“圣驾将到，选定脚色，就要串戏”[1]，以及阮大铖进优孟以结弘光欢心这类笔触，却千真万确，遍于诸史。

他真的是嗜戏如命。计六奇表弟胡鸿仪，曾叙其“亲所闻见者”：

> 故事，宫中有大变，则夜半钟鸣。一夕大内钟鸣，外廷闻之大骇，谓有非常。须臾，内监启门而出，索鬼面头子数十，欲演戏耳。[2]

甲申年最后一天，除夕日，朱由崧在宫中闷闷不乐，太监韩赞周问以何故：

> 弘光曰：“梨园殊少佳者。”赞周曰：“臣以陛下遇令节，或思皇考，或念先帝，乃作此想耶！”[3]

末日时分，朱由崧除了就御北兵、左兵事召对，以及就迁都试探阁臣外，其余记录全与演戏联系在一起。“丙戌，端阳节。福王在宫中演剧。”[4]“上不视朝，以串戏无暇也。”[5]民谣讽之“且听阮中曲变”，“阮”字双关，既指戏曲伴奏乐器又指阮大铖，戏班子是阮大铖提供的，而朱由崧溺于戏中，世事国事罔顾，对他来说，只能从“曲”中知“变”了。

最后，便是五月十日那一幕：“午刻，集梨园演剧”[6]，一直演到凌晨，跨马逃离南京。大戏迷朱由崧，好好过足最后一把戏瘾，无憾地告别了皇帝角色。

品咂、玩味一下明朝紫禁城这位末代皇帝的戏剧之恋以及心理，应不仅仅是艺术的沉迷。西方美学有“距离说”，认为艺术的价值在于与现实保持恰当距离，而非彼此重合。但我感到，朱由崧巨大、不可思议的戏剧瘾头，并不来自“距离感”，反而得之现实的暗示、刺激和诱发——他是因现实

[1] 孔尚任《桃花扇》，人民文学出版社，1982，第161页。

[2] 计六奇《明季南略》，中华书局，2008，第156—157页。

[3] 抱阳生《甲申朝事小纪》，书目文献出版社，1987，第367页。

[4] 梅村野史《鹿樵纪闻》，台湾文献丛刊第五辑《东山国语·鹿樵纪闻》(合订本)，台湾大通书局，1995，第14页。

[5] 计六奇《明季南略》，中华书局，2008，第211页。

[6] 梅村野史《鹿樵纪闻》，台湾文献丛刊第五辑《东山国语·鹿樵纪闻》(合订本)，台湾大通书局，1995，第14页。

而痴迷戏剧。对于他，戏剧是一种现实的镜像，使他可以在“舞台小天地，人生大舞台”的奇妙置换中，跨越虚实，出入真假。人生如戏，戏即人生。他如此迷恋于看戏，这一行为和形象，非常令人惊异。我们根本没有理由排除这种可能——对于现实中南京所发生的种种，他投去的是同样的目光。

显然，在明王朝二百七十七年历史缓慢画上句号的过程中，朱由崧的视角极具代表性和时代性。如果连皇帝自己都以看客自居，肯定没有别人分不清戏内戏外。我们感到，通过这样的视角，在所有看客的冷淡注视或“围观”下，明朝两都之一的南京，已不再是一座实有之城，而变成一种景观或干脆说一道“布景”。当它摇摇而堕时，围观者没有感到天塌地陷，因为他们认为，倒掉的无非是某出戏的布景而已；这出戏已经演完，或者无法唱下去了。

“不过在戏台上罢了”[1]。这是鲁迅关于中国历史所讲的一句非常简单的话。

十一

五月十一日，闻知朱由崧出城，马士英、阮大铖各自逃走；南京庶民，自狱中救出假太子王之明，奉于帝位。

五月十四日，多铎兵至南京，忻城伯赵之龙缒城递交降表，以二十余万将士降清。

五月十七日，清军举行入城式。继北京后，明朝另一都城亦付满清之手。

五月二十四日，朱由崧在皖被降将、前广昌伯、四镇之一刘良佐生擒，押回南京，羁于江宁县署。有探视者称：“福王嘻笑自若，但问马士英何在。”[2]他的态度，我们要好好地玩味。

严格说，多铎打下南京，于个人没有多少值得回忆的内容；我从《东华录》读到多铎奏闻北京的捷报，和清廷的表彰性答复，语气并不兴奋。是的，连一

[1] 鲁迅《再论雷峰塔的倒掉》，《鲁迅全集》第1卷，人民文学出版社，1980，第197页。

[2] 梅村野史《鹿樵纪闻》，台湾文献丛刊第五辑《东山国语·鹿樵纪闻》（合订本），台湾大通书局，1995，第14页。

场略微像样的战斗都不曾经历，确实让人提不起精神。胜果并非来之不易，容易造成对胜利者的解构。于是，在高度戏仿化的明朝面前，征服者意外地被这种方式剥夺了大部分成就感。

但在明朝而言，恐怕这只是无心栽柳。它的本意，应该是为自己寻找一个完美的收束。在此意义上，弘光的一年绝非画蛇添足。借此一年，明朝更显明、更通俗地告诉人们，它为什么要亡，为什么该亡。如果崇祯之死还令人心存感伤，那么，此刻无人想哭，连看守所里的朱由崧也只是露出嘻哈的表情。我个人认为，明朝灭亡时间所以不在1644年，而在1645年，除南北两座紫禁城俱为满清所得是个铁般凭证外，更是从精神的角度发现，以发蒙面的崇祯身死而心未死，嘻笑自若的弘光则身未死而心已死。那是真正的死，终极的死。

遗民·苦闷

明遗民现象所包含的主题，不是表面看上去的对明王朝之忠，甚至也不仅仅是反清那样狭隘。这是对中国自身历史与文化大变革、大觉醒在即，却突然陷于绝境而生出的大悲凉、大不甘。假如把“攘夷狄救中国”，换写成“攘蒙昧救文明”，我们对吕留良夷夏之防理论的内涵，便不存误解。

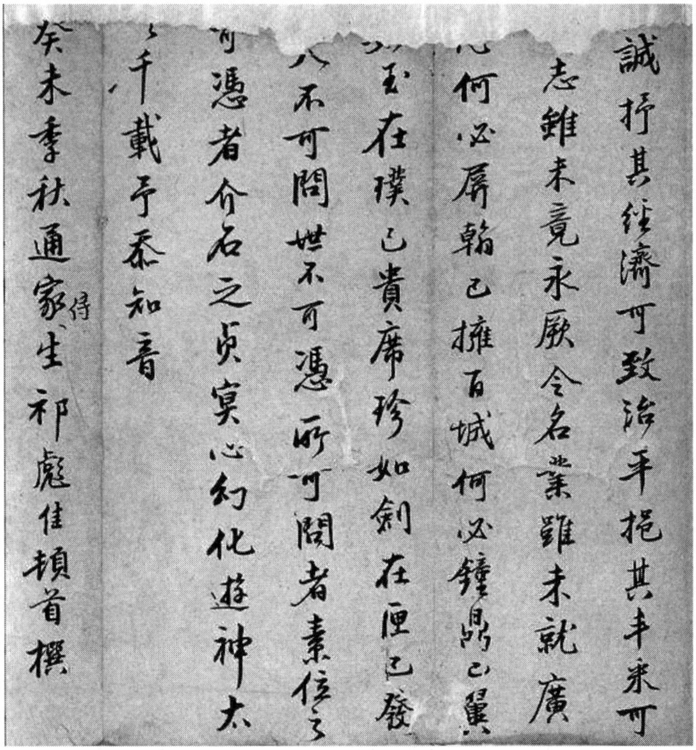
誠抒其經濟可致治平挖其才夾可
志雖未竟永厥令名業雖未就廣
心何必屏翰已擁百城何必鐘鼎已貫
玉在璞已貴席珍如劍在匣已發
不可閲世不可憑所可閲者素位之
憑者介石之貞寞心幻化遊神太
千載予黍知音
癸未季秋通家侍生祁彪佳頓首撰

祁彪佳遗墨

祁彪佳出身仕宦，其父祁承㸁乃藏书大家，祁氏“澹生堂”藏书冠诸一方。祁彪佳为刘宗周弟子，南都立，史可法派之往苏松处理民乱，后因阮大铖欲加害，辞归。清兵下杭州，先于乃师自绝。

一

清朝第三位皇帝爱新觉罗·胤禛，曾有这样一段话：

> 夫明末之时，朝廷失政，贪虐公行，横征暴敛，民不聊生，至于流寇肆毒，疆场日蹙，每岁縻饷数百万，悉皆出于民力，乃斯民极穷之时也。我朝扫靖寇氛，与民休养，于是明代之穷民，咸有更生之庆。吕留良岂毫无耳目，乃丧心昧理，颠倒其说，转言今日之民穷乎？[1]

这是雍正六年(1728)，他讯问吕留良案要犯曾静的过程中，逐条批驳吕氏言论时所说。在他而言，以上每个字皆得谓之掷地有声、凿然可据。我们先前的讲述，不少地方也颇能为他佐证。总之，从历史事实角度乃至从道义角度，朱明被满清取代，算得上情理蔼然。

然而，实际的情形则不如人愿。到吕案发生时，满清入主中国已有八十余年。经过这么漫长的时间，汉人尤其是其知识分子，仍然很顽强地抗拒满清统治，对明朝念念不忘。这让雍正觉得全然不可理喻。清初与晚明，二者气象之不同，孰明孰暗，昭昭在目。一个繁荣昌盛，一个腐朽没落；一个蒸蒸日上，一个暗无天光。谁应被歌颂赞美，谁应被批判唾弃，难道不一目了然么？可吕留良、曾静之流，罔顾事实，偏偏将丑陋不堪的明朝抱住不放，对蓬勃强大的清朝(《大义觉迷录》几次提到清朝版图的伟大)却极尽攻击之能事。这种人，说他们"丧心昧理"有什么不贴切呢？

确实，一定意义上，道理在雍正这边，在清朝这边。

且不说明朝活该灭亡，不亡无天

[1] 爱新觉罗·胤禛《大义觉迷录》，近代中国史料丛刊第三十六辑，文海出版社影印本，1966，第473页。

理,“时日曷丧?吾与汝偕亡”,无论取代者谁,兴许也不比它更糟。如着眼于“实际”,满清的入主还给中国带来诸多“好处”:一、它将半世纪的战乱敉平了,这意味着大规模死亡终得遏止:“明代末年,在战争、灾荒和瘟疫的三重打击下,中国人口减少了4000万”[1],“康熙十七年南方、北方人口合计约为1.6亿。康熙十七年以后,中国人口走出明末以来的低谷,开始了新的发展。”[2]二、疆土大大拓展,谭其骧主编的《中国历史地图集》,分别有明万历十年(1582)图和清嘉庆二十五年(1820)图,比较一下,差距惊人。整个蒙古、新疆和台湾,均于清朝并入中国版图。西藏地区明虽设有“乌思藏宣慰司”,但并非实际控制,也是在清朝实际纳为中国一个行省。三、从一般人民“过日子”角度,比明末强太多,赋税总体上有相当的减轻(这也是因为有晚明做陪衬的缘故,后者在贪腐和战祸两个重压下,闹得太不像话),吏治大体肃清,人民基本可说“安居乐业”。以米价论,崇祯十六年每石值银三点三两(此仅指北京米价,至于别地,崇祯初即可高达每石值银四两)[3];而“清初米价,正常价格,约在每公石合制钱六百文到八百文左右”,大致折银每石不足或略多于一两,雍正九年至乾隆五年之间,甚至低至每石不到四百文。[4]

类似的好处或实利,相当诱人和巨大。也因它,后来历史渐渐变成一笔糊涂账。例如有关洪承畴的是是非非。辛亥革命口号“驱逐鞑虏,恢复中华”,直接取自朱元璋,意思当然是眼下的反清与朱元璋当年反元一脉相承。而据洪氏后人称,孙中山在日本筹款时,洪家一位旅日华侨洪汝辉见到他,当面提问:“先生致力于推翻满清政权,此固正确无疑。但对我祖文襄公事情有何评价?”孙答:“余致力唤起民众推翻满清,目的在于推翻其腐败帝制。洪文襄降清,避免了生灵涂炭,力促中华一统,劳苦功高。”表了这个态,复赠《赞洪文襄》诗一首:

五族争大节,华夏生光辉。生灵不涂炭,功高谁不知。满回中原日,汉戚存多时。文襄韬略

[1]曹树基《中国人口史》第五卷清时期,复旦大学出版社,2001,第17页。

[2]曹树基《中国人口史》第五卷清时期,复旦大学出版社,2001,第51页。

[3]秦佩珩《明代米价考》,《明清社会经济史论稿》,中州古籍出版社,1984,第199—210页。

[4]秦佩珩《清代铜钱的铸造、行使问题考释》,《明清社会经济史论稿》,中州古籍出版社,1984,第193—194页。

策，安裔换清衣。[1]

其实，以我们知道的论，洪承畴投降似乎未曾如何“避免生灵涂炭”，尤其在清兵入关后，北方所以基本未闻屠戮，只因各地望风而降、未加抵抗，而南方，凡不肯降的地方，都发生大屠杀——比以后的日寇严重得多，日寇搞了南京大屠杀，满清则起码搞了扬州、江阴、嘉定三次大屠杀。故而，非得称赞洪承畴“功高谁不知”，大概只能落在“力促中华一统”、“满回中原日”这层意思上。用比较俗白的话讲，洪承畴投降，好就好在让中国版图大大扩张了。这，一是结果论，二是实利论——因有如此的结果和实利，我们对那件事便抱了好感与好评。京戏有《洪母骂畴》，演传闻已殉国的洪承畴，突然归家，母亲见他身着“胡服”，不由怒骂。这情节纯属演义（他的高堂跟他到了北京，过得好好的，顺治九年卒[2]），但孙中山诗中“安裔换清衣”的句子，却与剧情构成奇异的反差，“换清衣”为洪母所骂，在诗句里反而有了“我不下地狱谁下地狱”的自我牺牲气概，以一人之忍辱换来全体汉裔的平安。

历史，真是“此一时，彼一时”。

有趣的是，在洪承畴身上，不光后来汉人算糊涂账，满清出于本身需要也搅浑水。本来，所谓洪承畴劳苦功高，起码对满清而言确实如此。他的投降，是满清在关外时取得的重大突破。入关后，在搞定南中国过程中，洪氏更居功至伟。江南既下，洪承畴便受命为江南总督，在这抵抗最激烈的区域，充分发挥才智以及本身为“南人”的种种优势，软硬兼施，宵旰吐握，为清朝啃下这块硬骨头做出不可埋没的贡献。之后，领衔平定西南那终极之战，把南明小皇帝朱由榔逼入缅甸只差捉到手，因病不支，乞休，返京后一年多病故。自归降至终，洪承畴对清朝来说可谓“死，而后已”了。然而乾隆四十一年（1776），他却被清朝列入《贰臣传》。这个“贰”字怎讲？我们都知道有个成语“忠贞不贰”，洪承畴原为明臣、后降满清，显然没做到这一点，所以便“贰”了。这种情况，倘由明朝贬为“贰臣”还差不多，到头来竟是清朝给了他这样的评介。当然，“贰臣”还不是“逆

[1] 王宏志《洪承畴传》，人民文学出版社，2009，第409—410页。

[2] 清国史馆编《贰臣传》卷三，清代传记丛刊影印本，台北明文书局，1986，第151页。

臣”，清朝另有《逆臣传》，里面是些更坏的人。再者《贰臣传》亦非专门针对洪承畴，凡是由明降清的官员都列在其中。为什么通通一棍打死？且看乾隆上谕怎么说：

> 庚子，命国史馆编列明季《贰臣传》……如王永吉、龚鼎孳、吴伟业、张缙彦、房可壮、叶初春等，在明已登仕版，又复身仕本朝，其人既不足齿，则其言不当复存，自应概从删削。盖奖忠贞，即所以风励臣节也。因思我朝开创之初，明末诸臣望风归附。如洪承畴，以经略丧师，俘擒投顺。祖大寿以镇将惧祸，带城来投。及定鼎时，若冯铨、王铎、宋权、谢陞、金之俊、党崇雅等，在明俱曾跻显秩，入本朝仍忝为阁臣。至若天戈所指，解甲乞降，如左梦庚、田雄等，不可胜数。盖开创大一统之规，自不得不加录用，以靖人心而明顺逆，今事后平情而论，若而人者，皆以胜国臣，乃遭际时艰，不能为其主临危授命，辄复畏死偷生，降附，岂得复谓之完人？[1]

被点名的降臣，情形并不一致。像吴梅村，虽然归附却悔意颇浓；像洪承畴，则并不三心二意，始终着实用命。对此，朝廷本当采取不同政策，区别对待；结果一视同仁，洪承畴虽“鞠躬尽瘁”，也仍然落个“贰臣”下场。所以这么搞，乾隆倒也打开天窗说亮话：当时为了得中国“开创大一统之规，自不得不加录用，以靖人心而明顺逆”，如今，“事后平情而论”，则叛变行径不能鼓励，而要“奖忠贞，即所以风励臣节也”。

这样，有关洪承畴其人，就形成不可思议的怪现象——他所投靠的一方，后来在不屑、鄙夷中将他一脚踢开；而他所背叛的一方，后来反而对他赞赏有加，认为可以名留青史。

此即历史功利的一面，或者实利地对待历史而取的态度。雍正讯问吕案，振振有辞批判吕留良对于反清复明执迷不悟，也是从实利角度讲道理：

> 本朝定鼎以来，扫除群寇，寰宇乂安，政教兴修，文明日盛，万

[1]《清实录》第二十一册高宗实录（一三），中华书局影印，1986，第693—694页。

> 民乐业，中外恬熙，黄童白叟，一生不见兵革，今日之天地清宁，万姓沾恩，超越明代者，三尺之童亦皆洞晓，而尚可谓之昏暗乎？[1]

尔等莫非是睁眼瞎？比之前明，大清带来多少实惠、好处，“三尺之童亦皆洞晓”，你们怎么就看不见呢？

假如历史只有实利一种角度，道理肯定都在雍正和清朝一边，吕留良那种人和事也会从地球上销声匿迹。然而，并不只有这种角度。对于实利这一面，吕留良辈未必瞧不见，甚至未必否认。他们不一定不知道清朝的“好”和明朝的“不好”，就事论事，他们或许可以承认雍正所指出的并不差。就此大概用得着围棋里一句话：“胜负不在这里。”雍正所提质疑，与反清义士胸中所抱苦闷，不在同一层面。雍正觉得，大家有好日子过，岂不就万事大吉，还抱怨什么？反清义士却认为，“好日子”不表示一切；“好日子”之外，有更值得重视和追求的东西。

二

因而发生“遗民现象”。

我个人认为，至乙酉年南京投降、弘光皇帝北狩，明代的政治历史就已画了句号。之后，浙、闽、粤、桂、滇以至缅甸，虽还有几个小朝廷，则不过是一些遗民奉了几位朱氏后裔为君，以托显自己的心曲。单论朱家本身，对于做皇帝不光信心尽失，意兴亦已阑珊。这从朱由崧身上看得清楚，杭州的潞王也是如此。这两人都相当爽快地交出权力，好像巴不得一切尽早结束。以后，隆武、鲁监国、永历诸位，除朱聿键还有些挽狂澜于既倒的雄心，别的对于身上责任都可说勉为其难。我们看乙酉年五月以后的态势，不免有奇特的发现：这时候，臣子对明朝的眷恋、忠爱，竟然远在王朝拥有者亦即君王之上；那座江山，主人弃之不惜，略无留恋，倒是臣仆不能释怀，为之寤寐难安。由此可知，游戏确已结束；犹如赌局之中，在庄家位子上呆得过久，以致

[1] 爱新觉罗·胤禛《大义觉迷录》，近代中国史料丛刊第三十六辑，文海出版社影印本，1966，第6—7页。

失去刺激，大明王朝满面倦容、哈欠连天，无心再玩下去了。

虽则如此，我们的叙述却不以明朝政治生命终结为终结。

政治不是明朝历史的全部，尤其当着它结束的那段时间。南京之降，使明朝的政治历史画了句号，然而其后南部数省以流亡形态所维持的存在，却从政治层面之外使明朝历史话语继续延伸，乃至有所提升——我们姑且称之为明朝的文化历史，或者说文化上的存在。从隆武到永历，作为“政权”，都可忽略不论，乃至有不少娱乐的味道，多半只能博人一粲。但在精神层面或从思想文化属性看，这段历史意外地表现出相当坚实的质地。你不妨把几个小朝廷接踵而立给予喜剧的解读，可透过那种前仆后继、屡败屡战，又分明体会到背后有文化上痛楚与苦闷的沉郁陈说。我们觉得整个中国朝代史，明亡的特殊性在于，不是落于“皇帝轮流做，明天到我家”这惯常主题，亦非皇帝就擒或死于非命能够作为标志；明朝之亡有个奇异的尾声，几乎持续一个世纪才告消散的“遗民现象”。在此流宕中，历史艰难却顽强地传递了一些可能是超越时空的信息。

三

历史的这个特别段落，从南京陷落之日即告开启。

先讲一段宜兴卢家的故事。那是个庞大悠久的家族，“族人千计”[1]，崇祯十一年末因抗清壮烈阵亡的儒帅卢象升，便出卢家。卢象升有个弟弟卢象观，癸未(1643)进士，此时里居家中。南都变故后，象观即散家财，“聚乡兵千人”，准备起义。很快，宜兴城被清军占领，但广阔乡间仍未为其所控。卢家在乡下，距城六十里，象观举兵抗清消息传出后，短时间当中“乡镇拥众悉归象观，象观遂得乌合数万”。“乌合”，是指起义者完全是未经训练的民众。同时，哥哥卢象升的几个旧将，闻讯“亦归之”。象观决计领着这“乌合之众”，收复宜兴城。他从探报得知，城内“无兵，可取”，便“身率三

[1] 计六奇《明季南略》，中华书局，1984，第204页。以下相关引文同出此不赘。

十骑疾趋”，一马当先，大队人马反在其后。城内确实无兵，但原因是清军主要为骑兵，“驻营城外平原，盖利于驰突也”。有经验的卢象升旧将，听到象观突出的消息大惊：“书生不晓兵事，身为大帅，轻至此乎？”却已不及阻止，“即选精骑三百赴援”。象观等三十人虽然比较轻松突入城中，外营清兵却随后拥来。象观只能在曲巷与敌周旋，援兵赶来时，他已“颊中二矢”。杀出城，一路都被清军追击。象观等打算从水路退入太湖，最后没有成功，“众寡不敌”，“左右欲退，已扬帆矣”，但已抱死志的象观“持刀断索”，“曰：‘誓死于此！’不去，遂被杀。”反抗中仅卢家一家，“昆季子侄死者凡四十五人”。

这故事，在乙酉之变后清军克取东南（苏、皖、浙）的过程中，有相当代表性：一、是纯自发的没有政府背景的抵抗，类似之事清军在渡过黄河前简直未遇一例，眼下却于各处城乡普遍遭逢；二、抵抗几乎全由士绅（诗书传家的知识精英）带头，他们在民族存亡关头以及国家或朝廷完全崩解的背景下，毁家纾难，倾其所有，献于抵抗事业；三、一般民众对于士绅所持道义不仅认同、呼应，且接受和追随他们的领导；四、这种反抗谈不上任何组织和规划，毫无秩序，既经不起理性的推敲，也不宜加以理性的质疑；五、所有参与者都未问成败，只为了在国破之际去证明点什么；至于带头之士绅，恐怕不是未问成败，而根本是在明知必败、抱以死志的心境中，毅然行此。对此，计六奇在讲述一桩桩类似事迹后，特写一条“总论起义诸人”，其云：

> 夫以国家一统，而自成直破京师，可谓强矣。清兵一战败之，其势为何如者？区区江左，为君为相者必如勾践、蠡、种，卧薪尝胆，或可稍支岁月……至是一二士子率乡愚以抗方张之敌，是以羊投虎，螳臂当车，虽乌合百万，亦安用乎？然其志则可矜矣，勿以成败论可也！[1]

这番话，既不失理性，同时也不失正确。

《小腆纪年附考》第379页至第396页，以近二十页篇幅，记述了东南各地二十七起类似卢象观那样的自发抵

[1] 计六奇《明季南略》，中华书局，1984，第277—278页。

抗。时间范围主要自乙酉年六月起，至闰六月二十七日亦即唐王朱聿键即皇帝位于福州止；这段时间，明朝失去国都、皇帝被俘，政治上处于短暂空白，故一切抵抗均为民间之自发、自主现象。所涉及地点，依今日区域，包括江苏吴县、吴江、武进、苏州、常熟、宜兴、江阴、无锡、常州、昆山、太仓，上海嘉定、松江，浙江余姚、绍兴、富阳、宁波、东阳、嘉兴、余杭、建德、长兴，安徽休宁、宁国、泾县、青阳、池州……将这些地名相互联缀，我们眼前可以浮现一张几乎完整的东南地图。而在每个地方，都各有卢象观式人物，仅自声名较著者言，如沈自炳、沈自駉兄弟之于吴县，吴易之于吴江，顾杲之于无锡，沈犹龙、陈子龙之于松江，钱肃乐之于宁波，侯峒曾、黄淳耀之于嘉定，金声之于休宁，吴应箕之于池州……他们的故事，简直出自同一个模式：破家举义、抱必死志、无望而战、殉国以终。两个多月，唯一组织较好而显得不那么徒然送死的抵抗，便是阎应元、陈明遇等领导的江阴抗清，虽然最终仍不免于失败、惨遭屠城，但这弹丸小城却拖住清军二十余万八十天，令其三王、十八将毙命[1]。

自从吴三桂引清军入关，先从东到西、复由北而南，在同一个中国，清军遭遇却像杜甫的一句诗："阴阳割昏晓。"北南之间，反差有如黑白。在北方，清军长驱直入、一路坦途，波澜未兴而江山易手；过了淮河尤其来到江南，惨烈抵抗陡然而起，义夫壮士络绎不绝。这种奇怪的差异，如今历史教科书绝口不提，更不会探讨，但在当时却是极为突出的现象，作为入侵者的满清感受非常强烈，乃至"不解"——《大义觉迷录》中，雍正皇帝曾以一事质问曾静：

> 奉上谕：据山西巡抚石麟奏称："晋省绅士百姓，愿将军需应用之驼屉、苫毡、绳索三万副，从本地自备车骡运送，至归化城交收。臣等遵旨，令地方官给价雇送。而各属士民，挽车策骡，争先装载，给以脚价，感激涕零，稽首称谢，不肯领取。急公效力，旷古所稀"等语。着将此折令杭奕禄发与曾静看，并讯问曾静：湖南、山西同在戴天履地之中，何以山西之民踊跃急公，忠诚爱戴，实能视朕为后；而湖南之民，乃有猖狂悖逆、肆恶扰乱之徒如曾静等，至于视朕如仇？此朕

[1] 韩菼《江阴城守纪》，《中国野史集成》第三十三册，巴蜀书社，1992，第144页。

所不解。着讯取曾静口供具奏。[1]

同是中国,山西人对清朝那么“忠诚爱戴”,湖南却出了曾静这种“猖狂悖逆、肆恶扰乱之徒”,雍正对此“不解”。而我们知道,曾静私淑的老师吕留良是浙江人,换言之,十八世纪上半叶已过去一半以上时间,从浙江到湖南一线的南中国,反清意识仍很顽固,反清的思想也特别有市场。从这个事实,回看当年满清初入中国,更能体会南北两地态度当何等悬殊。所以雍正的不解或困惑,颇为自然——如非一国,山西、湖南人态度截然不同,并无可诧异之处;既是同一国家,都曾为明朝子民,怎么一个可以很快地春风化雨,一个却如顽石那样难以感化?这其实是个很深的问题,雍正说他“不解”,可能真,也可能是为了揭批曾静故意装成“不解”(从《大义觉迷录》看,他对中国相关的思想渊源,不乏了解)。倒是当今中国人也许真的大多不甚了了。以现在贫乏的话语,当时山西、湖南之间这种差别,恐怕都用爱国、不爱国来表述。如这样,不光委屈、冤枉山西人,对于另一些人的顽固反清,也全不在点子上。山西人非“不爱国”,只是不大爱朝廷而已。而湖南人或南中国人的排满,根子上也不是爱朝廷。面对满清,南北两地态度反差,除开生存状况相对的足与不足,顶顶主要的还是历史—文化的原因。

四

总之,甲乙两年,一北一南,清人的所遇所见,恍若两国。民国初,孙静庵与钱基博先生(钱钟书父)讨论修撰《明遗民录》的意义,后者讲了一句话:“岂可使笑中原无人?”[2]当时确有这种状况——直至抵于扬州、遇见史可法前,清人大概一直暗笑“中原无人”,在这以后,才猛然发现并非无人,而是很有“人”,顶天立地,踵继而来。

南方、北方不是没有相同点,比如南京和北京一样,都上演了投降一幕;

[1]爱新觉罗·胤禛《大义觉迷录》,近代中国史料丛刊第三十六辑,文海出版社影印本,1966,第245—246页。

[2]孙静庵《明遗民录》,浙江古籍出版社,1985,第373页。

但关键在于，还有不同。率众武装抵抗是一种，个人自决绝命又是一种。

1645年下半年，对中国来说，不只有悲惨，也随时闪现悲壮。一批从品格到才具都很优秀的人，自主选择了有尊严的死。如弘光朝初期大学士、名臣高弘图，他为马士英、阮大铖等排挤，四疏求退，因是北方人，辞职后无家可归，而流寓绍兴，“两浙相继失守，弘图逃野寺中，绝粒而卒。”[1]他有一孤子相依为命，死前，专门托与谈迁（在南京时，谈迁为其幕客），然后独自避入竹园寺，从容绝食。如徐汧，他是复社领袖，阮大铖最后图谋陷构而未遂者；南都破，他留书两个儿子：“国事不支，吾死迫矣。”决心已下。及闻苏州不守，即于夜中自缢，但被仆人发现解救，未果。一个朋友试图劝之：“公大臣也，野死可乎？”他的回答相当凄凉：“郡城非吾土也，我何家之有？”终于闰六月十一日，“肃衣冠，北向稽首，投虎邱之新塘桥下死。”[2]他的行为已超越了个人之身死，而成为一次有关人格与民族精神的展示与垂范。如杨廷枢，复社之长，名满天下，国亡隐山中，卒被抓获，“大骂不屈”，押解时于舟中血书：

> 余自幼读书，慕文信国（文天祥）先生之为人，今日之事，乃其志也。四月廿四日被缚，饿五日，未死。骂贼，未杀。未知尚有几日未死。遍体受伤，十指俱损。而胸中浩然之气，正与信国燕市时无异。俯仰快然，可以无憾。觉人生读书至此，甚是得力！留此遗墨，以俟后人知之。[3]

旋被害。读血书，可知杨廷枢执着于死的选择，意在“以身作则”，彰显心中存之已久的信念，上祧先贤、下启后人，俾使读书人精神使命薪火相传。

一时，勇毅之士层出不穷，果敢故事书之不尽。其中令人至为感佩，是当此重大关头，诸君子“同声相应，同气相求”，联翩联袂、彼此追随、同赴大义。读这些事迹，我都一再想到明代所特有的分别都达于极致的“两面性”——一面朽烂污秽无以复加，一面勃然向上、刚健劲拔之气直冲霄汉。

典型者如夏允彝，“闻友人徐石麒、侯峒曾、黄淳耀、徐汧等皆死，乃以

[1] 抱阳生《甲申朝事小纪》，书目文献出版社，1987，第824页。
[2] 徐鼒《小腆纪年附考》，中华书局，2006，第376页。
[3] 计六奇《明季南略》，中华书局，1984，第256页。

八月中，赋绝命词，自投深渊以死。”[1]同志皆死，则已即不能独存。侯峒曾之子侯玄涵，后来为他作传，详叙了经过：

> 镇帅以素闻公名，必欲致一见，且曰：“夏君来归，我大用之，即不愿，第一见我。”公乃书于门曰：“有贞妇者，或欲嫁之，妇不可，则语之曰：‘尔即勿从，姑出其面。’妇将搴帷以出乎，抑以死自蔽乎？”遂尽斥其家人，赋诗曰：“少受父训，长荷国恩，以身殉国，无愧忠贞。南都继没，犹望中兴；中兴望杳，安忍长存！卓哉吾友，虞求、广成，勿斋、绳如，憗人、蕴生，愿言从之，握手九京。人谁无死，不泯者心。修身俟命，敬励后人。”诗竟，自投于渊。尸浮水上，衣带不濡。[2]

所提到的几位“卓哉吾友”，虞求为徐石麒，前吏部尚书，自缢死；广成为侯峒曾，投水死；勿斋即徐汧；绳如为吴嘉胤，南都事变时他出使在外，闻讯折返，拜方孝孺祠后投缳，为家人所阻，及薙发令下，乃再拜方孝孺，自缢死；憗人为何刚，与史可法共事，死扬州；蕴生为黄淳耀，与侯峒曾共同领导了嘉定起义，失败，偕弟黄渊耀缢于馆舍。遗诗中，夏允彝首先陈说自己所以活到今日，是“南都继没，犹望中兴”，而杭州投降后，则尽弃此念。此念一去，继续存世于他即无意义，想到同志好友多数已眠地下，不禁心向往之，愿和他们“握手九京”，九京亦即九泉。最后两句，尤为大哉：“人谁无死，不泯者心”，身死有什么，重要的是心和精神不死；“修身俟命，敬励后人”，死非为个人故、不是求自我解脱，而是以这行为激发、醒觉后世，我们今天的话是“为民族和历史献身”。在他表率、垂范下，不过两年，他的公子、天才少年夏完淳也因抗清失败，以十七之龄慷慨就义。

这种相携赴义的情形，除友朋之间、父子之间，亦见于师生。

刘宗周不但为明末名臣，更是儒学一大宗匠，世称念台先生，所创蕺山学派，门生众广、硕学辈出。他死后，诸弟子于康熙年间为刻遗著凡四十卷，卷前列《蕺山弟子籍》，叶廷秀、祁彪佳、熊汝霖、陈子龙、周鑣、陈洪绶、黄宗羲、魏学

[1] 王鸿绪《明史稿》，《夏内史集》附录，商务印书馆，民国二十八年(1939)，第83页。

[2] 侯玄涵《吏部夏瑗公传》，《夏完淳集笺校》附录一，上海古籍出版社，1991，第519页。

濂、张履祥、陈确、仇兆鳌、万斯同、毛奇龄……如许卓砾英才，悉列蕺山门下，豪华夺目，令人屏息。

《甲申朝事小纪》:

> 顺治二年五月，王师下江南。六月，下杭州，潞王常淓降。宗周方食，闻报，推案恸哭，自是遂不食。有以既谢事劝者，宗周曰："北都之变可以死，可以不死，以身在田里，尚有望于中兴也。南都之变，可以死，犹可以不死，主上自弃其社稷也，尚望继起有人也。今吾越又降矣，身不在位，不当与土为存亡耶?"[1]

和夏允彝一样，他也谈了关于死的决定和思考。北京之变时不死，是因一身无现职，二尚有望于中兴；南京之变时不死，是因朱由崧自弃社稷，未足为之放弃国家的希望；如今，杭州亦降，国土沦亡，身何所托？可以看出，他的决定冷静而有条理，是一步步推究而来，故而无可动摇。他于澄明的反思下，以内省者的安详，去完成毕生最终的求义："出辞祖墓"，从西洋港跃入水中，水浅未死，为人扶出；之后开始绝食，绝食二十三天，仍未死；继而禁水，连续十三天滴水不沾，其间"与门人问答如平时"[2]，闰六月八日，与世长辞。

我于书行之间，渐次跟踪刘宗周三十六天的漫长死亡经历，一个内外静穆的思想者雕像，凿然而立。我们景仰托尔斯泰、甘地那样的人物，以为中国不曾在精神专注、肃然、坚忍及强大上有堪与比美并论者，刘宗周的死亡仪式以其不动如山的内心世界，完全扭转了我的看法。由此，进而追询文化与精神上我们如今为何难以摆脱一种"自卑"或不足，方意识到是因刘宗周这样的人和事，离我们已太过遥远，而目力所及却无从寻找这种沉潜的意志和自持力。从满清起，对知识者的精神戕害和人格矮化持之以恒，致其一如龚自珍"病梅馆"中的病梅。就此言，刘子之死对中国精神史而言实有深远的象征意味。

蕺山门生，死者甚夥。祁彪佳甚至死在老师前头：

[1] 抱阳生《甲申朝事小纪》，书目文献出版社，1987，第824页。

[2] 徐鼒《小腆纪年附考》，中华书局，2006，第377页。

晚年黄宗羲。

晚年在《自题》中，黄宗羲将自己一生划为三段："初锢之为党人，继指之为游侠，终厕之于儒林。其为人也，盖三变而至今。""党人"指少年时代因父亲黄尊素身陷党祸举家受迫害，"游侠"即明亡后长期抗清和流亡生涯，"儒林"指五十岁后致力于历史反思和思想批判。

夏允彝、夏完淳父子。

夏允彝，明末著名士大夫，与陈子龙共创几社，并入复社后为松江府复社之长。乙酉清军下江南，八月中赋《绝命词》，自沉以死。子夏完淳，幼以神童名，“为文千言立就，如风发泉涌”，父死后如孤魂野鬼，矢志反清，旋被捕，被洪承畴杀于南京，年方十七。

秋江渔隐图。

徐枋作于丁未年（1667）。乃父徐汧乙酉殉国，枋欲从死，父止之，遂以遗民终一世，艰贫备尝。

北兵至杭州，彪佳约刘宗周起义，不果。及贝勒檄诸生投谒，彪佳语妻商氏曰："此非辞命所能却，若身至杭州，辞以疾，或得归耳。"阳为治装将行者，家人信之不为意。至夜分，潜出寓园外放生碣下，投水死。先书于几云："某月日已治棺，寄蕺山戒珠寺，可即殓我。"其从容就义如此。[1]

我们再次为"宁静之死"所打动。查《祁彪佳日记》：

(闰六月)初四日，叔父及文载弟、奕远侄皆有书来，力劝予出武林(杭州地名)一见。云："一见则舒亲族之祸，而不受官仍可以保臣节。"[2]

此为日记最后一篇，下有注曰："先祖忠敏公所纪止于是日，初六日五鼓殉节。"从中可知，祁氏之死确系"贝勒檄诸生投谒"所致，而他既决不肯，又不愿连累亲族，于是安然诀爱妻，黎明前独死。他死后，女儿德茝写《哭父诗》："国耻臣心在，亲恩子报难。"上半句明大义，下半句言亲情；"在""难"二字，一铸尊严，一写伤恸，"时人传诵之"。[3]

有个并不出名的刘门弟子王毓蓍，老师绝食期间，他上书说："愿先生早自裁，毋为王炎午所吊。"王炎午是南宋太学生，曾作《生祭文丞相》文，"速文丞相死"。自然，那并不是担心文天祥怕死，而是以这方式互激正气。王毓蓍引此典故，除了相同的意思，还隐含自己将死在老师前头的决心。以下情节，风流蕴藉：

俄，一友来视，毓著曰："子若何？"曰："有陶渊明故事在。"毓著曰："不然，我辈皆声色中人，久则难持，及今早死为愈。"至是召故交欢饮，伶人奏乐，酒罢，携灯出门，投柳桥下，先宗周死，乡人私谥正义先生。[4]

[1] 李天根《爝火录》，浙江古籍出版社，1986，第504页。

[2] 祁彪佳《祁忠敏公日记》，《历代日记丛钞》第八册，学苑出版社，2005，第568页。

[3] 李天根《爝火录》，浙江古籍出版社，1986，第504页。

[4] 李天根《爝火录》，浙江古籍出版社，1986，第482页。

自我们平常人眼中，王毓蓍已是拔俗的英雄；而他却在行大义之前，冷冷谈论自己人格的不足，认为不配攀附陶渊明，不必将自己想象为陶渊明第二，因为没有那种定力。连同为自己安排的就义方式，也包含不讳缺陷的意识，最后一次痛享人生之乐，“携灯出门，投柳桥下”。他一边向生命投以眷爱，一边却舍了生命。死得通透，死得自由。

五

从最严格意义讲，上述诸人不算明遗民。他们怀抱与国土共存亡之旨，国不存，己亦亡，选择牺牲，拒绝入清。他们属于殉国者。

更多的人不曾死。他们随着时间，自然而然进入清朝，却以自我放逐的方式，截断与现实的关系，在个人范围守住对明朝的认同。他们身托于清而心存乎明，乃真正之“遗民”。

这些人的由明入清，有各自不同的情形。最常见的为三种，一是明亡后不弃武装反抗多年者，清初三大思想家黄宗羲、顾炎武、王夫之，都在此列；二是认为与其一死、不玷清白，不如不死，留在世上跟清朝捣乱，作个人抗争者；三是一度惜命不死，乃至觍颜乞生、身有污点，日后终能迷途知返、晚节自救者。

第二种情形，我们讲一个例子：叶尚高（一作尚皋）。他是浙江乐清人，诸生。南京、杭州相继沦陷，浙江士子一时殉国颇多，叶尚高则明确表示了不赞同。他有如下阐释：

> 与其自经于沟渎，何如托之佯狂，以嬉笑为怒骂，使乱臣失色，贼子寒心，则吾死且无遗恨也。故或赋诗以见志，或托物以寄情，或击柝于中宵，或持铎于长夜，无非提醒斯世，使人类不等于禽兽耳。[1]

[1] 叶尚高《狱中自述》，陈光熙编《温州文献丛书·明清之际温州史料集》，上海社会科学院出版社，2005，第59页。

他绝非逃避死，更非怕死。而是觉得，一死了之多少有些草草、未尽余力。活着，“托之佯狂”，无论赋诗、借题发挥、在静夜中闹出动静……虽无济于事，却是一种表示、一种警醒，抑或骚扰。此意实与鲁迅《狂人日记》同。他确实这么身体力行，俞樾《荟蕞编》述：

> 永嘉狂生叶尚皋，字天章。顺治丙戌(1646)秋，瓯(温州别称)始归附。尚皋婆娑市上，或歌或泣，或优人状。家有妻女，皆弃不顾。夜则偃卧市旁，或数日不食，如是者八阅月。丁亥(1647)仲春上丁(即丁祭，祭孔之日)，狂益肆。[1]

他将尚存之一息，尽用于抗争，而不愿徒死。他其实是要以这种方式，通向死亡。“陈诗孔子庙，横甚。”于是被抓。入了监牢，他知自己已尽完了最后的气力，“一日，取毫楮作自叙，赋《绝命诗》，以手扼吭而毙。”[2]

活着，非因苟且，而是视为余力，去做个人的拼争。这是从叶尚高到吕留良，很多明遗民的生命意义。

六

披阅史志，一日掩卷之余，忽然闪出这样的认识：既非殉国的烈士，亦非始终不渝、一息尚存便尽其绵薄的抗争者，相反，倒是某些名节有亏、曾入泥淖的转变者，于遗民现象的表现最有力焉。

不妨明言，这认识来自钱谦益的《有学集》。这是他乙酉年以后或者说主要是入清后的作品结集。

截于乙酉年，我对钱氏印象极差。那种感受，甚至引起了对东林—复社的一定动摇。我很不明白，以钱

[1]钱仲联主编《清诗纪事·明遗民卷》，江苏古籍出版社，1987，第1183页。

[2]钱仲联主编《清诗纪事·明遗民卷》，江苏古籍出版社，1987，第1183页。

氏低劣的人品，居然在这个进步的阵营中引领风骚、深孚人望，道理何在？从甲申国变后南都定策，到乙酉五月南京投降，钱谦益没做过一件让人佩服的事。他力主迎立潞王，漂亮的说辞是潞王较为“贤明”（其实并无此事），内里则的确是以党私摒弃纲伦，所以客观上授人以柄，使得马、阮等能够掌握主动，连累史可法被逐出南京，最终令弘光朝一开局就建立在不利的政治基础上。而造成这种局面后，钱谦益又尽显小人态，曲结马士英，几乎可以说沆瀣一气。又在最后关头，端出道学架子，阻止朱由崧迁都。而最为不齿的，是他转瞬之间变成降敌者，与赵之龙分别领衔文武大臣，献国都于满清。

《小腆纪年附考》曾引乾隆皇帝的话：“谦益一有才无行之人。”徐鼒且附以“真万世斧钺之公哉！”的评论。[1]如仅至乙酉年止，此论允谓精当。然通观钱氏一生，则既不精当，更谈不上公正，实际反倒应说是恼羞成怒的泼污之言。为什么？因为钱谦益于其后期生涯，大觉昨非，深切忏悔，抽身而退，以遗民姿态终死。对此，作为清朝皇帝的乾隆，詈以“无行”颇自然，而在钱氏本人，我们却认为是去“无行”而就“有德”。

钱氏投降后，官礼部侍郎管秘书院事，充修明史副总裁。但在职仅六月，即以病为由辞归。那时他五十三岁。康熙三年卒，终年八十四岁。注视这一时间表，我意识到两点：一、钱氏抽身极早；二、他用剩下的绝大多数光阴证实并守住了气节。

他的告归，名为身疾，实出心病；这样的消息，可以透过归里前后的诗作而看出。《有学集》有两首写给著名遗民林古度的诗：

> 抗疏捐躯世所瞻，裳衣戌削貌清严。可知酉古陈同甫，应有承家郑所南。
>
> 文甫为人陈亮是，兴公作传水心同。永康不死临安在，千古江潮恨朔风。[2]

诗题《观闽中林初文孝廉画像读徐兴公传书断句诗二首示其子遗民古

[1] 徐鼒《小腆纪年附考》，中华书局，2006，第203页。
[2] 钱谦益《观闽中林初文孝廉画像读徐新公传书断句诗二首示其子遗民古度》，《有学集》，上海古籍出版社，1996，第34—35页。

度》。初文是林古度之父林章的表字，嘉靖间抗倭志士。诗中，“陈同甫”和“永康”都是指南宋爱国者陈亮（他是永康人）；郑所南是南宋遗民，曾有诗句“此世只除君父外，不曾重受别人恩”；“水心”即南宋大儒叶适，他与陈亮为挚友并给他写了墓志铭，也是当时有力的主战者。抗倭、陈亮、郑所南、叶适……这样一些故事、英名布满诗行，所堆砌起来的是什么意象，不待明言。更况最后那句“千古江潮恨朔风”，“朔风”之指一目了然，“千古江潮”四字则道尽东晋以来长江所见证的一揽子历史，至于“恨”字，简直就溢于言表了。此诗之作，据编者目录所示，时间范围“起乙酉年，尽戊子年”，亦即最迟不超过1648年。

倘使诗篇由于用典的缘故，语意多少有些曲折，那么到了文章里，钱谦益的“立场”就彻底袒露无遗了。我们来看他为路振飞写的一篇纪念文章。据文首“故太傅路文贞公薨于粤。后十年，长子泽溥，迎柩来吴，葬洞庭之东山，属昆山归庄撰行状，请余书其墓隧之碑”，可知写作时间为1659年（路振飞卒于永历三年，即1649年）。路振飞以前我们多次提到，他在甲申国变至南都定策这段非常时期，扼淮阴要冲，整甲缮兵，保民全境，一切井井有条、气象甚严，但因忤犯马士英，被后者以其党田仰所代，弘光末，更遭到马党纠问，险兴狱；南京、杭州继失，他追随朱聿键于闽粤，1646年“道卒于顺德”。钱氏此文，对这位南明良臣极予褒扬，强烈突出“善类”之谊以及对立面“丑类”之恶，如云：

> 当是时，阁部史可法以孤镇扬州，倚公为左右手。公每奏捷，阁部飞章亦至。士英忌滋甚。

而比之褒善贬恶，更惊人的是钱谦益毫不屑于隐讳他的明之遗民态度，对清朝军队公然以“北兵”相称，且全文一律奉明朝正朔。如曰：“乙酉八月，唐王即位于福州，改元隆武”；专门称颂路振飞“造隆武四年历，用文渊阁印颁行，所以系人心、存大统也”；对路振飞生卒年，则书为：“公生于万历庚寅九月二十五日，卒于永历三年己丑四月二十二日”，将清朝纪年彻底摒而不用。其果敢也若此！文章又特意记存、彰显路振飞的临终遗言：“生为明臣，没为明鬼。”复于末尾自称：“崇祯之终，永历之始。有臣一个，敬告青史。”而与传主求得完全的精神认同与共鸣。[1]

假如碑文墓表这类东西,还有作秀或被怀疑作秀的余地——在古人,此类文章不少实属虚文——那么,他为门生瞿式耜所写悼文就没有任何作秀的必要,而完全是真情的流露了。此盖出三点:其一,只是写给自己看的,不是为了拿去示人;其二,作者与对方情谊非同一般,无秀可作;其三,此文之写,纯因感兴迸发,积郁之深,而致笔不能不命。

说到南明后期的历史和政治,瞿式耜便是最最重要的人物;如果弘光间第一人是史可法,那么永历朝的这个位置该属于瞿式耜。他们两位,品格、价值、作用都极相似。瞿氏在南陲独撑大局,行状堪比刘备托孤之后的诸葛亮,永历四年(1650)在桂林被捕,慷慨就义于仙鹤岭。

早在三十年前,瞿式耜即拜钱谦益为师,师生间情深谊厚,牧斋第一部文集《初学集》,即由瞿式耜率众同门熬心费力为老师刻成。晚年钱谦益忆及当初,仍为之铭肤镂骨:

> 《初学》往刻,稼轩(式耜号)及诸门人,取盈百卷,敢假灵如椽之笔,重加删定,汰去其蘩芿驿驳,而诃其可存者,或什而取一,或什而取五,庶斯文存者得少薙稂莠,而向所自断者,亦藉手以自解于古人。[2]

而在政治和仕途中,多年来瞿式耜无愧师门,反倒是钱谦益作为老师尊严扫地。乙酉后,师生二人,一个曾觍颜苟且,一个却履仁蹈义,可谓渭浊泾清。我没有凭据说钱谦益幡然省悔,中间有学生刺激的作用,但推而想之,如此义肝忠胆的学生,必能令为人师表的钱氏扪心难安。

自从瞿式耜南下抗清,钱谦益即与之消息睽隔。他自然知道这位得意门生在做什么,只是无由沟通交流。而痛悔以来,他其实必有满腹心曲想对式耜言说。事实上,他连瞿式耜牺牲就义的消息也毫不知情,而是

[1] 钱谦益《光禄大夫柱国太子太师吏兵二部尚书武英殿大学士赠特进光禄大夫左柱国太傅文贞路公神道碑》,《有学集》,上海古籍出版社,1996,第1218—1224页。

[2] 钱谦益《答山阴徐伯调书》,《有学集》,上海古籍出版社,1996,第1349页。

足足过了十年,突然闻此噩耗。刹那间,苦痛伤悲,百感交集;此正是文前之序所言:

> 瞿临桂(瞿氏受封临桂伯)以庚寅(1650)十月殉义于桂林。越十年辛丑,厥孙昌文以《粤中纪事》一编,缮写来请。于时五日(端午节),方食角黍,放箸而叹,援笔凭弔,遂以《角黍》命篇。[1]

端午之日,方食糯粽,由屈原想到了瞿式耜——这既是钱谦益对门生的评价,同时未尝不是一种揽镜自嫌。为了表示以式耜比屈子的意思,文章特地采取了楚辞的文体。写得最用力的,是这几行:

> 屈子沉魄于水府兮,吾子煅骨于灰场。扇腥风于毒炭兮,炎桂林为昆冈。藏吾血三年而成碧兮,虽燔飏其何妨。[2]

"腥风"即满清,古时常以"腥膻"蔑指异族。它们说,屈原沉冤于水泊,式耜献身于战火;而燃起战火的,是满清这"腥风"、"毒炭";式耜虽死,碧血丹心与世长存,虽化灰烟又何损于他?笔尖流泻这些词句时,钱谦益应该是为平生得学生若此而欣慰和光荣吧?"吾子"换成今语,好比称"我们的瞿先生",是既敬重而又亲切热烈的口吻。

钱氏晚年,深为失足而痛楚,自责之苦无以复加。如与《江变纪略》作者徐世溥(《清史稿》作徐士溥)通信时说:

> 丧乱已后,忽复一纪,虽复刀途血道,频年万死,师恩友谊,耿耿余怀。自惟降辱死躯,奄奄余气,仰惭数仞,俛愧七尺。邮筒往来,握笔伸纸,辄复泪渍于袵、汗浃于北。声尘寂蔑,与吾巨源(徐世溥的表字),积不相闻,职此由也。

[1] 钱谦益《角黍词哀瞿临桂》,《有学集》,上海古籍出版社,1996,第1301页。

[2] 钱谦益《角黍词哀瞿临桂》,《有学集》,上海古籍出版社,1996,第1301页。

一纪，即十年。“数起于一，终于十，十则更，故曰纪也。”[1]就是说，至此钱、徐十年未通音讯了，原因是钱谦益无地自容，回避和故人来往。从信中看，这次亦是徐士溥因写《江变纪略》，欲就史事请教钱氏，而主动联络。“《江变纪略》，假太子者，一妄男子，谓是王驸马，亦非也。”这是钱谦益回答对假太子王之明案的看法。而我对以下一语很感兴趣：“旧辅，腐儒也，当少为赞予，以旌愚忠。”“旧辅”者，应系弘光间某大学士，但不知指谁。史可法、高弘图都不算“腐儒”，王铎似乎有点“腐”但却是假装的，其人心思颇滑，何况钱谦益不可能认为他值得“少为赞予”，故而这句落在谁身上尚待琢磨——此题外话也。

又于致方以智信中，以“乱后废人”自况，形容余生有如“昏天黑地，从漫漫长夜中过活”。[2]而自审、忏悔最深的一次，是将届八十之前，就族弟等欲为之祝寿而写的求免信。时在1661年，族弟钱君鸿提前给钱谦益一信，并附六百字长诗，“期以明年初度，长筵促席，歌此诗以侑觞。”钱谦益回信，说“开函狂喜”，然而“笑继以怍”，“俄而悄然以思，又俄而蹴然以恐，盖吾为此惧久矣。”活着或生命，于他，长久以来已如一块巨石。他觉得当不起祝寿这样的事。他比较了“祝”和“呪”这两个相像的字，“夫有颂必有骂，有祝必有呪，此相待而成也。有因颂而召骂，有因祝而招呪。”族弟虽出“颂”“祝”无疑，但自忖庆寿对于自己这种人却只有“骂”“呪”的意义。他严厉地自我谴责：

> 少窃虚誉，长尘华贯，荣进败名，艰危苟免。无一事可及生人，无一言可书册府。濒死不死，偷生得生。

认自己一无足取，全为失败之人生。人生如此，祝寿便是挨骂：“以不骂为颂，颂莫祎焉。以无呪为祝，祝莫长焉。”于是再次恳求：“子如不忍于骂我也，则如勿颂。子如不忍于呪我也，则如勿祝。”[3]

古云：“过而能改，善莫大焉。”又说：“人非圣贤，孰能无过？”不犯错，当

[1]《国语集解》，周语上第一，韦昭注，中华书局，2002，第27页。

[2]钱谦益《复方密之馆丈》，《有学集》，上海古籍出版社，1996，第1321—1322页。

[3]钱谦益《与族弟君鸿论求免庆寿诗文书》，《有学集》，上海古籍出版社，1996，第1339—1342页。

充满“反复”的钱谦益。

钱谦益，东林领袖。甲申国变后曾策划迎潞王，弘光即位，却与马、阮近迩，得为礼部尚书。清军薄城下，与赵之龙等以城降。到北京任清廷明史馆副总裁，仅一载托病归，从事地下反清活动。乾隆时入《贰臣传》。

明遗民、重要的反清思想家吕留良。

吕留良，字庄生，一字用晦，号晚村。明亡后他也曾屈服，应试为诸生，后深耻之：“谁教失脚下渔矶，心迹年年处处违。雅集图中衣帽改，党人碑里姓名非。苟全始信谈何易，饿死今知事最微。醒便行吟埋亦可，无惭尺布裹头归。”而坚定反清，其反清思想影响极大。

然最好，但这样的人，世间少之又少。真正的恶，不在犯错，而在怙恶不悛，这才是分水岭。当代中国，不乏才情、地位、名望与钱谦益相埒并同样有很大污点的文人，但最终像他这样反躬自责、伯玉知非的，吾未之闻。读《有学集》，钱氏后三十年几无一日不在自审、自责中，哪怕只是读书这种平常事。他在致友人信中说，一日读《宋遗民传》，至“宋存而中国存，宋亡而中国亡”一句，即“抚卷失席”，坐都坐不住。[1]尤要指出，在钱谦益反思、悔过绝非嘴上说说、口舌之美。辞官不做、自我放归仅为其一，他自赎前愆更表现在倾以所有支持抗清义举。金鹤冲《钱牧斋先生年谱》云：

先生平生多难，或以货免。晚岁破产饷义师，负债益重。[2]

钱死后不久，讨债者即打上门来，柳如是竟至被逼自缢身亡。他死前还有一个故事：“卧病于东城故第，自知不起，贫甚，为身后虑”。所谓“身后”，是指棺木。这时，正好黄宗羲、吕留良等来探望，钱氏即以心事相告，同时提到有位当官的求其三文，“润笔三千”，但自己已不能捉笔，要黄宗羲代写：

先生自言贫困，以三文为请。太冲请少稽时日，先生不可，闭太冲书室，自辰至亥，三文悉就。《南雷诗历》云：“嘱笔完文抵债钱。”盖纪实也。[3]

曩者，曾从零星诗文粗知黄、钱交谊一直相厚，当时不解，以黄太冲疾恶如仇乃至不免刻薄的性情，怎能容下有偌大污点的钱谦益？及读《有学集》，释然。

七

《桃花扇》最后一出“余韵”，苏昆生登场道：

[1] 钱谦益《复李叔则书》，《有学集》，上海古籍出版社，1996，第1343页。

[2] 钱仲联主编《清诗纪事·明遗民卷》，江苏古籍出版社，1987，第286页。

[3] 钱仲联主编《清诗纪事·明遗民卷》，江苏古籍出版社，1987，第286页。

自从乙酉年同香君到山，一住三载，俺就不曾回家，往来牛首、栖霞，采樵度日。[1]

我们可以把“余韵”两个字换成“遗民”，孔尚任就是这个意思，只是不便写成那样而已。苏昆生登台时的姿态，是当时一种典型的遗民姿态。他们遁迹荒野、不入城市——城市乃现存体制之实体，他们以脱离和拒绝之，表示自外于体制，同时自认是有家难回乃至无家可归的人。

徐汧虎邱自尽，“公长子孝廉枋，自公没后，杜门不入城市。”[2]景况为黄宗羲所亲见，赞他“苦节当世无两”：

谢绝往来，当道闻其名，无从物色，馈遗一介不受，米菽不饱，以糠粒继之。其画神品。苏州好事者哀其穷困，月为一会，次第出银，买其画。以此度日而已。[3]

坚忍自洁如此。

杨廷枢也是先隐山中，然后被捉被杀。

汪沨，武林人，“改革后，不入城市，寄迹于僧寮野店。”[4]

孙奇逢，明万历二十八年举人。入清屡征不起，携家入五公山，子孙耕稼自给，门人负笈而随。卓尔堪《明遗民诗》：“顺治初，祭酒薛公所蕴具疏让官，兵部侍郎刘公余祐及巡按御史荐剡上，先生坚卧不起。苏门为康节、鲁斋读书之地，泉石幽胜，遂移家筑堂，名曰兼山，读《易》其中……有请问者，随其浅深倾怀告之，无不人人自得，即耕夫牧竖亦知尊敬，时节花放，邻村争置酒相邀，儿童皆欢喜相就曰：我先生也。年九十二卒。”[5]

李确，字潜夫，崇祯六年举人。《嘉兴府志》：“潜夫本名天植，明崇祯癸酉

[1] 孔尚任《桃花扇》，人民文学出版社，1982，第255页。
[2] 计六奇《明季南略》，中华书局，1984，第255页。
[3] 黄宗羲《思旧录》，《黄宗羲全集》第一册，浙江古籍出版社，1985，第372页。
[4] 黄宗羲《思旧录》，《黄宗羲全集》第一册，浙江古籍出版社，1985，第373页。
[5] 钱仲联主编《清诗纪事·明遗民卷》，江苏古籍出版社，1987，第13页。

举人。后改今名，遁居龙尾湫山，往往绝粮，闲绩棕鞋……长吏守帅闻其名，访之，辄逾垣避。年八十二，预知死日，赋诗偃卧，乃卒。"[1]他有位同志郑婴垣，"年八十一，无妻无子，兼无食，性高傲物，不肯干人，真介守者。冻死雪中。"李确以诗赞："白雪堆中一遗民。"[2]

大儒陈确"乙酉后，静修山中，几二十年"，"入清后弃诸生，读书深山"。[3]

也有别的方式，如"祝发为僧"、"闭门不出"和"不仕"。邓之诚《清诗纪事初编》谓之"或死或窜，或缁衣黄冠，变易姓名，不可胜数"。[4]

常熟贡生杨彝"既入本朝，杜门不出"。[5]

邢昉"身隐无用，拾湖中菱芡菰米，不自给"。[6]

巢明盛，嘉禾人，"鼎革不离墓舍"，他有一绝技，善将葫芦雕成各种器皿，"种匏瓜用以制器，香炉瓶盒之类，欵致精密，价等金玉"[7]，借以维持生活。

湖南宁乡贡生陶汝鼐"顺治十年，罹叛案论死，陈名夏嘱洪承畴宽之，然犹羁系年余，至十二年始得脱然"，遂祝发，为赋诗："辽鹤乍来城郭变，枯鱼纵去江潭平。归欤莫负雄慈力，好着袈裟安钓耕。"[8]

"四公子"之一方以智，"南都陷，以智徒步走江、粤，顾自是无仕宦情……放情山水，觞咏自适，与客语，不及时事。楚、粤诸将多孔炤（方孔炤，前湖广巡抚，以智父），欲迎以智督其军，以智咸拒谢之。永历三年，超拜礼部尚书、东阁大学士，不拜……平乐隐，马蛟麟促以智降，乃舍妻子，为浮屠去。"[9]

钱邦芑在黔为巡抚，张献忠旧部孙可望至，他退居余庆县蒲村讲学，孙逼他出来做官，于是祝发拒之，号大错和尚，学生中追随者竟多达十一人。其《祝发记》云："是晚，余遂祝发于小年庵……是时门下同日祝发者四人……次日祝发者又五人……时诸人争先披剃，

[1]钱仲联主编《清诗纪事·明遗民卷》，江苏古籍出版社，1987，第40页。

[2]钱仲联主编《清诗纪事·明遗民卷》，江苏古籍出版社，1987，第40页。

[3]钱仲联主编《清诗纪事·明遗民卷》，江苏古籍出版社，1987，第162页。

[4]钱仲联主编《清诗纪事·明遗民卷》，江苏古籍出版社，1987，第63页。

[5]钱仲联主编《清诗纪事·明遗民卷》，江苏古籍出版社，1987，第11页。

[6]钱仲联主编《清诗纪事·明遗民卷》，江苏古籍出版社，1987，第24页。

[7]黄宗羲《思旧录》，《黄宗羲全集》第一册，浙江古籍出版社，1985，第373页。

[8]钱仲联主编《清诗纪事·明遗民卷》，江苏古籍出版社，1987，第121页。

[9]王夫之《永历实录》，岳麓书社，1982，第48—49页。

呵禁不得,余委曲阻之,譬晓百端,余乃止。先后随余出家者,盖十有一人,因改故居为大错庵,俾诸弟子居之,共焚修焉。”[1]

尚有大批知识分子逃往海外。其中最著名的是朱舜水,本名之瑜,舜水是他的号。南都亡,东渡日本,“思乞师”,未成。邵念鲁《明遗民所知录》:“浙东败……之瑜之日本乞师……会以大定,乃留东京。自国王以下,咸师奉之。为建学,设四科,阐良知之教,日本于是始有学,国人称为‘朱夫子’。”[2]对日本文化贡献极著,旅居四十年,终葬日本。

关于明遗民流寓海外的情况,《明遗民录》无锡病骥老人《序》,提供了一些数字:

> 尝闻之,弘光、永历间,明之宗室遗臣,渡鹿耳依延平(郑成功)者,凡八百余人,南洋诸岛中,明之遗民,涉海栖苏门答腊者,凡二千余人。[3]

这或为古代最严重的一次精英流失。以当时读书人之稀少,加上“遗民”多半身有功名,这逃往台湾或南洋的近三千人,应是中国的菁华。

八

如将不入城市、逃释、不仕、避居海外诸多情形加在一块,明清鼎革之际,中国人才流失将达非常严重的程度。这不可能不表示文化的零落。满清一度为此窘迫,到处寻访“贤逸”,征召、拜求,却每每碰钉子,吃闭门羹。《桃花扇》剧终前,有位捕快登场:

> 三位不知么,现在礼部上本,搜寻山林隐逸。抚按大老爷张挂告示,布政司行文已经月余,并不见一人报名。府县着忙,差俺门

[1] 钱仲联主编《清诗纪事·明遗民卷》,江苏古籍出版社,1987,第126页。

[2] 钱仲联主编《清诗纪事·明遗民卷》,江苏古籍出版社,1987,第109页。

[3] 孙静庵《明遗民录》附录原序三,浙江古籍出版社,1985,第372页。

各处访拿,三位一定是了,快快跟我回话去。[1]

这当为真实写照。人才匮乏,当局竟至强行"拿人",可见知识分子怎样普遍地不合作。

为解决问题,当局软硬兼施,无所不用其极。

软的一手,即以科举相诱。这一点,与蒙元不同,或者说吸取了蒙元的教训。孟森先生指出:"明一代迷信八股,迷信科举,至亡国时为极盛,余毒所蕴,假清代而尽泄之。盖满人旁观极清,笼络中国之秀民,莫妙于中其所迷信。始入关则连岁开科,以慰蹭蹬者之心"。[2]任何时候,总有利欲之徒,清初自不例外。《柳南续笔》录有一首讽刺诗,即反映这类情形:

一队夷、齐下首阳,几年观望好凄凉。早知薇蕨终难饱,悔杀无端谏武王。[3]

夷、齐即伯夷和叔齐,他们"耻食周粟",隐首阳山。诗中借这典故,嘲笑在科举诱惑下轻弃初衷的"遗民"。对这些渴求功名的人,当局此手颇能奏效,以致后来还闹出丁酉(顺治十四年,1657)南北二闱的大丑闻。

矢志不渝者也并不少。对他们,软的不行,则"继而严刑峻法","以刀锯斧钺随其后"。[4]这方面的情形,尤见于东南一带。盖因彼处既为明兴之地,同时,立于乡绅—民间互动基础上的社会再组织情形,或者说以士夫为中心的新型领导权,发育最充分。为此,满清在那里重拳频出,屡次制造大案、惨案,以期摧毁当地的知识分子集团。其荦荦大者,是"奏销""哭庙"两案。

"奏销"一案,发生于辛丑年(1661),标志是正月二十九日康熙皇帝的一道谕令。所谓"奏销",是国家财政工作的一个内容,即每年征收钱粮,据实报部奏闻。康熙这道后称"奏销令"

[1]孔尚任《桃花扇》,人民文学出版社,1982,第261页。

[2]孟森《科场案》,《明清史论著集刊》,中华书局,1959,第391页。

[3]王应奎《柳南随笔续笔》,中华书局,1983,第165页。

[4]孟森《科场案》,《明清史论著集刊》,中华书局,1959,第391页。

的旨意这样说：

谕吏部户都：钱粮系军国急需，经管大小各官，须加意督催，按期完解乃为称职。近览章奏，见直隶各省钱粮拖欠甚多，完解甚少，或系前官积逋贻累后官，或系官役侵那借口民欠……[1]

孟森先生说，从表面看，该谕“固亦整顿赋税一事，非不冠冕”[2]；但内涵哪里是表面那么简单而堂皇，否则，有清一代不至于讳莫如深，“二百余年，人人能言有此案，而无人能详举其事者，以张石州（清中期大学者张穆）之博雅，所撰《亭林年谱》中，不能定奏销案在何年，可见清世于此案之因讳而久湮之矣。”[3]《东华录》内仅存上述上谕，“官书所见止此”，其他记录一概抹掉。而“私家纪载自亦不敢干犯时忌，致涉怨谤。今所尚可考见者，则多传状碑志中旁见侧出之文”[4]。这就难怪张穆距此事不过百年，却连它发生年月都已不能确定。

“拖欠甚多，完解甚少”是不是事实？的确是事实。不过在它前头，却先有别的事实。董含《三冈识略》：

江南赋役，百倍他省，而苏、松尤重。迩来役外之征，有兑役、里役、该年、催办、捆头等名；杂派有钻夫、水夫、牛税、马荳、马车、大树、钉、麻、油、铁、箭竹、铅弹、火药、造仓等项；又有黄册、人丁、三捆、军田、壮丁、逃兵等册。大约旧赋未清，新饷已近，积逋常数十万。[5]

换言之，江南拖欠钱粮不假，然而不得不拖、不得不欠，因为负担太重，根本无法完成。负担这么重，有三个原因。两种可以摆到桌面上，一种则只可意会、不可言传：第一，开国之初，多处用兵，南方和西部皆待大定，也即康熙上谕头一句所说：“钱粮系军国急

[1] 王先谦《东华录》，《续修四库全书》三六九·史部·编年类，上海古籍出版社，2001，第487页。

[2] 孟森《奏销案》，《明清史论著集刊》，中华书局，1959，第435页。

[3] 孟森《奏销案》，《明清史论著集刊》，中华书局，1959，第434页。

[4] 孟森《奏销案》，《明清史论著集刊》，中华书局，1959，第435页。

[5] 孟森《奏销案》，《明清史论著集刊》，中华书局，1959，第436页。

需”。第二，江南为天下财赋所出，他省经济生产远为不如，故为朝廷所特别倚重，这倒不独清朝为然，在明代也如此。最后一条，不能拿到桌面上来，但天知地知你知我知——东南乃前朝势力最顽固地区，在满清而言，加重负担乃有意为之，严苛其政以收打压、降服之效，在当地绅民而言，一方面不堪重负，一方面也确实不肯逆来顺受，有反抗情绪。总之，事情表现于赋税，实质还是政治。

对抗和冲突所以在辛丑年表面化，有其特殊原因，此即这一年，顺治朝结束而康熙朝开始。顺治皇帝虽为满清入中国后首任君主，却非所谓身怀“雄才大略”的一位，在位十八年，统治不曾达于“铁腕”程度。这也就是“遗民”处境何以一度还算宽余，不至于岌岌可危。比如刚才写到的钱谦益，反清情绪、态度乃至行为，都不甚隐晦，但状况大致平稳，有了麻烦经过疏通亦可化解(金鹤冲《年谱》所谓“多难，或以货免”)。黄宗羲是更明显的例子，他直接投身武装抗清直至顺治十年，其间虽遭满清三次通缉，但中止行动后也就不了了之，回乡从事著述至终。

辛丑正月，顺治刚刚驾崩，整个态势当即急转。继任者玄烨以八岁之龄，却显出了他父亲始终所不具备的“雄才大略”——继位仅二十天，就下达导致奏销案的新令，这是他六十一年统治生涯诸多重大决定中的第一个。从这时起，清朝将连续迎来三位“雄才大略”君主。康熙、雍正、乾隆，一个比一个铁腕。经过康、雍、乾三朝，遗民现象土崩瓦解，满清真正实现了精神思想方面的铁屋建设。

具体情节方面，还有一位煽风点火之人，他便是时任江南巡抚的朱国治。为逢迎旨意，朱国治编制了一份拖欠人员的庞大名录，其中多有虚报不实内容，“造欠册达部，悉列江南绅衿一万三千余人，号曰‘抗粮’。”[1]康熙大怒，令“十年并征”，要将十年来拖欠的一并征缴。试想，赋税之重，一年完额都难做到，十年并征如何可能？然而，朝廷用心也许本就不在可能与不可能，而在于借题发挥、借机发难。孟森指出“以积年蒂欠取盈于一朝，本非正体”：

> 但朝廷当日实亦有意荼毒缙绅，专与士大夫为难。[2]

[1] 董含《三冈识略》，孟森《奏销案》，《明清史论著集刊》，中华书局，1959，第436页。

[2] 孟森《奏销案》，《明清史论著集刊》，中华书局，1959，第436页。

或许，这便是明知所令蛮不讲理、几无可行性，却断然行之的内幕。

这点醉翁之意，借若干离奇之例，窥之益明：

辛丑奏销一案，昆山叶公方霭以欠折银一厘左官，公具疏有云："所欠一厘，准今制钱一文也。"时有"探花不值一文钱"之谣。公盖为己亥（顺治十六年，1659）进士及第第三人云。[1]

过错如此之轻，而惩处如此之重，全不成比例。由此可知，"拖欠"之名，即便有一定实指性，却相当程度上是虚晃一枪。借奏销为由，制服江南并狠煞士夫风气，才是满清的"百年大计"。我们曾讲过，中晚明时代，传统君权独大局面，日益被新崛起的士夫（知识分子）领导权分其秋色乃至削弱，这种势头，不惟见于朝堂，亦见于社区基层之日常生活，而在文教最发达的东南一带尤为显著。此趋势对于中国所固有的传统君权已大为不利，对于以异族而入主中国的满清则更为不利。

随奏销案而后续出现的严重辱躏士绅现象，大大超出了追收钱粮的范围与需要，而更清楚地显现当局的真实意图。时人于私人通信中，描述亲眼所见的惨状：

江南奏销案起，绅士絓黜籍者万余人，被逮者亦三千人。昨见吴门诸君子被逮过毗陵，皆锒铛手梏拳，徒步赤日黄尘中，念之令人惊悸，此曹不疲死亦道渴死耳。旋闻奉有免解来京指挥，洒然如镬汤炽火中一尺甘露雨也。[2]

"令人惊悸"是关键，当局想要的大抵在此。而当时汉族知识界对于奏销案的深刻用意，其实了然于心、洞如观火。《景船斋杂记》载，福建考生崔殿生"素志欲谒孔林"，他趁去北京"入对"之便，造访曲阜孔府：

圣裔（孔府继承人）密语殿生

[1] 王应奎《柳南随笔续笔》，中华书局，1983，第171页。

[2] 孟森《奏销案》，《明清史论著集刊》，中华书局，1959，第439页。

云:“暮秋八月,陵(孔氏陵墓,即孔林)中哭声动天地,百里尽闻,三昼夜而止,其吾道将衰乎?”比顺治辛丑八月,遂起奏销之祸,罪及孔氏,殆先征耶?[1]

故事未必果有,虚构可能性大;然而,不在事真,而在叙事中透出的“舆情”——亦即士林普遍认为,奏销案明里整顿赋税,实质则是整治知识分子。

与奏销案相穿插,又有哭庙一案。哭庙与奏销,有关联、有区别。关联为俱因钱粮而起,幕后黑手都是朱国治。区别是:一、哭庙案仅限苏州一地;二、士绅首先发难;三、死了人。

话说顺治十七年底,苏州府吴县来了一位新任长官,名叫任维初。初来乍到,就很强势,威风八面。说:“功令森严,钱粮最急,考成攸关。国课不完备者,可日比,不必以三、六、九为期也。”打破常规,天天追讨,不惜大棍伺候。皂隶若打得轻些,会遭责骂。被打者如因疼痛出声,“则大怒,必令隶扼其首,使无声”。每个受责者,鲜血淋漓,难于立起。不久,有一人竟然当场杖毙堂下。

姓任的如此狠刻,倘若尽其公职也还罢了,然自古以来,并无不贪之官吏却如狼似虎者。任维初疯狂追讨,原是借机牟利,他将追讨来的米粮克扣一部分,交付总兵吴行之卖掉,“计其所得三千余石”。“三百年来未有如维初之典守自盗者也”。消息走漏,“诸生倪用宾等,遂有哭庙之举”。

“哭庙”之“哭”,指顺治皇帝死讯到来后,地方举行的悼念活动;“庙”,即文庙、孔庙。所谓“哭庙案”,便是苏州知识界在悼念顺治皇帝的集会中发生的案件。

顺治十八年二月初四,部分士子从有关方面讨得文庙钥匙,举行悼念活动,“诸生踵至者百有余人”。人一多,自然聚在一起议论任维初的贪黩,群情汹然。有人似乎有备而来,拿出一张揭帖(请愿书),大家都赞同附和。于是“鸣钟伐鼓,旋至府堂”,从文庙转往官衙。当时,抚臣朱国治、道臣王纪与府县各官,刚好都在苏州。消息传出,又有上千诸生赶到,“号泣而来,欲逐任令”。朱国治“大骇”,当即下令逮捕请愿者。“众见上官

[1] 孟森《奏销案》,《明清史论著集刊》,中华书局,1959,第451页。

怒，遂尔星散”，只抓到十一人。道臣王纪不明就里，想秉公而断，居然当真将任维初、吴行之抓来拷问，得供：“犯官到县止二月，无从得银，而抚台索馈甚急，不得已而粜粮耳。”抚台，即朱国治——原来，真正的硕鼠在这儿。

既然搞到了朱国治的头上，后果可想而知。长话短说，朱国治从王纪那偷走口供，而以伪造的掉包。同时迅速打报告给朝廷，将事件定为抗粮和惊扰先帝亡灵：

> 总之，吴县钱粮历年逋欠，沿成旧例，稍加严比，便肆毒螫。若不显示大法，窃恐诸邑效尤，有司丧气。

一句话，这是反政府；纵容之，“邪气”上升、“正气”受挫。京师闻报，正中下怀，立遣四位满大人，“公同确议，拟罪具奏”。

案子理应于苏州处置，却临时改在江宁（南京）异地审理，“盖抚臣恐民心有变，故在江宁会审。”四月初四日起解，“任维初乘马，从而去者，披甲数骑”，与十一位诸生待遇对照鲜明：

> 十一人各械系，每人有公差二人为解头，披甲数十骑拥之。父兄子弟往送者，止从旁睨，不能通一语。稍近，则披甲鞭子乱打，十一人行稍缓亦如之。父兄子弟见者，惟有饮泣而已。三日，到江宁，即发满洲城。任维初至则召保，日与衙役三四辈饮于市。

会审时，十一诸生起初仍以任维初贪污情节对，四位满大人斥道：“我方问谋反，尔乃以粜粮为辞耶！每人一夹棍，三十板。”朝廷只想挖掘“反动分子”，对贪官没兴趣。案子走向，开始即如此。之后，复逮七人到案，其中有才子金圣叹。四月底定谳，称：

> 秀才倪用宾，平日不告知县任维初，乃于初二日遗诏方临，辄行纠众聚党，在举哀公所要打知县，跪递匿名揭帖。鸣钟伐鼓，招呼数千人，摇动人

心，聚众倡乱，大干法纪。

所有十八人"不分首从，立决处斩"。至于任维初，"既无过犯，相应免议。"

任维初五月一日回县复任，一到衙，即声言："我今复任，诸事不理，惟催钱粮耳。"五月二十日，朱国治也到苏州，籍没所有案犯之家，"各家细软财物，劫掠一空。夫人及眷等，皆就狱。""城中讹言大起，有言尽洗一乡者，有言屠及一城者。人心惶惶，比户皆恐。"民间有两种议论，一种是怨怪："众秀才何苦作此事！"另一种认为："都堂欲如此耳，何与众秀才事！"不乏因害怕而"远避他乡"者。[1]

案犯引颈受戮，时在七月十二日，场面甚血腥。当日一同处死者，有十案一百二十人。《丹午笔记》：

是日也，十案共有一百二十人，凌迟廿八人，斩八十九人，绞四人，分五处行刑。抗粮及无为教案，斩于三山街，四面皆披甲围之，抚(朱国治)监斩。辰刻于狱中取出，罪人反接，背插招旗，口中塞栗木，挟而趋走如飞。亲人观者稍近，则披甲枪柄、刀背乱打。俄而炮声一震，百二十人之头皆落，披甲奔驰，群官骇散，法场土上惟有血腥触鼻，身首异处而已。[2]

时人暗于诗中论之："巧将漕粟售金银，枉法坑儒十八人。""中丞杀士有余嗔，罗织犹能毒缙绅。"[3]可见当时舆论已知该案意在"坑儒"、"杀士"，经济案其表而文字狱其里。当代却有学者说："一般士子家庭被追扑实与其缺乏基本的赋役知识有关"[4]，不解满清深意也如此。

九

奏销、哭庙两案，实为清初矛盾所必至者，纵不演于此时此地，亦终当现

[1] 以上均自《哭庙纪略》，抱阳生《甲申朝事小纪》，书目文献出版社，1987，第615—625页。《丹午笔记》所述亦应本此。

[2] 顾公燮《丹午笔记》哭庙异闻，《丹午笔记·吴城日记·五石脂》，江苏古籍出版社，1999，第160页。

[3] 顾公燮《丹午笔记》哭庙异闻，《丹午笔记·吴城日记·五石脂》，江苏古籍出版社，1999，第161—162页。

[4] 杨念群《何处是江南》，三联书店，2010，第42页。

于彼时别处。那是一种很大很深的矛盾。可惜,经有清一代近三百年历史,加以鸦片战争后中西矛盾的遮蔽或视线转移,我们国人早已忘掉抑或不知自己历史曾有那样重大的矛盾发生,而这正是眼下所论的由明入清之际"遗民现象"之内涵所在。

单纯看乙酉年下半年大批文人士子的殉国,或只看得见忠君与爱国;单纯看奏销、哭庙等案,或也只看得见满清作为异族统治者如何以铁腕平定中原,乃至只看得见朝廷与士绅、国家与个人之间一时的利益冲突。其实,这一切皆非要旨。以当时论,到什么时候、在什么事情上我们才能把要旨彻底地看透看清呢?我以为就在吕留良身上。最早(1936年)替吕留良编年谱的民国学者包赉,有一句让我印象很深的话:"凡研究近代史的人都不会忘了这位民族思想的重要人物吕留良。"[1]经他这样一讲,我才格外注意到要从近代思想史角度(而不简单地从文字狱角度)看待吕留良问题。

对于遗民现象,吕留良头一个特殊性来自他的身份。跟徐汧、杨廷枢或钱谦益、黄宗羲这些人比,他显然不在前朝"遗老"的行列。明亡时,他年方十六,还不曾有何社会经历。这也是后来雍正所亟表不解的:"当流寇陷北京时,吕留良年方孩童。本朝定鼎之后,伊亲被教泽,始获读书成立"[2],这样一个人,怎么对"本朝"抱有那样的敌意?其实,稽其行迹,遗民立场在吕留良那里原非一直就有,包赉说:"在明朝亡国的初年很少见到他民族思想的表示,而他在二十五岁的那年还在清政府的统治下考过秀才(生员)"。[3]虽然参加科举考试这件事,有家人逼使的因素,但那个时候吕留良自己意识的不清晰,也确系事实,等后来思想成形,再回首此事,他就自视"失足"而引为终身缺憾。他认识上确有一个发展过程,雍正就此贬他"何曾有高尚之节"[4],是不能损其毫毛的,相反恰因有此变化,我们才觉得他身上有特别发人深思之处。

我们需要从背景上,一点一点找根据。这里,首先瞩目于一个人的影响,那便是他的三哥吕愿良。留良乃是遗

[1]包赉《清吕晚村先生留良年谱》序,台湾商务印书馆股份有限公司,1978,第3页。

[2]爱新觉罗·胤禛《大义觉迷录》,近代中国史料丛刊第三十六辑,文海出版社影印本,1966,第422页。

[3]包赉《清吕晚村先生留良年谱》序,台湾商务印书馆股份有限公司,1978,第4页。

[4]爱新觉罗·胤禛《大义觉迷录》,近代中国史料丛刊第三十六辑,文海出版社影印本,1966,第422页。

腹子，父亲在他出生的头一年死了。后来，儿子吕葆中为其所撰《行略》云："少抚于三伯父，事三伯父如严父。"他自己则在《戊午一日示诸子》中自述："吾遗腹孤也。父丧四月而始生，堕地之日，即襁衰麻。生母抱孤而泣，晕绝而甦。抚于三兄嫂。"[1]但是，三哥愿良于他的意义，远不止于存其命、养其身，更在精神生活方面，给予有力的示范——吕愿良为当地青年学子的领袖人物，崇祯十一年，与同志结创"澄社"，社中文士千余人，齐名于应社（张溥等）、复社（张贞慧等）、几社（夏允彝等）。换言之，吕愿良正是明末方兴未艾的知识分子社团运动中一位风云人物。

有关明末清初，东南知识分子尤其青年学子中精神觉醒和独立的盛况，《柳南笔记》写道：

> 自前明崇祯初，至本朝顺治末，东南社事甚盛，士人往来投刺，无不称社盟者。后忽改称同学，其名较雅，而实自黄太冲始之。太冲《题张鲁山后贫交行》云："谁向中流问一壶，少陵有意属吾徒。社盟谁变称同学，惭愧弇州记不觚。"自注云："同学之称，余与沈眉生、陆文虎始也。"[2]

里头出现了两个特定的时间概念。"崇祯初"，恰当阉党覆灭，经过一个极黑暗时期，知识分子痛定思痛，开始深刻究诘社会正义和极权之恶，以此，开启了一个思想解放运动。"顺治末"，则如前所说，"雄才大略"君主康熙践祚，文字狱阴霾趋于浓重，中国从自身文明苦闷中形成的朝气蓬勃又极可能意义深远的思想探索，就此终止、夭折。

"同学"，如此富于精神探寻气息、像朝露那样清新鲜灵的称谓！对于一个萌芽与骚动的时代，是何其生动的表征！然而，夜来风雨声、花落知多少……我们由是懂得钱谦益何以有"千古江潮恨朔风"之叹。

吕留良其实是赶上了它的尾声。对他来说，这不知幸与不幸。总之，因了三哥的精神影响和人脉线索，他得以与俊彦相交，接续上了这股思想之风。

[1] 包赉《清吕晚村先生留良年谱》，台湾商务印书馆股份有限公司，1978，第27页。

[2] 王应奎《柳南随笔续笔》，中华书局，1983，第171页。

十三岁那年，即与侄宣忠（愿良之子）、同乡前辈孙子度先生等十余人组织“征书社”；同年，在三哥的聚会上，见到了余姚黄晦木（宗炎，黄宗羲弟）这样的大名士，从而为十八年后与黄氏兄弟的密交埋下种籽。1647年，他遭遇平生最大惨痛，三哥爱子、和他共同组织“征书社”的宣忠侄，“因反清激烈被清军所执”，杀害于虎林；时年十九的他，在文中悲怆写道：“偷息一日，一日之耻。”[1]这时，他或许有了反清的情绪，但还不能说对为何反清有一种理性的认识。他的生活轨迹说明这一点。一直到三十岁，他的履历都没有什么特别闪光的亮点，需要提及的内容只有两条。一是1653年二十五岁时，他参加了科举考试，“考取邑庠生”。[2]一是与朋友热衷于做“选文”的工作，并且取得很大成功。所谓“选文”，是供学子们参加科举考试用的参考书，类乎今天各式各样的教辅书、试题大全，他编的这类书效果很好，大受欢迎，应该挣了不少钱，这就是为什么雍正骂他“卖文鬻书，营求声利”[3]。

然而三十五岁那年，他终与这样的生涯分手，开始一种全新的存在。他写下一首著名的诗，以明其志：

> 谁教失足下渔矶？心迹年年处处违。雅集图中衣帽改，党人碑里姓名非。苟全始识谭何易，饿死今知事最微。醒便行吟埋亦可，无惭尺布裹头归！[4]

“失足”，指当年应试之事。“衣帽改”、“姓名非”都是山河易色的表现。“苟全”语出诸葛亮《出师表》“苟全性命于乱世，不求闻达于诸侯”，与下句“饿死”相连，意思是“苟全”并不容易，人究竟无法仅为肉身之躯而活。“醒便行吟”和“无惭尺布”，无疑是以知识者使命和精神自砺了，但凡还不失清醒和理性，便应发出与心灵相称的声音，无愧于历来从读书中懂得的道理。

那么，他为何在三十五岁上能

[1] 包赉《清吕晚村先生留良年谱》，台湾商务印书馆股份有限公司，1978，第39页。

[2] 包赉《清吕晚村先生留良年谱》，台湾商务印书馆股份有限公司，1978，第43页。

[3] 爱新觉罗·胤禛《大义觉迷录》，近代中国史料丛刊第三十六辑，文海出版社影印本，1966，第423页。

[4] 包赉《清吕晚村先生留良年谱》，台湾商务印书馆股份有限公司，1978，第65页。

够写出这样的诗？由年谱知，三十一岁那年，他重新遇见黄宗炎，彼此正式订交为朋友，复于次年经黄宗炎介绍，到孤山去会见黄宗羲，从此开始了密切的往来。我想，吕留良的觉醒就在这个时候。他自己胸中无疑早就藏着许多的苦闷，但还没找着出口，还需要一个契机被拨亮，而与黄氏兄弟的接交应该就起到了这样决定的作用。他就像一块煤，被燃烧后，发出更大的光和热。思考的深入和思想的热忱，使他投身历史和人文使命的火炉，“大声疾呼，不顾世所讳忌”[1]。在燃烧与释放中，他渐渐趋近了自己思想的内核：夷夏之防。“他认定孔子的重要思想在于夷夏之防四个字上，孟子是拥护夷夏之防最出力的人，孟子辟杨墨，正是辟杨墨忘了夷夏之防四个字。”[2]

说起夷夏之防，我们多半没有太好的印象，在我们记忆中，它是与狭隘、封闭、无知乃至莫名其妙的大汉族主义这样一些内容和形象联系着的。鸦片战争以来，正是这种思维和论调，阻碍中国进步，造成诸多可悲可笑的情形。然而这里面有一种语境上的天壤之别，却为今天的我们浑然不觉了。亦即，同样是夷夏之防这个话语，鸦片战争后的使用，和明朝亡国后的使用，意义根本不同。在后者，是与更进步的文明处在相背的方向；在前者，恰恰是要守住文明的水准和成果，不甘、不忍其发生滑坡与倒退。

这层意义，在吕留良那里不单被表述得非常明朗，而且也因着他而变得前所未有的清晰。作为一种老话，夷夏之防在中国讲了二千多年，每遇外族入侵、民族危机，都会提出。应该说，实在并不是新的思想。但我们也知道，过去一经提及，总带着强烈的排外色彩，似乎只是一种民族情绪，有着不由分说、不问青红皂白的非理性意味。吕留良爬罗剔抉，正本清源，真正廓清了夷夏之防的理性层次。他说：

孔子何以许管仲不死公子纠而事桓公，甚至美为仁者？是实一部《春秋》之大义也。君臣之义固重，而更有大于此者。所谓大于

[1] 包赍《清吕晚村先生留良年谱》，台湾商务印书馆股份有限公司，1978，第71页。

[2] 包赍《清吕晚村先生留良年谱》，台湾商务印书馆股份有限公司，1978，第129页。

此者何耶？以其攘夷狄救中国于被发左衽也。[1]

这或许是明清之际最重要的一段思想表达。它有两处耀眼的亮点。其一，明遗民们或曰爱国志士所忠者，并非君主，而是中华文明；皇帝的死不足论、不足惜，关键是中国是否将从文化昌繁而被拖向野蛮落后。其二，尊夏攘夷，不是出于狭隘的民族情绪，不是为尊而尊、为攘而攘；尊夏攘夷的本质，在于文明与愚昧的冲突；所谓“夏”者，文明也，所谓“夷”者，蒙昧也，亦即所反对的不是特定种族，而是“被发左衽”的原始与落后。假如把“攘夷狄救中国”，换写成“攘蒙昧救文明”，我们对吕留良夷夏之防理论的真正内涵，便不存误解；根本上，它与我们今天坚持的去蒙昧、远离黑暗，更文明、向往进步，并行不悖、略无轩轾。

这彻底解释了明亡后浩大的遗民现象——至少是其主流——所包含的历史悲情。首先，它肯定不出于忠君惯性；其次我们得说，它排外，但不盲目——按当时历史与世界格局，很难以今日胸襟绳之，其存有一定民族与文化歧视色彩理当诟病，但在主要方面，的确并不是一种非理性的情绪宣泄，而植根于对文明进步的追求和对文明方向的执着。

古代条件下，文明进步的脚步远比现代艰难，而文明遭燔毁之事则远较今日容易。此一难一易，惟知识者识之，亦惟有他们最懂得去珍惜文明。历史上，中国文明屡挫于暗黑蒙昧之力，几度命悬一线，孔子临终忧而涕叹：“太山坏乎？梁柱摧乎？哲人萎乎？”[2]秦朝“首尾仅十五年”，却能毁掉以往数百年的文明积累——私学统统禁止，各国史书和诸子书概送官府焚烧，聚谈诗书者斩首，是古非今者灭族，民间求学“以吏为师”，思想通道尽行堵死，观点言说皆以官家为准[3]，及至西汉，从武帝到成帝，费了几十年时间在全国征书，四处搜访，又经诸多学问家的整理、鉴辨、疏证，“古文”始得重传，然而纵是如此，也仍留下许多真伪难断的文化悬疑。正是有此惨痛经验，知识者深知文明较之野蛮，何等弱不禁风。雍正《大义觉迷录》引了韩愈一句话：“中国而夷狄也，则夷狄之；夷狄

[1] 包赉《清吕晚村先生留良年谱》，台湾商务印书馆股份有限公司，1978，第129页。
[2] 司马迁《史记》孔子世家第十七，上海古籍出版社，1997，第1520页。
[3] 范文澜《中国通史》第二册，人民出版社，2004，第19页。

而中国也，则中国之。”[1]意思是，中国如变得野蛮，便是“夷狄”；“夷狄”如足够文明，其实也就是中国。引用者希望借这句话驳斥夷夏之防，我们倒从中看到，中国知识者孜孜谈论夷夏，根本目的仅在于推崇文明。

吕留良那样的“明遗民”，正是秉承这一认识而来。如同时参以“君臣之义固重，而更有大于此者”一语，我们更能认清他们的忧患完全发自文明的忧患。从他们认为有比君臣之义更高、更重要的道义看，我们知道他们的严夷夏之防，不是简单的民族情绪，而是出于对任何黑暗、倒退的担虑。无论那种情形缘于异族，还是本国恶劣的政治，都将是他们加以抗争和排拒的对象。

从这里，我们见到了明末尤其崇祯初以来，中国知识分子观念质的飞跃。这种飞跃，无疑正酝酿着政治、文化乃至社会组织层面的变革，它也许是古典形态中国的终极变革。那遍布东南（江浙皖闽）、在豫鄂赣湘等处亦颇形其盛的社团，呈现着罕见的思想活跃，以及社会新精神的流布。而这大转换、大蜕变，却在满清“朔风”劲吹之下，戛然而止。雍正皇帝可以高谈阔论“天下一家，万物一体”[2]，以“舜为东夷之人，文王为西夷之人”[3]、“三代以上之有苗、荆楚、猃狁，即今湖南、湖北、山西之地也。在今日而目为夷狄可乎？”[4]等古远之事混淆视听，却不能抹掉当下满清与中国文明水平和状况的巨大落差。

进而言之，吕留良等的悲戚甚至不是针对满清，而是针对中国自身。他们以亲身的体会，感知并了解中国正在发生什么。他们目睹帝权这巨大的脓包已然熟透，仅剩一层薄皮，面临溃破，污秽即将一流而尽。证据就是他们已经有了文化上的觉醒，而且齐心协力、力学笃行做着精神思想的探寻与挖掘（明末思想风气之盛，学术反刍之深，确有中国文化批判总结意味）。但突然间，一个不久前还茹毛饮血的民族的入侵，不但把中国从很高的平台上拉到几百米下，而且出于对异族统治可想象到的情形，一个黑暗期随之而来很难避免。

这样特别显明地从“文明与野蛮”冲突的意义，来阐述夷夏之防，是吕留良独到的地方。此即为何他能成为一

[1] 爱新觉罗·胤禛《大义觉迷录》，近代中国史料丛刊第三十六辑，文海出版社影印本，1966，第16页。

[2] 爱新觉罗·胤禛《大义觉迷录》，近代中国史料丛刊第三十六辑，文海出版社影印本，1966，第1页。

[3] 爱新觉罗·胤禛《大义觉迷录》，近代中国史料丛刊第三十六辑，文海出版社影印本，1966，第4—5页。

[4] 爱新觉罗·胤禛《大义觉迷录》，近代中国史料丛刊第三十六辑，文海出版社影印本，1966，第9页。

代精神偶像的原因。他的所论，在死后四十多年仍光芒不减，让学子之心怦然动于衷。他确将里面的内容彻底翻新了，从而提供一种切合时代的思想。“时代”在此，不光指明亡清兴的特定变故，也涉及中国历史经二千年漫漫长路终于抵于某个关口这一较抽象的层面。曾静在深受吕留良思想影响的著作《所知录》中，写有这么一段话：

> 皇帝合该是吾学中儒者做，不该把世路上英雄做。周末局变，在位多不知学，尽是世路中英雄，甚者老奸巨猾，即谚所谓“光棍”也。[1]

这当中的思想，我们不可泥于字面，以为吕留良一派的意思是以书生取代皇帝。那就可笑了。当时话语有其局限，还没有我们今天的一些词汇、字眼。我们的理解，要穿过语词，抓握其内在所指；显然，那就是反帝王、反帝权，要求结束它们的历史，以体现历史和文化理性的力量（吾学中儒者）取代之。“吾学中儒者”所表示的类似治国者，对社会所抱态度，能着眼于公平、正义、合理、健康和善，而皇帝或“世路上英雄”这种人，“不知学”，心中不存“道理”而只有私利，巧夺豪取，贪得无厌，实质与流氓无赖、社会渣孽无异。

远在那时，能对皇帝、皇权有此直捣龙门之论，可谓骇人听闻。要之，自秦始皇创立“皇帝”及其一套权力体系以来，中国知识分子就一直在反思这个历史，认为中国之坏，就坏于此事。曾静引述的吕留良“复三代”思想，亦是此意；所以主张“复三代”，是因“三代无君”，“无君”的社会，善意犹存，还不至于被极度自私而巨大无边的权力所独霸、所戕害。也就是说，社会权力应该发生变革，变得理性、文明、讲道理。这与黄宗羲的君权批判，源出盖同。

换言之，民主意识在中国，非待西风东渐、由外铄我始有，而是在明末时代，中国经由自身历史苦闷，已经破茧欲出。此为笔者坚信不疑者，同时也是经清代三百年统治被逆转、被遮蔽、最终被遗忘者。经过二百年（十七世纪四十年代至十九世纪四十年代）及至鸦片战争，由西方文明强迫，中国被动转型，

[1] 爱新觉罗·胤禛《大义觉迷录》，近代中国史料丛刊第三十六辑，文海出版社影印本，1966，第161—162页。

其间丧失的不仅仅是两世纪光阴,更从本来的主动求变沦至被动或屈辱之变,因之而生的文化及心理上种种沮丧以至病态,难以言表。而这一切,恐怕都得追溯到清之代明所带来的中断与扰乱。

假由吕留良这一个案的探察,我们惊讶发现,明遗民现象所包含的主题,根本不是表面看上去的对明王朝之忠,甚至也不仅仅是反清那样狭隘;在本质上,这是对中国自身历史与文化大变革、大觉醒在即,却突然陷于绝境而生出的大悲凉、大不甘。

至少从思想的材料中,我们认定十七世纪初叶中国已经出现使帝权终结的苗头。黄宗羲《明夷待访录》"学校篇",至有接近于议会政治的议论。他所设想的"学校",将不再仅为朝廷"养士"之地,里面也不复只有一群食禄报恩、惟命是从的人,而是面向"是非"、独立参政的人:

> 天子之所是未必是,天子之所非未必非,天子亦遂不敢自为非是,而公其非是于学校。[1]

"公其非是"几个字,我们如说其中已含初步的宪政意识,当不为过。长久以来不乏一些论调,指中国没有原生态的民主思想资源,中国历史不能自发形成向现代的转型,乃至中国人天生只有帝王思想、只适合帝王专制,凡此种种谬言,读读明末文史当可大白于天下。我们不会夸大其辞,认为中国在明末已经自发踏上现代转型之路,然而却不难确认,这样的苗头真真切切地出现了。若非满清入主,稍假以时日,比如再经过半个世纪,这种苗头从思想幼株长为大树,乃至从社会实践以及制度层面有所尝试,绝非毫无可能。因此,明遗民之痛,不单痛在家破国亡,更痛在黎明前夜突然向另一种抑或是双重的黑暗坠落。至于满清,除因自身文化上的低矮和简陋而拖累中国,我认为它还无意间扮演了打断中国历史自我更生步伐、挽回已处破落的王朝政治之命运这样一个角色。

[1] 黄宗羲《明夷待访录》学校,《黄宗羲全集》第一册,浙江古籍出版社,1985,第10页。

十

稿甫毕，复想到章太炎为《明遗民录》所作序中的钩沉，觉得有些话题意犹未尽，而添足于此。

章氏首先指出，遗民思想源于孔子，然后点出个中缘由："彼孔子者，殷人也。"

> 当是时，溥天之下，莫非王土，率土之滨，莫非王臣。而有一二士（即伯夷、叔齐）焉，义不食周粟，武王不得而臣，而孔子心仪之矣，何也？彼文王者，西夷人也。孔子著《春秋》，严夷夏之辨，有能攘夷狄者，孔子予之。[1]

这既是有趣的知识，也提醒人们"遗民"话语具有历史的属性，是随历史一起发展演变的。

从孔子起，到明末清初以至现代，遗民心态及现象一直与中国知识阶层相伴，成为一种特殊文化资源，意蕴繁驳，头绪多端。兹信手拈来数点：一、文化归属感；二、忠义、自洁等操守；三、狷介人格；四、不合作立场或对现实之拒绝及怀疑；五、历史观；六、抱残守缺的美学态度……凡此，皆关乎中国知识分子文化及伦理之独有根基，而与西方知识分子碍然有别。且举一例，当代史学巨子陈寅恪，毕生所著，以一部演述明遗民的《柳如是别传》作结，意味便极深长。总之注意和了解遗民现象，对回视、认识中国知识分子传统，实有见微知著之效——在全球化的现时代，或尤如此。

---

[1] 孙静庵《明遗民录》附录原序一，浙江古籍出版社，1985，第369页。

黑洞